TRIBO DE MENTORES

TRIBO DE MENTORES

Conselhos de vida dos melhores do mundo

TIM FERRISS

Tradução
Andrea Gottlieb

intrínseca

Publicado mediante acordo com Houghton Mifflin Harcourt Publishing Company.

Gráfico da página 299 é uma cortesia de Steve Jurvetson / Draper Fisher Jurvetson.

TÍTULO ORIGINAL
Tribe of Mentors

PREPARAÇÃO
Dandara Morena
Thais Entriel

REVISÃO
Luana Freitas
Rodrigo Dutra

PROJETO GRÁFICO
Rachel Newborn

DIAGRAMAÇÃO
Victor Gerhardt | CALLIOPE

DESIGN DE CAPA
Houghton Mifflin Harcourt
© Houghton Mifflin Harcourt Publishing Company

CIP-BRASIL. CATALOGAÇÃO NA PUBLICAÇÃO
SINDICATO NACIONAL DOS EDITORES DE LIVROS, RJ

F451t

Ferriss, Timothy, 1977-
Tribo de mentores : conselhos de vida dos melhores do mundo / Timothy Ferriss ; tradução Andrea Gottlieb. - 1. ed. - Rio de Janeiro : Intrínseca, 2025.
576 p. ; 23 cm.

Tradução de: Tribe of mentors
Inclui índice
ISBN 978-85-510-1675-6

1. Desenvolvimento pessoal. 2. Inteligência emocional. 3. Teoria do autoconhecimento. 4. Autorrealização (Psicologia). I. Gottlieb, Andrea. II. Título.

25-100410.0 CDD: 158.1
CDU: 159.947.2

Gabriela Faray Ferreira Lopes - Bibliotecária - CRB-7/6643

[2025]
Todos os direitos desta edição reservados à
EDITORA INTRÍNSECA LTDA.
Av. das Américas, 500, bloco 12, sala 303
22640-904 – Barra da Tijuca
Rio de Janeiro – RJ
Tel./Fax: (21) 3206-7400
www.intrinseca.com.br

AVISO LEGAL DA EDITORA

Este livro contém uma vasta compilação de opiniões a respeito de uma variedade de tópicos relacionados à saúde e ao bem-estar, incluindo ideias, tratamentos e procedimentos específicos que podem ser ilegais ou gerar riscos se adotados sem a devida supervisão médica. Essas opiniões refletem as pesquisas e ideias do autor ou de terceiros apresentadas por ele aqui, mas não devem substituir o acompanhamento de um especialista. Consulte um médico antes de adotar qualquer dieta, medicamento ou regime de exercícios. O autor e a editora não se responsabilizam por quaisquer efeitos adversos direta ou indiretamente relacionados às informações contidas neste livro.

AVISO LEGAL DE TIM

Por favor, não faça nada estúpido nem se mate. Isso deixaria todos nós muito tristes. Consulte um médico, ou um advogado, ou alguém com extremo bom senso antes de fazer qualquer coisa apresentada neste livro.

Para todos os meus "companheiros de jornada", que vocês sejam uma força do bem neste mundo e vejam isso em si mesmos.

E lembrem-se:

> "O que você busca também busca você."
>
> RUMI

SUMÁRIO

INTRODUÇÃO

"A única viagem de verdade não seria viajar por cem terras diferentes com o mesmo par de olhos, mas ver a mesma terra através de cem pares de olhos diferentes."

— MARCEL PROUST

"Albert resmungou:

— Você sabe o que acontece com meninos que perguntam demais?

Mort pensou por um instante.

— Não — respondeu ele, por fim. — O quê?

Silêncio.

Então, Albert se empertigou e disse:

— Não faço a menor ideia. Provavelmente conseguem respostas, e fazem muito bem."

— TERRY PRATCHETT, *O APRENDIZ DE MORTE*

Para explicar *por que* escrevi este livro, preciso começar pelo *quando*.

O ano de 2017 foi incomum para mim. Os primeiros seis meses se arrastaram, e então, em questão de semanas, fiz 40 anos, meu primeiro livro (*Trabalhe 4 horas por semana*) completou dez anos, diversas pessoas do meu grupo de amigos morreram e subi ao palco para explicar como quase cometi suicídio na época da faculdade.*

Verdade seja dita, nunca pensei que chegaria aos 40 anos. Meu primeiro livro tinha sido rejeitado 27 vezes por diversas editoras. As coisas que deram certo não *deviam* ter dado, então me dei conta: eu não tinha nenhum plano para depois dos 40.

Como acontece com frequência nas bifurcações do caminho (formatura na faculdade, crise dos 25 anos, crise de meia-idade, filhos saindo de casa, aposentadoria), questionamentos começaram a me afligir:

Meus objetivos eram mesmo meus ou simplesmente o que eu achava que deveria querer?

O quanto da vida eu tinha perdido pelo excesso ou pela falta de planejamento?

De que formas eu poderia ser mais gentil comigo mesmo?

Como dizer não às distrações e sim às aventuras que realmente me empolgam?

Qual é a melhor forma de reavaliar minha vida, minhas prioridades, minha visão de mundo, meu lugar no mundo e minha trajetória pelo mundo?

Tantas coisas! Todas as coisas!

Certa manhã, comecei a escrever as perguntas à medida que elas me ocorriam, esperando um vislumbre de discernimento. Em vez disso, senti uma onda de ansiedade. A lista era intimidante. Ao perceber que eu estava prendendo a respiração, parei e tirei os olhos do papel. Então, como já tenho o costume de fazer — seja ao refletir sobre uma decisão profissional, um relacionamento pessoal ou qualquer outra coisa —, fiz a mim mesmo uma pergunta que ajuda a responder muitas outras:

Como eu encararia isso se fosse fácil?

"Isso" pode ser qualquer coisa. Naquela manhã, era responder a uma lista de perguntas importantes.

Como eu encararia isso se fosse fácil? é uma pergunta que faz tudo parecer simples. É natural nos convencermos de que as coisas precisam ser difíceis, e de que, se você não estiver no limite, não está se esforçando o bastante. Isso nos leva a buscar os caminhos com mais obstáculos, frequentemente gerando dificuldades desnecessárias no processo.

Mas o que acontece quando enxergamos as coisas sob uma simplicidade refinada em vez de esforço? Às vezes, conseguimos resultados incríveis com tranquilidade em vez de estresse. Em outras situações, "resolvemos" o problema reformulando-o por completo.

* Há mais informações a respeito no vídeo disponível no link https://tim.blog/2017/05/15/fear-setting/.

Naquela manhã, ao redigir a pergunta *Como eu encararia isso se fosse fácil?* em meu diário, uma ideia me ocorreu: 99% daquela página era inútil, mas havia a semente de uma possibilidade...

E se eu reunisse uma tribo de mentores para me ajudar?

Mais especificamente, e se eu perguntasse a mais de cem pessoas brilhantes aquilo que estou tentando responder sozinho? Ou se, de algum modo, conseguisse que elas me orientassem na direção certa?

Será que funcionaria? Eu não fazia ideia, mas uma coisa era certa: se essa abordagem falhasse, eu sempre poderia recorrer ao velho e inesgotável costume do trabalho árduo. Sofrimento é uma coisa que nunca está em falta para quem o procura.

Então, por que não passar uma semana experimentando o caminho de menor resistência?

E assim comecei. Primeiro, fiz uma lista de entrevistados dos sonhos, que começou em uma página e logo se transformou em dez. Precisava ser uma lista sem restrições: ninguém era importante demais, inalcançável demais ou impossível de contactar. Talvez o Dalai Lama? A incrível Temple Grandin? Minha obsessão pessoal, o escritor Neil Gaiman? Ou Ayaan Hirsi Ali? Escrevi a lista mais ambiciosa, eclética e incomum possível. Depois, precisei criar um incentivo para encorajar as pessoas a responderem, então fechei o acordo para um livro. "Faça parte do meu livro" podia funcionar, mas avisei à editora que também podia *não* funcionar, e que, caso isso acontecesse, o adiantamento seria devolvido.

Com isso, mergulhei de cabeça na minha campanha.

Mandei um conjunto de onze perguntas idênticas a algumas das pessoas mais bem-sucedidas, diversas e famosas do planeta com "Responda entre três e cinco das suas perguntas favoritas... ou mais, caso se sinta inspirado."

Assim que cliquei em "enviar" algumas vezes, coloquei as mãos no meu peito empolgado de escritor, cheio de expectativa, e o universo respondeu com... silêncio. Absolutamente nada.

Passaram-se 12 horas, 24 horas e nada. Nem uma única criatura se movia, nem mesmo um camundongo. Foi então que uma fraca brisa perturbou a atmosfera. Uns sussurros de curiosidade e um punhado de pedidos de explicação. Algumas recusas educadas. E em seguida... a torrente.

Quase todas as pessoas que contactei são muito ocupadas, e eu esperava receber respostas curtas e apressadas, de no máximo, algumas delas. O que recebi, no entanto, foram algumas das respostas mais atenciosas e ponderadas que eu já recebera, fosse em papel, pessoalmente ou de qualquer outro modo. No fim, mais de cem pessoas responderam.

Verdade seja dita, o caminho "simples" precisou de milhares de trocas de e-mails e mensagens diretas via X, centenas de telefonemas, muitas maratonas em uma mesa-esteira e mais do que algumas garrafas de vinho durante sessões de escrita madrugada adentro, mas... funcionou. *Em todos os casos?* Não. Não consegui o Dalai Lama (desta vez), e pelo menos metade das pessoas da lista não responderam ou declinaram o convite. No entanto, funcionou *o suficiente* para ser relevante, e é isso que importa. Nos casos em que a iniciativa do contato deu certo, as perguntas deram conta do trabalho pesado.

Oito das perguntas eram questões "relâmpago" do meu podcast, *The Tim Ferriss Show*, o primeiro programa de entrevistas focado no mundo dos negócios a ultrapassar mais de 200 milhões de downloads. Essas perguntas foram refinadas ao longo de mais de trezentas entrevistas com convidados como o ator e músico Jamie Foxx, o general Stanley McChrystal e a escritora Maria Popova. Eu sabia que essas questões funcionavam, que os entrevistados em geral gostavam delas e que podiam me ajudar na minha vida pessoal.

As três perguntas restantes eram novidades que eu esperava serem capazes de resolver meus problemas mais crônicos. Antes de apresentá-las ao mundo, eu as testei, chequei e reformulei, junto de amigos que são profissionais de alto nível no que fazem.

Quanto mais velho fico, mais tempo passo — em termos do percentual de cada dia — elaborando perguntas melhores. Pela minha experiência, passar de um a dez, de dez a cem e de cem a (quando a Senhora Sorte realmente sorri) mil retornos em diversos âmbitos tem sido obtido por meio dessas perguntas melhoradas. A máxima de John Dewey de que "um problema bem formulado está a meio caminho de ser resolvido" é verdadeira.

A vida pune o desejo vago e recompensa o pedido específico. Afinal, o pensamento consciente é basicamente fazer e responder perguntas na própria cabeça. Se você quiser confusão e dor de cabeça, faça perguntas vagas. Se quiser discernimento e resultados incomuns, faça perguntas incomumente evidentes.

Por sorte, essa é uma habilidade que você pode desenvolver. Nenhum livro pode lhe dar todas as respostas, mas este pode treinar você para elaborar perguntas melhores. Milan Kundera, autor de *A insustentável leveza do ser*, declarou que "A estupidez das pessoas provém de terem uma resposta para tudo. A sabedoria da literatura vem de ter uma pergunta para tudo". Substitua "literatura" por "aprendiz", e você terá a minha filosofia de vida. Muitas vezes, tudo que separa você daquilo que quer são perguntas melhores.

As onze perguntas que escolhi para este livro estão listadas a seguir. É importante lê-las e também as explicações completas, já que elas serão apresentadas em versão resumida ao longo do restante deste livro. Agradecimentos especiais a Brian Koppelman, Amelia Boone, Chase Jarvis, Naval Ravikant, entre outros, pelas opiniões extremamente proveitosas.

Em primeiro lugar, vamos dar uma rápida olhada nas onze perguntas. Algumas podem parecer banais ou inúteis de início... Mas, pasme! As coisas nem sempre são o que parecem.

1. Que livro (ou livros) você mais deu de presente e por quê? Ou nomeie de um a três livros que mais influenciaram sua vida.

2. Que aquisição de até 100 dólares mais impactou positivamente sua vida nos últimos seis meses (ou nos últimos tempos)? Meus leitores adoram detalhes específicos como marca, modelo, local da aquisição etc.

3. De que forma um fracasso, ou fracasso aparente, acabou te levando ao sucesso? Você tem algum "fracasso pessoal" favorito?

4. Se você pudesse colocar um outdoor gigante em qualquer lugar exibindo qualquer coisa — hipoteticamente, transmitindo uma mensagem para milhões ou bilhões de pessoas —, o que seria e por quê? Poderiam ser algumas palavras ou um parágrafo. (Caso ajude, pode ser uma citação de outra pessoa: existe alguma citação em que você pense com frequência ou que sirva de guia para sua vida?)

5. Qual foi o melhor ou mais valioso investimento que você já fez? (Pode ser um investimento em dinheiro, tempo, energia etc.)

6. Há algum hábito incomum ou algo absurdo que você ame?

7. Nos últimos cinco anos, que nova crença, novo comportamento ou hábito mais impactou positivamente sua vida?

8. Que conselho você daria a um universitário inteligente e aplicado prestes a entrar no "mundo real"? E quais conselhos ele deveria ignorar?

9. Que dicas ruins você costuma ouvir na sua profissão ou especialidade?

10. Nos últimos cinco anos, a que você começou a dizer não com mais facilidade (distrações, convites etc.)? Que novas descobertas e/ou abordagens ajudaram? Alguma outra dica?

11. Quando se sente sobrecarregado, ou desconcentrado, ou perde o foco momentaneamente, o que faz? (Caso ajude: que perguntas faz a si mesmo?)

Agora, vamos analisar cada uma, e explicarei por que elas parecem funcionar. Talvez você esteja se perguntando: *Qual é a importância disso para mim? Não sou entrevistador.* Minha resposta é simples: se você quiser construir (ou nutrir) uma rede de contatos extraordinária, precisa interagir de forma a merecê-la. Todos esses pontos lhe ajudarão nisso.

Por exemplo, passei semanas testando a ordem das perguntas para otimizar as respostas que recebia. Para mim, a sequência certa é o molho secreto, esteja você tentando aprender um idioma em oito a doze semanas,* superar o medo de nadar† ou explorar o cérebro de um possível mentor durante um bate-papo. Boas perguntas na ordem errada geram respostas ruins. Por outro lado, você pode alcançar resultados muito além do esperado se pensar na sequência, já que isso é algo que a maioria das pessoas não faz.

Exemplo: a pergunta do "outdoor" é uma das favoritas dos ouvintes e dos convidados do meu podcast, mas é pesada. Ela paralisa ou intimida muitas pessoas. Eu não queria afugentar pessoas ocupadas, que poderiam optar pelo rápido: "Desculpe, Tim. Não tenho tempo para isso agora." Então, o que fazer? É fácil: deixe que elas se aqueçam com questões mais leves (por exemplo, livros mais presenteados, compras de até 100 dólares), que são menos abstratas e mais concretas.

Minhas explicações vão ficando mais curtas no fim, já que muitos pontos dialogam ou se aplicam a todas as perguntas.

1. Que livro (ou livros) você mais deu de presente e por quê? Ou nomeie de um a três livros que mais influenciaram sua vida.

"Qual é o seu livro favorito?" parece uma boa pergunta. Tão inocente, tão simples. Na prática, ela é terrível. As pessoas que entrevisto já leram centenas ou milhares de livros, o que torna essa pergunta difícil de responder, deixando-as com medo de fazer uma

* Leia *The 4-Hour Chef.*

† tim.blog/2017/10/29/terry-laughlin/.

escolha que pode acabar sendo citada em artigos de revista, na Wikipédia etc. Trocando a pergunta para "mais presenteado", o risco é menor e é mais fácil de encontrar uma resposta (fica mais simples de se recordar) cujos benefícios abrangem um espectro mais amplo de pessoas — algo que não pode ser dito do idiossincrático "favorito".

Para os leitores mais curiosos e impacientes, eis alguns livros (entre muitos) que são citados com frequência:

Em busca de sentido, de Viktor E. Frankl
O otimista racional, de Matt Ridley
Os anjos bons da nossa natureza, de Steven Pinker
Sapiens — Uma breve história da humanidade, de Yuval Noah Harari
A sabedoria de Charlie Munger, de Charlie Munger

Caso queira conferir *todas* as recomendações em um só lugar, incluindo a lista dos vinte mais recomendados neste livro e em *Ferramentas dos titãs*, basta visitar o site tim.blog/booklist.

2. Que aquisição de até 100 dólares mais impactou positivamente sua vida nos últimos seis meses (ou nos últimos tempos)? Meus leitores adoram detalhes específicos como marca, modelo, local da aquisição etc.

Essa pergunta pode parecer irrelevante, mas não é. Ela representa um ponto de entrada fácil para entrevistados ocupados, enquanto dá aos leitores algo bem prático. As perguntas mais profundas requerem respostas mais profundas, porém a profundidade é a fibra do conhecimento — ela requer uma digestão intensa. Para seguir avançando no meio-tempo, os humanos (incluindo-se aqui seu querido autor) precisam de recompensas de curto prazo. Neste livro, essas recompensas são obtidas por meio de perguntas que geram respostas tangíveis, fáceis e com frequência divertidas — regalos para almas que precisam se distrair. É importante ter intervalos para conseguirmos realizar os trabalhos mais pesados.

3. De que forma um fracasso, ou fracasso aparente, acabou te levando ao sucesso? Você tem algum "fracasso pessoal" favorito?

Essa é particularmente importante para mim. Como escrevi em *Ferramentas dos titãs*:

> Os super-heróis que você tem em mente (ídolos, ícones, titãs, bilionários etc.) são quase todos seres falíveis que maximizaram uma ou duas forças.

> Os humanos são criaturas imperfeitas. O indivíduo não obtém "sucesso" porque está livre de qualquer defeito, mas porque encontra suas maiores forças e se concentra em desenvolver hábitos em torno delas[...] Todo mundo está travando uma batalha sobre a qual você não sabe nada. Os heróis deste livro não são diferentes. Todo mundo luta.

4. Se você pudesse colocar um outdoor gigante em qualquer lugar exibindo qualquer coisa – hipoteticamente, transmitindo uma mensagem para milhões ou bilhões de pessoas –, o que seria e por quê? Poderiam ser algumas palavras ou um parágrafo. (Caso ajude, pode ser uma citação de outra pessoa: existe alguma citação em que você pense com frequência ou que sirva de guia para sua vida?)
Essa é autoexplicativa, então vou pular os comentários. Para entrevistadores aspirantes, o "Caso ajude..." muitas vezes é crucial para conseguir boas respostas.

5. Qual foi o melhor ou mais valioso investimento que você já fez? (Pode ser um investimento em dinheiro, tempo, energia etc.)
Também autoexplicativa... ou assim parece. No caso de perguntas como essa e a próxima, descobri que é produtivo dar aos entrevistados um exemplo de resposta do mundo real. Em uma entrevista ao vivo, isso gera tempo para pensarem, enquanto, por escrito, oferece um modelo. Para essa pergunta, por exemplo, enviei a todos o seguinte:

> EXEMPLO DE RESPOSTA de Amelia Boone, uma das maiores atletas de endurance do mundo, patrocinada por grandes marcas e quatro vezes campeã mundial em corrida de obstáculos:
>
> "Em 2011, desembolsei 450 dólares para participar da primeira World's Toughest Mudder, uma novíssima corrida de obstáculos de 24 horas. Foi um grande gasto para mim, já que eu estava cheia de dívidas com a faculdade de direito, e jamais poderia sequer imaginar que chegaria ao fim da corrida, muito menos que seria uma competidora séria. Mas acabei sendo uma dos onze competidores que terminaram a corrida (entre mil participantes), o que alterou o curso da minha vida, levando-me a uma carreira na corrida de obstáculos e a vários campeonatos mundiais. Se eu não tivesse desembolsado aquela taxa de inscrição, nada disso teria acontecido."

6. Há algum hábito incomum ou algo absurdo que você ame?
A primeira vez que ouvi essa pergunta foi quando fui entrevistado pelo meu amigo Chris Young, cientista, coautor de *Modernist Cuisine* e CEO da ChefSteps (faça uma

busca por "*Joule sous vide*"). Antes de responder, sentado ao palco do Town Hall de Seattle, eu disse: "Nossa... que pergunta boa. Vou roubá-la." E roubei. Essa pergunta tem implicações mais profundas do que poderíamos esperar. As respostas provam várias coisas úteis: 1) Todo mundo é louco, então você não está só; 2) Se você quiser descobrir mais comportamentos parecidos com o TOC, meus entrevistados ficam felizes em ajudar; e 3) Corolário ao nº1: pessoas "normais" são só pessoas loucas que você não conhece bem o suficiente. Se você pensa que não existe ninguém tão neurótico quanto você, sinto muito lhe informar, mas todo ser humano tem um pouco de Woody Allen em alguma área da vida. Veja o exemplo de resposta que dei a essa pergunta, retirada de uma entrevista ao vivo e levemente editada para ser colocada em texto:

> EXEMPLO DE RESPOSTA de Cheryl Strayed, escritora best-seller de *Livre* (que ganhou uma adaptação cinematográfica com Reese Witherspoon): "Aqui está minha teoria completa sobre o sanduíche... cada mordida deve ser exatamente igual à anterior. Você entende? [Se] há um monte de tomates aqui, mas aí também tem húmus — tudo precisa estar o mais uniforme possível. Então, todo sanduíche que me dão, abro e o reorganizo todo."

7. Nos últimos cinco anos, que nova crença, novo comportamento ou hábito mais impactou positivamente sua vida?

Essa é uma pergunta curta e eficaz, sem muitas nuances. Ela é especialmente aplicável à minha reavaliação de meia-idade. Fico surpreso por não ouvir perguntas assim com mais frequência.

8. Que conselho você daria a um universitário inteligente e aplicado prestes a entrar no "mundo real"? E quais conselhos ele deveria ignorar?

A pergunta secundária do "ignorar" é essencial. Nós temos a tendência de perguntar "O que devo fazer?", mas não costumamos perguntar "O que não devo fazer?". Como o que *não* fazemos determina o que *podemos* fazer, gosto de pedir listas do que não fazer.

9. Quais são algumas dicas ruins que você costuma ouvir na sua profissão ou especialidade?

Prima-irmã da pergunta anterior. Muitos problemas de "foco" são resolvidos com mais facilidade quando definimos o que ignorar.

10. Nos últimos cinco anos, a que você começou a dizer não com mais facilidade (distrações, convites etc.)? Que novas descobertas e/ou abordagens ajudaram? Alguma outra dica?
Dizer sim é fácil. Dizer não é difícil. Eu queria ajuda com essa última questão, assim como muitas pessoas incluídas no livro, e algumas respostas renderam ótimas dicas.

11. Quando se sente sobrecarregado ou desconcentrado, ou perde o foco momentaneamente, o que faz? (Caso ajude: que perguntas faz a si mesmo?)
Quando sua mente está "girando como uma bola colorida" (referência nerd baseada em quando um Mac congela), nada mais tem muita importância até que isso seja resolvido. Mais uma vez, a pergunta secundária "caso ajude" costuma ser crucial.

Já que qualquer grandeza encontrada neste livro provém de outras pessoas, sinto-me à vontade para dizer que, não importa onde esteja na vida, você vai amar muito do que encontrará aqui. Do mesmo modo, por mais que eu tenha me esforçado, você achará algumas coisas chatas, inúteis ou aparentemente estúpidas. Entre os 140 perfis, antecipo que talvez você goste de setenta, adore 35 e tenha sua vida mudada por, talvez, dezessete. Curiosamente, os setenta que você odiar serão os setenta dos quais outras pessoas precisam.

A vida seria um tédio se seguíssemos exatamente as mesmas regras, então que cada um escolha as suas.

A parte mais surpreendente disso tudo é que... *Tribo de mentores* muda *com* você. Com o passar do tempo e o desdobrar da vida, as coisas que antes você descartou como distrações podem revelar tamanha profundidade e se tornar importantes de formas que você jamais poderia imaginar.

Sabe aquele clichê que você ignorou como se fosse uma mensagem de biscoito da sorte? De repente, ele adquire um significado e muda sua vida. Ao mesmo tempo, coisas que a princípio pareceram reveladoras podem acabar deixando de fazer sentido, como aquele treinador da escola que precisa encaminhá-lo para um treinador mais experiente para que você possa alcançar o próximo nível.

Não há data de validade para os conselhos contidos neste livro nem uniformidade. Nas próximas páginas, você vai encontrar conselhos de jovens prodígios de 30 e poucos anos e de veteranos experientes na casa dos 60 e dos 70 anos. Espero que, cada vez que você pegar este livro, do mesmo modo que acontece com o *I Ching* e o *Tao Te Ching*, algo novo o agarre, sacuda sua percepção da realidade, ilumine sua insensatez, confirme suas intuições ou corrija seu curso em um pequeno, mas importantíssimo grau.

Todo o espectro das emoções e experiências humanas pode ser encontrado neste livro, do hilário ao trágico, do fracasso ao sucesso e da vida à morte. Que você sorva tudo.

Na mesa de centro da minha casa, tenho um pequeno pedaço de madeira flutuante. Seu único propósito é exibir uma citação de Anaïs Nin, que leio todos os dias: "A vida encolhe ou expande na proporção da sua coragem."

É um breve lembrete de que o sucesso geralmente pode ser medido pelo número de conversas desconfortáveis que estamos dispostos a ter e pelo número de atitudes desconfortáveis que estamos dispostos a tomar.

As pessoas mais bem-sucedidas e eficazes que conheço — indivíduos mundialmente famosos por sua criatividade, bilionários, líderes do pensamento etc. — acreditam que a jornada da vida talvez seja composta por 25% de *encontrar* a si mesmos e 75% de *criar* a si mesmos.

Este livro não tem o objetivo de ser uma experiência passiva. Seu objetivo é ser um chamado à ação.

Você é o autor da sua vida, e nunca é tarde demais para substituir as histórias que conta a si mesmo e ao mundo. Nunca é tarde demais para iniciar um novo capítulo, adicionar uma reviravolta surpreendente ou alterar por completo os gêneros das histórias.

Como eu encararia isso se fosse fácil?

Um brinde a pegar a caneta com um sorriso. Grandes coisas estão para acontecer...

Pura vida,

Tim Ferriss
Austin, Texas
Agosto de 2017

Algumas observações introdutórias que podem ajudar

* "Citações que estão na minha cabeça" estão espalhadas por todo este livro. São citações que mudaram o meu pensamento e meu comportamento nos últimos dois anos. Desde o lançamento de *Ferramentas dos titãs*, há cerca de um ano, tive o ano mais produtivo da minha vida, e minha seleção de livros foi crucial nisso. As "citações que estão na minha cabeça" (em geral, provenientes dos livros agora pouco aludidos) foram compartilhadas numa base semanal com os inscritos na minha newsletter gratuita, *5-Bullet Friday* (encontrada em meu site pessoal), em que compartilho as cinco coisas mais legais ou úteis (livros, artigos, dispositivos, alimentos, suplementos, aplicativos, citações etc.) que descobri naquela semana. Espero que elas provoquem seu pensamento tanto quanto provocaram o meu.

* Lembra daqueles e-mails de rejeição que mencionei ter recebido para este livro? Algumas dessas recusas foram tão educadas e boas que as incluí! Há três seções sobre "Como dizer não" que contêm mensagens reais.

* Nós resumimos quase todos os perfis e selecionamos de forma subjetiva as "melhores" respostas. Em alguns casos, selecionar as melhores respostas significou eliminar repetições ou se concentrar em respostas detalhadas o suficiente para serem práticas e não óbvias.

* Em quase todos os perfis, indico onde você pode interagir melhor com o entrevistado nas redes sociais: X = X, FB = Facebook, IG = Instagram, LI = LinkedIn, SC = Snapchat e YT = YouTube.

* Enquanto contactava os convidados, eu sempre fazia as mesmas perguntas na mesma ordem, porém, nas páginas seguintes, em vários casos reordenei as respostas com o objetivo de otimizar a fluidez, a leitura e o impacto do texto.

* Incluí algumas não respostas (por exemplo, "Sou terrível em dizer não!") para fazer você se sentir melhor caso enfrente os mesmos desafios. Ninguém é perfeito, e todos nós temos muito a melhorar.

"O fim de algo não significa seu fracasso, sobretudo quando você decide encerrar um projeto ou fechar uma empresa. (...) Nem mesmo os melhores espetáculos duram para sempre. E nem deveriam."

SAMIN NOSRAT
IG: @ciaosamin
FB: /samin.nosrat
saltfatacidheat.com

SAMIN NOSRAT é escritora, professora e chef. Chamada de "referência em combinar as técnicas certas com os melhores ingredientes" pelo *New York Times* e "a próxima Julia Child" pelo *All Things Considered*, da rádio NPR, ela cozinha profissionalmente desde 2000, quando entrou pela primeira vez na cozinha do Chez Panisse. Samin é uma das cinco colunistas de culinária da *New York Times Magazine*. Ela mora, cozinha, surfa e faz jardinagem em Berkeley, Califórnia. É autora de *Sal, gordura, ácido e calor: os elementos da boa cozinha*, best-seller do *New York Times*.

Que aquisição de até 100 dólares mais impactou positivamente sua vida nos últimos seis meses (ou nos últimos tempos)? Meus leitores adoram detalhes específicos como marca, modelo, local da aquisição etc.

O complexo de cogumelo Host Defense MyCommunity, de Paul Stamets, é o suplemento para imunidade mais incrível que já tomei (e já experimentei muitos!). Não importa o quanto eu viaje, quantas mãos aperte ou quão exausta esteja, não fico doente contanto que tome o suplemento religiosamente.

De que forma um fracasso, ou fracasso aparente, acabou te levando ao sucesso? Você tem algum "fracasso pessoal" favorito?

Já tive muitos fracassos espetaculares. Mas, olhando para trás, vejo como cada um me aproximou do que eu realmente queria fazer. Anos antes de estar pronta para escrever meu livro, desperdicei duas oportunidades de ser coautora de livros de culinária. Esses erros me perseguiram, e eu tinha certeza de que jamais conseguiria escrever outro livro. Esperei, persisti e, dezessete anos depois, escrevi o livro com o qual sempre sonhei.

Em 2002, fui uma das finalistas de uma bolsa da Fulbright e, quando não ganhei, achei que nunca fosse conseguir estudar os métodos tradicionais de culinária na Itália. Mas acabei indo ao país mesmo assim, e passei um ano e meio cozinhando e trabalhando lá. Agora, quinze anos depois, estou participando de um documentário que me levará até lá para estudar os métodos tradicionais da culinária italiana!

Trabalhei em um restaurante — que acabei administrando mais tarde — que enfrentou dificuldades financeiras ao longo dos cinco anos em que permaneceu aberto. Foi muito difícil, sobretudo porque eu o adorava como se fosse meu; mas bastaram três anos para que eu percebesse que as nossas chances de sucesso eram mínimas. Na época, eu estava pronta para pedir as contas e admitir a derrota, mas o proprietário, que também foi meu mentor, não estava pronto para desistir. Então, continuamos nos arrastando por mais dois anos. Foi um grande desafio; às vezes, insuportável. Quando tudo acabou, eu estava exausta, deprimida e muito, muito infeliz. Nós todos estávamos. Mas não precisava ter sido assim.

Essa experiência me ensinou a tomar as rédeas da minha narrativa profissional e mostrou que o fim de algo não significa seu fracasso, sobretudo quando você decide encerrar um projeto ou fechar uma empresa. Pouco depois que o restaurante fechou, abri um mercado de alimentos como um projeto paralelo que acabou sendo um grande sucesso. Ganhei mais atenção da mídia e mais clientes do que conseguia administrar. Investidores faziam fila para entrar no projeto, mas tudo que eu queria fazer era escrever. Não queria administrar um mercado, e, como ele estava completamente ligado ao meu nome, não queria passar a administração para outra pessoa. Por isso, optei por fechá-lo nos meus termos e me certifiquei de que todos soubessem disso. Foi um tremendo contraste à dura experiência do fechamento do restaurante. Aprendi a refletir sobre o fim ideal de qualquer projeto antes de iniciá-lo — pois nem mesmo os melhores espetáculos duram para sempre. E nem deveriam.

Numa escala bem menor, na cozinha, já estraguei mais pratos do que consigo me lembrar. Mas o que é lindo na culinária é que ela é um processo muito rápido, que não permite muito tempo para nos apegarmos aos resultados. Assim, não importa se um prato sai ruim ou uma maravilha, você vai precisar começar tudo de novo no dia seguinte. Não há tempo para se lamentar (nem para se gabar). O importante é aprender com cada fracasso e tentar não repetir os erros.

Qual foi o melhor ou mais valioso investimento que você já fez?

Dez anos atrás, enquanto eu administrava um restaurante, me organizei para comparecer às aulas de uma disciplina na Faculdade de Jornalismo da UC Berkeley com Michael Pollan. Parecia uma loucura que, uma vez por semana, eu saísse do restaurante durante três horas para ficar sentada em uma sala de aula; chegando em casa depois de quinze horas de trabalho e, ainda por cima, tendo que ler livros e artigos do programa. Mas uma vozinha dentro de mim dizia que eu precisava encontrar uma forma de fazer isso, e ainda bem que eu a escutei. Aquelas aulas mudaram a minha vida, me inserindo em uma comunidade incrível de escritores, jornalistas e documentaristas que me inspiraram e me apoiaram na minha jornada maluca. Tive a oportunidade de conhecer Michael, que me encorajou a escrever. Ele também acabou me contratando para lhe ensinar a cozinhar e, ao longo das aulas, me incentivou a formalizar minha filosofia única de culinária, criar um programa de aulas e a sair mundo afora para ensiná-lo e transformá-lo em um livro — *Sal, gordura, ácido e calor*, que hoje é um best-seller do *New York Times* e em breve vai se tornar uma série documental. Loucura total.

Há algum hábito incomum ou algo absurdo que você ame?

Queijo cheddar. Não como com frequência, mas acho o jeito como ele derrete em um hambúrguer completamente irresistível.

Nos últimos cinco anos, que nova crença, novo comportamento ou hábito mais impactou positivamente sua vida?

Preciso passar boa parte do tempo *ligada*, seja para conseguir pensar e escrever com discernimento, ou para ensinar e falar sobre culinária mundo afora. Ambas as partes do meu trabalho requerem uma quantidade extraordinária de energia.

Nos últimos cinco anos, comecei a prestar mais atenção às diversas maneiras em que preciso me cuidar. E no topo dessa lista está o sono. Preciso de oito a nove horas de sono para funcionar bem, e comecei a proteger essas horas de forma impiedosa. Tenho passado muitas noites mais tranquilas em casa e, quando saio para jantar, insisto em reservar uma mesa cedo ou em não sair muito tarde. Ganhei a fama de ir dormir enquanto meus convidados ainda estão festejando. Eles ficam felizes, eu fico feliz, e tudo fica bem. Minha obsessão pelo sono melhorou muitíssimo minha vida.

Que conselho você daria a um universitário inteligente e aplicado prestes a entrar no "mundo real"?

Em caso de dúvida, deixe que a bondade e a compaixão sejam seus guias. E não tenha medo do fracasso.

Nos últimos cinco anos, a que você começou a dizer não com mais facilidade?

Verdade seja dita, ainda estou tentando melhorar a minha capacidade de dizer não. Mas uma coisa posso afirmar: quanto mais direta ao ponto eu for quanto aos meus objetivos, maior facilidade tenho para dizer não. Tenho um caderno em que anoto todos os tipos de metas, grandes e pequenas, há mais ou menos dez anos. Quando tiro algum tempo para articular o que espero alcançar, basta consultar essa lista e checar se aceitar uma oportunidade vai me aproximar ou afastar daquela meta. É quando estou confusa quanto a onde quero chegar que começo a dizer sim indiscriminadamente. E já me prejudiquei muito por decisões motivadas por ego ou pelo medo de ficar de fora para saber que sempre me arrependo de escolher algo pela razão errada.

Quando se sente sobrecarregada, desconcentrada ou perde o foco momentaneamente, o que faz?

Tento me desconectar dos meus pensamentos e me conectar ao meu corpo. Quando estou escrevendo, isso geralmente significa ir caminhar pelo centro de Oakland. Às vezes jogo a toalha e saio para nadar. Outras, decido ir à feira orgânica para ver, tocar, cheirar e experimentar os produtos, deixando meus sentidos me guiarem para o que preparar para o jantar.

Quando estou cozinhando ou fazendo alguma outra atividade física e fico cansada, em geral é porque não tenho me cuidado. Então faço uma pausa, preparo um lanche ou uma xícara de chá, ou simplesmente bebo um copo de água e me sento ao ar livre por alguns minutos. Com frequência, é o suficiente para me deixar calma e desanuviar a mente.

Mas o que sempre me relaxa é mergulhar no mar. Sempre amei o oceano, desde criança. Agora, sempre que posso, vou à praia nadar, surfar ou simplesmente boiar. Não há nada que me revigore tanto.

"A doença do nosso tempo é que vivemos de forma superficial. Somos como o rio Platte, com um quilômetro de largura e dois centímetros de profundidade."

STEVEN PRESSFIELD
X: @SPressfield
stevenpressfield.com

STEVEN PRESSFIELD se consolidou em cinco nichos literários: publicidade, roteiros, ficção, não ficção narrativa e autoajuda. Ele é autor dos best-sellers *The Legend of Bagger Vance*, *Portões de fogo*, *Campanha no Afeganistão* e *A porta dos leões*, bem como dos clássicos *cult* da criatividade *A guerra da arte*, *Torne-se um profissional* e *Como superar seus limites internos*. Sua coluna, publicada em stevenpressfield.com às quartas-feiras, é uma das mais populares séries sobre escrita na web.

Há algum hábito incomum ou algo absurdo que você ame?

Vai parecer uma loucura, mas costumo visitar certos lugares, geralmente sozinho, que me remetem a períodos do meu passado. O tempo é uma coisa esquisita. Às vezes, você aprecia melhor no presente um momento que já se foi do que quando estava acontecendo. Esses lugares que visito mudam o tempo todo, e a maioria é muito simples, ridiculamente sem graça. Um posto de gasolina. Uma praia. Um banco na rua. De vez em quando, atravesso o país de avião só para visitar um desses lugares. Ou faço isso quando estou de férias, ou em uma viagem de negócios, com familiares ou outras pessoas. Às vezes não comento nada. Às vezes, sim. Em certas ocasiões, levo alguém comigo, embora isso geralmente não dê certo (como poderia?).

Que conselho você daria a um universitário inteligente e aplicado prestes a entrar no "mundo real"? E quais conselhos ele deveria ignorar?

Provavelmente estou muito desatualizado, mas meu conselho é viver experiências no mundo real. Seja um caubói. Dirija um táxi. Entre para a Marinha. Liberte-se da mentalidade hipercompetitiva "tudo pela produtividade". Tenho 74 anos. Vai por mim, você tem todo o tempo do mundo. Tem dez vidas pela frente. Não se preocupe com o fato de seus amigos estarem "na frente" ou "chegando a algum lugar" antes de você. Explore o mundo verdadeiro, nu e cru, e comece a fracassar. Por que digo isso? Porque o objetivo é se conectar consigo mesmo, com a própria alma. Todo mundo, assim como eu, passa a vida tentando evitar as adversidades, mas as melhores coisas que me aconteceram vieram em momentos em que deu tudo errado e eu não tinha nada nem ninguém para me ajudar. Quem é você de verdade? O que *realmente* quer? Saia para o mundo, fracasse e descubra.

Que livro (ou livros) você mais deu de presente e por quê? Ou nomeie de um a três livros que mais influenciaram sua vida.

O livro que mais me influenciou provavelmente é o último livro do mundo que qualquer pessoa vai querer ler: *A história da guerra do Peloponeso*, de Tucídides. É um livro denso, difícil, grosso, cheio de sangue e vísceras. Como o próprio Tucídides avisa no início, não foi escrito para ser fácil ou divertido. Mas ele está cheio de verdades duras e atemporais, e a história contida nele deveria ser de leitura obrigatória para todo cidadão inserido em uma democracia.

Tucídides foi um general ateniense derrotado e desonrado em uma batalha no início da conflagração de 27 anos que receberia o nome de Guerra do Peloponeso. Ele decidiu abandonar o conflito e se dedicar a registrar todos os seus detalhes mais minuciosos, pois tinha certeza de que iria se tornar a maior e mais importante guerra já travada até então. E foi isso que fez.

Você já ouviu falar no discurso fúnebre de Péricles? Tucídides o testemunhou. E foi ele quem o transcreveu.

Também escutou os debates na assembleia ateniense sobre o tratamento dado à Ilha de Melos, o famoso diálogo meliano. Se não presenciou a derrota da frota ateniense em Siracusa ou Alcibíades traindo Atenas, ouviu os relatos diretamente dos envolvidos e tomou medidas extremas para registrar o que lhe contaram. Como todos os gregos da sua era, Tucídides não se prendia à teologia cristã, ao dogma marxista, à psicologia freudiana, ou a qualquer desses "ismos" que tentam nos convencer de que, no fundo, o homem é bom, ou ao menos aperfeiçoável. Na minha opinião, ele via as coisas como de fato eram. Uma visão sinistra, mas tremendamente estimulante e libertadora, pois é verdadeira. Na ilha de Corfu, por exemplo, uma facção de cidadãos encurralou seus vizinhos e compatriotas em um templo e depois assassinou seus filhos diante de seus olhos. E quando, ao escutarem promessas de clemência e juramentos feitos aos deuses, os prisioneiros se entregaram, saindo do templo, os captores os massacraram também. Essa não foi uma guerra de nação contra nação, e sim de irmão contra irmão, em algumas das cidades mais civilizadas da época. Ler Tucídides significa ver o microcosmo do nosso mundo. É o estudo de como democracias se destroem ao se dividirem em facções beligerantes — a minoria contra a maioria. *Hoi polloi*, em grego, significa "os muitos". *Oligoi* significa "os poucos".

Não recomendo Tucídides por ser divertido, mas se você quiser se expor a um intelecto colossal escrevendo sobre o conteúdo mais profundo imaginável, dê uma chance ao livro.

Que aquisição de até 100 dólares mais impactou positivamente sua vida nos últimos seis meses (ou nos últimos tempos)?

Custou muito mais de 100 dólares, mas comprei um carro elétrico, um Kia Soul, e instalei painéis solares no meu telhado. Dirigir com energia solar é uma felicidade e tanto, vai por mim.

De que forma um fracasso, ou fracasso aparente, acabou te levando ao sucesso? Você tem algum "fracasso pessoal" favorito?

Acabei de escrever um livro chamado *The Knowledge*, sobre o meu fracasso favorito, e adivinhe só? Ele também foi um fracasso. Para ser bem sincero, quando meu terceiro romance (que, como os dois primeiros, nunca foi publicado) teve um fracasso retumbante, eu era taxista na cidade de Nova York. Na época, já fazia quinze anos que eu vinha tentando ser publicado; então decidi desistir e me mudei para Hollywood, com o objetivo de tentar escrever roteiros para o cinema. Não me pergunte quais filmes escrevi. Jamais contarei. E se você descobrir por outros meios, NÃO DIGA QUE NÃO AVISEI! Não assista. Mas o trabalho na "indústria" me preparou como profissional e pavimentou o caminho para todos os sucessos que acabaram por vir.

Se você pudesse colocar um outdoor gigante em qualquer lugar exibindo qualquer coisa, o que seria e por quê?

Eu não colocaria nenhum outdoor e derrubaria todos os que outras pessoas tivessem colocado.

Qual foi o melhor ou mais valioso investimento que você já fez?

Nunca investi no mercado de ações ou me arrisquei em qualquer coisa além de mim mesmo. Decidi há muito tempo que só apostaria em mim mesmo. Estou disposto a arriscar dois anos em um livro que provavelmente não terá sucesso nenhum. Não me importo. Eu tentei. Não deu certo. Acredito em investir no seu coração. É tudo o que faço, na verdade. Sou um servo daquilo que me inspira, e invisto todo o meu dinheiro nisso.

Nos últimos cinco anos, que nova crença, novo comportamento ou hábito mais impactou positivamente sua vida?

Sempre fui do tipo que frequenta a academia e acorda cedo. Mas, alguns anos atrás, fui convidado a treinar com T. R. Goodman num lugar chamado Pro Camp. Existe um "sistema", lógico, mas basicamente o que fazemos (e de fato é uma coisa em *grupo*, com três ou quatro de nós juntos) é treinar pesado. Eu odeio, mas é ótimo. Logo que terminamos o treino e estávamos indo embora, T. R. disse: "Nada com o que se depararem hoje vai ser pior do que o que acabaram de fazer."

Nos últimos cinco anos, a que você começou a dizer não com mais facilidade? Que novas descobertas e/ou abordagens ajudaram?

Dois anos atrás, tive a oportunidade de visitar uma firma de segurança, um desses lugares que trabalha para proteger a privacidade das celebridades — ou seja, uma empresa cujo único trabalho é dizer não. A pessoa que estava me mostrando o local me disse que a empresa checa cada carta, solicitação, e-mail etc. e decide quais devem chegar ao cliente. "Quantos passam?", perguntei. "Quase nenhum", meu amigo respondeu. Decidi que trataria minha correspondência da mesma maneira. Se eu fosse o profissional encarregado pela minha segurança e por me proteger de golpes, psicopatas e pedidos sem noção, quais eu filtraria e jogaria no lixo? Isso tem me ajudado muito.

Quando se sente sobrecarregado, ou desconcentrado, ou perde o foco momentaneamente, o que faz?

Tenho um amigo na academia que conheceu Jack LaLanne (dê uma olhada no Google se o nome não lhe for familiar). Jack costumava dizer que não havia problema em tirar um dia de folga dos exercícios físicos, desde que, naquele dia, você não comesse nada. Em suma, é outra maneira de dizer que você não pode se dar o luxo de perder o foco. Tire férias. Ponha seus pensamentos em ordem. Mas saiba que a única razão para estar aqui neste planeta é para seguir sua estrela e fazer aquilo que te inspira. É incrível como um bom dia de trabalho o faz voltar a se sentir como você mesmo.

Que dicas ruins você costuma ouvir na sua profissão ou especialidade?

Uma pergunta muito, muito boa. No mundo da escrita, todo mundo quer ter sucesso *imediatamente*, sem sofrer ou se esforçar. Sério? Ou amam escrever livros sobre como escrever livros, em vez de... escrever um livro que fale, de fato, sobre algo. Há conselhos ruins por toda parte: reúna um grupo de seguidores, estabeleça uma plataforma, aprenda a enganar o sistema etc. Em outras palavras, faça toda a parte superficial e ignore o trabalho que é necessário para produzir algo de valor. A doença do nosso tempo é que vivemos de forma superficial. Somos como o rio Platte, com um quilômetro de largura e dois centímetros de profundidade. Sempre digo: "Se você quer se tornar um bilionário, invente algo que permita que as pessoas se rendam à própria resistência." A questão é que isso *já* foi inventado e se chama internet. Redes sociais. Esse país das maravilhas onde podemos passar de uma distração rasa para outra, sempre permanecendo na superficialidade, nunca nos aprofundando mais do que dois centímetros. A fonte do trabalho e da satisfação é o oposto do que a web oferece. Vem de se *aprofundar* em algo — no livro que você está escrevendo, no álbum, no filme — e passar um bom tempo na tarefa.

"Tudo aconteceu de forma tão repentina e cinematográfica que pode ser difícil de acreditar — lembrei que sempre tinha desejado ser escritora. Então, comecei a escrever naquela noite mesmo."

SUSAN CAIN
X: @susancain
FB: /authorsusancain
quietrev.com

SUSAN CAIN é cofundadora da Quiet Revolution e autora dos best-sellers *O poder dos quietos para os jovens* e *O poder dos quietos*, que foram traduzidos para quarenta idiomas e estão há mais de quatro anos na lista dos mais vendidos do *New York Times*. *O poder dos quietos* foi eleito o melhor livro do ano pela revista *Fast Company*, que também elegeu Susan uma das "Pessoas Mais Criativas dos Negócios". Susan é cofundadora da Quiet Schools Network e do Instituto Quiet Leadership e teve textos publicados no *New York Times*, na *Atlantic*, no *Wall Street Journal* e em outras publicações. A palestra que ela deu no TED acumula mais de 17 milhões de visualizações, e Bill Gates declarou que essa é uma de suas palestras favoritas de todos os tempos.

De que forma um fracasso, ou fracasso aparente, acabou te levando ao sucesso? Você tem algum "fracasso pessoal" favorito?

Muitos anos atrás, eu era advogada corporativa. E era uma advogada corporativa ambivalente, na melhor das hipóteses, e era perceptível que eu estava na profissão errada, mas acontece que: eu tinha dedicado muito tempo (três anos de faculdade de direito, um ano auxiliando um juiz federal e seis anos e meio em uma companhia de Wall Street, para ser exata) e tinha muitos relacionamentos profundos e valiosos com outros advogados. Contudo, chegou o dia em que eu estava muito perto de me tornar sócia, e o sócio principal veio até a minha sala e me disse que eu não seria considerada para a parceria. Até hoje, não sei se ele quis dizer que eu nunca seria considerada ou que isso seria adiado por um bom tempo. Só sei que, para o meu constrangimento, comecei a chorar na frente dele e então pedi uma licença. Saí do trabalho naquela tarde mesmo e pedalei sem rumo pelo Central Park, em Nova York, sem a mínima ideia do que deveria fazer em seguida. Pensei em viajar. Pensei em tirar um tempo para me desligar de tudo.

Em vez disso — e tudo aconteceu de forma tão repentina e cinematográfica que pode ser difícil de acreditar —, lembrei que sempre tinha desejado ser escritora. Então, comecei a escrever naquela noite mesmo. No dia seguinte, me inscrevi em um curso de escrita criativa para não ficção na Universidade de Nova York. E, na semana seguinte, assisti à primeira aula e soube que finalmente estava em casa. Eu não tinha expectativas de ganhar a vida escrevendo, mas ficou evidente, dali em diante, que escrever seria a minha prioridade e que eu procuraria um trabalho autônomo que me desse bastante tempo livre para me dedicar à escrita.

Se eu tivesse tido "sucesso" em me tornar sócia no momento esperado, talvez ainda estivesse imersa na infelicidade de passar dezesseis horas por dia negociando transações corporativas. Não que nunca tivesse pensado no que mais poderia fazer além de advogar, mas, até o dia em que me vi com tempo e espaço para pensar na vida fora da cultura hermética da advocacia, eu não tinha conseguido descobrir o que realmente queria fazer.

Qual foi o melhor ou mais valioso investimento que você já fez?

Sete anos para escrever o *Poder dos quietos*. Não me importava quanto tempo pudesse levar e, embora eu quisesse que o livro fosse um sucesso, o investimento de tempo já era válido, não importava qual fosse o resultado, porque eu tinha absoluta certeza de que a escrita, sobretudo daquele livro em particular, era o certo a fazer.

Entreguei um primeiro esboço após os primeiros dois anos, que minha editora (corretamente) achou uma porcaria. Ela usou palavras mais delicadas. Disse: "Leve todo o tempo necessário, recomece do zero, e chegue ao ponto certo." Saí da editora exultante, porque concordei com ela. Eu sabia que precisava de anos para chegar aonde deveria (afinal de contas, nunca havia publicado nada antes de *O poder dos quietos*, então estava aprendendo a escrever um livro naquele exato momento), e fiquei empolgada por ela ter me dado tempo. A maioria das editoras coloca os livros no mercado às pressas, muito antes de eles estarem prontos de verdade. Se ela tivesse feito isso, talvez a revolução dos quietos nunca tivesse acontecido.

Há algum hábito incomum ou algo absurdo que você ame?

Adoro músicas tristes, em tom menor. Acho que enlevam, transcendem e, na realidade, não são tristes. Acho que é porque esse tipo de música na verdade é sobre a fragilidade — e, portanto, sobre a preciosidade da vida e do amor.

Leonard Cohen é o meu santo padroeiro. Experimente "Dance Me to the End of Love" ou "Famous Blue Raincoat", ou qualquer coisa que ele já tenha composto. "Hallelujah", aliás, que é sua música mais famosa, na verdade é apenas a ponta do iceberg que é Leonard! Outra: "Hinach Yafah (You Are Beautiful)", de Idan Raichel. É uma música linda de anseio pela pessoa amada, mas no fundo é uma música sobre o anseio em geral.

Minha palavra favorita em qualquer idioma é *saudade* — o termo em português que está no coração da cultura e da música brasileira e portuguesa. Significa, mais ou menos, um doce anseio por algo ou alguém amado que provavelmente jamais voltará. Ouça as músicas de Madredeus ou Cesária Évora. Meu próximo livro é (mais ou menos) sobre esse assunto!

Que conselho você daria a um universitário inteligente e aplicado sobre como entrar no "mundo real"? Que conselho ele deveria ignorar?

Você ouvirá tantas histórias de pessoas que arriscaram tudo para alcançar esse ou aquele objetivo, sobretudo objetivos criativos, mas não acredito que o seu melhor trabalho criativo possa ser feito quando você está estressado por estar à beira da falência ou de outros desastres pessoais. É exatamente o oposto. Você deve organizar sua vida de forma que ela seja o mais confortável e feliz possível — *e* para permitir que ela acomode o seu trabalho criativo.

Muitas vezes me pergunto se todos aqueles anos advogando em Wall Street foram um desperdício de tempo, já que a minha verdadeira vocação desde sempre foi explorar a psicologia humana e contar (na escrita) a verdade da experiência de estarmos vivos. E a resposta é que não, não foi um desperdício de tempo, por muitas razões. Em primeiro lugar, porque aprendi muitas coisas sobre o chamado "mundo real" que, de outra forma, teriam permanecido um mistério; em segundo, porque estar na primeira fileira de uma negociação em Wall Street é um ótimo lugar para estudar o ridículo ocasional dos humanos; mas, por fim, porque me deu um lastro financeiro para, assim que estava pronta, tentar uma vida criativa. Não foi um lastro muito grande, já que eu não havia economizado tanto, mas fez uma grande diferença. Mesmo depois que iniciei minha vida como escritora, passei um bom tempo montando um modesto negócio autônomo (ensinar habilidades de negociação às pessoas) que pudesse me sustentar pelo tempo necessário. Eu disse a mim mesma que o meu objetivo na escrita era publicar algo até os 75 anos. Queria que a escrita fosse uma fonte permanente de prazer e que nunca fosse associada ao estresse financeiro, e, de forma mais geral, à pressão de realizar algo.

É óbvio que não estou dizendo que o universitário inteligente e aplicado da sua pergunta deva passar dez anos nas finanças antes de se dedicar à criatividade! Mas ele deve planejar como vai pagar as contas. Assim, o tempo que de fato passar com os projetos criativos — sejam trinta minutos ou dez horas por dia — pode ser absolutamente de foco, fluxo e ocasionais vislumbres de alegria.

Quando se sente sobrecarregada, ou desconcentrada, ou perde o foco momentaneamente, o que faz?

Amo café espresso, e poderia passar o dia inteiro tomando. Mas só me permito um café com leite por dia e o economizo para quando estou fazendo meu trabalho criativo — em parte, porque desperta minha mente quase como em um passe de mágica, e em parte porque isso me treinou, no estilo pavloviano, a associar a escrita ao prazer do café.

"Pensar no que me deixa *feliz* não me dá o mesmo discernimento do que pensar no que me deixa em *êxtase*."

KYLE MAYNARD
IG: @kylemaynard
FB: /kylemaynard.fanpage
kyle-maynard.com

KYLE MAYNARD é escritor best-seller, empreendedor e várias vezes ganhador do ESPY em MMA, conhecido por ter se tornado o primeiro quádruplo amputado a alcançar os topos do Monte Kilimanjaro e do Aconcágua sem a ajuda de próteses. Oprah Winfrey chamou Kyle de "um dos jovens mais inspiradores de que você ouvirá falar em toda a sua vida." Arnold Schwarzenegger descreveu-o como "um ser humano campeão" e até Wayne Gretzky falou da "grandeza" de Kyle. Ele nasceu com uma condição rara que resultou em braços que terminam nos cotovelos e pernas que terminam perto dos joelhos. Apesar disso, e com a ajuda da família, desde a infância, ele aprendeu a viver com independência sem próteses. Kyle se tornou campeão de luta (foi entronizado no Hall da Fama norte-americano de Luta), Instrutor Certificado de CrossFit, proprietário da academia No Excuses, levantador de peso recordista e alpinista reconhecido.

Que livro (ou livros) você mais deu de presente e por quê? Ou nomeie de um a três livros que mais influenciaram sua vida.

Duna, de Frank Herbert
O estrangeiro, de Albert Camus
O herói de mil faces, de Joseph Campbell

De que forma um fracasso, ou fracasso aparente, acabou te levando ao sucesso? Você tem algum "fracasso pessoal" favorito?

É quase mais difícil pensar em alguma vez que um fracasso aparente *não* acabou me levando ao sucesso. O fracasso está intrinsecamente conectado a qualquer sucesso considerável que eu já tenha tido.

Meu fracasso favorito foi o meu primeiro. Minha avó Betty tinha um pote verde-escuro de onde costumava me pedir para pegar açúcar. Acontece que, como amputado, eu usava os dois braços para segurar as coisas e só conseguia enfiar um dentro do pote. Eu passava horas sentado, errando uma vez atrás da outra na tentativa de equilibrar a colher com um braço só. Eu conseguia chegar até a borda, e aí deixava cair. Depois de mais umas cinquenta tentativas, lá estava eu quase tirando a colher, e aí ela caía outra vez. De vez em quando, algumas vezes, para a minha surpresa, eu conseguia. Isso não apenas serviu para melhorar a minha destreza e o meu foco, como também ajudou a construir a minha determinação. A melhor forma para descrever a sensação é usando uma palavra finlandesa, *sisu* — a força mental para continuar tentando, mesmo depois de achar que alcançou os limites das próprias habilidades. Não acho que o fracasso às vezes seja parte do sucesso — ele *sempre* é. Quando você achar que não pode mais, saiba que está só começando.

Se você pudesse colocar um outdoor gigante em qualquer lugar exibindo qualquer coisa — hipoteticamente falando, transmitindo uma mensagem para milhões ou bilhões de pessoas — o que seria e por quê? Existe alguma citação em que você pense com frequência ou que sirva de guia para sua vida?

A citação que eu colocaria no outdoor é do meu amigo e ex-fuzileiro naval Richard Machowicz: "Se não morreu, não pode desistir." Algumas pessoas diziam que meus pais praticamente cometeram abuso infantil quando me fizeram continuar na luta mesmo depois de eu ter perdido as primeiras 35 lutas. Menos de uma década depois, [as mesmas pessoas] diziam que eu tinha vantagens injustas. Minhas irmãs choraram depois de lerem comentários que falavam como levaria vinte segundos para eu me tornar a primeira morte televisionada no MMA. E adivinhe só? Não morri. Alguns disseram que eu mataria a minha equipe nos Monte Kilimanjaro e no Aconcágua. Aposto que a maioria desses críticos não chegou ao topo daquelas montanhas como meus amigos e eu. É por isso que amo essa citação. É o meu mantra nos momentos mais difíceis. Richard perdeu a batalha contra o câncer este ano, mas viveu mais experiências nesta vida do que a maioria dos homens poderia viver em dez e colocou essa citação em prática até o último suspiro.

Há algum hábito incomum ou algo absurdo que você ame?

Acho que sofrer é provavelmente a coisa mais absurda que eu amo. O sofrimento foi o melhor professor que já tive. Sentir-me diferente das outras crianças por ter nascido sem braços nem pernas, ser soterrado por garotos maiores no futebol americano, ter o nariz quebrado nos campeonatos estaduais e nacionais de luta, sentir um frio excruciante e o físico completamente esmagado na encosta de uma montanha, o nervosismo ao me perguntar se eu conseguiria honrar a folha de pagamento da minha academia — não foram experiências muito divertidas na época, mas são alguns dos meus momentos favoritos. E amo pessoas que amam sofrer. Meu melhor amigo, Jeff Gum, precisou tentar três vezes antes de completar o treinamento básico para SEAL, passando pela chamada "Semana do inferno" com gastroenterite e rabdomiólise. No dia em que concluiu dez anos de treinamento como SEAL da Marinha, perguntei a ele qual foi o melhor momento, e ele respondeu que foi ver tudo dando errado e os instrutores tentando fazer tudo que podiam para forçá-lo a desistir.

Que conselho você daria a um universitário inteligente e aplicado sobre como entrar no "mundo real"? Que conselho ele deveria ignorar?

Desde que li a frase "Siga o seu êxtase", do Joseph Campbell, ela se tornou meu guia. Ela me ajuda nos momentos em que passo horas olhando para o nada no chuveiro, como se estivesse hipnotizado. Pensar no que me deixa *feliz* não me dá o mesmo discernimento do que pensar no que me deixa em *êxtase*. Para mim, é a liberdade que sinto no topo de uma montanha, ou a brisa quando estou deitado na rede de um catamarã atravessando o mundo. O êxtase é o pico mais alto do que lhe dá alegria. Se a felicidade está logo acima do *status quo*, o êxtase é o que faz você se sentir mais vivo. Saiba que precisará de coragem para seguir o seu êxtase e que às vezes vai ser uma droga. Saiba que precisará correr riscos. E que nem todos vão entender. Além disso, saiba que o que é uma fonte de êxtase hoje não necessariamente será amanhã. Simplesmente recomece e continue seguindo-o.

Que dicas ruins você costuma ouvir na sua profissão ou especialidade?

O pior conselho que já me deram foi não aumentar a taxa que eu cobrava para dar uma palestra. As pessoas diziam que um preço mais alto iria me colocar fora do mercado. Eu ainda não tinha cobertura da imprensa o suficiente para competir com palestrantes conhecidos, blá, blá, blá. Decidi aumentar meu preço mesmo assim. A princípio, aos poucos, mas depois dobrei. Agora, recebo duas vezes mais convites, e as pessoas até passaram a negociar menos. Gostaria de ter feito isso antes. Foi uma coisa que me deu muito mais liberdade. Enquanto escrevo isto, estou passando uma semana em um iate na Croácia e vou passar o restante do verão viajando pela Europa. O tempo é a única coisa que não podemos recuperar. Com sorte, quando você ler isto, eu estarei a caminho de dobrar meu preço outra vez.

Nos últimos cinco anos, a que você começou a dizer não com mais facilidade?

Minha maior mudança veio depois de ouvir um CEO de sucesso discursar sobre sua filosofia para fazer contratações de pessoas. Quando sua companhia cresceu e ele ficou sem tempo para entrevistar as pessoas pessoalmente, pediu aos funcionários que classificassem os candidatos numa escala de 1 a 10. Ele só estipulou que não escolhessem 7. Isso logo me fez ver quantos convites eu recebia que poderiam ser classificados com um 7 — para palestras, casamentos, cafés e até encontros. Se eu achasse que algo era nota 7, havia uma boa chance de me sentir obrigado a fazer, mas se eu preciso decidir entre 6 ou 8, é muito mais fácil determinar com rapidez se devo ou não sequer considerar o convite.

CITAÇÕES QUE ESTÃO NA MINHA CABEÇA

(Tim Ferriss: 18 de setembro — 2 de outubro de 2015)

"As pessoas acham que ter foco significa dizer sim àquilo em que você precisa se concentrar. Mas não é nada disso. Significa dizer não às centenas de outras boas ideias. Você precisa escolher com cuidado. Na verdade, tenho tanto orgulho das coisas que não fiz quanto das coisas que fiz. Inovar é dizer não a mil coisas."

— STEVE JOBS

Cofundador e ex-CEO da Apple

"O que você busca está buscando você."

— RUMI

Poeta e teólogo sufi persa do século XIII

"Qualquer um que vive dentro dos seus meios sofre de falta de imaginação."

— OSCAR WILDE

Escritor irlandês, autor de *O retrato de Dorian Gray*

"Para 'ter', você precisa 'fazer', e para 'fazer', você precisa 'ser'."

TERRY CREWS
X/IG: @terrycrews
FB: /realterrycrews
terrycrews.com

TERRY CREWS é ator e ex-jogador da NFL (Los Angeles Rams, San Diego Chargers, Washington Redskins e Philadelphia Eagles). Suas amplas credenciais incluem os comerciais virais do Old Spice, as séries para a televisão *The Newsroom*, *Arrested Development* e *Todo mundo odeia o Chris*, e filmes como *As Branquelas*, a franquia *Os mercenários*, *Missão madrinha de casamento* e *Golpe baixo*. Também estrelou a comédia *Brooklyn Nine-Nine*, vencedora de vários prêmios Golden Globes. Em 2014, Terry lançou uma autobiografia, *Manhood: How To Be a Better Man — or Just Live with One*.

Que livro (ou livros) você mais deu de presente e por quê? Ou nomeie de um a três livros que mais influenciaram sua vida.

A chave mestra, de Charles F. Haanel. Já li centenas de livros sobre desenvolvimento pessoal, mas esse foi o que me mostrou nitidamente como visualizar, contemplar e me concentrar no que eu de fato queria. Ele me revelou que só conseguimos aquilo que de fato desejamos, além de me mostrar que eu deveria focar com afinco em um objetivo, tarefa ou projeto. Que, para "ter" você precisa "fazer", e para "fazer", você precisa "ser" — e esse processo é imediato. Embora leve tempo para que esses desejos se manifestem no mundo material, você *deve* ver as coisas que deseja como completas, concluídas e reais, *agora*. Quanto melhor você fizer isso, mais pode conquistar. Comprei vários exemplares desse livro e os distribuí entre familiares e amigos. Também o reli quase uma vez por mês para manter a visão desanuviada.

Os outros dois são o incrível *Em busca de sentido*, de Viktor E. Frankl, e *Você não é tão esperto quanto pensa*, de David McRaney. Esses dois livros são essenciais para manter minha perspectiva correta em um mundo que está sempre mudando.

De que forma um fracasso, ou fracasso aparente, acabou te levando ao sucesso? Você tem algum "fracasso pessoal" favorito?

Em 1986, eu estava concluindo o colegial na Flint Academy, em Flint, Michigan. Era pivô no time C de basquete da nossa classe. Tínhamos um ótimo time naquele ano e esperávamos chegar muito longe, se não até o fim, nas finais estaduais. Jogamos contra o Burton Atherton na final do distrito, e a expectativa era de que os destruíssemos, mas eles tentaram algo que nunca havíamos visto. Eles não jogaram. Não avançavam com a bola pela quadra, simplesmente a passavam de um lado para outro no topo do garrafão. Não tínhamos um relógio de arremesso, então eles fizeram isso até o fim. Nós só fazíamos cesta quando conseguíamos roubar a bola, mas nosso treinador, por alguma razão, decidiu que deveríamos deixá-los fazer isso. Lembro-me de ter ficado ali, as mãos erguidas na defesa, observando-os prender a posse de bola sem sequer tentarem arremessar. Fiquei frustrado, e a cada tentativa que eu fazia de sair da defesa, era censurado pelo treinador. Esse método estava funcionando para eles, pois, faltando apenas cinco segundos no relógio, eles estavam vencendo por 47-45.

Um dos jogadores deles cometeu um erro e tentou um arremesso para o outro lado da quadra, e eu roubei a bola. Atravessei a quadra driblando desesperadamente... 5, 4, 3, 2, 1... pela nossa única chance de vencer. Errei. Os torcedores deles foram à loucura — como foi a pior frustração do ano, caí de cara, achando que minha vida tinha acabado. O treinador depois disse ao time inteiro que eu não tinha nada que ter tentado fazer o arremesso e deveria ter tentado passar para o nosso pivô principal. Saiu no jornal no dia seguinte, e fui ridicularizado tanto por alunos quanto por professores. Fiquei mais do que desolado. Uma nuvem carregada pairava sobre mim aonde quer que eu fosse enquanto eu absorvia a derrota dentro de mim.

Alguns dias depois, à medida que a neblina do fracasso se dispersava, lembro-me de ter tido um raro tempo sozinho no meu quarto (que eu geralmente dividia com meu irmão). Sentado em silêncio, outro pensamento penetrou minha tristeza. "Eu agarrei a oportunidade." Foi revigorante, e até excitante. "Ei, quando todas as fichas estavam em jogo, você não deixou o seu futuro a cargo dos outros, VOCÊ AGARROU A OPORTUNIDADE." Na mesma hora, me senti livre e no controle.

Foi então que eu soube que poderia ter a coragem de fracassar nos meus termos. Dali em diante, decidi que caberia a mim vencer ou perder. Eu havia mudado para sempre.

Se você pudesse colocar um outdoor gigante em qualquer lugar exibindo qualquer coisa, o que seria e por quê?

"Deus não terá seu trabalho manifestado por covardes." — Ralph Waldo Emerson. Eu adoro essa citação, porque ela define o medo. Toda grande e extraordinária conquista neste mundo foi obtida por meio da coragem. Você não chega nem a nascer se sua mãe não tiver a coragem de tê-lo. Repito essa frase quando estou ansioso ou nervoso em relação a algo. Pergunto a mim mesmo qual é a pior coisa que pode acontecer. Geralmente, a resposta é: "Você pode morrer." Então, retruco: "Prefiro morrer fazendo algo que acho grandioso e fantástico a permanecer seguro e confortável numa vida que detesto." Converso muito comigo mesmo, e essa citação me ajuda a identificar meus medos e lidar com eles. Quanto mais você foge dos seus medos, maiores eles ficam; mas, quanto mais você mergulha neles, mais eles tendem a desaparecer como uma miragem.

Que conselho você daria a um universitário inteligente e aplicado prestes a entrar no "mundo real"? E quais conselhos ele deveria ignorar?

Há uma grande diferença entre inteligência e sabedoria. Muitos são levados a pensar que essas duas coisas são sinônimas, mas não são. Já vi assassinos em série inteligentes, mas nunca vi um que fosse sábio. Deram aos seres humanos inteligentes uma posição de destaque na sociedade em que, só por serem inteligentes, eles devem ser ouvidos, e acho isso muito perigoso. Eu fazia parte de uma seita cristã com outras pessoas muito inteligentes, porém, ao olhar para trás, se eu tivesse recorrido à sabedoria, teria visto que estávamos todos no caminho errado. A inteligência é como seguir a rota de um GPS diretamente para um corpo d'água até você se afogar. A sabedoria segue a rota, mas, quando esta conduz para o mar, a sabedoria decide não a seguir, e então encontra um caminho melhor. A sabedoria reina suprema.

Ignore qualquer conselho que aponte que você vai perder algo. Cada erro que já cometi nos negócios, no casamento e na minha conduta pessoal foi porque pensei que, se não fizesse ou agarrasse *isso* agora, nunca mais teria a chance. É como a maioria dos clubes em Los Angeles. O truque é garantir que a fila na porta esteja sempre comprida, enquanto o clube está vazio. A "aura de exclusividade" na verdade é um código para "clima ruim". Para fazer o que deseja, você tem tudo de que precisa.

Que dicas ruins você costuma ouvir na sua profissão ou especialidade?

"Trabalhe com afinco para vencer a concorrência." A verdade é que competição é *o oposto* de criatividade. Se eu trabalhar arduamente para vencer a concorrência, isso me impede de pensar com criatividade para tornar todos os conceitos da concorrência obsoletos. Como jogador de futebol americano, diziam que eu devia trabalhar duro para competir contra o outro time, contra alguma suposta ameaça futura (novos convocados, idade ou lesões), e até contra os meus colegas do momento. Como ator, dizem que você deve ter certa aparência ou fazer coisas com as quais não concorda a fim de "competir". Essa mentalidade competitiva *destrói* as pessoas. É o pensamento da "terra arrasada", e todo mundo sai machucado.

A verdade é que você precisa do sucesso de todos da sua área para alcançar o seu. A criatividade opera de modo diferente. Você trabalha duro porque é *inspirado* a fazer isso, e não porque precisa. O trabalho se torna divertido, e você ganha energia por dias, pois essa vida não é um "jogo de jovens". É o "*jogo de uma pessoa inspirada*". As chaves pertencem a quem quer que esteja inspirado, e nenhuma idade, sexo, gênero ou origem cultural específica detém o monopólio sobre a inspiração. Quando você é criativo, torna a competição obsoleta, porque só existe um de você, e *ninguém* pode fazer as coisas exatamente da forma que você faz. Nunca se preocupe com a competição. Quando você é criativo, pode, na realidade, torcer pelos outros com toda a consciência de que o sucesso deles sem dúvida será o seu.

Nos últimos cinco anos, a que você começou a dizer não com mais facilidade (distrações, convites etc.)? Que novas descobertas e/ou abordagens ajudaram?

Eu percebi que precisava deixar as pessoas saírem da minha vida e nunca mais voltarem. Todo relacionamento que tenho na vida, de familiares e amigos a parceiros de negócios, precisa ser um relacionamento voluntário. Minha esposa pode ir embora a qualquer momento. Familiares podem me telefonar ou não. Parceiros de negócios podem decidir sair do projeto, e tudo bem. O mesmo se aplica a mim. Se eu disser que estou pronto para ir embora e alguém não aceitar isso, aí sim teremos um problema. Eu me lembro de quando tentei me afastar de um amigo muito íntimo, porque ele estava tendo comportamentos que me incomodavam. Pouco depois, recebi uma carta registrada me ameaçando com um processo de 1 milhão de dólares por causa do fim da nossa "amizade". Foi ridículo, então emoldurei a carta para servir de lembrete da necessidade de deixar as pessoas partirem e seguirem em frente. Uma abordagem que uso é bisnetos imaginários. Converso com eles o tempo todo. Pergunto-lhes sobre decisões e relacionamentos, e se devo ou não insistir neles. Meus bisnetos costumam falar em alto e bom som: "Vovô, você não deveria estar fazendo isso, ou precisa deixar essas pessoas, porque seremos afetados negativamente, ou, pior ainda, nós não vamos existir." Esses momentos me mostram que a coisa toda é maior do que eu. Então, me dou conta de que é um "desejo pelo prazer", um "desejo pelo poder", e, nas palavras de Viktor E. Frankl, um "desejo pelo significado". Você não levaria um tiro por prazer ou poder, mas levaria pelo significado. Então, às vezes você precisa fazer o que chamo de "triagem da multidão". Uma única pessoa errada no seu círculo pode destruir seu futuro inteiro. É importante demais mesmo.

"Estar ocupado é uma decisão."

DEBBIE MILLMAN
X/IG: @debbiemillman
debbiemillman.com

DEBBIE MILLMAN já foi chamada de "uma das designers mais influentes da atualidade" pela Graphic Design USA. Ela é fundadora e apresentadora do *Design Matters*, o primeiro e mais antigo podcast sobre design, em que já entrevistou quase trezentas figuras de liderança do design e comentaristas culturais, entre os quais Massimo Vignelli e Milton Glaser. Suas obras de arte foram exibidas por todo o mundo. Ela já fez design de tudo, de papel de presente a toalhas de praia, de cartões comemorativos a cartas de jogos, de notebooks a camisetas, e de produtos relacionados à franquia Star Wars ao rebranding global do Burger King. Debbie é a presidente emérita da AIGA (uma das cinco mulheres a terem ocupado o cargo ao longo de seus cem anos), diretora editorial e criativa da revista *Print* e autora de seis livros. Em 2009, Debbie criou (junto de Steven Heller) o primeiro programa de mestrado em branding na School of Visual Arts de Nova York, que recebeu aclamação internacional.

Que livro (ou livros) você mais deu de presente e por quê? Ou nomeie de um a três livros que mais influenciaram sua vida.

Um livro que influenciou a minha vida e que estou sempre relendo é a antologia *The Voice That Is Great Within Us: American Poetry of the 20th Century*. Bela, atenciosa e cuidadosamente editada por Hayden Carruth, ela foi uma leitura obrigatória em um curso de verão que fiz na faculdade no início dos anos 1980. Esse livro de capa engraçada me introduziu ao poema que mais amo, o poema mais profundo, "Maximus to Himself", de Charles Olson, que desde então se tornou o meu modelo de vida e também me introduziu à poesia de Denise Levertov, Adrienne Rich, Ezra Pound, Wallace Stevens e muitos outros. Ainda tenho o exemplar original e, embora tenha derramado café na capa e a lombada esteja rasgada em várias partes, nunca vou comprar outro.

Que aquisição de até 100 dólares mais impactou positivamente sua vida nos últimos seis meses (ou nos últimos tempos)?

A compra que me influenciou nos últimos seis meses foi uma caneta, a Apple Pencil. Faço grande parte do meu trabalho à mão, e agora tenho um dispositivo que desenha e me dá a sensação de estar usando uma caneta "de verdade", mas que pode ser usada no digital. Ela mudou o modo como trabalho.

De que forma um fracasso, ou fracasso aparente, acabou te levando ao sucesso? Você tem algum "fracasso pessoal" favorito?

No início de 2003, uma grande amiga me mandou um e-mail com o assunto: "Beba muito antes de abrir." O e-mail continha o link para um blog chamado *Speak Up*, o primeiro fórum on-line sobre design gráfico e branding do mundo. De repente, ali, diante dos meus olhos, me surpreendi lendo um artigo que menosprezava completamente toda a minha carreira. Esse incidente, combinado a outras rejeições e reveses históricos, me deixou em uma depressão profunda, e eu considerei de verdade a possibilidade de abandonar de vez a profissão de designer. Entretanto, nos quatorze anos depois do ocorrido, essa condenação de tudo que eu havia feito até então (e de tudo que considerei um total e absoluto fracasso por um bom tempo) transformou-se na fundação de tudo que fiz a partir daquele ponto. *Tudo* que estou fazendo agora contém sementes originadas naquela época. No fim das contas, a pior experiência profissional que tive se tornou a experiência mais importante e definitiva da minha vida.

Se você pudesse colocar um outdoor gigante em qualquer lugar exibindo qualquer coisa, o que seria e por quê?

Seria o seguinte: "Estar ocupado é uma decisão." Eis o motivo: das inúmeras desculpas que as pessoas usam para racionalizar por que não podem fazer algo, a desculpa "Estou ocupado demais" não apenas é a menos autêntica como também é a mais preguiçosa. Não acredito em "ocupado demais". Como eu disse, estar ocupado é uma decisão. Fazemos as coisas que queremos fazer, ponto-final. Se dizemos que estamos ocupados demais, isso apenas significa que "não é importante o bastante". Significa que você preferiria fazer outra coisa que considera mais importante. Pode ser dormir, fazer sexo ou assistir *Game of Thrones*. Se usamos ocupação como uma desculpa para não fazer algo, o que estamos dizendo de verdade é que não é uma prioridade.

Simplificando: Você não *encontra* tempo para fazer algo; você *cria* o tempo.

Vivemos em uma sociedade que enxerga como um distintivo o fato de se estar constantemente ocupada. Tornou-se mania cultural usar a desculpa "Estou ocupado demais" como razão para não fazermos algo que não estamos com vontade de fazer. O problema é: se você não assumir a responsabilidade por não fazer algo por *alguma* razão, nunca vai fazer. Se quiser fazer algo, não pode deixar o fato de estar ocupado ser um obstáculo, mesmo que seja verdade. Crie o tempo para fazer as coisas que quer, e então faça.

Qual foi o melhor ou mais valioso investimento que você já fez?

O melhor investimento que já fiz foi na psicoterapia. Quando comecei, tinha 30 e poucos anos, e a despesa praticamente me matou. Mas eu sabia que precisava entender a fundo todas as coisas destrutivas que estava fazendo para tentar viver uma vida notável, e quis isso mais do que qualquer coisa. Após anos, de vez em quando ainda fico horrorizada com as mensalidades, mas nunca duvidei de que esse investimento moldou profundamente quem me tornei. Embora ainda ache que tenho trabalho a fazer, ele mudou e salvou a minha vida de todas as formas imagináveis.

Faço psicoterapia psicanalítica (ou seja: psicanálise com ênfase à "Psicologia do Self"). Particularmente, a terapia conversacional é a única coisa que já me atraiu. Coisas como terapia EMDR e modificação do comportamento sempre me pareceram demais.

Eis algumas considerações minhas que acredito serem importantes:

* Terapia uma vez por semana não funciona. Duas ou mais vezes oferecem continuidade e oportunidade de florescer de uma forma que uma vez por semana não permite. Além disso, uma vez por semana parece quase um "botar a conversa em dia".

* Terapia requer tempo. Requer dedicação, energia, resiliência, persistência e coragem. Não é uma solução rápida, mas salvou minha vida.

* Conte tudo ao terapeuta. Se você editar quem é ou fingir ser algo que não é, ou projetar como quer ser visto, vai levar muito mais tempo. Seja simplesmente você mesmo. Se tem medo de o terapeuta julgá-lo, diga a ele. É importante conversar sobre todas essas coisas.

* Não tem por que se envergonhar de se envergonhar. Quase todo mundo tem vergonha de algo, e a terapia ajuda a entender isso. Não há nada como compreender

suas motivações e inseguranças para ajudá-lo a integrar esses sentimentos no psicológico do modo mais saudável e autêntico possível.

* Eu não recomendaria ir a um terapeuta que um amigo também consulta. (A maioria dos bons terapeutas segue essa regra.) As coisas ficam confusas, e os limites ficam esquisitos.

* Sim, vai ser caro. Mas o que é mais valioso do que entender melhor quem você é, largar maus hábitos intrínsecos, superar a maior parte das suas besteiras (ou pelo menos por que você as faz) e, de um modo geral, ter uma vida mais feliz, mais satisfatória e mais tranquila?

* Meu conselho para qualquer um que esteja procurando um terapeuta é se certificar de que ele seja "treinado" (Ph.D. ou formado em medicina, mais pós-doutorado).

Há algum hábito incomum ou algo absurdo que você ame?

Já me disseram que, por eu gostar de inventar músicas bobas e cantá-las em todos os tipos de situação absurda, estou tentando transformar a minha vida em um musical de Hollywood. E talvez eu não discorde disso.

Nos últimos cinco anos, que nova crença, novo comportamento ou hábito mais impactaram positivamente sua vida?

Depois de uma entrevista no *Design Matters* com a grande escritora Dani Shapiro, começamos a conversar sobre o papel da confiança no sucesso. Ela disse que acreditava que a confiança era muito superestimada. Fiquei intrigada. Ela explicou que achava que a maioria das pessoas muito confiantes era chata e arrogante. Dani achava que exibir tanta confiança era um sinal nítido de que a pessoa estava compensando algum tipo de déficit psicológico interno.

Por outro lado, Dani declarou que a coragem era mais importante do que a confiança. Quando age por coragem, você está dizendo que, não importa como se sinta em relação a si mesmo, ou às suas chances, ou ao resultado, você vai assumir os riscos assim mesmo e dar um passo para o que quer. Você não está esperando que a confiança misteriosamente chegue. No momento, acredito que a confiança é alcançada por meio de sucessos contínuos em qualquer empreitada. Quanto mais você pratica algo, melhor você fica, e sua confiança vai crescendo com o tempo.

Que conselho você daria a um universitário inteligente e aplicado prestes a entrar no "mundo real"? E quais conselhos ele deveria ignorar?

Desde que comecei a dar aulas, tenho muitas opiniões sobre os conselhos que devo dar aos universitários. Acho que o mais importante é a procura por emprego. Como tudo que é importante na vida, é necessário treinamento para alguém se tornar bom em procurar emprego. Ninguém simplesmente encontra e *consegue* um ótimo emprego. Você encontra e *ganha* um ótimo emprego contra uma série de outros candidatos muito competitivos que podem querer o emprego tanto quanto você, ou mais ainda. Encontrar e conquistar um ótimo emprego é um esporte competitivo que requer tanto atletismo e perseverança quanto competir nos Jogos Olímpicos. Você precisa estar na melhor forma possível para a sua carreira se quiser ganhar.

A dose de sorte envolvida é muito pequena. Para ganhar um ótimo emprego, você precisa de trabalho duro, energia, determinação, sagacidade e boa sincronia. O que pode parecer sorte para você são simplesmente os frutos de um trabalho duro. Estas são as perguntas que indico aos meus alunos fazerem a si mesmos ao iniciarem seu caminho no "mundo real":

* Estou investindo tempo o suficiente procurando, encontrando e trabalhando para ganhar um ótimo emprego?

* Estou constantemente refinando e aperfeiçoando minhas habilidades? No que devo continuar melhorando e me tornando mais competitivo?

* Eu acredito que estou me esforçando mais do que todos os outros? Se não, o que mais poderia estar fazendo?

* O que meus concorrentes estão fazendo e eu não?

* Estou fazendo tudo que posso — todos os dias — para manter a "boa forma profissional"? Se não, o que mais deveria fazer?

Um conselho que acredito que eles devam ignorar é o valor de ser "extrovertido". *Ninguém dá a mínima se você é extrovertido.* Tenha um ponto de vista e o compartilhe de modo relevante, ponderado e com convicção.

Que dicas ruins você costuma ouvir na sua profissão ou especialidade?

Não acredito no equilíbrio entre vida pessoal e profissional. Acho que, se você encara seu trabalho como uma vocação, ele se torna uma obra de amor em vez de algo cansativo. Quando o trabalho é uma vocação, você não encara a quantidade de horas que trabalha com uma sensação de pavor ou fica contando os minutos até o fim de semana. Sua vocação pode se tornar um compromisso de autoafirmação que pode oferecer seu equilíbrio e alimento espiritual. Ironicamente, para alcançar isso é preciso trabalho duro.

Quando você está na casa dos 20 e dos 30 anos e quer ter uma carreira notável e gratificante, deve trabalhar duro. Se não se esforçar mais do que todos os outros, não vai assumir a liderança. Além disso, se estiver procurando equilíbrio entre vida pessoal e profissional na casa dos 20 ou 30 anos, você provavelmente está na carreira errada. Se estivesse fazendo algo que amasse, não iria querer equilíbrio entre vida pessoal e vida profissional.

Quando se sente sobrecarregada, ou desconcentrada, ou perde o foco momentaneamente, o que faz?

Como uma nova-iorquina tagarela, muitas vezes me arrependi de agir impulsivamente por raiva ou frustração. Agora, quando sinto a vontade familiar de me colocar na defensiva ou dizer coisas que na verdade não quero, ou mandar uma resposta magoada por e-mail ou mensagem de texto, eu *espero*. Eu me forço a respirar, dar um passo atrás e *espero* para responder. Basta uma ou duas horas, ou uma noite de sono, para fazer toda diferença. E, se nada der certo, tento seguir o conselho que recebi de um biscoito da sorte chinês (e que digitei no meu notebook): "Evite a compulsão de piorar as coisas."

"A autoestima é simplesmente a reputação que você tem consigo mesmo. Você sempre saberá."

NAVAL RAVIKANT
X: @naval
startupboy.com

NAVAL RAVIKANT é o CEO e cofundador da AngelList. Antes disso, ele foi cofundador da Vast.com e da Epinions.com, que se tornaram empresas de capital aberto como parte da Shopping.com. Ele é um investidor-anjo ativo e investiu em mais de cem companhias, inclusive muitos megassucessos. Suas negociações incluem X, Uber, Yammer, Postmates, Wish, Thumbtack e OpenDNS. Nos últimos anos, ele é a pessoa para quem telefono quando quero conselhos relacionados a startups.

Que livro (ou livros) você mais deu de presente e por quê? Ou nomeie de um a três livros que mais influenciaram sua vida.

Total Freedom, de Jiddu Krishnamurti. Guia de um racionalista para os perigos da mente humana. Meu livro "espiritual" de cabeceira.

Sapiens: Uma breve história da humanidade, de Yuval Noah Harari (página 540). Uma história da espécie humana, com observações, sistemas e modelos mentais que farão você encarar a história e os outros seres humanos de maneira diferente.

Evolução, de Matt Ridley (página 56). Matt é um cientista, otimista e visionário. *Genoma*, *A Rainha de Copas*, *As origens da virtude*, *O otimista racional*, todos são ótimos.

De que forma um fracasso, ou fracasso aparente, acabou te levando ao sucesso? Você tem algum "fracasso pessoal" favorito?

O sofrimento é um momento de discernimento, quando você não pode mais negar a verdade de uma situação e é forçado a uma mudança desconfortável. Tenho a sorte de não ter conseguido tudo que queria na vida, ou estaria feliz com o meu primeiro emprego, com minha namorada da faculdade, com a cidade da minha universidade. Ser pobre quando jovem me tornou independente e maduro. Quase me casar com a pessoa errada me ajudou a reconhecer o erro e me casar com a certa. Adoecer me fez me concentrar na minha saúde. E a lista vai longe. Dentro do sofrimento está a semente da mudança.

Se você pudesse colocar um outdoor gigante em qualquer lugar exibindo qualquer coisa, o que seria e por quê?

"O desejo é um contrato que você assina consigo mesmo para ser infeliz até conseguir o que quer."

O desejo é um gatilho, um agente de motivação. Na verdade, o desejo sincero e inflexível, colocado acima de tudo, é quase sempre satisfeito. Mas cada julgamento, cada preferência, cada revés produz um novo desejo, e logo nós nos afogamos neles. Cada um é um problema a ser resolvido, e sofremos até satisfazê-lo.

A felicidade, ou pelo menos a paz, é a sensação de que não nos falta nada no momento. Não perca o controle dos desejos. Não há nenhum problema em se ter um desejo, mas escolha um grande desejo, e escolha com consciência, descartando os pequenos.

Qual foi o melhor ou mais valioso investimento que você já fez?

Cada livro que leio sem obrigação ou sem um propósito em mente.

O amor genuíno pela leitura em si, quando cultivado, é um superpoder. Vivemos na era de Alexandria, quando cada livro e cada unidade de conhecimento já posta no papel estão na ponta dos nossos dedos. Os meios de aprendizado abundam — o que falta é o desejo de aprender. Cultive esse desejo lendo o que quer e não o que "deve".

Nos últimos cinco anos, que nova crença, novo comportamento ou hábito mais impactou positivamente sua vida?

A felicidade é uma opção que você escolhe e uma capacidade que você desenvolve.

A mente é tão maleável quanto o corpo. Desperdiçamos muito tempo e esforço tentando mudar o mundo externo, os outros e nosso corpo, ao mesmo tempo em que aceitamos a nós mesmos e a programação que recebemos quando jovens. Aceitamos a vozinha que fala conosco em nossa cabeça o tempo todo como a fonte da verdade. Mas tudo isso é maleável, todo dia é um novo dia, e a memória e a identidade são fardos do passado que nos impedem de viver com liberdade no presente.

Que conselho você daria a um universitário inteligente e aplicado prestes a entrar no "mundo real"? E quais conselhos ele deveria ignorar?

Conselho: siga sua curiosidade intelectual, e não o que quer que seja "descolado" no momento. Se sua curiosidade o levar a um lugar aonde a sociedade acabará querendo ir, você será extremamente bem recompensado.

Faça tudo que está disposto a fazer, mas com menos ansiedade, menos sofrimento, menos emoção. Tudo leva tempo.

Ignore: as notícias. Reclamações, pessoas irritadas, amantes dos conflitos. Qualquer um que tente assustá-lo lançando mão de um perigo que não esteja definido nem presente.

Não faça coisas que você sabe que são moralmente erradas. Não porque outra pessoa está vendo, e sim porque VOCÊ está. A autoestima é simplesmente a reputação que você tem consigo mesmo. Você sempre saberá.

Ignore a injustiça — não existe justiça. Use as cartas que tirou com o máximo de habilidade. As pessoas são muito constantes, então você em algum momento conseguirá o que deseja, assim como os outros. No fim das contas, todos recebem o mesmo veredito: a morte.

Que dicas ruins você costuma ouvir na sua profissão ou especialidade?

"Você é jovem demais." Grande parte da história foi feita por jovens. Eles apenas só receberam o crédito quando estavam mais velhos. A única maneira de realmente aprender algo é fazendo. Sim, ouça orientações, mas não espere.

Nos últimos cinco anos, a que você começou a dizer não com mais facilidade?

Digo não a quase tudo. Faço muito menos concessões de curto prazo. Só quero trabalhar com pessoas com quem possa trabalhar para sempre, investir meu tempo em atividades que sejam empolgantes e me concentrar no longo prazo.

Então, não tenho tempo para coisas de curto prazo: jantares com pessoas que não voltarei a ver, cerimônias chatas para agradar gente chata, viagens a lugares que eu não visitaria por prazer.

Quando se sente sobrecarregado, ou desconcentrado, ou perde o foco momentaneamente, o que faz?

Memento mori — "lembre que você vai morrer." Tudo isso dará em nada. Você se lembra de antes do seu nascimento? É isso.

"Autossuficiência é apenas um sinônimo de pobreza."

MATT RIDLEY
X: @mattwridley
mattridley.co.uk

MATT RIDLEY é autor proeminente de livros que venderam mais de um milhão de exemplares, foram traduzidos para 31 idiomas e receberam inúmeros prêmios. Entre eles: *A Rainha de Copas, As origens da virtude, Genoma, Nature via Nurture, Francis Crick, O otimista racional* (um dos livros mais recomendados pelos outros entrevistados neste livro) e *Evolução.* Sua palestra no TED, "When Ideas Have Sex", teve mais de dois milhões de visualizações. Ele escreve uma coluna semanal no *Times* (Londres) e escreve regularmente para o *Wall Street Journal.* Como Visconde Ridley, Matt foi eleito para a Câmara dos Lordes em fevereiro de 2013.

Que livro (ou livros) você mais deu de presente e por quê? Ou nomeie de um a três livros que mais influenciaram sua vida.

Dois livros que influenciaram muito a minha vida foram *A dupla hélice*, de James D. Watson, e *O gene egoísta*, de Richard Dawkins. O que me fascina nesses livros é que eles revolucionaram a narrativa das histórias científicas, enquanto, ao mesmo tempo, produziram eles próprios inovações científicas na elucidação do segredo da vida. Leia esses dois livros e você terá uma ótima resposta para uma pergunta que tem confundido a humanidade por milhões de anos: o que é a vida? O "romance de não ficção" de Watson foi uma realização literária formidável e foi uma das maiores descobertas científicas do século XX. O argumento "mais estranho do que a ficção" de Dawkins virou a biologia evolutiva de cabeça para baixo e foi escrito como uma excelente história de detetive.

Que aquisição de até 100 dólares mais impactou positivamente sua vida nos últimos seis meses (ou nos últimos tempos)?

SleepPhones. É uma faixa para a cabeça que cobre os olhos e vem com dois fones de ouvido ultrafinos para que você possa ouvir livros até adormecer.

Nos últimos cinco anos, que nova crença, novo comportamento ou hábito mais impactou positivamente sua vida?

O hábito de ouvir livros até adormecer. Isso curou a minha insônia, que muitas vezes chegava a ser crônica, sem a necessidade de psicotrópicos ou de uma dispendiosa e ineficaz psicoterapia, além de ter me dado a chance de "ler" ainda mais livros. Basta colocar o despertador para a hora certa e voltar um pouco sempre que acordo, e não perco quase nada do livro.

Que conselho você daria a um universitário inteligente e aplicado prestes a entrar no "mundo real"?

Não se intimide com nada. Na grande maioria das provisões e vocações, as pessoas que têm sucesso não são mais inteligentes do que você. O mundo adulto não está cheio de deuses, e sim apenas de pessoas que adquiriram habilidades e hábitos que funcionam para elas. E se especialize — a grande conquista humana é a especialização na produção de bens e serviços para que o consumidor tenha opções mais diversificadas. A autossuficiência é apenas um sinônimo de pobreza.

“Passamos tempo demais reclamando e esquecemos que temos o poder de mudar toda e qualquer coisa.”

BOZOMA SAINT JOHN
X/IG: @badassboz

BOZOMA SAINT JOHN é diretora de marketing da Uber. Até junho de 2017, ela era executiva de marketing da Apple Music, depois de ter entrado para a companhia com a aquisição da Beats Music, onde era chefe de marketing global. Em 2016, a *Billboard* a elegeu “Executiva do Ano” e a *Fortune* a incluiu na sua lista de “40 under 40”. A *Fast Company* incluiu Bozoma na lista das “100 Pessoas Mais Criativas”. Bozoma nasceu em Gana e deixou o país aos 14 anos com a família para imigrar para Colorado Springs.

Nomeie de um a três livros que mais influenciaram sua vida.

Adoro *A canção de Solomon*, de Toni Morrison. Seu estilo de escrita é incrivelmente poético e complexo. Ela não “permite” preguiça na leitura de sua obra; assim, além da história incrível, aprendi a não ter pressa em absorver os personagens, a reler trechos quando havia muito a processar. Também foi o livro que pedi ao meu finado marido que lesse quando ele me passou uma cantada para me conhecer melhor. Nosso primeiro encontro foi uma análise do livro, e ele passou com louvor. Dois meses depois, no meu aniversário, ele me presenteou com uma pintura da sua interpretação do livro. Foi naquele momento que soube que queria me casar com ele. Qualquer um capaz de reservar esse tempo para ler, compreender e interpretar a obra de Toni

Morrison, por minha recomendação, seria alguém com quem eu iria querer passar um bom tempo. Essa experiência me ensinou que, quando as pessoas gostam de você, elas saem da sua zona de conforto para compreendê-lo. Assim, Toni Morrison me ajudou a estabelecer padrões mais elevados.

Há algum hábito incomum ou algo absurdo que você ame?

Amo observar as pessoas. Posso, literalmente, passar o dia inteiro fazendo isso. É fascinante observá-las passando. Você pode aprender tanto sobre uma cultura apenas observando o movimento do seu povo. Ótimos lugares para observar as pessoas são as praças de alimentação dos shopping-centers norte-americanos, os cafés das esquinas de Paris, o mercado de Acra... moda, etiqueta, demonstrações públicas de afeto... tudo isso pode ser aprendido e tornar o observador um participante mais respeitoso da cultura.

Quando se sente sobrecarregada, ou desconcentrada, ou perde o foco momentaneamente, o que faz?

Eu durmo. Ou melhor, cochilo. Não há nenhum problema que um cochilo de vinte minutos não possa me ajudar a resolver. É como um botão de reiniciar para a mente. Acordo pensando com mais consciência e mais capaz de usar o instinto para tomar a decisão certa, pois parei de pensar. Eu sigo a intuição do que quer que eu esteja sentindo quando acordo.

Se você pudesse colocar um outdoor gigante em qualquer lugar exibindo qualquer coisa, o que seria e por quê? Existe alguma citação em que você pense com frequência ou que sirva de guia para sua vida?

Sem dúvida, seria "Seja a mudança que você quer ver no mundo". Passamos tempo demais reclamando e esquecemos que temos o poder de mudar toda e qualquer coisa. Eu também teria uma segunda citação: "Vou começar pelo homem no espelho", de Michael Jackson. É a mesma mensagem com outras palavras.

CITAÇÕES QUE ESTÃO NA MINHA CABEÇA

(Tim Ferriss: 9 de outubro — 30 de outubro de 2015)

"Um especialista é alguém que já cometeu todos os erros que podem ser cometidos em uma área muito específica."

— NIELS BOHR

Físico dinamarquês e ganhador do Prêmio Nobel

"O que em geral consideramos impossível são apenas problemas de engenharia... não existe nenhuma lei da física impedindo sua solução."

— MICHIO KAKU

Físico e cocriador da teoria de campos de corda

"Esses indivíduos possuem riquezas da mesma forma que dizemos que 'temos febre', quando, na verdade, é a febre que nos tem."

— SÊNECA

Filósofo estoico romano, dramaturgo famoso

"Também tenho em mente aquela aparentemente rica, porém mais terrivelmente pobre classe de todas, que acumulou lixo, mas não sabe usá-lo, livrar-se dele, e, assim, forjou as próprias correntes de ouro ou prata."

— HENRY DAVID THOREAU

Ensaísta e filósofo norte-americano, autor de *Walden*

"Comecei basicamente imaginando que estava escrevendo para um estádio cheio de réplicas de mim mesmo — o que facilitou as coisas, porque eu tinha total conhecimento de quais tópicos eram interessantes para elas, que estilo de escrita preferiam, qual era o senso de humor adequado etc."

TIM URBAN
X/FB: @waitbutwhy
waitbutwhy.com

TIM URBAN é o autor do blog *Wait But Why* e se tornou um dos escritores mais populares da internet. De acordo com a *Fast Company*, Tim "conquistou um grau de envolvimento dos leitores que seria de dar inveja até aos gigantes da nova mídia." Enquanto este livro está sendo escrito, *Wait But Why* recebe mais de 1,5 milhão de visitantes únicos mensais e tem mais de 550.000 e-mails inscritos. Tim também reuniu escritores proeminentes, como os escritores Sam Harris (página 361) e Susan Cain (página 32), o cofundador do Twitter (atual X), Evan Williams (página 395), o curador do TED, Chris Anderson (página 401) e Maria Popova, do *Brain Pickings*. A série de postagens feitas por Tim depois de uma entrevista com Elon Musk foi chamada por David Roberts, do *Vox*, de "as postagens mais suculentas, fascinantes e satisfatórias que vi em muito tempo." Você pode começar pela primeira: "Elon Musk: The World's Raddest Man." A palestra do TED de Tim, "Inside the Mind of a Master Procrastinator", acumula mais de 59 milhões de visualizações.

Que livro (ou livros) você mais deu de presente e por quê? Ou nomeie de um a três livros que mais influenciaram sua vida.

A nascente, de Ayn Rand, por causa dos dois protagonistas do livro – Howard Roark e Peter Keating. Nenhum dos personagens é como uma pessoa real, os dois são muito unidimensionais e extremos. Mas, para mim, se você juntar os dois, terá cada um de nós. Roark é um pensador completamente independente. Ele raciocina usando princípios primais, os fatos básicos no núcleo da vida, como os limites da física e os limites da própria biologia, e usa essas informações como os tijolos do seu raciocínio para construir suas conclusões, decisões e seu caminho. Keating é o oposto. É um pensador totalmente dependente. Ele olha para fora e vê os valores contemporâneos, a aceitação da sociedade e o senso comum como os fatos básicos, e então faz o melhor possível para ganhar o jogo dentro dessas regras. Seus valores são os valores da sociedade, e eles ditam seus objetivos. Todos somos como Roark em certas situações e como Keating em outras. Acho que o segredo da vida é entender quando faz sentido economizar energia mental e ser como Keating (sou muito conformista ao me vestir, pois a escolha das roupas não me é muito relevante), e quando na vida é de fato importante ser como Roark e raciocinar com independência (na escolha da carreira, do(a) companheiro(a) de vida, na decisão de como criar os filhos etc.).

A nascente foi uma grande influência quando escrevi uma postagem longa no blog sobre por que acho que Elon Musk é tão bem-sucedido. Para mim, ele é como Roark – é poderoso no raciocínio baseado em princípios primais. Na postagem, chamei esse ser de "chef" (alguém que experimenta ingredientes e cria uma nova receita). Musk é incomumente como um chef. A maioria de nós passa a maior parte da vida sendo como Keating, ou o que chamo de "cozinheiro" (alguém que segue a receita de outra pessoa). Nós todos seríamos mais felizes e bem-sucedidos se conseguíssemos aprender a ser chefs com mais frequência – o que só requer um pouco de consciência em relação aos momentos em que somos um cozinheiro e uma epifania que não é tão assustadora quanto parece para raciocinar com independência e agir de acordo.

Observação de Tim Ferriss: Pedi a Urban que me contasse uma história interessante relacionada ao assunto anterior. Eis a história:

No início de 2015, Musk entrou em contato para marcar uma visita. Ele disse que havia lido algumas postagens de *Wait But Why* e estava se perguntando se eu estaria interessado em escrever sobre algumas das indústrias em que ele atua. Peguei um avião para encontrá-lo na Califórnia, visitar as fábricas da Tesla e da SpaceX e conversar com os executivos das duas companhias para conhecer a história completa do que eles estavam fazendo e por quê. Ao longo dos seis meses seguintes, escrevi quatro postagens muito longas sobre a Tesla e a SpaceX e a história das indústrias ao redor delas (período em que tive conversas regulares com Musk a fim de chegar de verdade ao fundo das questões que tinha em mente). Nas três primeiras postagens, tentei responder à questão: "Por que Elon faz o que faz?" Na quarta e última postagem da série, examinei o próprio Musk e tentei responder à questão: "Por que Elon é capaz de fazer o que faz?" Foi isso que me levou a explorar todas essas ideias em torno do raciocínio com base em princípios primais (ser um "chef" que cria uma receita) *versus* o raciocínio por analogia (ser um "cozinheiro" que segue a receita de outra pessoa).

Que aquisição de até 100 dólares mais impactou positivamente sua vida nos últimos seis meses (ou nos últimos tempos)?

O aplicativo de palavras cruzadas do *New York Times*. Sempre gostei de palavras cruzadas, mas era muito ruim. Desde que instalei o aplicativo, melhorei muito (comecei fazendo basicamente as palavras cruzadas de segunda até a quarta-feira, e agora faço os de todos os dias da semana), e completar as palavras cruzadas é uma parte deliciosa do meu dia, todos os dias. Amo acordar e trabalhar nas palavras cruzadas do dia durante a manhã — na cama, enquanto tomo café da manhã, no metrô, em pé na fila de uma cafeteria etc. Mas preciso ter cuidado: quanto mais a semana avança, mais tempo levo para concluir as palavras cruzadas. E, com frequência, não tenho a disciplina de largar as palavras cruzadas até concluí-las, o que pode prejudicar bastante a minha agenda profissional para aquele dia e me fazer me odiar. Ou, às vezes, abro o aplicativo durante um intervalo de cinco minutos do trabalho, e aí ele se transforma em um intervalo de 82 minutos, e me odeio outra vez. Então, agora tento deixar as palavras cruzadas para a noite.

De que forma um fracasso, ou fracasso aparente, acabou te levando ao sucesso? Você tem algum "fracasso pessoal" favorito?

No último ano da faculdade, decidi me inscrever para compor as músicas de um musical anual escrito pelos alunos chamado *The Hasty Pudding*. A sessão de instruções para os inscritos foi conduzida pelo diretor e por outro aluno que trabalhava no programa e que estava auxiliando o diretor durante os testes. O diretor explicou como funcionava a inscrição, e o assistente foi até o piano para dar alguns exemplos do tipo de música que eles estavam procurando. Saí muito animado, queria ganhar a vida como compositor depois da faculdade e estava louco para conseguir a vaga.

Mais tarde naquele dia, eles mandaram um e-mail para todos os inscritos com as datas em que deveríamos apresentar amostras das músicas para o diretor. Essa seria a nossa audição. Na programação, vi os nomes da pessoa que havia composto as músicas para o show no ano anterior (e eu sabia que com frequência a mesma pessoa compunha as músicas durante anos seguidos) *e* do próprio assistente — o que havia nos dado orientações sobre o que eles estavam buscando! Completamente decepcionado, decidi não me inscrever. Era óbvio: ou o compositor do ano anterior (que já tinha uma relação com o diretor do programa), ou o assistente ficaria com o trabalho.

Alguns meses depois, vi o show sendo divulgado pelo campus, e o compositor... não era nenhum dos dois. Foi outro cara que conseguiu o trabalho. Eu me arrependi e me detestei por não ter me inscrito, mas foi uma lição muito simples: não deixe de tentar algo que quer por intimidação, ainda mais se for por suposições possivelmente infundadas.

Se você pudesse colocar um outdoor gigante em qualquer lugar exibindo qualquer coisa, o que seria e por quê?

Seria um outdoor mágico mostrando algo único a cada pessoa que olhasse para ele. O outdoor teria a capacidade de ler a mente, descobrindo qual grupo de pessoas o indivíduo costuma analisar somente com uma dimensão — demonizar e desumanizar na cabeça. Para um indivíduo, poderiam ser os eleitores de Trump. Para outro, poderiam ser os muçulmanos. Para outro, poderiam ser os negros, ou os brancos ricos, ou agressores sexuais. Seja qual fosse o grupo, o indivíduo veria uma imagem da humanidade tridimensional completa daquele tipo ou pessoa. Talvez fosse aquela pessoa sentada ao lado do leito de morte do pai ou da mãe, ou ajudando os filhos com as tarefas de casa, ou se dedicando a algum hobby bobo de que o observador do outdoor por acaso também gostasse.

Acho que os seres humanos só sentem ódio das pessoas quando conseguem desumanizá-las em sua cabeça. Assim que alguém é exposto à realidade e lembrado da completude de alguém que odeia, o ódio costuma desaparecer e dar lugar à empatia.

Qual foi o melhor ou mais valioso investimento que você já fez?

No meu primeiro ano depois da faculdade, fundei uma pequena empresa de preparação para testes (com tutoria para os exames SAT, ACT etc.). Ao longo dos nove anos seguintes, investi grande parte do meu tempo no desenvolvimento da empresa. Logo no início, meu cofundador e eu percebemos que sermos dois caras solteiros na casa dos 20 anos e sem obrigações financeiras era uma vantagem, então decidimos manter nossos estilos de vida enquanto a companhia crescia. Depois de um bom ano, em vez de dar a cada um de nós um aumento de 25 mil, mantínhamos nosso salário e contratávamos um funcionário de cinquenta mil. Depois de um ano excelente, mantínhamos nosso salário e contratávamos três ou quatro novos funcionários.

Meu cofundador foi o maior responsável por isso, já que ele é o mais disciplinado de nós dois. Mas, no fim das contas, foi uma boa estratégia. Quando fiz 30 anos, a companhia tinha vinte funcionários e estava gerando provavelmente dez vezes o lucro que estaria gerando se tivéssemos aumentado o nosso salário a cada ano. Trocamos a diversão de ter um estilo de vida de rico com 20 e poucos anos para sermos pessoas muito mais livres aos 30. Essa liberdade foi o que me permitiu começar o *Wait But Why* e me tornar um escritor em tempo integral.

Há algum hábito incomum ou algo absurdo que você ame?

Tenho uma caixa de brinquedos em casa. Bem, na verdade, tenho muitos brinquedos, e minha noiva ficou cansada de olhar para as minhas coisas espalhadas por todos os lados, então trouxe uma caixa para casa onde ela insistiu que eu guardasse tudo. Os brinquedos são coisas mecânicas, para apertar, mexer — os mesmos de que eu gostava quando tinha 5 anos. Tenho um monte de ímãs, uma grande variedade de brinquedos bobos de plástico, fidget spinners, fidget cubes, bolinhas que quicam etc. Isso não é só porque sou um criançao — é porque eles me ajudam a me concentrar. Para me concentrar, preciso tocar em coisas, sou o tipo de pessoa que anda de um lado para outro quando fala ao telefone. Quando estou trabalhando (tendo ideias, pesquisando, fazendo esboços ou escrevendo), me saio muito melhor com um brinquedo na mão. Se não tiver um brinquedo na mão, acabo roendo as unhas até sangrarem. Tenho problemas.

Nos últimos cinco anos, que nova crença, novo comportamento ou hábito mais impactaram positivamente sua vida?

Se você trabalha como escritor e faz seu horário, é tentador adquirir a noção de que não segue as regras da sociedade — você trabalha de cueca, faz o trabalho mais inspirado às três da manhã, nunca usa o despertador etc. Sempre tive orgulho de não seguir convenções e sou fisicamente muito preguiçoso, então eu acreditava de verdade na agenda/ambiente de trabalho heterodoxos.

O único problema é que isso não funciona para mim. Eu conseguia fazer as coisas quando tinha um prazo, mas, quando não tinha, era muito improdutivo. Também me surpreendia em um estado permanente de trabalhando *mais ou menos*. Era raro eu ter um longo período de foco total no trabalho e poucas vezes estava de folga de verdade, despreocupado.

Em algum momento recente, eu me dei conta de que há algo na coisa de "ficar das nove às cinco em um escritório". Parei de escrever em casa e passei a me vestir e ir escrever em uma cafeteria. Passei a ir dormir num horário de um ser humano normal e a usar o despertador. E tentava compartimentalizar, trabalhar com absoluta seriedade até o fim da tarde ou início da noite, e então parar completamente até o dia seguinte. Até tentei descansar nos fins de semana (ou pelo menos um dia do fim de semana). Não consegui me enquadrar de modo perfeito nessa programação, e às vezes saio da linha, mas, quando consigo segui-la, é melhor para mim por algumas razões:

* A maioria das pessoas trabalha melhor de manhã, e não sou exceção.

* Trabalhar até tarde da noite significa a morte da vida social, já que grande parte dela acontece entre as sete e as onze da noite, tanto nos dias úteis quanto no fim de semana. Quando você trabalha nesse horário, de repente se transforma naquele amigo que nunca está livre, o que não é nada inteligente.

* Como expliquei em detalhes na minha palestra para o TED, acho que todos nós temos dois personagens principais em nossa cabeça: uma pessoa que toma decisões racionais (o adulto na sua cabeça) e um macaco à procura de gratificações imediatas (a criança na sua cabeça, que não se importa com consequências e só quer maximizar a facilidade e o prazer imediato). Para mim, os dois estão numa batalha constante, e o macaco geralmente vence. Mas descobri que, se eu transformar a minha vida em uma situação do tipo yin-yang — por exemplo, "trabalhar até seis da tarde hoje e amanhã tirar uma folga" —, é muito mais fácil controlar o macaco no período do trabalho. Saber que ele tem algo divertido por que esperar mais tarde o deixa muito mais disposto a cooperar. No meu sistema antigo, o macaco estava em um estado constante de rebelião contra um sistema que nunca lhe dava nenhum tempo exclusivo.

Que conselho você daria a um universitário inteligente e aplicado prestes a entrar no "mundo real"? E quais conselhos ele deveria ignorar?

Você pode meio que agrupar todas as carreiras em dois baldes principais: as que você é o CEO e as que você trabalha para um CEO.

As carreiras em que você é o CEO incluem qualquer coisa em que você esteja tentando fundar a própria companhia, qualquer coisa em que esteja tentando construir um nome na arte e ganhar seguidores, qualquer coisa em que esteja fazendo trabalho autônomo — caminhos em que você seja o capitão do navio da sua carreira e esteja tomando as grandes decisões.

As carreiras em que outra pessoa é o CEO são aquelas em que você se encontra em um navio cujo capitão não é você, e você está fazendo um trabalho no navio. Isso inclui situações óbvias em que você é funcionário de uma companhia, mas também uma situação em que a própria carreira é um navio pré-definido, como ser médico ou advogado.

A sociedade adora glorificar os caminhos em que "você é o CEO" e fazer as pessoas que não querem ser o CEO da própria carreira se sentirem inferiores em relação ao seu caminho, mas nenhum desses caminhos é inerentemente melhor ou pior do que o outro — isso só depende da personalidade, dos objetivos e do estilo de vida que você quer. Existem algumas pessoas superinteligentes, talentosas, especiais, cujos dons são expressos melhor como CEO, e outras cujos dons são expressos melhor quando outra pessoa está se preocupando em manter as luzes acesas enquanto elas apenas se concentram no trabalho. Da mesma forma, existem pessoas que precisam ser o CEO para achar o trabalho gratificante, e outras para quem ser o CEO e ter um trabalho que se infiltra em tudo é uma receita para o sofrimento.

Algumas pessoas querem especificamente uma coisa — como alguém que *precisa* ser cantor e compositor para ser feliz. Mas a maioria de nós sai da faculdade muito dividida em relação ao tipo de trabalho que quer fazer. Para essas pessoas, recomendo pensar com seriedade na questão do CEO e fazer experiências na casa dos 20 anos para ver como se sentem nos dois lados.

Que dicas ruins você costuma ouvir na sua profissão ou especialidade?

Sou escritor e acho que grande parte dos conselhos dados a jovens escritores — sobretudo aqueles que estão tentando fazer um nome on-line — está concentrada em tentar ganhar leitores. Se você pensar nos leitores em potencial como estacas, esse conselho equivale a tentar moldar-se ao orifício certo para a estaca, um orifício que acomode muitos leitores ou atraia um grande número de forma rápida, ou algum outro meio de deslanchar uma carreira de escritor.

Acho que o conselho oposto é melhor. Sua obsessão deve ser descobrir a forma mais divertida, excitante e natural para si como escritor, e comece a escrever. Há *muitas* pessoas na internet, e elas podem acessar seu trabalho pelo telefone que têm no bolso. Então, mesmo que uma em mil delas (0,1%) por acaso seja uma estaca que se encaixe perfeitamente no molde do seu orifício de escrita, isso equivale a um milhão de pessoas que vão amar o que você está fazendo.

Comecei basicamente imaginando que estava escrevendo para um estádio cheio de réplicas de mim mesmo — o que facilitou as coisas, porque eu tinha total conhecimento de quais tópicos eram interessantes para elas, que estilo de escrita preferiam, qual era o senso de humor adequado etc. Ignorei o senso comum de que artigos on-line devem ser curtos, frequentes, postados com constância, pois sabia que os Tims no estádio não se importavam com essas coisas. Em vez disso, concentrei-me em um único tipo de tópico. E deu certo. Quatro anos depois, muitas dessas pessoas que por acaso gostavam do meu tipo de escrita me encontraram.

Ao se concentrar no seu interior como escritor em vez de se concentrar no exterior, no que acha que seus leitores vão querer ler, você vai acabar criando uma obra melhor e mais original, e aquela pessoa em mil que por acaso ame esse tipo de trabalho vai acabar o encontrando.

Nos últimos cinco anos, a que você começou a dizer não com mais facilidade?

Aprendi a fazer minha lista de "nãos" começando pela de "sins". A lista de "sins" deveria ser centrada em torno do que é importante; mas como você define um conceito vago como "importante"? Uso dois testes simples de fatores:

Quando se trata da minha lista de "sins" profissionais, penso no que posso chamar Teste do Epitáfio. Quando tenho uma oportunidade, pergunto-me se gostaria que o meu epitáfio tivesse algo a ver com esse projeto. Se a resposta for um estrondoso "não", provavelmente significa que a oportunidade não é muito importante para mim. Pensar no seu epitáfio, por mais mórbido que seja, é uma forma interessante de eliminar todo o ruído e se forçar a encarar o trabalho por uma perspectiva abrangente, a partir da qual você pode ver o que é importante de verdade para você. Então, tento fazer a minha lista de "sins" pensando no Teste do Epitáfio, e os comprometimentos do meu tempo que ficam de fora dessa definição caem na minha lista de "nãos". Para mim, o Teste do Epitáfio em geral me lembra de concentrar meu tempo e me esforçar para fazer o trabalho com a maior qualidade e originalidade possível.

Para a lista de "sins" da minha vida social, um teste semelhante poderia ser chamado de Teste do Leito de Morte. Nós todos ouvimos falar sobre estudos em que as pessoas refletem sobre os maiores arrependimentos no leito de morte, e o clichê é que ninguém nunca diz que se arrepende de ter passado mais tempo no escritório. Isso porque o leito de morte oferece às pessoas um nível de consciência abrangente que é difícil ter em circunstâncias comuns. É só quando nos falta essa consciência, na neblina da pressa do dia a dia, que pensamos que faz sentido negligenciar as relações pessoais mais importantes. O Teste do Leito de Morte me leva a duas coisas:

* certificar-me de estar dedicando tempo às pessoas certas com a questão: "Essa pessoa é alguém em quem pensarei no leito de morte?"; e

* certificar-me de estar passando tempo de qualidade suficiente com as pessoas de quem mais gosto com a questão: "Se eu estivesse hoje no leito de morte, estaria feliz com o tempo que passei com essa pessoa?" Uma alternativa é pensar no leito de morte de outras pessoas: "Se tal pessoa estivesse no seu leito de morte hoje, como eu me sentiria em relação ao tempo de qualidade que passei com ela?".

As pessoas mais importantes estão sempre competindo por seu tempo com seu trabalho e com outras pessoas. E o Teste do Leito de Morte pode ser um bom lembrete de que a única forma de dedicar a quantidade de tempo adequada às pessoas mais importantes é dizendo não a muitas outras coisas e a muitas outras pessoas.

O objetivo tanto do Teste do Epitáfio quanto do Teste do Leito de Morte é que, quando você está no leito de morte e seu epitáfio está sendo escrito, é tarde demais para mudar o que quer que seja. Então, queremos fazer o que for para ter a consciência do fim da vida antes de ele realmente chegar.

É lógico que de fato dizer "não" à sua lista de "nãos" é difícil, e ainda estou trabalhando nisso, mas ter bons mecanismos para definir o que é importante me ajudou muito.

"Antes, eu me chateava com os obstáculos que encontrava ao longo do caminho, pensando: 'Ah, se aquilo não tivesse acontecido, a vida teria sido tão boa.' Então, de repente, percebi que a vida são os obstáculos. Não existe um caminho adjacente."

JANNA LEVIN
X/IG: @jannalevin
jannalevin.com

JANNA LEVIN é professora de física e astronomia na Barnard College, da Universidade Columbia, e contribuiu para a ciência com a compreensão dos buracos negros, da cosmologia das outras dimensões e das ondas gravitacionais no formato do espaço-tempo. Ela também é diretora de ciências no Pioneer Works, um centro cultural dedicado à experimentação, educação e produção em múltiplas disciplinas. Seus livros incluem *How the Universe Got Its Spots* e o romance *Um louco sonha a máquina universal*, que lhe rendeu o Prêmio PEN/Bingham. Janna recentemente ganhou uma bolsa Guggenheim, concedida àqueles "que demonstraram uma capacidade excepcional por estudos produtivos". Seu último livro, *Black Hole Blues and Other Songs from Outer Space*, é a história interna da descoberta do século: o som do espaço-tempo ecoando a partir da colisão de dois buracos negros, ocorrida mais de um bilhão de anos atrás.

De que forma um fracasso, ou fracasso aparente, acabou te levando ao sucesso? Você tem algum "fracasso pessoal" favorito?

O fracasso é muito subestimado. Há uma história sobre Einstein da qual só tomei conhecimento muito recentemente. Em 1915, ele pensou que as ondas gravitacionais — ondulações na forma do espaço-tempo — fossem a consequência mais importante da sua teoria da relatividade geral. Alguns anos depois, ele voltou atrás, afirmando que elas não existiam, e passou algum tempo alternando entre a ideia de elas existirem ou não. Muitos anos depois, ele inscreveu um artigo para publicação declarando que elas não existem. Em algum momento entre essa conclusão e a publicação do artigo, produziu um novo manuscrito dizendo que elas existiam. Um amigo alertou: "Einstein, você precisa ter cuidado. Você tem um nome famoso que estará nesses artigos." Einstein riu e respondeu: "Meu nome está em vários artigos errados." Na década de 1930, ele declarou que não sabia se as ondas gravitacionais existiam, mas que a questão era de suma importância. Em 2015, cem anos depois da primeira vez que Einstein propôs sua existência, uma empreitada experimental maciça de bilhões de dólares registrou ondas gravitacionais a partir da colisão de dois buracos negros, ocorrida mais de um bilhão de anos atrás. Ondas emitidas antes de os seres humanos terem surgido na Terra. Desencorajamos o fracasso e, com isso, de forma sutil desencorajamos o sucesso.

Meu fracasso pessoal favorito é a minha primeira teoria cosmológica. Quando descobri que a Terra era redonda, acreditei que morássemos no interior da esfera. Fiquei ao mesmo tempo surpresa e empolgada por ver outra possibilidade ganhar destaque. Vivemos *sobre* a esfera. Incrível. A ciência tem a ver com estar certo de antemão ou saber a resposta. A ciência é motivada pela determinação humana de descobrir.

Qual foi o melhor ou mais valioso investimento que você já fez?

Recentemente, investi na revitalização de cerca de 280m^2 no Pioneer Works, um centro cultural espetacular dedicado à arte, à música, ao cinema e, agora, à ciência. A instituição está sediada em uma antiga siderúrgica sobre a água em Red Hook, Brooklyn. Não tínhamos arquiteto para a obra de revitalização, nenhum plano, nenhum desenho, nenhuma medida. Eu estava com o fundador, Dustin Yellin, e o diretor, Gabriel Florenz, na maior parte do tempo gritando, e rindo, e gritando, e discutindo. Alguém dizia: quero uma sala aqui. Quero tudo de vidro. Não quero vidro. Quero paredes. Não quero paredes. Uma porta aqui. E cada um de nós de vez em quando abria concessões para os outros, enquanto o talentosíssimo empreiteiro Willie Vantapool ouvia e integrava nossas ideias, implementando o que emergiu como um design coerente de maneira surpreendente. Como física teórica convicta, essa foi a expressão mais física de qualquer projeto criativo em que já me envolvi, bem como um dos investimentos mais arriscados que já considerei. E agora, ao escrever essas respostas no novo Science Studios, fico maravilhada com o resultado. O espaço é deslumbrante, convidativo e inspirador. Estamos construindo o mundo onde queremos morar e, ao fazê-lo, construímos um espaço notável e incomum para as ciências em um ambiente nada convencional. A ciência pertence ao mundo como um todo, pois, como adquiri o hábito de dizer, ela faz parte da cultura.

Nos últimos cinco anos, que nova crença, novo comportamento ou hábito mais impactaram positivamente sua vida?

Antes, eu me chateava com os obstáculos que encontrava ao longo do caminho, pensando: *Ah, se aquilo não tivesse acontecido, a vida teria sido tão boa*. Então, de repente, percebi que a vida *são* os obstáculos. Não existe um caminho adjacente. Nosso papel aqui é nos tornarmos melhores na navegação desses obstáculos. Meu objetivo é encontrar respostas calmas e ponderadas, enxergando obstáculos como uma chance de resolver problemas. Com frequência, retomo antigas frustrações, mas, quando me lembro de que estou diante de uma chance de resolver as coisas, reformulo conflitos como uma oportunidade de experimentar soluções.

Nos últimos cinco anos, a que você começou a dizer não com mais facilidade?

Sou terrível para dizer não. Realmente terrível. Vou ler as respostas dos outros entrevistados à procura de conselhos.

"Precisamos de uma nova diversidade — não uma baseada em características biológicas e políticas de identidade, e sim uma diversidade de opiniões e visões de mundo."

AYAAN HIRSI ALI
X: @Ayaan
theahafoundation.org

AYAAN HIRSI ALI é ativista pelos direitos das mulheres, defensora da liberdade de expressão e escritora best-seller. Quando menina na Somália, foi submetida à mutilação genital feminina (MGF). Após ser forçada por seu pai a se casar com um primo distante, fugiu para a Holanda e pediu asilo político, tendo depois começado a trabalhar como zeladora e alcançado o cargo de membro do parlamento holandês. Como parlamentar, Ayaan defendeu a conscientização em relação à violência contra as mulheres, incluindo os crimes por defesa da honra e a MGF, práticas que haviam perseguido outras mulheres que imigraram para a Holanda. Em 2004, Ayaan ganhou atenção internacional depois do assassinato de Theo van Gogh, que havia dirigido o curta-metragem dela, *Submission*, um filme sobre a opressão feminina sob o Islã. O assassino deixou uma ameaça de morte contra ela no peito de Gogh. Esse acontecimento trágico é narrado em seu livro mais bem-sucedido, *Infiel*. Ela também é a autora de *A Virgem na jaula*, *Nômade*, e, mais recentemente, o best-seller *Herege: Por que o islã precisa de uma reforma imediata.*

Que livro (ou livros) você mais deu de presente e por quê? Ou nomeie de um a três livros que mais influenciaram sua vida.

A sociedade aberta e seus inimigos, de Karl Popper, publicado pela primeira vez em 1945. Dei muitas vezes esse livro de presente aos meus amigos políticos quando trabalhava como política e agora dou a estudantes. Uma das maiores lições desse livro para mim é que grande parte das más ideias que levam a consequências autoritárias começa com boas intenções. Trata-se de uma sabedoria atemporal.

Quando eu trabalhava como política na Holanda, vivia cercada por políticos com intenções maravilhosas. Eles queriam fazer o bem e envolver o governo em cada aspecto da vida expandindo programas. No entanto, essas boas intenções levariam a um controle cada vez maior da vida das pessoas. Um exemplo era a assistência à infância. Debatíamos se o governo deveria oferecer assistência gratuita a elas. Parecia uma ótima ideia, proveniente da boa intenção de ajudar os pais a darem continuidade a suas carreiras. Contudo, na prática, significaria uma substituição do esposo ou parceiro pelo governo. Uma das exigências seria o compartilhamento de informações pessoais com o estado, e o programa ditaria como o dinheiro das pessoas seria gasto e como as crianças seriam educadas. O preço de ceder a autoridade dos pais ao governo era simplesmente alto demais. Esse é só um pequeno exemplo, mas ilustra como o governo pode perder o controle. Popper não teria gostado dessa ideia.

Se você pudesse colocar um outdoor gigante em qualquer lugar exibindo qualquer coisa, o que seria e por quê?

"Precisamos de uma nova diversidade — não uma baseada em características biológicas e políticas de identidade, e sim uma diversidade de opiniões e visões de mundo."

Que conselho você daria a um universitário inteligente e aplicado prestes a entrar no "mundo real"? E quais conselhos ele deveria ignorar?

Os estudantes devem ir para a faculdade com a mente aberta. Aconselho-os a ignorarem todo o absolutismo ao redor, tanto em termos de ideias quanto de pessoas. Quando lhes dizem que algumas pessoas ou ideias estão erradas, são detestáveis ou ofensivas, uma lâmpada deve acender na cabeça deles. Esse é o momento em que sua curiosidade deve ser provocada para descobrirem por si mesmos se de fato se trata de algo ruim. Adotar uma atitude de pensamento crítico é a coisa mais crucial no aprendizado do que quer que seja.

Muitos alunos me procuram cheios de intenções maravilhosas, na esperança de mudar o mundo; eles planejam passar o tempo ajudando os pobres e desprovidos. Eu digo para primeiro se formarem e ganharem muito dinheiro, e só depois encontrarem a melhor maneira de ajudar os necessitados. Na maioria das vezes, os estudantes não podem ajudar os desprovidos no momento, mesmo que se sintam bem tentando. Já vi muitos ex-alunos chegando aos 40 ou mais e ainda tentando pagar as contas.

Eles passam o tempo na faculdade fazendo o bem em vez de construírem a carreira e o futuro. Aviso aos alunos de hoje para terem cuidado ao usarem seu precioso tempo e pensarem bem em quando será a hora certa para ajudar. É um clichê batido, mas você precisa se ajudar antes de ajudar os outros. Isso com frequência se perde entre os estudantes idealistas.

Costumam me perguntar se devem trabalhar no setor privado ou público. Sempre os aconselho a trabalharem no setor privado, e gostaria de ter feito o mesmo antes de ter entrado para a política e para o setor público. O setor privado ensina habilidades importantes, como o empreendedorismo, que mais tarde podem ser aplicadas em qualquer área de trabalho.

"Os budistas afirmam que estamos todos queimando. É tão bonito às vezes entrar na frequência e ver o tremeluzir."

GRAHAM DUNCAN
eastrockcap.com

GRAHAM DUNCAN é cofundador da East Rock Capital, uma firma de investimentos que administra 2 bilhões de dólares para um pequeno número de famílias e suas fundações de caridade. Antes de fundar a East Rock Capital, doze anos atrás, Graham trabalhou em duas firmas de investimento. Ele começou a carreira cofundando a firma de pesquisa independente de Wall Street Medley Global Advisors. Graham se formou em Yale com bacharelado em ética, política e economia. Ele é membro do Council on Foreign Relations e um dos diretores da Fundação Sohn Conference, que financia pesquisas sobre câncer em crianças. Josh Waitzkin (página 204) chama Graham de "ponta de lança dos reinos do talento na identificação e julgamento do potencial humano em arenas de grande calibre mental."

Há algum hábito incomum ou algo absurdo que você ame?

Eu uso o SubPac M2 Wearable Physical Sound System no metrô e às vezes enquanto trabalho à minha mesa. O sistema permite que você sinta a vibração da música através do corpo. Os principais usuários são produtores musicais, gamers e pessoas com deficiência auditiva. Acho que a experiência da música por todo o corpo torna o ato de ouvir música ou até um podcast uma experiência somática mais imersiva em vez de algo conceitual e mental.

Se você pudesse colocar um outdoor gigante em qualquer lugar exibindo qualquer coisa, o que seria e por quê?

Tenho dois candidatos:

Primeiro: "Não se trata do quão bem você joga o jogo, e sim decidir que jogo você quer jogar." — Kwame Appiah. Essa citação separa o esforço da estratégia e me lembra de assumir uma visão macro do que estou fazendo, como em um jogo eletrônico em que você pode diminuir o zoom e de repente vê que estava correndo em círculos em um canto do labirinto. Isso também serve para flexibilizar a relação com o jogo, ajudando a separar o fato de ter ambição do de ser ambicioso, ou avaliar um golpe sem se tornar um golpista.

Segundo, o romancista budista George Saunders disse em uma entrevista que tem uma imagem do "néctar em recipientes em decomposição" das pessoas. Essa imagem me persegue. Quando penso nisso de manhã, ela me permite ver a natureza do Buda fluindo através das criaturas adoráveis, falhas, vivas, mas em lento processo de morte, que encontramos todos os dias. A versão de 3 anos da minha filha é tão temporária. Os budistas afirmam que estamos todos queimando. É tão bonito às vezes entrar na frequência e ver o tremeluzir.

Que livro (ou livros) você mais deu de presente e por quê? Ou nomeie de um a três livros que mais influenciaram sua vida.

O livro de Sam Barondes, *Entenda as pessoas*, causou um grande impacto no meu modo de pensar, e, de vez em quando, dou um exemplar a pessoas que estão contratando alguém ou decidindo se devem se comprometer num noivado. Como parte do meu papel como investidor, entrevisto entre quatrocentas e quinhentas pessoas por ano para decidir se devo contratá-las ou investir em suas diversas startups ou fundos de investimento, e o modelo mental mais útil que encontrei para me ajudar a entender o que motiva as pessoas é o que Barondes descreve no livro. O modelo é chamado de "Cinco Grandes" ou OCEAN: abertura à experiência, realização, extroversão, socialização e neuroticismo. Os estudiosos que desenvolveram o modelo agruparam cada adjetivo do inglês que podia ser usado para descrever alguém em categorias, e as reduziram a um grupo tão pequeno de fatores quanto possível. Os Cinco Grandes são considerados o equivalente à gravidade na literatura acadêmica sobre a personalidade. Já foram conduzidos milhares de estudos usando-o, e ele é considerado estatisticamente muito mais preciso do que suas alternativas, como o Myers-Briggs. A melhor combinação é aberto à experiência, muito realizador e pouco neurótico.

Existem dois outros modelos mentais que influenciam muito o meu pensamento sobre pessoas e equipes. O primeiro é o modelo de desenvolvimento do adulto, do professor Robert Kegan, de Harvard. Segundo Kegan, os adultos se desenvolvem — e compreendem a realidade — em cinco fases discretas. Ele explica essa teoria no livro de 1994 *In Over Our Heads*. O título é uma referência a como a grande maioria dos norte-americanos adultos encontra-se no estágio "socializado" de desenvolvimento. Eles têm dificuldade para apreciar as perspectivas de outras pessoas e tendem a seguir pressuposições que lhes foram dadas pela sociedade (em vez de suposições escolhidas livremente por si mesmos). Para os interessados em aprender mais sobre o modelo, recomendo o livro mais recente e menos acadêmico da aluna de graduação de Kegan, Jennifer Garvey Berger: *Changing on the Job.*

O terceiro modelo mental que tenho recomendado ultimamente se encontra não em um livro, e sim em um site um pouco obscuro: workwithsource.com. Esse trabalho se baseia em um consultor inglês de administração que estudou centenas de startups e chegou à conclusão de que, mesmo quando há vários "cofundadores", existe sempre uma única fonte: a pessoa que assumiu o primeiro risco em uma nova iniciativa. Essa fonte mantém uma relação única com o molde da ideia original e tem um conhecimento intuitivo do próximo passo certo para a iniciativa, enquanto os que se juntaram mais tarde para ajudar na execução em geral carecem dessa conexão intuitiva com a ideia original do fundador. Muitas tensões organizacionais ou na liderança giram em torno da falta do conhecimento explícito da identidade da fonte da iniciativa. Um investidor-anjo proeminente me disse pouco tempo atrás que muitos fundadores parecem ter a tendência de contratar amigos como cofundadores mais para reduzir a própria ansiedade nos primeiros dias muito ambiciosos de uma nova companhia do que para desempenhar uma função específica. Isso pode dar certo, contanto que todos saibam bem quem é a fonte. A responsabilidade de se assumir completamente o papel de fonte está, em grande parte, na própria fonte.

Transmitir o papel de fonte da iniciativa para outra pessoa é possível, mas bastante difícil, e com frequência a transmissão é feita de forma errada. Uma chave para uma transição bem-sucedida é que a fonte original de fato deixe a cena para dar espaço ao novo líder. Um gerente de investimentos me contou de um estudo sobre o desempenho de ações após a partida de um CEO do seu negócio: todo desempenho positivo subsequente das ações estava relacionado ao abandono completo da diretoria pelo CEO, e não à alternativa da sua permanência como mentor do próximo CEO. O fato de Gates ter permanecido na diretoria da Microsoft durante a administração de Ballmer pode ter contribuído para o posterior desempenho medíocre das ações da companhia, enquanto a partida recente de Ballmer da diretoria permitiu a Satya Nadella introduzir completamente a própria visão criativa. Observo essa dinâmica no meu trabalho administrando as fortunas das famílias da *Forbes 500*, enquanto a segunda e a terceira gerações têm dificuldades para se relacionar com o patriarca original e "fonte" da riqueza. Muitas vezes, a responsabilidade de abrir espaço para uma verdadeira transição está nas mãos da fonte. É a lição da música de George Washington no musical *Hamilton*, em que Washington rejeita o pedido de Hamilton para concorrer a um terceiro mandato, cantando: "Vamos lhes ensinar a dizer adeus."

Que aquisição de até 100 dólares mais impactou positivamente sua vida nos últimos seis meses (ou nos últimos tempos)?

Recentemente, comprei nadadeiras palmares FINIS (custaram menos de 20 dólares; obrigado, blog de Ben Greenfield). Elas aumentam muito a minha braçada no nado livre, e, combinadas aos meus pés de pato da Cressi (29 dólares), parece que estou voando na água.

De que forma um fracasso, ou fracasso aparente, acabou te levando ao sucesso? Você tem algum "fracasso pessoal" favorito?

No meu papel, investindo, alimentando e desenvolvendo firmas de investimento, conduzo extensas checagens de referências de pessoas para tentar acelerar o processo de construção de confiança. No início de 2008, eu estava prestes a apoiar uma firma e conduzi uma última checagem de referência com o antigo chefe do gerente de investimentos, que se mostrou muito negativo e cético em relação ao seu ex-analista. Foi o bastante para suspender o investimento, que acabou se saindo muito bem, mesmo enquanto a crise financeira se desenrolava. Eu me arrependi muito em relação aos lucros que perdi. Mais tarde, veio à tona a possibilidade de a fonte da referência querer sabotar a nova firma do antigo pupilo.

Cinco anos depois, eu estava avaliando outro gerente de investimentos para uma parceria e, quando estávamos no fim do nosso diligente processo, recebi uma referência ambígua. Àquela altura, contudo, eu conseguia absorver melhor múltiplas perspectivas sem dissonância cognitiva, o estado da "capacidade negativa" que Keats citou como sendo útil para escritores. Dessa vez, os dados ambíguos só me levaram a fazer um trabalho maior e fiquei ainda mais convencido do caráter e da competência do gerente de investimentos. Esse investimento foi um dos mais lucrativos, e, se não fosse a minha falha anterior, não sei se eu teria tido a capacidade de enxergar a realidade da situação. Atualmente, quando falo com alguém sobre qualquer coisa, tento acolher sua perspectiva com cuidado: a partir do conhecimento de que tanto os outros quanto eu temos mapas muito incompletos da realidade.

Que dicas ruins você costuma ouvir na sua profissão ou especialidade?

Acho que as pessoas usam o termo "fundo de cobertura" sem muito discernimento. Acredito que deveríamos descartar esse termo, talvez começando a usar, em vez disso, "estrutura em H" para capturar o conceito da compensação de incentivo. Não acho que seja útil ver um "fundo" ou um "produto". Eles não passam de coleções temporárias de pessoas falhas, e ao mesmo tempo brilhantes, que, a qualquer momento, podem decidir fazer a sequência do filme que fizeram no ano anterior. O único produto é o conjunto de decisões futuras que o gerente de portfólio tomará. Se ele se divorciar ou ficar deprimido, se seu braço direito sair, o "produto" muda completamente. Chamá-lo de produto ignora a realidade de que a única fonte de estabilidade é o fato de a mentalidade do líder da equipe ser resiliente ou até "antifrágil" (noção de Nassim Taleb que corresponde ao fortalecimento por meio da volatilidade).

Qual foi o melhor ou mais valioso investimento que você já fez?

Invisto um montante desproporcional da minha renda no pagamento de uma coleção cada vez maior de treinadores e coaches. Dois coaches tiveram um impacto imenso na minha vida nos últimos cinco anos: Carolyn Coughlin, da Cultivating Leadership, e Jim Dethmer, da Conscious Leadership. Carolyn é a ouvinte mais dotada que já encontrei. Ela extrai minhas suposições ocultas, aquelas que me têm, e não que eu tenho, e me ensina a fazer perguntas cada vez melhores. Jim Dethmer talvez seja um dos poucos bodisatvas existentes. Jim me ajudou a refinar minha capacidade de comunicação e a desenvolver relações mais conscientes no trabalho e com a família. Imagino coaches magistrais como Jim e Carolyn interpretando o mesmo papel que os magos de *O Senhor dos Anéis*. Eles exalam uma energia de apoio e amor que cria condições para que a vida pareça uma aventura a partir de uma base segura, uma multiplicação infindável de possibilidades.

Nos últimos cinco anos, a que você começou a dizer não com mais facilidade?

Peço à minha assistente que pesquise no Google fotos de pessoas que eu esteja considerando encontrar ou conversar ao telefone nas duas semanas seguintes e coloque em cartões do Trello. Vejo encontrar pessoas novas como oportunidade de abrir uma nova porta para um novo mundo que pode mudar a minha ou a vida da pessoa de alguma maneira. Ver a foto de alguém me permite visualizar seus propósitos, incentivando ideias mais criativas sobre o que podemos discutir e como posso ajudá-las. Também me permite avaliar se "meu corpo inteiro diz sim" para de fato encontrá-las e abrir essa nova porta, e, se não for assim, tiro minha mão da maçaneta.

Quando se sente sobrecarregado, ou desconcentrado, ou perde o foco momentaneamente, o que faz? Que perguntas faz a si mesmo?

Eu me pergunto: "qual seria a pior coisa que aconteceria se o resultado não for o que desejo?" Comecei usando essa pergunta em voz alta com meus filhos, e, há pouco tempo, minha filha de 8 anos começou a me fazer a mesma pergunta. Gosto muito de ser pontual. Eu estava indo deixá-la na escola, e estávamos atrasados, o que estava me deixando impaciente, então ela me perguntou: "Papai, qual, exatamente, seria a pior coisa em me deixar na escola atrasada?" Aquilo mudou a minha mentalidade completamente no momento. Gosto dessa pergunta, pois ela costuma revelar uma suposição oculta.

Nos últimos cinco anos, que nova crença, novo comportamento ou hábito mais impactaram positivamente sua vida?

Comecei a nadar quase todas as manhãs, e acho que, com frequência, isso afeta a minha mentalidade pelo restante do dia. Os nadadores falam do conceito da "sensação da água", que é pegar o encalço da água e impulsionar o corpo para a frente de um determinado ponto em vez de rasgar a água com a mão, o que o empurra para a frente, mas é muito menos eficiente, muito menos gracioso. Como diz David Foster Wallace em sua palestra "This Is Water", grande parte da vida é água para nós — estamos nadando nela e não conseguimos vê-la porque estamos apressados ou não estamos despertos para o nosso contexto. Quando paro para realmente sentir a água antes de dar impulso, isso muda o meu ímpeto de surrar a água até a outra ponta da piscina para um fluxo menos cansativo de trabalhar com a realidade em que me encontro.

Que conselho você daria a um universitário inteligente e aplicado prestes a entrar no "mundo real"?

Gosto de pensar em carreiras com base no modelo de Dan Siegel de um rio fluindo entre duas margens, de um lado estando o caos e do outro a rigidez. Dan aponta que todas as doenças mentais residem em uma margem ou na outra: a esquizofrenia é o caos; o TOC é a rigidez, e a integração saudável é nadar no meio do rio. A maioria dos universitários começou a vida mais perto da margem da rigidez e, ao longo da carreira, experimentarão a sensação de nadar no meio. Com o tempo, passei a pensar na raia próxima à rigidez como apropriadamente convencional para quando você tem 20 e poucos anos, um período que requer a capacidade de "refinar a realidade"; um lugar para nadar onde é importante aprender os jargões da indústria e aprender com alguém, desenvolver o julgamento e descobrir sua zona de genialidade.

Acho que nadar na raia do meio é algo que se dá com mais frequência quando as pessoas estão na casa dos 30 ou 40 anos, um período em que você começa a desenvolver a própria linguagem para o que faz cada vez mais como um "poeta forte". Você torna o que faz algo próprio e enxerga a vida mais como uma autoexpressão do que apenas a interpretação dos papéis que as pessoas lhe atribuem. E há também uma pequena porcentagem de pessoas que nadam na raia próxima ao caos, o lugar onde encontramos os romancistas Robert Pirsig e David Foster Wallace, investidores como Mike Burry ou Eddie Lampert, ou empreendedores como Steve Jobs e Elon Musk. Na minha opinião, eles estão continuamente "formulando a realidade" por meio da sua poderosa capacidade de narrativa, enquanto estão ao mesmo tempo sempre correndo o risco de os egos se tornarem grandes demais e de o narcisismo criativo se tornar muito blindado. Eles podem perder a conexão com a realidade e acabar caindo na margem do caos.

Através dessas lentes, a luta de Pirsig com a própria sanidade no fim da vida, a fantasia mágica de Steve Jobs em relação à própria doença e a interpretação no estilo Ayn Rand de Eddie Lampert do seu investimento na Sears podem ser todos exemplos de poetas fortes que perderam a noção do limite da perpetuação do mito ao ponto de dobrarem a realidade criativa, passando a de repente parecerem lunáticos. Acho que Musk deixa os gerentes de fundos de cobertura loucos, já que metade deles vale menos do que as ações, pois ele exala um bocado de propaganda enganosa, e metade vale mais, pois ele pensa em uma escala de cem anos. É muito confuso.

Olhando em retrospecto, eu diria à minha versão de 21 anos para ter um pouco mais de paciência ao nadar na raia da margem da rigidez em vez de buscar constantemente o lado empreendedor e caótico do rio. Em um momento assustador, consegui me demitir só um minuto antes de o meu chefe me demitir por trabalhar segundo meus objetivos, e não os dele. Mas você também não quer ser sugado para perto demais da rigidez e arriscar viver a vida de outra pessoa em vez da sua. De qualquer modo, é crucial lembrar-se de que você sempre pode corrigir o curso e nadar até a estrutura ou o caos, à aprendizagem ou à liberdade, dependendo do que precise no momento, do ritmo e da fase da sua carreira, de que margem esteja vindo e para onde queira ir. Recomendo muito o poema "For Julia, in the Deep Water" [de John N. Morris] para pais que, como eu, estão lidando com a questão de quando ou se devem deixar os filhos nadarem para longe.

"O ego tem a ver com quem está certo. A verdade tem a ver com o que é certo."

MIKE MAPLES JR.
X: @m2jr
floodgate.com

MIKE MAPLES JR. é sócio da Floodgate, uma firma de capital de risco especializada em investimentos microcaps em startups. Ele está na Lista de Midas da *Forbes* desde 2000 e foi eleito uma das "8 Estrelas em Ascenção" da *Fortune*. Antes de se tornar investidor em tempo integral, Mike foi fundador e executivo de operações de sucessivas IPOs de startups, incluindo Tivoli Systems (IPO TIVS, adquirida pela IBM) e Motive (IPO MOTV, adquirida pela Alcatel-Lucent). Alguns dos investimentos de Mike incluem X, Twitch.tv, ngmoco, Weebly, Chegg, Bazaarvoice, Spiceworks, Okta e Demandforce.

Que livro (ou livros) você mais deu de presente e por quê? Ou nomeie de um a três livros que mais influenciaram sua vida.

Antes de partir, de Bronnie Ware
Fernão Capelo Gaivota, de Richard Bach
Esperança para as flores, de Trina Paulus
Living Forward, de Michael Hyatt e Daniel Harkavy
Como avaliar sua vida?, de Clayton M. Christensen

De que forma um fracasso, ou fracasso aparente, acabou te levando ao sucesso? Você tem algum "fracasso pessoal" favorito?

Quando eu estava na faculdade, fui rejeitado por fraternidades nas quais estava interessado, então acabei ajudando a fundar uma. As fraternidades que me rejeitaram não estão mais no campus, enquanto a que ajudei a fundar acabou se tornando uma das melhores.

Quando voltei ao Vale do Silício, não consegui uma oferta de sociedade solidária ilimitada das firmas que mais me empolgavam, então acabei fundando uma chamada Floodgate. Ela está se saindo incrivelmente bem, e agradeço todos os dias por não ter conseguido o que eu "queria".

Adoro o fato de a música favorita de Bill Campbell [chamado de "O Coach" por ter sido um mentor famoso de ícones da tecnologia como Steve Jobs, Jeff Bezos e Larry Page] ter sido "You Can't Always Get What You Want", dos Rolling Stones. Há tanta sabedoria nessa música. Às vezes... não conseguir o que se quer abre a porta para conseguir aquilo de que se precisa.

Se você pudesse colocar um outdoor gigante em qualquer lugar exibindo qualquer coisa, o que seria?

"A integridade é o único caminho em que você nunca se perde."

Quais foram os melhores ou mais valiosos investimentos que você já fez?

Acreditar nos meus filhos.

Ter me mudado para a Califórnia para ser um investidor de capital de risco quando todo mundo me disse que essa era uma péssima ideia.

Ter uma cadela chamada Stella (pode acreditar).

Aprender a desacelerar e a tirar fotos com uma lente de foco manual.

Fazer alguns investimentos em startups que deram certo.

Nos últimos cinco anos, que nova crença, novo comportamento ou hábito mais impactaram positivamente sua vida?

Entender que, apesar de os grandes cientistas nunca terem acreditado poder afirmar "esta é a verdade", eles ainda assim a buscam com mais paixão do que qualquer pessoa.

Que conselho você daria a um universitário inteligente e aplicado prestes a entrar no "mundo real"?

A vida vai passar mais depressa do que você pensa. Será tentador levar uma vida que impressione os outros. Mas esse caminho é errado. O caminho certo é saber que a vida é curta, que todo dia é um dom, e que *você* tem dons.

A felicidade consiste em entendermos que o dom da vida deve ser honrado todos os dias com a oferta dos *nossos* dons ao mundo.

Não defina o que importa pelos dogmas dos pensamentos dos outros. E, mais importante, não deixe os pensamentos da insegurança e da autocrítica tagarela que passam pela sua cabeça o atrapalharem. Você provavelmente será seu pior crítico. Seja bondoso consigo mesmo. Deixe sua mente lhe oferecer a mesma bondade que você quer oferecer aos outros.

Que dicas ruins você costuma ouvir na sua profissão ou especialidade?

"Isso deu certo para mim na minha carreira, então faça do meu jeito."

O melhor conselho que já ouvi veio de pessoas que não tentam me dizer a resposta... em vez disso, elas me apresentam uma nova abordagem para pensar a questão, a fim de que eu possa solucioná-la sozinho. Eu poderia reduzir a maioria das "más" recomendações a "sou bem-sucedido, então faça do meu jeito". O melhor conselho é mais algo como: "Não posso responder à sua questão, mas esta pode ser uma boa maneira de você pensar nela."

Cada um tem a própria jornada. As pessoas que oferecem bons conselhos entendem que seu objetivo é ajudar alguém em sua jornada única. As pessoas que oferecem maus conselhos estão tentando reviver suas velhas glórias.

Nos últimos cinco anos, a que você começou a dizer não com mais facilidade?

Pessoas que são poderosas, mas que não são nem honestas nem boas.

Eu me dei conta de que conviver com essas pessoas é um desperdício de tempo. Seu tempo é limitado, então é melhor passá-lo com pessoas que farão você sentir que fez o melhor com o seu dom.

Quando se sente sobrecarregado, ou desconcentrado, ou perde o foco momentaneamente, o que faz? Que perguntas faz a si mesmo?

Dou um passo atrás... desacelero... e pergunto os cinco por quês. Quando termino, também me pergunto se estou com algum receio que não quero admitir.

Nós nos sentimos atraídos pela simplicidade de tirar conclusões precipitadas. Somos todos ignorantes de alguma forma o tempo todo. Então, aprendi que precisamos de métodos para lidar com a nossa ignorância.

Os cinco por quês são uma boa forma de desacelerar e aumentar a qualidade das decisões. A coisa mais importante é que eles me permitem entrar no estado mental que me faz indagar "o que" está dando certo ou errado em vez de "quem" está certo ou errado.

Tomemos um exemplo: Digamos que não tenhamos alcançado a meta de vendas em um trimestre. Pode ser tentador querer descobrir "de quem" foi a culpa: foi do departamento de vendas? Temos um problema de marketing? O produto não tem um bom diferencial? Se você não tiver muito, muito cuidado, pode contribuir com um ambiente em que as pessoas passarão a apontar dedos umas para as outras e perderão a capacidade de realmente aprenderem com o problema.

Então, em vez disso, acho útil desacelerar. Se estou sozinho, escrevo os cinco por quês em um papel. Se estou em grupo, escrevo as perguntas, uma de cada vez, em um quadro branco:

P: Por que não alcançamos a meta de 1 milhão de dólares em vendas esse trimestre?
R: Fizemos menos visitas para vendas do que o planejado.
P: Por que fizemos menos visitas do que o planejado?
R: Tivemos menos *leads* para executar este mês.
P: Por que tivemos menos *leads* este mês?
R: Mandamos menos e-mails do que o planejado.
P: Por que mandamos menos e-mails do que o planejado?
R: Estávamos com uma equipe menor do que o necessário.
P: Por que estávamos com uma equipe menor do que o necessário?
R: Não contamos com o fato de que duas pessoas estariam de férias.

Nesse exemplo, seria muito tentador responder no nível "superficial" e tentar descobrir se era um "problema de vendas", ou um "problema de marketing", ou um "problema do produto". Mas, antes disso acontecer, acho que é melhor nos concentrarmos em honrar a descoberta da verdade em vez de determinarmos de quem é a culpa.

Agir muito devagar nesse exercício é útil, pois pode levar as pessoas a desligarem os "cérebros reptilianos" e os instintos de luta ou fuga, passando a pensar com cérebros racionais e visando a solução do problema.

Em geral, sempre que acho que as coisas estão indo rápido demais, penso que o instinto certo é sempre desacelerar e reorganizar os pensamentos. Isso acaba acelerando as coisas, pois tomamos decisões melhores e nos alinhamos melhor com toda a equipe. Se alguém da equipe precisa ser substituído porque não tem o conjunto certo de habilidades, devemos encarar esse problema também, mas só depois de termos feito o melhor para buscar a verdade da situação.

O ego tem a ver com quem está certo. A verdade tem a ver com o que é certo.

CITAÇÕES QUE ESTÃO NA MINHA CABEÇA

(Tim Ferriss: 6 de novembro – 4 de dezembro de 2015)

"Variedade nos conselhos, unidade no comando."

— **CIRO, O GRANDE**

Fundador do Império Medo, conhecido como "Rei da Pérsia"

"Não posso lhe dar uma fórmula infalível para o sucesso, mas posso lhe dar uma fórmula para o fracasso: tente agradar todo mundo o tempo todo."

— **HERBERT BAYARD SWOPE**

Editor e jornalista norte-americano, primeiro ganhador do Prêmio Pulitzer

"Devemos usar palavras comuns para dizer coisas incomuns."

— **ARTHUR SCHOPENHAUER**

Renomado filósofo alemão do século XIX

"Se você se encontra aflito por qualquer coisa externa, a dor não se deve à coisa em si, mas à sua ideia dela; e você tem o poder de neutralizar isso a qualquer momento."

— **MARCO AURÉLIO**

Imperador romano e filósofo estoico, autor de *Meditações*

"Bastou uma aula [de trapézio] para que eu percebesse que, debaixo de toda a tagarelice da minha mente, meu corpo tem tudo sob controle, contanto que eu esteja disposto a saltar e voar."

SOMAN CHAINANI
X: @SomanChainani
IG: @somanc
somanchainani.net

SOMAN CHAINANI é um planejador detalhista, cineasta e escritor best-seller do *New York Times*. A estreia de Soman com uma série de ficção, *A escola do bem e do mal*, vendeu mais de um milhão de exemplares, foi traduzida para mais de vinte idiomas em seis continentes e teve uma adaptação pela Netflix. Formado na Universidade de Harvard e mestre em Belas Artes no Programa de Cinema da Universidade Columbia, Soman iniciou a carreira como roteirista e diretor com um filme que foi exibido em mais de 150 festivais de cinema pelo mundo inteiro. Recentemente, foi nomeado para a Out100 e recebeu o Shasha Grant, de 100 mil dólares, e a bolsa Sun Valley Writers, ambos para autores revelação.

Que livro (ou livros) você mais deu de presente e por quê? Ou nomeie de um a três livros que mais influenciaram sua vida.

A guerra da arte, de Steven Pressfield (página 27). Leio esse livro antes de qualquer projeto criativo novo, e ele acende uma verdadeira tocha dentro de mim. A crise de todo trabalho criativo é que ele requer que confiemos naquela voz produtiva que temos dentro de nós, enquanto ao mesmo tempo silenciamos as vozes negativas. É tão fácil misturar todas e acabar aos poucos abandonando nossas ambições. (Foi por isso que me tornei consultor farmacêutico aos 21 anos, vendendo Viagra em vez de escrever fantasia, como faço hoje.) Meio sargento instrutor, meio mestre Zen, Pressfield me tirou do estupor e me ensinou o sentido da disciplina criativa.

Uma vida pequena, de Hanya Yanagihara. A melhor obra de ficção que já li, com o tema mais simples: todos nós temos bagagens, feridas e dores — todos nós. Mas reconhecer esse elo humano comum é o que nos ajuda a transcender a dor.

Peter Pan, de J. M. Barrie. Acho que o melhor exercício que alguém pode fazer quando está travado é se lembrar de qual era seu livro favorito na infância. Um livro que você lê repetidas vezes. Em algum lugar daquele livro encontra-se a pista que não só serve de motivação para você, mas também é o propósito da sua vida. O meu era *Peter Pan*, que continha um personagem ao mesmo tempo charmoso e completamente narcisista; um demônio patológico. Era esse espaço ambíguo entre o bem e o mal que me empolgava quando criança... e sobre o qual escrevo histórias hoje como adulto.

De que forma um fracasso, ou fracasso aparente, acabou te levando ao sucesso? Você tem algum "fracasso pessoal" favorito?

O maior fracasso que já tive foi com o filme da minha tese na faculdade de cinema de Columbia — um filme em que eu havia investido todas as minhas economias (quase 25 mil dólares) e no qual trabalhei por oito meses. Um dia antes da minha exibição final para a banca, fiz uma pré-estreia para um professor, que recomendou que eu o destruísse e filmasse tudo de novo. Em pânico, segui o conselho e apresentei a versão alterada para a banca no dia seguinte, que detestou. Toda a credibilidade que eu havia adquirido entre meus professores nos últimos três anos foi pelo ralo. Algumas semanas depois, encontrei um desses avaliadores decepcionados — que havia apoiado muito o meu trabalho, e agora mal conseguia olhar para mim. Eu lhe contei a história da refilmagem de última hora. Ele me pediu para ver a versão original. Quando lhe mostrei, seus olhos brilharam: "Ah, agora estou vendo você."

Foi a lição mais valiosa que já tive. Não deixe alguém te tirar do seu curso antes de chegar ao destino. Confie no trabalho. Sempre confie no trabalho.

Nos últimos cinco anos, que nova crença, novo comportamento ou hábito mais impactou positivamente sua vida?

Ted Chiang tem um conto incrível chamado "Gostando do que Vê" que me impressionou. A história afirma que a beleza se tornou uma superdroga da atualidade, que com as redes sociais cheias de filtros e focadas no rosto, modelos retocadas em propagandas e pornografia, que não para de crescer, sobrecarregamos os sentidos, de modo que nossos instintos naturais não conseguem mais reconhecer ou reagir à verdadeira beleza. E isso está nos deixando confusos e infelizes, tanto no nosso julgamento de nós mesmos, quanto no julgamento dos outros. Esse alerta cristalino — de que a beleza está arruinando nossa vida — tornou a minha vida dez vezes melhor simplesmente por me permitir registrar de forma consciente o fato (e me fazer ignorar 90% do que vejo no Instagram).

Se você pudesse colocar um outdoor gigante em qualquer lugar exibindo qualquer coisa, o que seria e por quê?

Se estivesse em Hollywood, eu diria: "Eles estão mentindo." Se estivesse em qualquer outro lugar, diria: "Se você é capaz de conceber, provavelmente está errado." A meditação me ensinou que a maioria das ideias, opiniões, regras e sistemas fixos que tenho na mente não é a verdade real. São resíduos de experiências passadas que não deixei para trás. O que aprendi é que a minha alma não fala em pensamentos, de forma alguma; ela fala em sentimentos, imagens e pistas.

Que aquisição de até 100 dólares mais impactou positivamente sua vida nos últimos seis meses (ou nos últimos tempos)?

Mother Dirt: Curou a minha acne e meus problemas de pele permanentemente. O spray custa 49 dólares, contém bactérias oxidantes para se usar no lugar do sabão e restaura o equilíbrio natural da pele. Se eu pudesse, compraria um para cada adolescente dos Estados Unidos.

Há algum hábito incomum ou algo absurdo que você ame?

Acho que nunca contei isto a alguém, mas leio edições antigas dos quadrinhos de Archie antes de dormir. Não é um hábito recente: eu lia Archie na infância antes de dormir. Riverdale nos quadrinhos sempre pareceu tão animada, revigorante e acolhedora (o contrário do que eu sentia em relação à minha escola). Os quadrinhos continuam me transmitindo um sentimento de acolhimento e conforto antes de eu adormecer. Mas, o mais importante, terminar o dia lendo a mesma coisa que eu lia quando jovem dá à minha vida uma bela aparência de sentido e ordem.

Qual foi o melhor ou mais valioso investimento que você já fez?

Aulas de acrobacia no trapézio. É como uma terapia de choque para o espírito. Quando você está a 15 metros de altura, lá em cima no trapézio, são só você, seu medo e seus instintos. É a experiência mais íntima que já tive comigo mesmo. Bastou uma aula [de trapézio] para que eu percebesse que, debaixo de toda a tagarelice da minha mente, meu corpo tem tudo sob controle, contanto que eu esteja disposto a saltar e voar.

Que conselho você daria a um universitário inteligente e aplicado prestes a entrar no "mundo real"? E quais conselhos ele deveria ignorar?

Conselho que eu daria: certifique-se de ter algo pelo que ansiar todos os dias. Talvez seja o trabalho, talvez seja um jogo de basquete depois do trabalho, ou uma aula de canto, ou um grupo de escrita, talvez um encontro. Mas tenha algo todos os dias que o motive. Isso vai manter seu espírito faminto por criar mais desses momentos.

Conselho a ser ignorado: uma pequena parte de mim morre cada vez que alguém me diz que aceitou um trabalho como um "degrau" para outra coisa, quando nitidamente não está interessado nele. Você só tem uma vida. O tempo é valioso. Se você está usando degraus, também está confiando no caminho ou na definição de sucesso de outra pessoa. Faça o próprio caminho.

Que dicas ruins você costuma ouvir na sua profissão ou especialidade?

Com frequência, artistas iniciantes colocam muita pressão em si mesmos para transformar sua arte em algo rentável. Na minha opinião, isso só gera sofrimento. Se for a única fonte de renda, há uma pressão constante sobre essa arte, e a pressão mercenária é a inimiga dos gnomos criativos que estão tentando trabalhar dentro de você. Ter outra fonte de renda drena a pressão da máquina criativa. Se nada vier da sua arte, você ainda terá um plano sólido para se sustentar. Consequentemente, o espírito criativo se sente mais leve e livre para fazer seu melhor trabalho.

Sou adepto do seguinte: mesmo depois de três livros e um bom contrato para um filme, continuo trabalhando como tutor e ajudando os jovens nas candidaturas para a faculdade. Meus amigos não entendem isso, mas é a única forma de eu conseguir escrever sem sentir que é uma questão de vida ou morte.

Nos últimos cinco anos, a que você começou a dizer não com mais facilidade?

Estou convencido de que a razão por trás do fato de os filmes de Hollywood com frequência serem terríveis é porque todo mundo trabalha em mil projetos ao mesmo tempo. Ninguém dá 100% do foco a algo. Trabalhar em *A escola do bem e do mal* me ensinou a ser paciente. Quando estou escrevendo um livro, é só nisso que trabalho, e digo não a todo o restante, não importa quão lucrativo seja. Perco oportunidades? Com certeza. Mas isso significa que, quando os livros chegam às prateleiras, sei que escrevi tudo o que queria e que eles são absolutamente o melhor que eu poderia ter feito, o que lhes dá a maior chance possível de sobreviver ao tempo. E, de forma inevitável, como estou comprometido com a qualidade máxima, oportunidades melhores sempre surgem para substituir as que recusei.

Quando se sente sobrecarregado, ou desconcentrado, ou perde o foco momentaneamente, o que faz?

Sentir-me sobrecarregado em geral significa uma de duas coisas: ou meu sangue está todo na cabeça e preciso me exercitar, ou, o mais provável, assumi mais compromissos do que devia e meu cérebro sabe que não tem como eu fazer tudo a que me dispus. Na maioria das vezes, a solução é respirar fundo, dar uma olhada no calendário e começar a cancelar coisas e adiar prazos até a paralisia passar.

Sentir-me sem foco, por outro lado, em geral significa que ainda não consegui me jogar no que estou trabalhando — que uma parte de mim ainda acha que posso puxar a corda do paraquedas e desistir. Isso costuma acontecer nos primeiros meses de trabalho quando estou escrevendo um novo livro. No fim das contas, a falta de foco com frequência não passa de medo: medo de que qualquer que seja o projeto que eu esteja tentando executar não chegue a lugar nenhum ou seja um fracasso absoluto. No início, eu costumava ceder a esse medo. Quatro livros depois, sei que é só um fantasma e posso passar diretamente através dele sem olhar para trás.

"Você pode ser um pêssego maduro e suculento, e mesmo assim ainda haverá alguém que não gosta de pêssego."

DITA VON TEESE
X/IG/FB: @DitaVonTeese
dita.net

DITA VON TEESE é o maior nome do mundo burlesco desde Gypsy Rose Lee (nascida em 1911). Dita é considerada a responsável por ter trazido essa forma de arte de volta aos holofotes. Ela é renomada pelo número icônico de striptease com a taça de martíni e pelas roupas deslumbrantes de alta-costura adornadas com centenas de milhares de cristais Swarovski. Essa "Super-heroína Burlesca" (*Vanity Fair*) é a artista da vez dos eventos mais importantes de designers como Marc Jacobs, Christian Louboutin, Louis Vuitton, Chopard e Cartier. Ela é a autora de *Your Beauty Mark: The Ultimate Guide to Eccentric Glamour*, best-seller do *New York Times*, e tem uma coleção de peças de lingerie com seu nome que são vendidas nas mais famosas lojas do mundo.

Se você pudesse colocar um outdoor gigante em qualquer lugar exibindo qualquer coisa, o que seria, e por quê?

"Você pode ser um pêssego maduro e suculento, e mesmo assim ainda haverá alguém que não gosta de pêssego." Essa é uma citação dita pela bisavó de uma amiga, que, por sua vez, passou-a para mim, e sempre a adorei. Sob o olhar do público, como estrela burlesca, fui chamada tanto de brilhante quanto de estúpida, feia e bonita, em proporções iguais. Eu me esforcei para deixar os insultos passarem por mim sem causar nenhum dano. Pessoalmente, acho que a maioria das coisas aceitas de maneira universal são medíocres e entediantes.

Que livro (ou livros) você mais deu de presente e por quê? Ou nomeie de um a três livros que mais influenciaram sua vida.

On Sex, Health, and ESP, de Mae West, é um livro muito raro, mas sempre que encontro um exemplar compro para dar de presente. Mae era uma mulher incrivelmente inteligente. Ela escreveu cada fala que pronunciou em cada filme e foi responsável por inúmeros ditos memoráveis. Fez seu primeiro filme aos 40 anos, e foi o maior símbolo sexual da sua época. Quando eu morava em Paris, minha amiga e eu costumávamos nos sentar bebendo champanhe e ler esse livro hilário em voz alta.

Também costumo dar muito *Quando termina é porque acabou*, de Greg Behrendt e Amiira Ruotola-Behrendt, a amigos que estão passando pelo rompimento de um relacionamento. É um livro bem-humorado e inteligente com grandes conselhos sobre como manter a dignidade durante uma separação.

É lógico que também presenteio muito as pessoas com meu livro, *Your Beauty Mark*. Sim, é meu livro, mas uma razão para eu adorar dá-lo de presente é pelos perfis de pessoas excêntricas que enfrentam os padrões estabelecidos de beleza. Elas compartilham histórias inspiradoras sobre como deixaram a marca da sua beleza no mundo.

De que forma um fracasso, ou fracasso aparente, acabou te levando ao sucesso? Você tem algum "fracasso pessoal" favorito?

Eu sempre quis ser dançarina de balé. Quando era pequena, tinha um disco de vinil dos anos 1950 com a foto de uma bailarina usando um delineador dramático em forma de asas, batom vermelho e um tutu azul-claro, meias-calças nude e sapatilhas de cetim azul. Eu queria ser ela! Fiz aulas de balé a vida inteira, até limpei banheiros de estúdios em troca de aulas. Quando cheguei à adolescência, me dei conta de que nunca seria uma dançarina boa o bastante para ser uma profissional, não importava o quanto quisesse ou praticasse. Minhas professoras de balé achavam que eu tinha uma ótima presença, elegância, bons pés, além de ser muito boa na ponta... mas eu simplesmente não conseguia me lembrar das coreografias, e não conseguia pular nem fazer giros em certas direções.

Aos 19 anos, comecei a usar aquele delineador arqueado no estilo dos anos 1950, batom vermelho e roupas no estilo vintage. Não demorou muito para eu criar shows burlescos nesse mesmo estilo. Alguns anos antes, alguém me perguntou se havia algum sonho que eu sabia que nunca realizaria, e mencionei meus sonhos de infância de me tornar bailarina. De repente, percebi que, de certa forma, eu alcançara tudo que *realmente* queria... eu queria ser aquela mulher na capa do álbum.

De fato, nunca *amei* o ato de dançar em si; eu amava o que o balé representava. Amava o glamour, a feminilidade, a elegância, o drama, sem falar nas roupas brilhantes e nos refletores cor-de-rosa. O espetáculo. Era isso que eu queria. Se eu não tivesse sido uma péssima bailarina, duvido que tivesse perseguido a obscura ideia de me tornar dançarina burlesca no estilo dos anos 1940.

Às vezes, acredito que o que vemos como desvantagens pode levar à grandeza, pois aqueles de nós que têm desejos intensos, mas carecem de um dom dado por Deus, de vez em quando encontram atalhos para realizar sonhos. Nunca esperei me tornar famosa por fazer dancinhas com plumas em frente ao ventilador e por me banhar em uma taça gigante de champanhe. Mas tenho a forte sensação de que, com integridade e amor de verdade pelo espetáculo e pelo burlesco, deixei minha marca de um modo mais significativo do que teria feito caso houvesse sido uma boa bailarina.

Que aquisição de até 100 dólares mais impactou positivamente sua vida nos últimos seis meses (ou nos últimos tempos)?

A Mylola.com mudou a minha vida... produtos femininos conscientes de algodão 100% orgânico que você pode personalizar, entregues em casa todo mês em embalagens elegantes. Eles também doam produtos para mulheres (e meninas) de baixa renda e sem-teto de todo os Estados Unidos. Essa companhia e sua abordagem causaram um impacto na minha vida e na de toda mulher que conheço que passou a usar esses produtos.

Quais foram os melhores ou mais valiosos investimentos que você já fez?

As peças vintage foram um bom investimento. Comecei a usar roupas vintage nos anos 1990 porque não tinha dinheiro para peças de marca, e agora, justamente quando esse estilo está na moda, minha coleção se tornou muito valiosa. Gosto de gastar dinheiro com coisas que me trazem prazer, mas que também possam ser revendidas com facilidade, sejam obras de arte, roupas vintage ou móveis antigos. Sempre consegui fazer trocas, fechar acordos ou lucrar com as antiguidades que coleciono. Meus carros vintage tiveram uma grande valorização, e, embora eu precise de um carro moderno para o dia a dia, controlo a minha obsessão por carros e só compro um moderno quando preciso de verdade, a cada dez ou quinze anos.

Há um bom tempo, também comprei várias pinturas famosas de *pinups* dos anos 1940 e 1950 que valorizaram, assim como peças *vintage* de colecionador da cultura *pinup* de Hollywood, coisas que pertenceram ao cinema, ao burlesco e a ícones *pinups* do passado. Adoro ser a curadora dessas relíquias e sei que, mesmo com o tempo, elas preservarão sua mística e seu valor.

Além disso, eu estava em um avião com Richard Branson certa vez, e ele estava com uma mala de mão Louis Vuitton muito batida, que disse ter usado por mais de trinta anos. Viajo muito e, após anos torrando dinheiro em malas baratas, economizei para comprar uma de rodinhas da Louis Vuitton, que está firme e forte após dezessete anos. Em geral, não compro bolsas de marca, mas algumas coisas valem o preço.

Há algum hábito incomum ou algo absurdo que você ame?

Meus cabelos naturais são louros, mas há duas décadas venho pintando de preto e usando o batom vermelho e o delineador que se tornaram minha marca registrada. Todo Halloween, fico "natural", com maquiagem leve e natural e uma peruca loura, além de um jeans que qualquer garota usaria. Fico tão irreconhecível que é hilário para todo mundo que me conhece, e é uma verdadeira experiência psicológica! Começo a me dar conta de como passo despercebida, de como me sinto vulnerável e como sou abordada pelos tipos de homem que *nunca* ousariam me cantar. É a minha fantasia de Halloween favorita... As pessoas acham que sou a garota chata que nem se deu ao trabalho de se arrumar para a festa.

Nos últimos cinco anos, que nova crença, novo comportamento ou hábito mais impactou positivamente sua vida?

Eu me envolvi mais no meu negócio, cuidando das finanças. Lembro-me de o símbolo sexual dos anos 1950, Mamie Van Doren, ter me dito: "Sei que não é divertido, mas você precisa cuidar das suas finanças, porque as pessoas *vão* tentar roubá-la." Eu adoraria fazer só a parte artística do trabalho, e ela está certa, não é divertido lidar com a parte burocrática, mas agora que sei tudo sobre os detalhes financeiros da produção das minhas turnês e dos meus contratos, posso negociar estando bem-informada.

"O que você faria se não estivesse com medo?"

JESSE WILLIAMS
X/IG: @iJesseWilliams
jessehimself@tumblr.com

JESSE WILLIAMS é ator, ativista, empreendedor e ex-professor do ensino médio. Ele interpretou o dr. Jackson Avery na série *Grey's Anatomy* e fez filmes como *O mordomo da Casa Branca*, *O segredo da cabana* e *Band Aid*. Ele é cofundador da companhia Ebroji e do aplicativo Ebroji, um teclado popular de linguagem cultural e GIFs. Também é sócio e membro da diretoria do Scholly, um aplicativo que conectou estudantes diretamente a mais de 70 milhões de dólares em bolsas que não estavam sendo usadas. É o produtor executivo do documentário *Stay Woke: The Black Lives Matter Movement*. Jesse também é um dos apresentadores do podcast *Open Run*, da rede Uninterrupted, de Lebron James e Maverick Carter. É o fundador da produtora farWorld Inc. e produtor executivo de "Question Bridge: Black Males", uma plataforma transmídia. Jesse obteve atenção internacional pelo seu discurso ao receber o prêmio do BET Humanitarian Award.

Que livro (ou livros) você mais deu de presente e por quê? Ou nomeie de um a três livros que mais influenciaram sua vida.

Armas, germes e aço, de Jared Diamond. Esse texto me ajudou a me livrar de uma lacuna irritante na minha compreensão da conexão entre os sucessos e fracassos das civilizações modernas e antigas. O poder necessita de ferramentas e circunstâncias. Nenhuma das duas coisas precisa ser conquistada.

Uma confraria de tolos, de John Kennedy Toole. Na época em que abri esse livro, ele me trouxe, ouso dizer, uma tremenda alegria! É engraçado pra c*r*lh*, uma aventura. Às vezes, é só disso que preciso.

A canção de Solomon, de Toni Morrison: os dilemas dos personagens abalaram meu mundo quando eu estava no ensino médio. Comprei um segundo exemplar, "só para garantir", e fiquei grato pelas discussões em classe ao longo da rica jornada poética em camadas.

As almas do povo negro, de W. E. B. Du Bois. Uma obra pioneira na literatura norte-americana e afro-americana. Du Bois, um escritor e sociólogo brilhante, apresentou noções como "consciência dupla" e o "véu da raça", ao mesmo tempo, examinando a experiência de se passar uma vida inteira vendo-se principalmente pelos olhos de outras pessoas, outro poder e outras culturas.

A nascente, de Ayn Rand. A audaz autoconfiança do protagonista e sua recusa em comprometer a própria visão artística — ou seja, a ele mesmo — foi algo fascinante de se explorar.

Nos últimos cinco anos, que nova crença, novo comportamento ou hábito mais impactou positivamente sua vida?

A meditação transcendental é algo de que eu já ouvira falar muito tempo atrás, mas com que só me deparei este ano, e ela transformou a minha capacidade de centrar a mente e me recarregar em períodos curtos de tempo. A Fundação David Lynch a tornou tão fácil de digerir sem a rigidez ou os elementos que são mais fáceis no discurso do que na prática que espero que muitos do que se sentem intimidados agora comecem a praticar a meditação.

Fazer terapia abriu um portal para o como e o porquê dos meus pensamentos e comportamentos. Posso enxergar e agir com um novo nível de sinceridade, o que me ajuda a construir uma comunicação mais objetiva comigo mesmo e com os outros. Para mim, essas coisas estão entre as ferramentas mais fundamentais para a liberdade pessoal.

Meu terapeuta trabalha a partir de uma orientação psicodinâmica/psicanalista. Ele usa uma abordagem psicanalítica em suas abstrações clínicas e considera sua abordagem um pouco excêntrica. Menos "deveres de casa" e mais chegar à raiz da questão, e, com o tempo, reprocessar as coisas em busca de uma abordagem mais "pessoalmente autêntica" da própria vida.

Quando se sente sobrecarregado, ou desconcentrado, ou perde o foco momentaneamente, o que faz?

Costumo perder o foco por uma de duas razões: exaustão ou distração. Nos dois casos, às vezes procuro esfriar: uma caminhada quando o tempo está ameno, uma bebida gelada, um banho. O banho não precisa ser frio; o ato em si já meio que funciona como um botão de reiniciar. Se for exaustão, eu apenas tiro um cochilo, ou, desde algum tempo atrás, medito. Se o problema não for exaustão, simplesmente pego qualquer que seja o romance que esteja lendo e embarco na jornada. A leitura de textos criativos estimula a minha criatividade. Tenho grandes ideias, lembro-me de algo que pretendia colocar em prática — uma tarefa incompleta ou uma ideia para uma história.

Meu amigo Adepero gosta de dizer: "O que você faria se não estivesse com medo?" Essa é boa.

"Não podemos controlar o fato de que coisas ruins vão acontecer, o que realmente importa é como reagimos a elas."

DUSTIN MOSKOVITZ
X: @moskov
asana.com

DUSTIN MOSKOVITZ é cofundador da Asana, que ajuda pessoas a acompanhar o trabalho de suas equipes e gerenciar projetos. Antes da Asana, Dustin cofundou o Facebook e foi um líder crucial na equipe técnica, primeiro no cargo de diretor técnico e depois como vice-presidente de programação. Ele também é cofundador da Good Ventures, uma fundação filantrópica com a missão de ajudar a humanidade a prosperar.

Que livro (ou livros) você mais deu de presente e por quê? Ou nomeie de um a três livros que mais influenciaram sua vida.

The 15 Commitments of Conscious Leadership, de Jim Dethmer e Diana Chapman. Embora muitos em geral culpem outras pessoas ou circunstâncias em sua vida por não serem felizes, os budistas acreditam que nós somos a causa do próprio sofrimento. Não podemos controlar o fato de que coisas ruins vão acontecer, o que realmente importa é como reagimos a elas, e *isso* nós podemos aprender a controlar. Mesmo que você não aceite que isso se aplica a todos os casos, considerar a possibilidade em momentos de infelicidade ou ansiedade em geral irá lhe dar uma nova perspectiva e permitir que relaxe e não se atenha a uma história negativa. Esse livro é um manual acessível de como fazer isso de um ponto de vista prático, e as lições que ele ensina transformaram o modo como lido com situações difíceis, reduzindo os pequenos e grandes sofrimentos que vivencio. Embora tenha sido escrito tendo líderes em mente, eu o recomendo a todo mundo, e cada novo funcionário da Asana recebe um.

Que aquisição de até 100 dólares mais impactou positivamente sua vida nos últimos seis meses (nos últimos tempos)?

O Black Buddy, da Body Back Company, foi a minha compra favorita feita nos últimos cinco anos, sem sombra de dúvida. Basicamente, ele permite que você mesmo massageie qualquer lugar das costas com a capacidade total de duas mãos, porém, ao longo dos anos, também passei a conhecer e apreciar todas as outras funcionalidades. Aprendi até a manipular partes da minha estrutura esquelética (ou seja, autoquiroprática) e incorporar isso na prática de ioga. Ele custa só 30 dólares, então comprei vários: um para a sala, outro para o escritório e uma versão dobrável para viagem (embora eu leve a maior quando carrego uma mala grande). Com 4.500 avaliações e uma média de 4,5 de pontuação na Amazon, não sou o único a apreciar o produto.

Nos últimos cinco anos, a que você começou a dizer não com mais facilidade?

O primeiro não é de longe o mais fácil e inocente. Declinar de um convite é desagradável, então é tentador inventar uma desculpa. Digamos que você fale que vai precisar consultar alguém antes de decidir, ou concorde com uma versão menor do pedido, mesmo sabendo que preferiria não fazer nada. Assim que você abre essa porta, quase sempre acaba garantindo pelo menos um ou mais convites que precisará aceitar ou rejeitar no futuro, e, portanto, não se poupou do desconforto de forma alguma. Pior ainda, você cruzou um limite psicológico ao se colocar diante do autor do convite como alguém interessado no tipo de convite em questão. Pesquisas mostram que somos notavelmente comprometidos com a manutenção de uma identidade externa consistente, mesmo que ela só tenha sido estabelecida por educação. O autor do convite ou pedido vai passar a ver isso como uma oportunidade de insistir ou abordá-lo para futuros convites semelhantes, e você irá se sentir ainda menos à vontade para recusar os convites do que se tivesse apenas declinado do primeiro. É possível até que passem a dar suas informações de contato a outras pessoas da rede de contatos deles, multiplicando o problema.

"Você precisa levantar o pé de trás antes de dar um passo para frente, ou não conseguirá avançar."

RICHA CHADHA
X: @RichaChadha
IG: @therichachadha

RICHA CHADHA é uma atriz premiada que trabalha em filmes indianos. Ela estreou na comédia *Oye Lucky! Lucky Oye!* e obteve sucesso com um papel de coadjuvante na saga de filmes *noir* sobre gangsters *Gangues de Wasseypur*. O papel de Richa como a autoritária e desbocada esposa de um gangster lhe rendeu o prêmio Filmfare (o equivalente da Índia ao Oscar). Em 2015, Richa fez a protagonista do drama *Massaan*, que foi aplaudido de pé no Festival de Cannes.

Que livro (ou livros) você mais deu de presente e por quê? Ou nomeie de um a três livros que mais influenciaram sua vida.

O livro que mais dou de presente é *Autobiografia de um iogue*, de Paramahansa Yogananda. Ele me lembra de que os seres humanos são a única espécie que se tornou condicionada a duvidar da sobrevivência. As plantas crescem, confiando na natureza para lhes prover nutrição; os animais vivem e se multiplicam nas selvas, apesar das condições perigosas. Esse livro me lembrou de ter confiança em um ponto baixo da vida. Eu o espalho o máximo possível para arrancar outras pessoas do sofrimento.

Fui muito influenciada por *Alice no País das Maravilhas* na infância. Ainda levo a vida com os olhos arregalados de uma criança maravilhada. Apesar de ser uma obra pesada para mim quando eu só tinha 15 anos, fui muito impactada por *Vergonha*, de Salman Rushdie. Ele me tornou mais dócil. *Sem logo*, de Naomi Klein, levou-me a refletir sobre o consumismo e a ganância.

Que aquisição de até 100 dólares mais impactou positivamente sua vida nos últimos seis meses (ou nos últimos tempos)?

No meu caso, foi a compra de uma assinatura Pro na minha conta no IMDB, permitindo que pessoas do mundo inteiro me encontrem com facilidade.

De que forma um fracasso, ou fracasso aparente, acabou te levando ao sucesso? Você tem algum "fracasso pessoal" favorito?

Fui persuadida a fazer um filme em que meu papel mais tarde foi absurdamente editado, deixando-me só com uma cena com fala. Apesar de o filme ter sido um desastre colossal de bilheteria, o resultado foi péssimo para mim. Meus colegas passaram a presumir que eu estava disposta a fazer papéis menores e de pouco impacto por desespero, o que estava longe de ser verdade. Foi um revés que durou uns dois anos. Apesar de esse tipo de flagrante não ser novidade na indústria cinematográfica indiana, fiquei chocada e deprimida.

Quando as críticas saíram, elogiaram o meu trabalho, e vi que acabou sendo uma bênção disfarçada. Se uma única cena podia ter esse impacto, o que um filme inteiro seria capaz de fazer? Um ano depois, eu estava com tudo. Fui uma das primeiras escolhidas para o elenco da primeira série indiana original, *Inside Edge*, e recuperei a credibilidade com uma sucessão de lançamentos na Índia e no mundo inteiro.

Acho que eu precisava desse choque. Confiar sem reservas na minha área de trabalho — ou, aliás, em qualquer área de trabalho — nunca é uma boa ideia. A maioria das pessoas é motivada por interesse próprio ou pelo lucro, e não podemos julgá-las por isso. A única coisa que podemos fazer é sermos provocativos para que elas saibam que não somos idiotas nem achem que podem brincar conosco.

Se você pudesse colocar um outdoor gigante em qualquer lugar exibindo qualquer coisa, o que seria e por quê?

"Seja tão boa a ponto de não conseguirem te ignorar" é o lema que levo na minha vida. Para mim, cada projeto é um recomeço. Eu me esqueço de quem sou e dos meus sucessos anteriores. Isso mantém meus pés no chão e me faz trabalhar com mais afinco.

Tem muito nepotismo na minha indústria. Se você pesquisar no Google quem são os maiores astros, sem dúvida a maioria, sobretudo os homens, nasceu no meio cinematográfico. Leva tempo, mas, se você for constantemente bom no que faz, pelo menos saberá que mereceu o sucesso.

Qual foi o melhor ou mais valioso investimento que você já fez?

Meu pai me encorajou a fazer um curso chamado "O Dinheiro e Você", formulado com base nas ideias de Buckminster Fuller. Fiz o curso de quatro dias em Kuala Lumpur. Os primeiros dois dias foram focados no dinheiro, e os dois dias seguintes foram focados no "você". Foi muito equilibrado e me ensinou a encarar o dinheiro de forma diferente, o que me deu uma noção de negócios muito jovem. Ele custou 500 dólares.

Há algum hábito incomum ou algo absurdo que você ame?

Uso um perfume diferente em cada filme. Dos cinco sentidos, descobri que o único com que podia brincar era o olfato. Escolho o perfume com base no mundo e no ambiente do filme, bem como nas características da personagem.

Interpretei uma aldeã em um filme chamado *Gangues de Wasseypur*. Nele, usei o perfume Green Tea Lutus, de Elizabeth Arden. Interpretei uma gângster em um filme chamado *Fukrey*, e nesse usei Provocative Woman, de Elizabeth Arden. Para a minha série da Amazon, *Inside Edge*, usei o Chanel No. 5, porque interpreto uma celebridade do cinema.

Essa é uma peculiaridade que adoro, pois amo ter um cheiro gostoso. Não sou adepta do Método na atuação, mas isso me permite entrar na personagem com mais facilidade. Quando saio do camarim, os assistentes sabem que sou eu caracterizada indo para o set.

Para mim, são emoções baratas!

Nos últimos cinco anos, que nova crença, novo comportamento ou hábito mais impactou positivamente sua vida?

Acho que tenho a tendência de ver o todo.

O cinema, como modelo de negócio, está sofrendo na região da Índia onde se fala o hindi. Não há telas o suficiente para acomodar as produções, os impostos sobre o entretenimento correspondem a debilitantes 51%, e a pirataria é três vezes maior em relação a [outros] filmes.

Tudo isso enquanto a penetração digital está crescendo num ritmo sem precedentes. Quando decidi trabalhar em uma série digital, muitos consideraram o fato um rebaixamento. Estavam errados.

Ver o quadro geral lhe dá perspectiva. É como quando um avião decola e você percebe como o seu casulo de problemas é pequeno.

Que conselho você daria a um universitário inteligente e aplicado prestes a entrar no "mundo real"? E quais conselhos ele deveria ignorar?

O sistema educacional em geral prepara a todos para se ajustarem a um conjunto de padrões industriais. Embora essa seja uma maneira infalível de conseguir um emprego e levar uma vida normal, pouquíssimas pessoas conseguem sair do ciclo do ordinário para se entregar a aventuras, invenções e ao altruísmo. A rede de segurança de um emprego comum é confortável demais.

Quando declarei aos meus pais, oriundos da classe média indiana e do meio acadêmico, que não pretendia exercer jornalismo, e sim me mudar para Mumbai e ser atriz, eles ficaram apreensivos, mas me apoiaram.

Minha mãe me disse: "Você precisa levantar o pé de trás antes de dar um passo para frente, ou não conseguirá avançar."

Que dicas ruins você costuma ouvir na sua profissão ou especialidade?

Fui abençoada com "torcedores" e "conselheiros" ao longo da minha carreira. Eles me ensinam o que não fazer. As pessoas fazem recomendações com base no que pensam ser o mais seguro para você, ou no próprio entendimento de quem você é e de quem deve ser. Estabelecem limites invisíveis para o quanto você pode alcançar na vida, e sem querer passam esses limites para você.

Aconselharam-me a não fazer filmes independentes (os filmes aos quais devo a minha carreira), a me vestir como os outros (tornando-me um clone homogeneizado em concordância com a moda vigente, sem identidade), a namorar ou me casar com homens ricos (mais uma vez, rede de segurança) e a não falar sobre questões políticas (não importa onde você esteja, precisa pagar um preço por expressar suas preocupações, e era um preço que eu estava disposta a pagar).

São coisas simples; nem sempre será fácil.

Nos últimos cinco anos, a que você começou a dizer não com mais facilidade?

Passei a dizer não com mais facilidade a coisas e pessoas (inclusive amigos e familiares) que sugam minha energia. Não é fácil, sobretudo se você é do tipo que gosta de agradar as pessoas.

Quando sou sincera e direta a respeito das minhas necessidades, descubro que ninguém fica ofendido ao ouvir um não. Acho que os que se ofendem não valorizam as minhas necessidades.

Quando se sente sobrecarregada, ou desconcentrada, ou perde o foco momentaneamente, o que faz?

Tenho algumas técnicas. Primeiro, escrevo um diário. Isso me dá discernimento. Tenho um diário desde os meus 10 anos mais ou menos. Hoje, quando olho o que escrevi na época em que estava no ensino médio, fico muito feliz ao perceber como avancei na minha carreira e intelectualmente. Estou vivendo meu sonho. Escrevia no diário com frequência quando estava estudando, enquanto crescia. Meu diário parecia um caderno de recortes, com ilustrações e citações que me inspiravam. Hoje, escrevo no diário pelo menos três vezes por semana, e o tempo dedicado a isso é proporcional ao meu estado de espírito. Se estou contemplativa ou desconcentrada, tendo a ter uma longa sessão. Mantenho um diário que contém tudo: lista de tarefas (que divido em um conjunto pessoal e outro profissional), reflexões, como me senti em relação a um incidente que talvez tenha me levado a escrever naquele dia e às vezes só gratidão. Sempre compro diários interessantes e canetas coloridas. Neste momento, estou usando um diário da Mulher Maravilha e canetas neon. Talvez os outros achem infantil, mas as cores diferentes me ajudam a reter mais informações e a tornar a prática divertida.

Eu medito. É um desafio quando parece que minha cabeça está tumultuada. Em geral, começo me concentrando na respiração. Posso contar em ordem regressiva de dez a um, expirando, e entro em meditação. Leva mais ou menos vinte minutos para silenciar um pouco os pensamentos. De vez em quando, sinto que estou adormecendo, mas percebo que lucidez é meditação. Sempre ajuda. Não houve nenhum momento na minha vida em que eu tenha meditado por causa de algo e isso não tenha sido útil. Medito assim que acordo de manhã ou depois do almoço, caso esteja fazendo uma filmagem estressante.

Converso com meu pai. Ele é meu amigo e mentor, e ele é coach pessoal e psicólogo comportamental, ajuda a me manter com a base forte e no caminho certo.

Faço uma pausa. Tiro os carrapatos do meu gato, tomo um banho demorado, caminho, passo a um tempo na natureza, leio, como coisas gostosas e faço uma desintoxicação da vida ou da carreira. Um tempo de descanso geralmente me rende várias epifanias, sempre funciona. Uma desintoxicação da minha vida consiste em delegar responsabilidades a um assistente ou empresário durante um tempo e procurar ajuda antes de desligar o telefone, sair para passear, pensar e relaxar. Uma desintoxicação da carreira significa desligar o telefone, não ler críticas e notas de filmes, shows ou peças e ser uma pessoa comum.

Também faço o exercício do "E daí?". Faço uma afirmação e me pergunto "E daí?" ao fim dela. Por exemplo:

Fulano foi grosseiro.
E daí?
Eu me senti desrespeitada.
E daí?
Não gosto de ser desrespeitada.
E daí?
E se todo mundo perder o respeito por mim?
E daí?
Vou ficar sozinha e todo mundo vai me odiar.
E daí?
Não quero ficar sozinha.
E daí?
Tenho um medo irracional da solidão.
E daí?
É irracional.
E daí?
E daí nada. Estou bem.
E daí?
Nada.

CITAÇÕES QUE ESTÃO NA MINHA CABEÇA

(Tim Ferriss: 11 de dezembro de 2015 – 1º de janeiro de 2016)

"O rancor é para aqueles que insistem que as pessoas lhes devem algo; já o perdão é para aqueles que são realizados o suficiente para seguirem em frente."

— CRISS JAMI

Poeta norte-americano e autor de *Salomé: In Every Inch in Every Mile*

"Não se acumula, mas se elimina. Não é um crescimento diário, mas uma redução diária. O maior nível de refinamento sempre tende à simplicidade."

— BRUCE LEE

Artista e instrutor de artes marciais, ator e autor de *O Tao do Jeet Kune Do*

"É tolice fazer com mais o que se pode fazer com menos."

— GUILHERME DE OCKHAM

Filósofo inglês e criador da Navalha de Occam

"Aprender a ignorar as coisas é um dos melhores caminhos para a paz interior."

— ROBERT J. SAWYER

Ganhador dos prêmios Hugo e Nebula como escritor de ficção científica.

"Sempre que há alguma dúvida, não há nenhuma dúvida." – David Mamet, *Ronin*

MAX LEVCHIN
X: @mlevchln
affirm.com

MAX LEVCHIN é cofundador e CEO da Affirm, que usa tecnologia moderna para reimaginar e reconstruir do zero os componentes básicos da infraestrutura financeira. Antes, Max cofundou e foi o primeiro diretor de tecnologia da PayPal (adquirida pela eBay por 1,5 bilhão de dólares). Depois, ele fundou a Yelp como primeiro investidor e foi presidente da empresa por onze anos. Max também fundou e foi CEO da Slide, comprada pelo Google por 182 milhões de dólares. A *MIT Technology Review* o elegeu "O inovador do ano" em 2002. Max tinha 26 anos.

Que livro (ou livros) você mais deu de presente e por quê? Ou nomeie de um a três livros que mais influenciaram sua vida.

O mestre e a margarida, de Mikhail Bulgakov, que acredito ser uma das melhores obras de ficção do último século. É um romance bem curto, notável em sua profundidade excepcional, que explora de tudo, dos fundamentos da filosofia cristã à sátira fantástica (e hilária) do socialismo soviético corruptor da alma do século XX. Em geral, compro exemplares desse livro em lotes de cinco ou dez para dar de presente a novos amigos. Tenho sempre alguns na minha mesa no escritório, para o caso de alguém querer um emprestado.

O segundo não é um livro, e sim um filme. Assisti ao clássico de Kurosawa *Os sete samurais* mais de cem vezes (é sério), e costumava dar cópias remasterizadas da Criterion Collection a jovens CEOs sob a minha tutela. Adoro o filme (sou um grande amante da cultura japonesa), mas o recomendo para novos empresários e CEOs, em especial porque ele é essencialmente sobre liderança: um pequeno bando de líderes corajosos arrisca tudo para pôr em ordem um grupo desorganizado em uma luta pela vida. Parece familiar? Para mim, essa história atemporal é uma metáfora quase perfeita para startups. O que Kambei Shimada faria?

Se você pudesse colocar um outdoor gigante em qualquer lugar exibindo qualquer coisa, o que seria e por quê? Existe alguma citação em que você pense com frequência ou que sirva de guia para sua vida?

Tenho várias candidatas para essa:

"Sempre que há alguma dúvida, não há nenhuma dúvida." A frase é do inigualável David Mamet, uma citação de *Ronin*, um dos meus filmes favoritos de todos os tempos. Um lembrete lacônico de que sempre devemos ser resolutos na batalha e nos negócios, e, em um nível mais básico, de confiar nos nossos instintos. Na minha profissão, isso muitas vezes também se traduz em "dispense logo". Quando não tiver certeza em relação a um funcionário ou cofundador, a probabilidade de sua opinião mudar para melhor é muito pequena.

"A diferença entre vencer e perder na maioria das vezes é não desistir." Essa famosa frase de Walt Disney sobre determinação é muito verdadeira quando se trata de empreendedorismo. A única coisa previsível em uma startup é a imprevisibilidade, e avançar a cada descida na montanha-russa de uma startup geralmente só requer resistência — sua e da equipe.

Mas se o outdoor ficasse em Marin County (ou em qualquer outro destino famoso entre ciclistas), ele apenas seria: "Quando minhas pernas doem, eu grito 'Calem a boca, pernas! Façam o que estou mandando!'" Essa pérola é de Jens Voigt, um ciclista lendário famoso pela determinação em dar tudo pela equipe, não importava quão cansado ou machucado estivesse.

Construir uma startup é muito parecido com um esporte de resistência, e pedalar nunca deixa de render uma história, citação ou metáfora inspiradora. Outra das minhas favoritas de Voigt é: "Se dói em mim, deve doer duas vezes mais nos outros."

"Procure um parceiro que você vai tentar impressionar todos os dias e que vai tentar impressionar a você todos os dias." Nos últimos dois anos, percebi que as melhores e mais duradouras parcerias nos negócios (e na vida) são entre pessoas que crescem juntas de forma constante. Se a pessoa que você escolher para apoiá-lo estiver sempre se esforçando para aprender e melhorar, você também terá de se esforçar para alcançar novos níveis de qualidade, e nenhum dos dois vai ficar com a sensação de ter escolhido alguém que eventualmente será superado.

Há algum hábito incomum ou algo absurdo que você ame?

Aplicação de algoritmo genérico na culinária. Sou obcecado por como certos pratos são preparados e gosto de retrabalhá-los e recriá-los até que fiquem perfeitos ao meu paladar. Quando o assunto é culinária, não sou muito criativo, mas consigo seguir com precisão uma receita bem escrita. Porém, alterar uma receita para adaptá-la melhor ao meu gosto pessoal é divertido e alimenta a minha obsessão inata. Trato uma receita como se fosse um genoma, em que cada ingrediente e passo do processo é um gene que modifico com base nos resultados de tentativas anteriores ou aleatoriamente. Experimento os resultados e "cruzo" os genes a partir dos resultados mais gostosos. Reuni alguns trechos de código para fazer e registrar modificações, então é um processo (mais ou menos) muito preciso.

Há algo muito terapêutico no hobby, embora de vez em quando eu tenha que experimentar quantidades copiosas (bem sutis) de kimchi, kombucha ou kefir ao longo de uma semana. Alimentos fermentados (sobretudo os que começam com "k") são um dos meus favoritos e também são muito apropriados para esse tipo de experiência.

Nos últimos cinco anos, que nova crença, novo comportamento ou hábito mais impactou positivamente sua vida?

Concentrar-me nos meus pontos fortes. Depois do PayPal, meu objetivo "profissional" mais importante era diversificar, fazer algo sem relação com tecnologia financeira, pagamentos, métodos antifraude, nada do que eu gostava muito de fazer no meu projeto bem-sucedido anterior. Eu queria muito diversificar minhas capacidades e experiências.

E, embora as startups seguintes tenham sido todas divertidas (e algumas tenham se saído muito bem), nunca tive a mesma empolgação de quando desenvolvi o PayPal. Por anos, pus a culpa disso no fato de as companhias que ajudei a fundar depois do PayPal não o terem superado em valor de mercado ou em seu apelo de modo geral, mas a questão era mais simples.

Quando chegou a hora de fundar outra companhia, minha esposa (que continua me impressionando todos os dias!) observou que eu era mais feliz quando trabalhava no desenvolvimento do PayPal, e não quando fizemos a IPO ou a companhia foi adquirida. Ela sugeriu que eu considerasse a possibilidade de voltar às raízes empreendedoras nos serviços financeiros. Depois de ter passado uma década afastado dos serviços financeiros, fui um dos cofundadores da Affirm. Muito diferente do PayPal, mas com muitos conceitos e desafios semelhantes.

O trabalho diário na Affirm pode ser tão desafiador e difícil quanto era na época do PayPal, mas voltei a trabalhar no meu ponto forte e estou amando cada minuto.

Que conselho você daria a um universitário inteligente e aplicado prestes a entrar no "mundo real"? E quais conselhos ele deveria ignorar?

[Meu conselho é] corra riscos, agora. Tire vantagem do fato de universitários e recém-formados terem juventude, determinação, não terem grandes responsabilidades e, o que é muito importante, não terem os confortos que adquirimos com o tempo. Nada a perder, tudo a ganhar. As coisas supérfluas da boa vida costumam nos deixar acomodados se não nos acostumarmos a correr riscos logo no início da carreira.

Fundei várias companhias nos meus 20 e poucos anos só para vê-las falir, mas nunca pensei duas vezes antes de fundar a próxima. Bastou a primeira para eu descobrir que adorava a sensação de começar algo, e quase não tinha nenhuma outra responsabilidade. Em algum momento, uma delas deu certo, mas eu estava preparado para tentar quantas vezes fosse necessário para vencer.

Se você é responsável só por si mesmo, é hora de sair da zona de conforto, de começar ou participar de um projeto empolgante e arriscado; de deixar todo o restante ao acaso para fazer parte de algo maravilhoso. E daí se fracassar? Você sempre terá a opção de voltar para a faculdade, aceitar aquele emprego em um banco de investimentos ou em uma empresa de consultoria, mudar-se para um apartamento melhor.

O conselho a ignorar (em certas situações) é o de se esforçar para obter "experiência" — ir de uma companhia a outra, buscando obter tipos diferentes de experiência a cada um ou dois anos, logo no início. Isso é útil na teoria, mas, se você usar essa força (como um colaborador individual ou líder de uma equipe) em uma companhia por cuja missão seja realmente apaixonado, corra o risco — comprometa-se e dê tudo de si, subindo degrau por degrau. Quem sabe você acabe administrando o lugar sem que perceba!

"Aprenda mais, saiba menos."

NEIL STRAUSS
X: @neilstrauss
IG: @neil_strauss
neilstrauss.com

NEIL STRAUSS já foi oito vezes escritor best-seller do *New York Times*. Seus livros, *O jogo* e *Regras do jogo*, trabalhos investigativos em que ele se infiltrou disfarçado em uma sociedade secreta de sedução, transformaram-no em uma celebridade internacional e em um herói acidental de homens do mundo inteiro. No livro seguinte, *The Truth: An Uncomfortable Book About Relationships*, Strauss mergulha nos mundos do vício em sexo, da poligamia, da infidelidade e intimidade, explorando as forças ocultas que levam as pessoas a escolherem umas às outras, ficarem juntas e se separarem. Seu trabalho mais recente, escrito em parceria com Kevin Hart, *I Can't Make This Up: Life Lessons*, ocupou logo de cara o primeiro lugar entre os livros mais vendidos do *New York Times*.

Que livro (ou livros) você mais deu de presente e por quê? Ou nomeie de um a três livros que mais influenciaram sua vida.

O livro que mais influenciou a minha vida foi *Ulisses*, de James Joyce. Li no último ano do ensino médio, e ele me despertou para o poder e as possibilidades da linguagem. É hipertexto antes da existência do hipertexto. Eu o releio de três em três anos, e a cada vez é um livro diferente.

O livro que mais dei de presente foi *Sob a sombra de Saturno*, de James Hollis, um analista junguiano. Grifei insights em cada página. O principal, em suas palavras: "A vida dos homens é tão governada pelas expectativas dos papéis a serem desempenhados quanto a vida das mulheres. E o corolário é que esses papéis não sustentam, confirmam ou refletem as necessidades da alma dos homens."

O audiolivro que mais presenteei foi *Comunicação não violenta,* de Marshall Rosenberg. Embora "comunicação não violenta" não seja um termo muito bom (é o equivalente a chamar a conchinha de "toque não assassino"), a ideia central é que, apesar de não nos darmos conta, há muita violência na forma como nos comunicamos com os outros — e conosco. Essa violência vem na forma de acusações, julgamentos, críticas, insultos, exigências, comparações, rótulos, diagnósticos e punições.

Então, quando falamos de certas maneiras, não apenas não somos ouvidos como também acabamos afastando os outros e a nós mesmos. Esse livro apresenta uma fórmula mágica para neutralizarmos instantaneamente conflitos em potencial com qualquer pessoa, de um parceiro a um funcionário, de um amigo a um colega de trabalho. Uma das muitas grandes premissas dele é a de que não há conflitos de necessidades entre nenhum par de pessoas. São só as estratégias que usamos para satisfazer essas necessidades que estão em conflito.

Para deixar registrado: A versão que eu indico é uma palestra de cinco horas e nove minutos. Você vai reconhecê-la pela capa, que é um close de uma mão fazendo um sinal de paz. Ele começa devagar, mas aos poucos se torna revolucionário. Não *obtenha nenhuma versão do livro impresso, que tem o mesmo título.*

Que aquisição de até 100 dólares mais impactou positivamente sua vida nos últimos seis meses (ou nos últimos tempos)?

O localizador de chaves Tile Mate, na Amazon. Ele me devolveu horas da minha vida desperdiçadas correndo pela casa à procura das chaves. Também funciona muito bem com bichos de estimação.

De que forma um fracasso, ou fracasso aparente, acabou te levando ao sucesso? Você tem algum "fracasso pessoal" favorito?

A melhor coisa que já me aconteceu foi não ter sido aceito na faculdade de jornalismo. Por causa disso, acabei me tornando repórter e colunista do *New York Times*. Isso me permitiu aprender por meio da experiência em vez da academia e a ir em direção à minha paixão, em vez de fazer as coisas "como devem ser feitas".

Por causa disso, percebi que o resultado não é o resultado. Em outras palavras, o que acreditamos ser pontos-finais de um objetivo na realidade são só bifurcações em uma estrada que está constantemente se dividindo. No quadro geral da vida, na verdade não sabemos se um sucesso ou fracasso em particular está nos ajudando ou atrapalhando. Então, a métrica que uso hoje é avaliar meus esforços e objetivos: fiz o meu melhor, considerando quem eu era e o que sabia no período em questão? E o que posso aprender com o resultado para ser ainda melhor da próxima vez?

Observe que a crítica não é um fracasso. Se você não está sendo criticado, é provável que não esteja fazendo nada de excepcional.

Se você pudesse colocar um outdoor gigante em qualquer lugar exibindo qualquer coisa, o que seria, e por quê?

Aprenda mais, saiba menos.

Qual foi o melhor ou mais valioso investimento que você já fez?

O tempo que investi como estagiário não remunerado no *Village Voice*, na cidade de Nova York. Acho que passei um ano só abrindo correspondências e fazendo os relatórios de despesas das pessoas, mas eu me sentia muito empolgado por estar ali. Acho que passei anos como estagiário do *Village Voice*. Eles não conseguiam se livrar de mim. Eu amava escrever, mas não era muito bom quando comecei. Porém, estar ao lado de escritores e editores que eu admirava e passar todo o meu tempo livre lendo edições antigas nos arquivos me levaram a aprender a ser escritor, crítico e repórter.

Em outra pergunta, mencionei que o melhor fracasso foi não ter conseguido entrar na faculdade de jornalismo. Isso foi minha faculdade de jornalismo.

Nos últimos cinco anos, que nova crença, novo comportamento ou hábito mais impactou positivamente sua vida?

Sem dúvida, ter encontrado uma comunidade saudável aqui em Malibu com a qual treinar. Antes, eu ia à academia para alcançar algum objetivo na forma física e nunca ia até o fim. Agora, sempre visito meus amigos, e nós nos exercitamos ao ar livre: na praia, em uma piscina, em um gramado. Quase sempre encerramos com uma sessão de sauna/banheira de gelo. É o ponto alto do dia. Não busco nenhum resultado com isso e nunca tive em tão boa forma física na vida. Isso me ajudou a perceber que o segredo para mudar e crescer não é a força de vontade, e sim uma comunidade positiva.

Nos últimos cinco anos, a que você começou a dizer não com mais facilidade?

Estamos numa queda de braços contra as distrações. Nossos dispositivos e tecnologias hoje nos conhecem tão bem que passamos a precisar de dispositivos e tecnologias para nos proteger deles. Proteger sobretudo o nosso tempo. Então, o que me ajudou a dizer não às distrações foi o aplicativo Freedom, que instalei no computador e que bloqueia a internet 22 horas por dia, e um Kitchen Safe (hoje chamado de kSafe), que é um cofre com cronômetro onde posso colocar o celular.

O que ajudou a dizer não a outras pessoas foi primeiro perguntar a mim mesmo se estou dizendo sim por culpa ou medo. Se for o caso, dou um não educado.

Quando se sente sobrecarregado, ou desconcentrado, ou perde o foco momentaneamente, o que faz?

Estar sobrecarregado e desfocado me parecem dois problemas diferentes. Penso que estar sobrecarregado está relacionado a administrar mentalmente o que está vindo de fora, enquanto estar desfocado está relacionado a administrar mentalmente o que está acontecendo no interior.

Em geral, o que funcionaria para as duas coisas seria pensar na mente como um computador cuja memória RAM está cheia. Então, a melhor coisa a ser feita é desligar por um momento. Para mim, isso equivale a uma pausa do trabalho para fazer qualquer outra coisa, de tomar um banho frio a surfar, de meditar a fazer um exercício de respiração ao ar livre, ou conversar com alguém de quem eu goste muito.

Qualquer atividade saudável que tire o foco da mente para o corpo no fim das contas acaba sendo bom para a mente.

Há algum hábito incomum ou algo absurdo que você ame?

Doces Kracie Fuwarinka (Beauty Rose), Chips Calbee Honey Butter, *Rick and Morty*, vivenciar a Richie's Plank Experience com um óculos de realidade virtual e com uma tábua de verdade elevada, Crack Butter do Healthy Butter, jogos de escape room, tomar uma bebida quente com Tim Tam, tomar um *pickleback*, travessuras de gatinhos, dizer coisas inapropriadas para a minha idade como "lacrou", fingir que sei do que alguém está falando quando na verdade não faço ideia, concluir frases com preposições e jogar um jogo que eu e minha mulher inventamos em que ouvimos músicas no modo aleatório e nos revezamos inventando cenas de filmes para as quais cada música poderia ser a trilha sonora. É meio difícil explicar. Você entende melhor se estiver no carro com a gente.

"Sempre tive um único lema: 'Vá se foder e me pague.' (...) Benefícios como 'exposição,' ou 'alcançar novos públicos,' ou 'ter uma ótima experiência' são muito boas, mas não pagam o aluguel nem colocam comida na mesa. Conheça o seu valor."

VERONICA BELMONT
X/IG/FB: @veronica
veronicabelmont.com

VERONICA BELMONT é uma gerente de produtos de São Francisco obcecada por bots. Ela trabalha na Growbot, ajudando a garantir que funcionários recebam o reconhecimento que merecem em suas equipes. Também ajuda a administrar o Botwiki.org e o Botmakers.org, uma imensa comunidade de criadores e entusiastas de bots. Como escritora, produtora e palestrante, seu principal objetivo tem sido educar públicos de todos os tipos sobre como a tecnologia pode tornar a vida melhor. Ao longo dos anos, seu amor pela inovação a levou a dar consultoria a muitas startups sobre produtos, comunicação e marketing, entre as quais a Goodreads (adquirida pela Amazon), about.me (adquirida pela AOL), DailyDrip, SoundTracking (adquirida pela Rhapsody), Milk (adquirida pelo Google), WeGame (adquirida pela Tagged), Forge, Chic CEO, entre outras. Ela também é podcaster e apresenta o IRL para a Mozilla e o Sword & Laser.

Que livro (ou livros) você mais deu de presente e por quê? Ou nomeie de um a três livros que mais influenciaram sua vida.

10% mais feliz, de Dan Harris, me fez repensar completamente a atenção plena e a meditação. Para mim, isso sempre foi algo que "outras pessoas praticam", mas me identifiquei muito com a experiência do sofrimento de Dan de ansiedade e ataques de pânico (sobretudo diante das câmeras, área em que já atuei). Além disso, como o livro foi escrito do ponto de vista de um cético, não tive medo de estar sendo catequizada ou recrutada de alguma forma. É apenas uma ótima forma de fazer um apanhado dos seus pensamentos e humor.

Que aquisição de até 100 dólares mais impactou positivamente sua vida nos últimos seis meses (ou nos últimos tempos)?

Passei a usar xampu e condicionador de farmácia. Descobri que um frasco de 4 dólares da Pantene funciona muito melhor do que um frasco de 25 dólares das coisas da Sephora. Só porque algo é mais caro não quer dizer que seja melhor!

Há algum hábito incomum ou algo absurdo que você ame?

Tiro fotos de cachorros e posto no grupo do Facebook Dogspotting. Ele tem regras específicas que precisamos seguir: precisa ser um cachorro inédito, sempre tentar cortar pessoas, tomar cuidado com "cachorros fáceis" (uma foto tirada em lugares onde seria esperado ver um cachorro, como um parcão) etc. Acho o hábito estranhamente catártico, a ponto de ter começado um minipodcast na Anchor.fm chamado *Dogs I've Seen Today*. Acho que estou descobrindo o meu hobby.

Nos últimos cinco anos, a que você começou a dizer não com mais facilidade?

Finalmente, comecei a entender que o meu tempo livre é tão valioso quanto o útil, e preciso programá-lo de acordo com isso. Antes, se eu visse um grande espaço de tempo livre na agenda, era muito mais difícil dispensar projetos, palestras ou até encontros para um café. Agora, vejo um espaço de tempo livre e penso: *Ah, esse tempo já está reservado para a minha maratona na Netflix. Desculpe.*

De que forma um fracasso, ou fracasso aparente, acabou te levando ao sucesso? Você tem algum "fracasso pessoal" favorito?

Meu fracasso favorito foi apresentar a estreia da sexta temporada de *Game of Thrones* para a HBO. Aparentemente, foi ótimo, mas cometi o erro de entrar na internet logo em seguida e ler os comentários. Péssima ideia. Passei o que deveria ter sido uma noite mágica sentada no quarto do hotel chorando ao telefone com meu marido.

Mas, com essa sensação, veio a certeza: eu havia passado os seis meses anteriores pensando em mudar de carreira, mas estava com medo de fazer algo que eu nunca tivesse feito de forma profissional. Sentada ali naquele quarto de hotel, pensei: *Por que estou desperdiçando tempo fazendo algo que me deixa triste o tempo todo? Por que não arriscar?*

Então, arrisquei. Parei de aceitar convites como freelancer, encerrei meus contratos de produção de vídeos e me dediquei a aprender sobre gestão de produtos e descobrir onde me encaixava melhor. Foi uma noite horrível, mas também foi o que eu precisava para fazer algo completamente novo e maravilhoso.

Se você pudesse colocar um outdoor gigante em qualquer lugar exibindo qualquer coisa, o que seria, e por quê?

Sempre tive um único lema: "Vá se foder e me pague." Depois de ter passado quase uma década trabalhando como autônoma, já vi todos os truques existentes de quem queria me fazer trabalhar de graça. Benefícios como "exposição", ou "alcançar novos públicos", ou "ter uma ótima experiência" são muito bons, mas não pagam o aluguel nem colocam comida na mesa. Conheça o seu valor.

Que dicas ruins você costuma ouvir na sua profissão ou especialidade?

Acho que as pessoas presumem que você precisa pesar igualmente todas as opiniões sobre o seu produto (seja um podcast, um aplicativo etc.). Nem todas as opiniões têm o mesmo peso e nem todas as ideias dos usuários são boas! Opiniões demais podem mudar a visão do seu produto, e de repente ele pode nem parecer mais seu.

Que conselho você daria a um universitário inteligente e aplicado prestes a entrar no "mundo real"?

Não espere até conseguir um emprego para fazer o que quer. Na maioria das carreiras, demonstrar que você tem iniciativa trabalhando em projetos relacionados ao seu futuro emprego é uma ótima forma de dar o primeiro passo para conquistá-lo. Se você quer ser escritor ou jornalista, comece a escrever um blog que seja atualizado regularmente! Se quer ser programador, crie e mantenha um projeto no GitHub. Qualquer coisa que você possa postar no LinkedIn que grite "Ei, eu sou apaixonado por isso!" funciona.

Quando se sente sobrecarregada, ou desconcentrada, ou perde o foco momentaneamente, o que faz?

Sempre me sinto melhor depois de criar uma boa lista. É muito mais satisfatório para mim ter algo escrito no papel que eu possa riscar assim que terminar. Isso me dá mais foco no que pode ser feito em pouco tempo e a sensação de tarefa concluída é maior.

Quando me sinto sobrecarregada, nada melhor do que levar meu cachorro para um passeio no parque. Caminhar, tomar um ar fresco e ver cachorros felizes sempre me ajudam a reiniciar de forma positiva. Além disso, é muito bom saber que seu cachorro vai sempre amar você, não importa o quanto esteja estressada!

"Meu fracasso favorito foram todas as vezes que já me ferrei no palco como comediante, porque acordei no dia seguinte e vi que o mundo não havia acabado."

PATTON OSWALT
IG/FB: @pattonoswalt
pattonoswalt.com

PATTON OSWALT é comediante de stand up, ator, dublador e escritor. Por pelo menos dois anos, ouvi seu terceiro especial de comédia, *My Weakness Is Strong*, sucessivas vezes no carro. Recomendo muito as faixas 8 e 9, "Rats" e "Orgy", respectivamente. Ele também é conhecido por papéis que incluem Spence Olchin, da série *The King of Queens;* Remy (voz) do filme *Ratatouille*; e os vários irmãos idênticos Koenigs em *Agents of S.H.I.E.L.D.* Patton ganhou um Emmy da Primetime por Melhor Roteiro por um especial de variedades e um Grammy por Melhor Álbum de Comédia, produzido a partir do seu especial de stand up da Netflix, *Patton Oswalt: Talking for Clapping*. Patton é o autor do best-seller do *New York Times*, *Silver Screen Fiend: Learning About Life from an Addiction to Film* e de *Zombie Space- ship Wasteland: A Book by Patton Oswalt.*

Que livro (ou livros) você mais deu de presente e por quê?

Acho que o livro que mais dei de presente foi *The Enigma of Anger*, de Garret Keizer. É uma meditação incrível — mas, pensando bem, tudo que Garret escreve é incrível — sobre os riscos e benefícios de explodir. Ele me ajudou a passar por alguns momentos em que eu poderia ter sido consumido por completo pela raiva. E suspeito que também foi uma rede de segurança para alguns dos meus amigos mais... hum... intensos.

Que aquisição de até 100 dólares mais impactou positivamente sua vida nos últimos seis meses (ou nos últimos tempos)?

ChicoBags, sacolas reutilizáveis de supermercado. Você joga um monte delas na traseira do carro. São resistentes, baratas e ótimas para carregar tudo. O peso e o equilíbrio também são legais. Se encher uma com latas de chili, terá uma boa maça medieval.

De que forma um fracasso, ou fracasso aparente, acabou te levando ao sucesso? Você tem algum "fracasso pessoal" favorito?

Meu fracasso favorito foram todas as vezes que já me ferrei no palco como comediante, porque acordei no dia seguinte e vi que o mundo não havia acabado. Eu estava livre para continuar fazendo besteira e melhorando. Desejo pelo menos um fracasso catastrófico a todos que desejem fazer sucesso nas artes. É deles que conseguimos nossos superpoderes.

Se você pudesse colocar um outdoor gigante em qualquer lugar exibindo qualquer coisa, o que seria?

"Não existem Eles."

Qual foi o melhor ou mais valioso investimento que você já fez?

O período que passei vivendo no nível da pobreza, queimando três anos de economias (que desde o início já não eram muita coisa), do verão de 1992 até o de 1993, em São Francisco. Ao longo de um ano, eu subia ao palco pelo menos uma vez toda noite e cresci dez anos como comediante. Queimei toda a rede de segurança que tinha me profissionalizado. Se você conseguir — e conheço muitos que não conseguiriam — se virar e suportar viver de nada, quase sempre compensa.

Há algum hábito incomum ou algo absurdo que você ame?

Enchimento meditativo de lava-louças. Adoro encher a lava-louças enquanto penso na solução de um problema. É um jogo de Tetris com pratos e talheres.

Nos últimos cinco anos, que nova crença, novo comportamento ou hábito mais impactou positivamente sua vida?

Meditação, duas vezes por dia. Simplesmente dar ao meu cérebro a chance de desligar e se renovar. Faz toda a diferença.

Que conselho você daria a um universitário inteligente e aplicado prestes a entrar no "mundo real"? E quais conselhos ele deveria ignorar?

Abrace a merda por um tempo. É provável que o seu primeiro emprego seja uma droga e sua qualidade de vida não seja muito melhor. Aproveite os anos de bosta, porque eles vão torná-lo autossuficiente muito mais rápido. Ignore qualquer um que lhe diga para colocar a segurança acima da experiência.

Que dicas ruins você costuma ouvir na sua profissão ou especialidade?

Em se tratando de comediantes, vejo muitas pessoas dizendo a eles para terem mais uma antena social em vez de uma bússola moral ou criativa. Tentar adivinhar o que as massas aceitarão ou rejeitarão sempre leva à estagnação.

Nos últimos cinco anos, a que você começou a dizer não com mais facilidade?

Eu com certeza me tornei melhor em dizer não em decisões rápidas, diferentes de circunstâncias em que preciso pensar e refletir. Se algo não me empolgar, é provável que não valha a pena fazer. Eu não era assim quando mais jovem, mas agora que estou mais velho sei o que é certo para mim e em que não posso colaborar de forma alguma. E não significa que, se eu disser não para algo, esse algo não vale a pena. Simplesmente significa que não vale a pena para mim. Existe uma diferença.

Quando se sente sobrecarregado, ou desconcentrado, ou perde o foco momentaneamente, o que faz?

Eu medito. Sento por vinte minutos e medito. É a melhor coisa que aprendi a fazer.

"É possível que estejamos chegando a um período no qual o açúcar será responsável por um número maior de mortes prematuras nos Estados Unidos do que o tabagismo."

LEWIS CANTLEY
cantleylab.weill.cornell.edu

LEWIS CANTLEY foi o responsável por avanços consideráveis na pesquisa sobre o câncer, começando pela descoberta da via de sinalização celular fosfatidilinositol--3-cinase (PI3K). Sua pesquisa pioneira resultou em tratamentos revolucionários contra câncer, diabetes e doenças autoimunes. Ele escreveu mais de quatrocentos artigos originais e mais de cinquenta capítulos de livros e artigos de revisão científica. Conduziu a pesquisa para o seu pós-doutorado na Universidade de Harvard, onde se tornou professor assistente de bioquímica e biologia molecular. Mais tarde, passou a atuar como professor de fisiologia na Universidade Tufts, mas voltou à Faculdade de Medicina de Harvard como professor de biologia celular. Ele se tornou diretor da nova Divisão de Transdução de Sinal e membro fundador do Departamento de Biologia de Sistemas da divisão em 2002.

Que livro (ou livros) você mais deu de presente e por quê? Ou nomeie de um a três livros que mais influenciaram sua vida.

Leio muito, mas gosto particularmente, e dou ou recomendo a amigos e familiares, livros escritos por três autores contemporâneos: Richard Rhodes, Neal Stephenson e Philip Kerr.

The Making of the Atomic Bomb, de Richard Rhodes, é uma obra-prima na explicação, num contexto histórico, da sequência de descobertas que levaram ao desenvolvimento da bomba atômica. Durante a minha graduação em Cornell, eu me formei em física teórica e fiz cursos com Hans Bethe e outros notáveis, então conheci vários dos físicos citados no livro. No entanto, aprendi mais física durante a leitura dele do que nos cursos que fiz.

Neal Stephenson (página 463) é um escritor incrível que consegue criar personagens fictícios que revelam as excentricidades e os absurdos que observamos no trabalho criativo dos cientistas e matemáticos da vida real. Se eu desse um curso sobre história da ciência, *The Baroque Cycle* seria leitura obrigatória. Nada capta tão bem Newton e seus contemporâneos, e há momentos em que a ciência (intencionalmente) se transforma em mágica, mas com todo o sexo e a violência envolvidos é diversão demais para descrever.

Por fim, li tudo que Philip Kerr escreveu sobre o policial fictício de Berlim Bernie Gunther, que luta para sobreviver após a tomada da Alemanha pelos nazistas. Esses livros são alertas contemporâneos para o nosso futuro nos Estados Unidos.

De que forma um fracasso, ou fracasso aparente, acabou te levando ao sucesso? Você tem algum "fracasso pessoal" favorito?

Um fracasso importante para mim foi não ter sido efetivado em Harvard em 1985. Como professor assistente e associado no Departamento de Biologia Bioquímica e Molecular, trabalhei nas proteínas e lipídios que compõem a barreira entre o interior e o exterior das células, e em como estão envolvidos na regulação celular. Isso não estava muito na moda, já que todo mundo estava mergulhando na revolução da genética e da biologia celular. Minha transferência para a Faculdade de Medicina da Tufts e, mais tarde, para a Faculdade de Medicina de Harvard levou à colaboração com cientistas daquelas instituições, os notáveis Tom Roberts e Brian Schaffhausen, que reconheciam a importância de entendermos as vias bioquímicas envolvidas no câncer. No fim das contas, foi o trabalho feito nessas instituições que levou à descoberta do fosfatidilinositol-3-cinase, um medidor essencial do crescimento celular, presente tanto no diabetes quanto no câncer.

Qual foi o melhor ou mais valioso investimento que você já fez?

Meu melhor investimento foram os oito anos que passei estudando na graduação e na pós-graduação em química e química biofísica. Embora a minha pesquisa atual se concentre no desenvolvimento de curas para os vários tipos de câncer, as conclusões a que chego sobre o desenvolvimento da doença e como produzir remédios para tratá-la vêm da minha compreensão das regras da química e da bioquímica.

Essa compreensão não só facilitou as descobertas no meu laboratório como também me permitiu fundar companhias como Angios e Petra, que estão desenvolvendo medicamentos com novos alvos na terapia contra o câncer.

Há algum hábito incomum ou algo absurdo que você ame?

Relaxo jogando Paciência no iPad. Tentar resolver estratégias para superar os obstáculos me ajuda a me concentrar e eliminar outros pensamentos.

A coisa mais nerd ainda que faço [no trabalho] é tentar ler as funções das proteínas nas suas sequências lineares de aminoácidos. Uma proteína é uma sequência de aminoácidos com aproximadamente a mesma quantidade de informações encontradas nas cerca de quinhentas letras que compõem um parágrafo típico de um livro. Não há razão para não tentarmos aprender a "ler" as informações em uma proteína da mesma forma que lemos parágrafos em inglês, francês ou chinês. O problema é estabelecer as regras. Meu laboratório se concentra em quebrar a proteína em sequências curtas de cinco ou dez aminoácidos chamadas "motivos", que se conservam ao longo da evolução e com frequência são encontradas em várias proteínas. Muitas vezes, esses motivos servem de meios de comunicação entre as proteínas. Assim, a partir do momento em que conhecermos a função do motivo, poderemos prever como a proteína se comunica com outras proteínas no nosso corpo. Quando alguém me diz que está empolgado com determinada proteína em relação a uma doença específica, na mesma hora checo a sequência e busco os motivos que podem ajudar a explicar a ligação entre a proteína e a doença. Essa abordagem é responsável por muitas das descobertas feitas no meu laboratório.

Nos últimos cinco anos, que nova crença, novo comportamento ou hábito mais impactou positivamente sua vida?

A minha mudança de Cambridge para Nova York me permitiu viver sem ter um carro. A caminhada que faço até o trabalho dura dez minutos, não importa como esteja o tempo ou o trânsito. Não preciso tirar neve da garagem, raspar gelo da janela do quarto nem procurar vaga para estacionar. É maravilhoso. Provavelmente, economiza pelo menos uma hora do meu dia, e andar é saudável.

Que conselho você daria a um universitário inteligente e aplicado prestes a entrar no "mundo real"? E quais conselhos ele deveria ignorar?

Meu conselho é escolher uma profissão que seja muito fácil para você e também lhe permita ser criativo. Se for fácil para você fazer e um pouco difícil para os seus colegas, você não terá que trabalhar tão duro para ser bem-sucedido e terá tempo livre para aproveitar a vida. Também poderá fazer umas horas extras de vez em quando para bater a concorrência, caso seja necessário. Se, por outro lado, você precisar passar muito tempo trabalhando só para ser competitivo, vai perder o vigor e não vai aproveitar a vida.

Ninguém deve se dedicar a uma profissão só por ela ser vista, no início dos estudos, como aquela que oferecerá mais empregos ou mais dinheiro. As tecnologias e infraestruturas do mundo estão mudando num ritmo sem precedentes. Ninguém pode prever qual será a melhor profissão daqui a quatro anos. Se você não tem certeza em relação ao seu talento, opte por uma formação abrangente que não limite as opções. A melhor habilidade é ser capaz de se comunicar eficientemente tanto na escrita quando na fala. É provável que os dois cursos da universidade que foram os mais importantes para a minha carreira seja um de literatura e composição textual, e outro de lógica (um curso avançado de matemática). Esses cursos me ensinaram a chegar à conclusão certa a partir de um conjunto de fatos e a comunicar essa conclusão para um público heterogêneo.

Se você pudesse colocar um outdoor gigante em qualquer lugar exibindo qualquer coisa — hipoteticamente falando, transmitindo uma mensagem para milhões ou bilhões de pessoas —, o que seria, e por quê?

Minha mensagem seria: "O açúcar é tóxico." O açúcar e outros adoçantes naturais ou artificiais estão entre os agentes que mais causam dependência no meio ambiente. Quando consumidos em quantidades que excedem a taxa do metabolismo nos músculos ou no cérebro, o açúcar é transformado em gordura, resultando na resistência à insulina, obesidade e no aumento do risco de desenvolvimento de outras doenças, inclusive câncer. Enquanto o consumo de gordura e proteína promove uma sensação de saciedade, o consumo de açúcares induz ao desejo por mais açúcar no período de cerca de uma hora. Nós aumentamos essa dependência, porque, no passado não tão distante, a adição de gordura ao nosso corpo ao fim de uma estação de plantio, quando os frutos estavam maduros, era essencial para sobreviver até a estação de plantio seguinte. Mas hoje o açúcar está disponível o ano inteiro e é um dos alimentos mais baratos à disposição. Então, adicionamos continuamente gordura ao nosso corpo. É possível que estejamos chegando a um período no qual o açúcar será responsável por um número maior de mortes prematuras nos Estados Unidos do que o tabagismo. Escrevi muito e dei diversas palestras sobre esse assunto nos últimos dez anos, à medida que a nossa compreensão da base bioquímica para a toxicidade, sobretudo sua ligação com o câncer, torna-se mais evidente.

Que dicas ruins você costuma ouvir na sua profissão ou especialidade?

A pior recomendação é manter suas ideias e informações em sigilo até que um artigo descrevendo esses resultados seja aceito por um periódico. Sempre que tenho uma ideia louca ou vejo um resultado inesperado, converso a respeito com meus colegas para ver se eles têm algo semelhante e se acham que minha ideia é loucura. Essa é a diversão da ciência. Cientistas com experiências e especializações diferentes podem colaborar para chegar à resposta certa muito mais rápido do que um só cientista.

Quando se sente sobrecarregado, ou desconcentrado, ou perde o foco momentaneamente, o que faz?

Jogo Paciência, o que desanuvia a mente, permitindo que eu adormeça. Após seis horas de sono, acordo espontaneamente, e tudo parece simples e possível.

CITAÇÕES QUE ESTÃO NA MINHA CABEÇA

(Tim Ferriss: 8 de janeiro — 29 de janeiro de 2016)

"As pessoas dizem que estamos todos buscando um significado para a vida. Não acho que seja isso que estejamos realmente buscando. Acho que o que buscamos é uma experiência de estar vivo"

— JOSEPH CAMPBELL

Mitólogo norte-americano e escritor, conhecido por *O herói de mil faces*

"Se você quiser jogar, decida três coisas logo no início: as regras do jogo, os riscos e a hora de desistir."

— PROVÉRBIO CHINÊS

"Não há nada com que o homem ocupado se ocupe menos do que viver; e não há nada mais difícil de se aprender."

— SÊNECA

Filósofo estoico romano, dramaturgo famoso

"A criação é um meio melhor de autoexpressão e posse; é por meio da criação, e não da posse, que a vida é revelada."

— VIDA DUTTON SCUDDER

Educadora norte-americana, escritora e assistente social ativista

"Escolhas difíceis, vida fácil. Escolhas fáceis, vida difícil."

JERZY GREGOREK
FB: tim.blog/happybody (redirecionado)
thehappybody.com

JERZY GREGOREK emigrou da Polônia para os Estados Unidos como refugiado político com a esposa, Aniela (página 138), em 1986. Em seguida, ganhou quatro Campeonatos Mundiais de Halterofilismo e estabeleceu um recorde mundial. Em 2000, Jerzy e Aniela fundaram o time de halterofilismo da Universidade da Califórnia, em Los Angeles. Como cocriador do programa Happy Body, Jerzy tem atuado como orientador há mais de trinta anos. Em 1998, ele obteve três mestrados em belas-artes como escritor da Faculdade de Belas Artes de Vermont. Seus poemas e traduções integram várias publicações, inclusive em *The American Poetry Review*. Seu poema "Family Tree" rendeu-lhe o prêmio Charles William Duke Long Poem da revista *Amelia*, em 1998.

Que livro (ou livros) você mais deu de presente e por quê? Ou nomeie de um a três livros que mais influenciaram sua vida.

Depois que li essa pergunta, levantei a cabeça e dei uma olhada nas centenas de livros no meu escritório. Em seguida, fui até a sala e dei uma olhada em mais livros lá, e depois chequei as pilhas no quarto, na cozinha, na academia e no quarto de meditação. Tenho a forte sensação de que quase todos contribuíram para a pessoa que me tornei.

Um livro que reli várias vezes ao longo da vida, a ponto de hoje estar todo sublinhado e cheio de anotações, é *The Doctor and the Soul*, de Viktor E. Frankl, um psiquiatra que saiu vivo depois de seis anos em um campo de concentração. O trabalho de Frankl é baseado na nossa busca pelo sentido da vida como uma tarefa muito pessoal. Esse livro me ajudou a abraçar escolhas difíceis e a nunca deixar de imaginar um futuro melhor.

O Tao do Poder, de Lao Tzu (uma tradução do Tao Te Ching por R. L. Wing), ajudou-me a enxergar a relação entre o "suficiente", a saúde e a riqueza; colocou-me numa jornada de trinta anos para encontrar o suficiente na alimentação, nos exercícios físicos e no descanso; e ajudou a aprender a viver entre o suficiente e o insuficiente para criar uma existência vigorosa e mais feliz.

E com *Letters from a Stoic*, de Sêneca, aprendi a praticar o autoaperfeiçoamento: a me aperfeiçoar com constância a fim de estar pronto para qualquer possível desastre. Também aprendi que, quando o desastre acontece, significa que algo está sendo pedido de mim. Preciso melhorar. O quadro geral fica evidente à medida que amadurecemos. Depois dos 35 anos, não importa o que façamos, pioraremos. A deterioração é automática no processo do envelhecimento, e o resultado é a depressão. Mas, se vivermos como estoicos, isso não nos afetará negativamente. Um estoico está sempre preparado para qualquer desastre e pronto para abraçá-lo e transformá-lo em uma oportunidade. Minha mulher costumava me perguntar: "Por que você fica feliz quando algo ruim acontece?" Não fico feliz; só *não fico infeliz*. Concentro-me em remover o que há de errado. Um dia, um amigo fez algo antiético, então pus um fim na nossa amizade, mas Aniela ficou curiosa por eu não ter demonstrado mais chateação. Respondi que eu estava feliz por não ter mais que manter uma ligação com ele. Você consegue imaginar como teria sido se tivesse acontecido cinco anos depois, quando nós tivéssemos ainda mais intimidade?

Que aquisição de até 100 dólares mais impactou positivamente sua vida nos últimos seis meses (ou nos últimos tempos)?

Quando tinha 19 anos, havia acabado de me tornar bombeiro e estava correndo pela primeira vez para um incêndio que havia começado em um apartamento. Enquanto o caminhão de bombeiros avançava às pressas pela cidade, as luzes girando e a sirene a toda, experimentei uma sensação arrebatadora de bondade. Pela primeira vez, senti que alguém precisava de mim e gostei muito dessa sensação. Desde então, continuei estudando e tentei me tornar um homem cada vez melhor a fim de poder voltar a ajudar pessoas que precisassem e a sentir aquela bondade.

Cinco anos atrás, decidi eliminar meu comportamento reativo a irritações, porém, a princípio, nenhum dos meus truques funcionava. Eu colocava citações filosóficas ou inspiradoras no papel de parede do iPhone ou escrevia no diário, mas os provérbios sempre perdiam a eficácia com o tempo. Então, certo dia, eu disse a uma das minhas clientes, que culpava o marido por tudo, para assumir 100% da responsabilidade pela parte dela nas interações entre eles. "Dessa forma", eu disse, "você irá se libertar de tentar controlá-lo e será capaz de encontrar soluções construtivas no seu relacionamento." Quando ela saiu, me dei conta de que o mesmo conselho também poderia me ajudar. Assumir 100% da minha responsabilidade pessoal iria me ajudar a parar de culpar e reclamar e alcançar um senso de fluxo. Também iria me dar o discernimento necessário em qualquer diálogo para identificar as palavras certas capazes de ajudar alguém a aceitar uma decisão difícil.

No dia 8 de março de 2017, comprei um bracelete na Amazon por 19,95 dólares com as primeiras letras de cada palavra de uma frase: ESORPAAP. Só eu sei o significado dessas letras, mas agora irei compartilhá-lo com você. Elas são a chave para o meu provérbio pessoal, um lema que me dá consciência e me ajuda a enxergar por meio das minhas tempestades emocionais. Significam: Eu Sou O Responsável Por Acalmar As Pessoas. Às vezes, ele me ajuda a ensinar o que eu mesmo preciso aprender.

Nunca o tiro. Ele me lembra várias vezes por dia do que as letras representam, o que me permite sentir a bondade intrínseca à frase. De vez em quando, no momento em que reajo a uma irritação, vejo o bracelete e me contenho antes de chegar a um ponto de arrependimento. Então, experimento vislumbres de fluxo.

De que forma um fracasso, ou fracasso aparente, acabou te levando ao sucesso? Você tem algum "fracasso pessoal" favorito?

Eu me tornei alcoólatra aos 15 anos, e era um caso grave de alcoolismo. Após seis meses bebendo com os amigos, fui expulso da escola. Ao longo dos três anos seguintes, tive sérios apagões nos quais não me lembrava do que acontecera nos dois ou três dias anteriores. Certo dia, meu amigo Mirek mencionou que seu pai havia jogado todos os equipamentos de levantamento de peso fora. "Você pode guardá-los na minha casa", sugeri casualmente, sem imaginar que ele aceitaria a oferta. No dia seguinte, ele apareceu com os pesos e me convenceu a fazer um rápido exercício de levantamento de peso com ele antes de sairmos para tomar uma cerveja. Ele era gentil e persistente, e percebi que Mirek tinha um tipo de satisfação que eu invejava. Seis meses depois, eu estava passando a maior parte do meu tempo com Mirek e seu grupo de levantadores de peso e menos tempo com meus velhos amigos, os beberrões da cidade. Um ano depois, eu estava sóbrio e me sentia renascido.

Esse fracasso dramático prematuro me ajudou de várias formas. Ele me mostrou de que modo, com um esforço constante, alguém pode transformar por completo sua vida em um ano. Eu vi pessoalmente como a orientação de um mentor é importante nesse processo de mudança profunda; é por isso que a orientação hoje é tão importante no nosso trabalho. Também me ajudou a entender a mente de um alcoólatra, ou qualquer dependente. Hoje, consigo beber moderadamente sem cair no fatalismo imprudente do vício. Contudo, se não tivesse passado por isso, duvido que eu seria capaz de encontrar as palavras certas na hora certa para os alcoólatras que precisam que eu os entenda.

Se você pudesse colocar um outdoor gigante em qualquer lugar exibindo qualquer coisa, o que seria, e por quê?

"Escolhas difíceis, vida fácil. Escolhas fáceis, vida difícil."

Nada realmente relevante ou duradouro foi criado em um período curto de tempo. Se você aprender a história por trás de qualquer grande sucesso, verá quantos anos se passaram e quantas escolhas difíceis foram feitas para alcançá-lo. Querer mais não é apenas um ato de ambição, e sim também um ato de paixão e de amor. Nada é alcançado com escolhas fáceis. Acredito que as pessoas podem suportar qualquer dificuldade se houver uma solução e se for construtiva. Escolhas difíceis significam nunca se aposentar, pois o cérebro precisa se ocupar da busca por novas soluções no presente, e não só de relembrar velhas fórmulas. Escolhas difíceis nos tornam mais sábios, inteligentes, fortes e ricos, enquanto escolhas fáceis provocam regresso, concentrando nossas energias no conforto e na diversão. Diante de qualquer dificuldade, pergunte-se: *Qual é a escolha difícil e qual é a fácil?* Com isso, você saberá logo qual é a correta.

Qual foi o melhor ou mais valioso investimento que você já fez?

Depois que me recuperei do alcoolismo, percebi que havia perdido minha formação, e fiquei determinado a compensar o tempo perdido. Comecei a estudar dezesseis horas por dia, sete dias por semana, na esperança de seguir carreira na medicina. No entanto, uma formação universitária estava financeiramente fora das possibilidades da minha família, então acabei entrando para a academia de bombeiros. Mesmo antes disso, eu já estava estudando inglês. Apesar da impopularidade da língua na Polônia na época, eu estava decidido a me tornar fluente. Mal sabia eu que, em poucos anos, seria forçado a fugir da Polônia para salvar a minha vida, chegando aos Estados Unidos como refugiado político.

Desde a adolescência, quando descobri o poder da aprendizagem e decidi estudar pra valer, saber mais tem sido o meu caminho para o poder e para a felicidade pessoais. Quando Aniela e eu éramos refugiados na Europa, livros eram como roupas. Não conseguíamos ficar sem eles. Nunca nos arrependemos de ter investido na nossa educação. Quando ficamos insatisfeitos com o trabalho de um escritor contratado para fazer o esboço de *The Happy Body*, decidimos fazer mestrado em escrita criativa com o objetivo de conseguirmos comunicar melhor nossas histórias e ideias. Nosso trabalho é uma síntese dos milhares de livros que lemos ao longo dos anos, e jamais deixaremos de aprender. Para nós, os livros são o que nos tornam humanos.

Há algum hábito incomum ou algo absurdo que você ame?

Aniela e eu somos casados há 38 anos e ainda temos muito sobre o que conversar. Também temos uma tradição. Ao meio-dia, paramos de trabalhar e nos arrumamos para o nosso encontro. Depois de tomar um banho e vestir nossas roupas favoritas, vamos ao nosso restaurante favorito. Assim que entramos, a equipe inteira vem nos receber com um sorriso, e nos encaminhamos para a nossa mesa habitual, conduzidos pelo simpático recepcionista. Ele nos oferece o cardápio e uma garrafa de água com gás enquanto Aniela lê as opções. Ela escolhe um prato diferente a cada vez que vamos lá, mas eu me atenho ao mesmo tira-gosto (batatas fritas) e a uma dose dupla de vodca de entrada com uma porção de salada. Adoro esses encontros. Não há nada melhor do que se sentar com sua esposa após 42 anos de companheirismo e ainda curtir o momento.

Nos últimos cinco anos, que nova crença, novo comportamento ou hábito mais impactou positivamente sua vida?

Quando eu tinha 55 anos, fui à Polônia e descobri que os cinco irmãos da minha mãe haviam morrido de câncer de próstata, todos quando se aproximavam dos 55. De pé diante do túmulo de um deles, percebi que eu já tinha essa idade. Quando voltei aos Estados Unidos, fui imediatamente à minha médica, que me informou que minha próstata estava grande e tinha nódulos. Ela fez um exame para checar o meu PSA e, depois de ter visto o resultado de 9,5, me encaminhou para um urologista. Ele foi muito rápido e enfático em sua recomendação: biópsia e possível retirada. "Calma aí", eu disse. "Me deixe pensar nisso." O médico insistiu que eu tomasse uma decisão logo, mas eu queria fazer uma pesquisa primeiro. Passei a semana seguinte inteira estudando a literatura sobre a minha condição e decidi mudar minha dieta, incorporando mais legumes e verduras, antes de tomar alguma atitude médica drástica. O resultado? Seis meses depois, meu PSA havia caído para 5 e, após mais seis meses, chegou a 1. Mais seis meses, e alcançou 0,1, e tem se mantido assim todo ano desde então.

É um clichê que todo mundo detesta comer legumes e verduras, porém, nos últimos cinco anos, desenvolvi muitas formas de prepará-los que os deixam deliciosos.

Agora, é fácil comer muitos deles. Todos os dias, tomo uma tigela de sopa de legumes e verduras, bebo suco verde e como um patê feito da polpa do suco misturada a alho, suco de limão, couve, espinafre e abacate. Sirvo com banana e outras frutas, de forma que parece sushi. Meu prato favorito, que criei três anos atrás, é uma mistura de repolho, cebola, abacate e pera. É algo incrivelmente delicioso, muito saudável e rápido de preparar. Esse prato também me deu um conhecimento profundo sobre a alimentação: não há outra maneira melhor do que essa de preparar comida. Senti orgulho e uma descarga de energia ao me dar conta de que estava me alimentando da melhor forma possível. Ninguém podia se alimentar melhor do que eu, talvez tão bem quanto. Então, certo dia, eu estava conversando com um amigo sobre longevidade e saúde. Pela primeira vez, não senti aquele medo profundo da morte dentro de mim — eu o perdera. Então, virei para ele e disse: "Sinto que vou viver por um bom tempo", e então lhe contei minha história sobre o medo. Ele sorriu e disse: "Espero que seja contagioso."

Que conselho você daria a um universitário inteligente e aplicado prestes a entrar no "mundo real"?

Quando comecei a estudar para me tornar bombeiro, um professor fez um discurso muito receptivo, dizendo algo como: "Até hoje, vocês deram duro nos estudos e acataram o que o mundo lhes disse para fazerem. Nosso propósito nos próximos quatro anos é ensinar vocês a pensarem por conta própria. Se conseguirmos, vocês criarão algo que este mundo nunca viu, mas, do contrário, vocês continuarão copiando e repetindo. Levem o que digo a sério, estudem muito, mas também abram a imaginação. Um dia, vocês estarão criando um mundo novo, e espero que ele seja melhor do que este em que vivemos."

Que dicas ruins você costuma ouvir na sua profissão ou especialidade?

"Você precisa fazer exercícios para a resistência cardiovascular." Nos anos 1990, treinei o time de levantamento de peso olímpico na Gold's Gym em Veneza. Havia um treinador lá que me pediu para se juntar à equipe. Quando perguntei por que ele queria enfrentar um desafio tão grande, ele respondeu que tinha ficado impressionado com o que conseguíamos fazer e com a tremenda capacidade dos atletas. Ele queria aprender as nossas técnicas para mais tarde usá-las no seu treinamento. Concordei, e ele entrou para a equipe, seguindo o programa e participando de todos os treinos. Certo dia, ele me procurou e disse: "Entendo o que você faz e acho muito válido, mas treino maratonistas e triatletas, e acho que a resistência cardiovascular é importante. Também treinei bombeiros em Nova York, que às vezes precisam subir correndo dezenas de degraus, então eles precisavam de treinamento para a resistência cardiovascular." Respondi que iria lhe fazer uma pergunta. Depois disso, se ele ainda achasse que os exercícios para a resistência cardiovascular eram importantes, eu os incluiria no treinamento. Do contrário, nós não voltaríamos a discutir o assunto. Ele concordou, então lhe perguntei: "Se eu vestisse o vencedor de uma maratona e um corredor campeão olímpico com uniformes de bombeiro e os mandasse subir até o topo de um prédio, quem seria o mais rápido?" Ele passou mais de um minuto sem dizer nada. Então, eu disse: "Agora você sabe como deixou os bombeiros de Nova York mais lentos, treinando-os para resistência, e não capacidade." Ele sorriu e retomamos o treino.

Nos últimos cinco anos, a que você começou a dizer não com mais facilidade?

Finalmente, aprendi a dizer não ao fatalista dentro de mim. Quando o fatalista vence, nós pioramos e a qualidade de vida entra em declínio. Foram meus clientes que me tornaram consciente do diálogo mental que todos nós temos entre o fatalista e seu oposto, o mestre. Não importava o que eu dissesse ou fizesse para inspirá-los a superarem as situações a que estavam presos, eles ainda assim fracassavam. Meus clientes continuavam vendo a si mesmos cometerem erros, mas não tinham força para parar. Depois de meditar muito sobre o problema, me dei conta de que também tinha um fatalista dentro de mim, e que o diálogo entre o fatalista e o mestre é automático e contínuo na minha cabeça. A única diferença é que o meu fatalista não é mais forte o bastante para vencer. E a margem que leva à vitória é pequena — pode ser de apenas 49% do fatalista contra 51% do mestre. Ao passar mais de um ano escrevendo três livros de diálogos entre o mestre e o fatalista, observei que uma diferença de 1% muitas vezes provém de algumas artimanhas por parte do mestre. Explorando essa dinâmica ao longo do tempo, consegui dar poder ao meu mestre interior e agora tenho novas armadilhas para o fatalista, criando uma margem maior de vitória — de 5% ou até 10%. Isso significa fracassar cerca de uma vez por semana em vez de algumas vezes por dia.

Quando se sente sobrecarregado, ou desconcentrado, ou perde o foco momentaneamente, o que faz?

Na última metade da minha vida, li centenas de livros de poesia. Sempre que lia um poema que adorava ou com o qual sentia uma conexão profunda, eu o acrescentava a uma coleção que intitulei "200 poemas antidepressivos". Agora, sempre que me sinto sobrecarregado ou acho que fiz algo errado, vou até a sala de meditação, abro meu manuscrito em uma página aleatória e leio um poema em voz alta. Geralmente, dois poemas são o bastante para me fazer sentir melhor e restaurar o amor no meu coração. Estes são os meus onze poemas favoritos para ler quando estou me sentindo deprimido (11 é o número da força mestra):

1. "O peixe", de Elizabeth Bishop
2. "Leaving One", de Ralph Angel
3. "Gato num apartamento vazio", de Wisława Szymborska
4. "Apples", de Deborah Digges
5. "Michiko Nogami (1946–1982)", de Jack Gilbert
6. "Eating Alone", de Li-Young Lee
7. "The Potter", de Peter Levitt
8. "Black Dog, Red Dog", de Stephen Dobyns
9. "The Word", de Mark Cox
10. "Death", de Maurycy Szymel
11. "This", de Czeslaw Milosz

"A amizade nasce no momento em que uma pessoa diz à outra: 'Sério? Você também? Achei que eu fosse o único.'" — C. S. Lewis

ANIELA GREGOREK
FB: tim.blog/happybody (redirecionado)
thehappybody.com

ANIELA GREGOREK foi para os Estados Unidos com o marido, Jerzy Gregorek (página 130), em 1986, como refugiada política durante a perseguição ao Movimento da Solidariedade polonês. Como atleta profissional, ela venceu cinco Campeonatos Mundiais de Levantamento de Peso e quebrou seis recordes mundiais. Em 2000, ela e Jerzy fundaram a equipe de levantamento de peso da Universidade da Califórnia em Los Angeles e se tornaram seus principais técnicos. Aniela tem mestrado em escrita criativa pela Norwich University. Ela escreve e traduz poesia tanto do polonês para o inglês quanto do inglês para o polonês. Suas poesias e traduções foram publicadas em revistas de poesia importantes. Como cocriadora do programa Happy Body, Aniela orienta pessoas há mais de trinta anos. Ela é coautora de *The Happy Body: The Simple Science of Nutrition, Exercise, and Relaxation*.

Que livro (ou livros) você mais deu de presente e por quê? Ou nomeie de um a três livros que mais influenciaram sua vida.

O único livro que li mais de uma vez e continuo lendo até hoje é *Em busca de sentido*, de Viktor E. Frankl. Ele está cheio de reflexões, sentimentos e comentários meus. É um livro que já dei de presente a muitas pessoas, pois mudou o meu modo de ver o sofrimento humano e a beleza da vida.

A maioria de nós tenta entender o milagre de estarmos vivos e ter essa experiência humana. Lutamos para encontrar sentido e propósito na nossa breve existência.

Viktor E. Frankl encontrou os seus. Suas observações sobre a reação ou a ação em situações desafiadoras nunca deixam de me impressionar — como alguém escolhe a dificuldade da bondade e da beleza ou, o oposto, ser egoísta e autocentrado. Depois de ter lido esse livro, fui profundamente afetada pelas lutas e sofrimentos das pessoas que estiveram em campos de concentração e trabalho forçado na Segunda Guerra Mundial. Um dos sobreviventes disse que "os melhores de nós não voltaram." A leitura de *Em busca de sentido* me inspirou a compartilhar os trabalhos criativos de poetas judeus da Primeira e da Segunda Guerra Mundial em uma palestra na Faculdade de Vermont. Foi uma geração perdida de colegas poetas, e eu quis homenagear a vida e o trabalho deles. Em seguida, cotraduzi e publiquei dois livros desses poetas.

Meu outro livro favorito, *Alucinações musicais: relatos sobre a música e o cérebro*, lembra-me da conexão da música com a cura e sua importância para a memória. Obtive uma compreensão mais profunda de como a música afeta o humor e o cérebro. Pessoalmente, vivenciei o poder da música e da memória depois do falecimento da minha mãe. Durante uma aula para o meu programa de escrita criativa, ouvi as Bachianas Brasileiras nº 5 e comecei a soluçar de forma incontrolável. O murmúrio suave da cantora de ópera me transportou para quando eu tinha 2 ou 3 anos, e minha mãe cantava exatamente da mesma maneira enquanto cozinhava ou lavava roupa.

De que forma um fracasso, ou fracasso aparente, acabou te levando ao sucesso? Você tem algum "fracasso pessoal" favorito?

Quando saí da nossa primeira casa, me senti um fracasso. Havíamos comprado uma casa para reforma com o dinheiro que economizamos trabalhando durante anos, de dez a doze horas por dia na academia.

Nosso orçamento mensal para comida e outras necessidades era de míseros 67 dólares; achávamos que havíamos conquistado o sonho norte-americano. E tínhamos consertado a casa do chão ao teto nós mesmos. Nossos clientes sabiam o que estávamos fazendo pelo cheiro da tinta que ficava nos cabelos ou por causa da tinta que ficava nas unhas.

Oito anos depois, o terremoto de Northridge danificou nossa casa e muitas outras da rua. O valor dos imóveis despencou quando as pessoas deixaram o bairro, e ele entrou em decadência. Na mesma época, minha mãe faleceu inesperadamente. Isso me levou a reconsiderar as prioridades de vida — eu não queria mais trabalhar por "coisas". Pensei no meu sonho impossível de infância de me tornar escritora e viver perto da água.

Juntos, meu marido e eu decidimos assumir prejuízo e deixar a casa dos sonhos para recomeçar do zero. Nos mudamos para a marina em busca de uma vida mais criativa e com mais propósito. Anos mais tarde, entendi que o meu objetivo de possuir uma casa física não iria me satisfazer. O que eu queria de verdade era um lar espiritual, um lugar onde eu pudesse me sentir realizada a qualquer momento.

Se você pudesse colocar um outdoor gigante em qualquer lugar exibindo qualquer coisa, o que seria, e por quê? Existe alguma citação em que você pense com frequência ou que sirva de guia para sua vida?
Tenho algumas:

> "Rir muito e com frequência, conquistar o respeito de pessoas inteligentes e o afeto das crianças (...) deixar o mundo um pouco melhor (...) saber que ao menos uma vida respirou com mais facilidade porque você viveu. Nisso consiste o sucesso." — Ralph Waldo Emerson

> "Alguns veem as coisas como são e perguntam 'por quê?'. Eu sonho com coisas que nunca existiram e pergunto 'por que não?'" — Robert Kennedy

> "A amizade nasce no momento em que uma pessoa diz à outra: 'Sério? Você também? Achei que eu fosse o único.'" — C. S. Lewis

> "É impossível viver sem fracassar em algo, a não ser que você viva com tanto cuidado que, ao mesmo tempo, não terá sequer vivido — um fracasso por definição."
> — J. K. Rowling

Qual foi o melhor ou mais valioso investimento que você já fez?
"Se eu aceitá-lo como você é, vou torná-lo pior; entretanto, se eu tratá-lo como se fosse o que é capaz de tornar-se, vou ajudá-lo a se tornar exatamente isso." — Johann Wolfgang von Goethe

Na minha profissão, quando recebo clientes pela primeira vez, vejo-os como o produto final — como serão no futuro. São todos lindos. O que há entre quem são e quem querem ser é a disposição para mudar hábitos fortes, sistemas de crença e a vontade de abraçar um novo estilo de vida. Ajudo-os na busca pela mudança e na libertação de hábitos indesejados.

Meu melhor investimento foi em mentores e na minha educação pessoal. Investi tempo e energia para aprender como ajudar com eficiência todas as pessoas que entram pela minha porta.

Que aquisição de até 100 dólares mais impactou positivamente sua vida nos últimos seis meses (ou nos últimos tempos)?

Um dócil e curioso periquito verde e amarelo que nossa filha batizou de Margarita. O pássaro substituiu a nossa "alma da casa" (como chamamos nossos pássaros), que faleceu aos 12 anos.

Nos últimos cinco anos, a que você começou a dizer não com mais facilidade?

Tornei-me melhor em dizer não à negatividade. O primeiro sinal da negatividade, para mim, é a irritação. Quando a reconheço, logo poupo a mim mesma e as pessoas que amo de uma boa dose de dor emocional ao passar um tempo só. Respirar fundo ajuda. Entre uma respiração e outra, tenho tempo para desacelerar e ver os pensamentos percorrendo a minha mente tão bem quanto vejo as pessoas à minha frente.

Digo não à culpa, às reclamações e à fofoca. Também ensino essas três regras à minha filha. Quando não tenho nada de positivo para dizer, fico calada. Isso torna a vida mais fácil e feliz. No momento em que me entrego a um desses três comportamentos (culpa, reclamação ou fofoca), torno-me negativa. É um sinal de que estou evitando aquilo pelo que sou responsável: minha vida. A negatividade é como a poluição. Ela polui a mente e os relacionamentos. É passividade. A atitude se torna ativa quando há críticas construtivas com a intenção de ajudar alguém a ser melhor ou se sair melhor. O modo como transmito a mensagem é importante, já que a intenção não é ofender ou magoar a pessoa. Quando vejo que a negatividade está tomando conta de alguém com quem interajo, um cliente ou amigo, oriento a pessoa de modo a levá-la a soluções positivas.

Há algum hábito incomum ou algo absurdo que você ame?

A princípio, pensei que não tivesse nenhum hábito incomum. Então, perguntei à minha filha, Natalie, o que ela achava, pois as crianças sabem essas coisas sobre os pais. Ela disse: "Mamãe, você é a pessoa mais normal que conheço. Mas você tem umas coisas estranhas, como esses potes que fez."

Ela estava se referindo ao nosso Pote de Comer Fora, ao Pote da Felicidade, entre outros. Nós três somos indivíduos de personalidade muito forte e preferências distintas, e o Pote de Comer Fora surgiu a partir de uma dificuldade. Sempre que queríamos sair para comer fora, desperdiçávamos tanta energia discutindo que, quando por fim chegávamos a uma conclusão, estávamos esgotados. Não era divertido. O mesmo acontecia quando tentávamos escolher uma atividade para o fim de semana.

Chamei minha família para uma reunião ao redor da mesa e lhes dei canetas e notas autoadesivas onde escrevemos todas as ideias que tínhamos. Foi divertido ver as ideias da família. Meu marido e minha filha se deram conta de que gostavam dos mesmos lugares e das mesmas atividades. Geralmente, era eu quem introduzia novas ideias, que eram recebidas com resistência. Ali estava a chance de introduzir coisas e atividades que eu queria experimentar.

A criação dos potes eliminou a necessidade de usar a força, a manipulação ou a persuasão. Agora, não desperdiçamos mais tempo com decisões simples. Simplesmente pegamos o pote e pescamos uma opção aleatória, e nós todos adoramos (ou aceitamos) a escolha.

Criamos o Pote da Felicidade para os momentos em que passávamos por períodos difíceis como família. Colocamos nele atividades que todos gostamos de fazer — coisas simples, como dar banho na nossa cadela, Bella, ou fazer panquecas de batata com abobrinha.

Quando se sente sobrecarregada, ou desconcentrada, ou perde o foco momentaneamente, o que faz?

Para mim, a prática mais útil quando estou desconcentrada é fazer uma caminhada na natureza. Estar perto da água tem um efeito calmante no meu sistema nervoso, e o ritmo das ondas indo e vindo me acalma. Sair para uma caminhada entre as árvores tem um efeito parecido. Em japonês, existe um termo que significa "banho de floresta" e descreve uma caminhada sob as árvores, deixando o frescor, o cheiro e o silêncio banharem você. Sinto-me relaxada, purificada e com a mente limpa depois disso. Na natureza, experimento o oposto ao que sinto quando me sento para meditar. Às vezes, tentar domar a minha mente e me concentrar com a meditação transcendental, que pratico há muitos anos, só serve para intensificar o que está acontecendo dentro de mim. Isso me faz sentir mais cansada e estressada — é quando recorro à natureza. Sinto que a natureza me medita.

Nos últimos cinco anos, que nova crença, novo comportamento ou hábito mais serviu para melhorar a sua vida?

Há pouco tempo, mudei minhas crenças sobre envelhecer e ser mãe. Quando eu tinha 25 anos, achava que já estava velha e em decadência, mas então minha vida sofreu reviravoltas inesperadas. Imigrei para os Estados Unidos, aprendi um novo idioma, competi como atleta olímpica no levantamento de peso, concluí um mestrado em escrita criativa e me tornei escritora e tradutora. Ajudei a criar o programa Happy Body, uma prática que se tornou o propósito e o trabalho da minha vida. Então, aos 45 anos, fui abençoada com uma gravidez e um bebê. Com a privação de sono e a luta para criar um bebê sem familiares por perto, de repente me senti como se tivesse envelhecido décadas. Entretanto, à medida que minha filha crescia, comecei a encontrar meu equilíbrio como mãe e aprendi a cuidar de mim e dela. Hoje, tenho 58 anos, e minha filha tem 13, e me sinto cheia de energia e entusiasmo em relação ao futuro. Estou nas duas extremidades do amadurecimento, observando minha filha se tornar uma jovem adulta enquanto chego à terceira idade com um estilo de vida que estimula a jovialidade. Agora, sei que ser mãe também é uma forma de preservar a juventude.

"Ninguém lhe deve nada."

AMELIA BOONE
X: @ameliaboone
IG: @arboonell
ameliabooneracing.com

AMELIA BOONE é tetracampeã mundial de corrida espartana (OCR) e considerada a corredora de modalidades com obstáculos mais premiada do mundo. Ela já foi chamada de "Michael Jordan da corrida com obstáculos" e "a Rainha da Dor". Suas vitórias incluem os Campeonatos Mundiais de Corrida Espartana de 2013 e o feito de ser a única tricampeã mundial da modalidade Toughest Mudder. Na competição mundial de 2012 da Toughest Mudder, que dura 24 horas (ela percorreu 145 quilômetros e passou por 300 obstáculos), Amelia ficou com o segundo lugar *geral* entre mais de mil adversários, 80% dos quais eram homens. A única pessoa que a venceu terminou apenas oito minutos antes. Amelia também já concluiu três vezes a Death Race [Corrida Mortal], uma maratonista ultracompetitiva e chegou ao patamar em que se encontra ao mesmo tempo em que trabalha em tempo integral como advogada corporativa. Ela foi eleita uma das "50 Mulheres em Melhor Forma" pela *Sports Illustrated*.

Que aquisição de até 100 dólares mais impactou positivamente sua vida nos últimos seis meses (ou nos últimos tempos)?

Durante um período difícil da vida, comprei um bracelete na Etsy com a citação "A luta termina quando começa a gratidão." [Citação atribuída a Neale Donald Walsch.] Eu o uso todos os dias como um lembrete constante de que devo viver com gratidão.

Se você pudesse colocar um outdoor gigante em qualquer lugar exibindo qualquer coisa, o que seria e por quê?

"Ninguém lhe deve nada."

Vivemos num mundo assolado por pessoas que acham que os outros lhes devem algo, muitos acreditando que merecem mais do que têm. Meus pais me criaram para ser autossuficiente e me incutiram a ideia de que a única pessoa com quem se pode realmente contar na vida é você mesmo. Se quiser algo, batalhe por isso. Não espere que lhe seja dado. Se outras pessoas o ajudarem ao longo do caminho, será fantástico, mas isso não é garantido. Acredito que a chave para a autossuficiência é se libertar da mentalidade de que alguém em algum lugar lhe deve algo ou virá em seu socorro.

Qual foi o melhor ou mais valioso investimento que você já fez?

Em 2011, investi 450 dólares para participar da primeira Toughest Mudder Mundial, uma nova corrida com obstáculos com duração de 24 horas. Cheia de dívidas da faculdade de direito, esse foi um grande gasto para mim, e eu não tinha motivo para achar que conseguiria sequer concluir a corrida, muito menos competir nela. Mas acabei entre os onze finalistas (de mil participantes) da corrida, o que alterou o curso da minha vida, levando à minha carreira em corridas de obstáculos e a vários campeonatos mundiais. Se eu não tivesse desembolsado o dinheiro para a taxa de incrição, nada disso teria acontecido.

Há algum hábito incomum ou algo absurdo que você ame?

A cada acontecimento importante da minha vida (tudo, de corridas a mudanças profissionais e términos de relacionamentos), atribuo uma música. A maioria delas vem naturalmente: o que eu estava ouvindo na época, letras com que me familiarizei naquele momento da vida ou uma música que cantei várias vezes durante uma corrida (um hábito comum). Tenho uma playlist com essas músicas, ordenadas de modo cronológico. Ouço a playlist para reviver experiências marcantes, tanto momentos bons quanto ruins da vida. Isso tem um impacto profundo em mim e na minha capacidade de relembrar e reviver memórias e grandes conquistas. Exemplos:

* World's Toughest Mudder 2012: Macklemore, "Thrift Shop" (rap que cantei para me certificar de permanecer lúcida e coerente no meio da noite).

* Quando estudei e fiz o exame da ABA para poder advogar: Augustana, "Sunday Best".

Que livro (ou livros) você mais deu de presente e por quê? Ou nomeie de um a três livros que mais influenciaram sua vida.

A revolta de Atlas, de Ayn Rand. Deixando crenças e sentimentos sobre o objetivismo de lado, quando li esse livro na adolescência, me identifiquei com o personagem Dagny Taggart num nível que nunca sentira em nenhum outro romance. Foi um divisor de águas durante os anos em que a minha personalidade estava em formação, quando eu estava descobrindo quem era e o que queria na vida (tá certo, ainda estou descobrindo isso).

Um conto de duas cidades, de Charles Dickens. Esse não necessariamente por causa do livro em si (embora seja um dos meus favoritos até hoje), mas por causa de quando e de onde o li. Minha professora do sexto ano percebeu que eu não estava me sentindo desafiada pelas leituras que o restante da classe fazia, então ela me deu esse livro para ler como uma tarefa paralela. Minha versão de 10 anos precisou fazer um bom esforço para chegar ao fim, mas nunca vou me esquecer da sensação de realização quando li a última página. Quando o reli mais tarde, me dei conta de que não havia compreendido nem metade do que estava acontecendo, mas essa não é a questão; a questão é que eu tive uma professora que acreditou o bastante na minha inteligência para me confiar o livro, o que deu à minha versão meio nerd de 10 anos toda a confiança do mundo. A partir de então, li todos os livros de Dickens.

Brave Enough, de Cheryl Strayed. Faço coleções de citações desde a infância. A beleza das citações é que elas conseguem se comunicar com você fora do contexto original em fases diferentes da vida. Peguei esse livro para ler durante um período difícil da minha vida, e muitas das citações ainda estão coladas no espelho do banheiro.

Que dicas ruins você costuma ouvir na sua profissão ou especialidade?

"Descansar é para os fracos." Muitos atletas adotaram a mentalidade de que quanto mais, melhor, o que leva ao esgotamento, a lesões, ao exagero nos treinamentos e à fadiga adrenal. Embora essa mentalidade seja comum entre os atletas, ela pode ser encontrada em indivíduos bem-sucedidos em todas as áreas da vida. O crescimento e os ganhos vêm de períodos de descanso, e, mesmo assim, "descanso" se tornou um palavrão para profissionais de alta performance, e isso precisa mudar.

Quando se sente sobrecarregada, ou desconcentrada, ou perde o foco momentaneamente, o que faz?

Isso pode soar estranho, mas faço alguma tarefa doméstica, como esfregar a banheira ou limpar a geladeira. Às vezes, quando me sinto travada, concluir uma tarefa, por mais simples que seja, me dá o estímulo necessário para recuperar a concentração. Ou isso, ou faço algum exercício físico, de preferência uma trilha. A natureza e a liberação de endorfinas são sempre a resposta.

Que conselho você daria a um universitário inteligente e aplicado prestes a entrar no "mundo real"? E quais conselhos ele deveria ignorar?

Se você estiver tendo dificuldades para descobrir seu caminho na vida ou sua paixão, preste atenção nas atividades, ideias e áreas em que você ama atuar, e não só nos resultados ou nos lucros. Nós nos sentimos atraídos por tarefas em que podemos receber validação por meio do resultado, mas aprendi que a verdadeira realização vem do amor pelo processo. Procure algo cujo processo você ame, e os resultados virão naturalmente.

Nos últimos cinco anos, que nova crença, novo comportamento ou hábito mais impactou positivamente sua vida?

Tenho uma aversão inata a riscos e, nos últimos cinco anos, aprendi a correr em direção ao medo em vez de fugir dele. Minha natureza sempre foi pegar o caminho mais fácil, o caminho com menos surpresas. Mas, ao me forçar a enfrentar o desconhecido (como a infame "Death Race" de Joe De Sena, por exemplo) e abraçar os desconfortos, descobri que, na realidade, isso me estimula. Então, hoje encaro o medo e o desconforto como sinais de que devo fazer algo. É aí que a mágica acontece.

"Seja uma boa esposa/mãe/amiga ou um bom marido/pai/amigo. Dê uma olhada na vida de Paul Newman. Faça aquilo."

SIR JOEL EDWARD MCHALE, SENHOR DE WINTERFELL
X/IG: @joelmchale
joelmchale.com

JOEL McHALE é mais conhecido como o apresentador de *The Soup*, do canal E!, e pelo papel de protagonista da série de comédia *Community*. Seus créditos no cinema incluem *Maldito feliz Natal*, *Livrai-nos do mal*, *Juntos e misturados*, *Ted*, *Qual seu número?*, *O grande ano*, *Pequenos espiões 4* e *O desinformante!*. Joel também faz shows de stand up por todos os Estados Unidos com lotação máxima. Em 2014, ele apresentou o Jantar Anual dos Correspondentes da Casa Branca em Washington DC e o ESPYs de 2015 na ABC. Nascido em Roma e criado em Seattle, Joel fez história na Universidade de Washington, onde também integrou o time campeão de futebol. Fez mestrado em belas-artes pelo Programa de Treinamento Profissional de Atores da mesma universidade e é o autor de *Thanks for the Money: How to Use My Life Story to Become the Best Joel McHale You Can Be*.

Que livro (ou livros) você mais deu de presente e por quê? Ou nomeie de um a três livros que mais influenciaram sua vida.

Como essa pergunta é muito profunda, Tim (não acredito que não estou sendo pago por isso), vou listar cinco, seu babaca. Não vou nem recomendar meu livro, *Thanks for the Money: How to Use My Life Story to Become the Best Joel McHale You Can Be*... porque pareceria arrogância da minha parte. Já nas lojas!

De qualquer maneira, aí vão os livros:

A estrada, de Cormac McCarthy. Esse livro é poesia pura (embora não seja). Nenhum romance jamais captou o amor de um pai por seu filho melhor do que esse livro. Ele também é o que pinta o quadro mais próximo de como seria um mundo pós-apocalíptico. É divertido!

O poder da espada, de Joe Abercrombie. Ouça o que eu digo: Abercrombie vai entrar para a história como um dos melhores romancistas de fantasia de todos os tempos. Ele está junto com Tolkien. Esses livros são mágicos no modo como ele cria um mundo do nada e personagens tão bem desenhados que fazem você pensar que Joe faz viagens a esse lugar mágico e entrevista essas pessoas. Além de tudo, ele tem um senso de humor hilário.

O livro das coisas estranhas, de Michel Faber. É difícil descrever como esse livro é brilhante. Se você ler, tenha em mente que foi escrito por um ateu.

A história secreta da criatividade, de Kevin Ashton. Esse livro é muito bom. Entre muitas, muitas outras temáticas sobre as quais ele lança luz, uma das mais reveladoras é que ser criativo não é só um traço único reservado a poucas pessoas de sorte — ele está escrito no nosso DNA. No DNA de todo mundo.

Deep Survival: Who Lives, Who Dies, and Why, de Laurence Gonzales. Li esse livro treze anos atrás e ainda penso nele quase toda semana. O título explica exatamente do que se trata, e é fascinante. Esse livro me ensinou a não menosprezar a importância das coisas. Também o que fazer em situações estressantes e simples em que eu poderia me meter e a como avaliá-las com equilíbrio. E ele ensina como as coisas são de verdade em contraposição a como você quer que elas sejam. E essa é a diferença entre a vida e a morte (sinistro!).

Que aquisição de até 100 dólares mais impactou positivamente sua vida nos últimos seis meses (ou nos últimos tempos)?

Ok, faz mais do que seis meses (o que vai fazer comigo, Tim Ferriss? Me processar? Por favor, faça isso. Vou acabar com a sua raça), mas vou escolher a Audible.com. (Eles não estão me pagando pela recomendação. Dito isto, por favor, comprem o Wet Jet da Swiffer hoje mesmo!) Sou disléxico (Vecô tabme? Esse lirvo do Time Frerris tá me tmaondo mau Ertenidade!), então, quando a Audible surgiu, mudou a minha vida. Acabei gastando muito mais do que os 100 dólares que Tim nos deu de limite por alguma maldita razão. Um livro custa entre 3 e 30 dólares. O mundo dos clássicos se abriu para mim, e agradeço a Deus e aos nerds que desenvolveram esse aplicativo por permitir isso. Tive que ler *Crime e castigo*, de Dostoiévski, no ensino médio. As chances de eu ler aquela coisa completa na época eram as mesmas de nascer um rabo em mim. Ouvi a versão completa em duas semanas (36 horas para o livro inteiro). Foi tão bom que me deixou arrepiado (talvez tenha sido a gripe). Quando dirijo, ou me exercito, ou lavo louça etc., abro o aplicativo e me perco nas histórias do mundo (é isso ou são só os alucinógenos fazendo efeito).

Que conselho você daria a um universitário inteligente e aplicado prestes a entrar no "mundo real"?

Ei, universitário inteligente e aplicado.

Em primeiro lugar, por que eu estou aqui com você? Nunca fiz amizade com pessoas como você. Você quer ir ver aquele filme, *Em ritmo de fuga*? Entendi, você está ocupado, você é aplicado. Você se incomoda se eu tomar umas cervejas enquanto respondo à pergunta de Tim? Que seja, vou tomar de qualquer jeito.

Meu conselho para um universitário que logo vai entrar no mundo real não é nada revelador. Você provavelmente ouve isso o tempo todo, mas vou lhe dizer outra vez mesmo assim. Lá vai: corra atrás do sonho ou dos sonhos que já estão plantados dentro de você. É, alguns de vocês dizem que não sabem qual é esse sonho aí, mas ele está aí. Vai por mim.

Esse é o lance pra você. VOCÊ, com letras maiúsculas. Acredito que você deve seguir seus sonhos. Como se fosse uma ordem.

Não faça só o que as pessoas esperam que você faça ou corra atrás de dinheiro. Talvez isso funcione por um tempo, mas, se agir assim, quando você chegar aos 40 anos vai ter acumulado um bocado de ressentimento. Vejo isso o tempo todo. É uma droga. Além de tudo, e igualmente importante, ajude pessoas menos afortunadas do que você e ajude o planeta. Pois é [longo gole de uma garrafa de cerveja IPA]. No fim da vida, você será uma pessoa muito mais feliz e melhor (melhor é mais importante) se tiver feito algo que não tenha sido egoísta, mesmo que esse egoísmo (seu sonho) tenha sido politicamente correto.

Ah — e seja uma boa esposa/mãe/amiga ou um bom marido/pai/amigo. Dê uma olhada na vida de Paul Newman. Faça aquilo. Faça aquilo. Faça aquilo.

"Não acredite em ninguém que lhe diga que sabe o que está fazendo. O roteirista William Goldman certa vez escreveu que 'ninguém sabe nada' na indústria cinematográfica, e é verdade. Eu sei que não sei."

BEN STILLER
X: @RedHourBen
FB: /BenStiller

BEN STILLER escreveu, estrelou, dirigiu ou produziu mais de cinquenta filmes, incluindo *A vida secreta de Walter Mitty*, *Zoolander*, *O pentelho*, *Quem vai ficar com Mary*, a trilogia *Entrando numa fria*, *Com a bola toda*, *Trovão tropical*, a série *Madagascar* e a trilogia *Uma noite no museu*. Ele é membro de um grupo de atores comediantes popularmente conhecido como o Frat Pack. Seus filmes arrecadaram um total de mais de 2,6 bilhões de dólares em bilheteria no Canadá e nos Estados Unidos, com uma média de 79 milhões de dólares por filme. Ao longo da carreira, ele recebeu vários prêmios e homenagens, inclusive um Emmy, diversos MTV Movie Awards e um Teen Choice Award.

Há algum hábito incomum ou algo absurdo que você ame?

Tenho muitos hábitos incomuns que acho que não cabem aqui. Adoro parar na rua sempre que vejo alguma placa histórica e ler a coisa toda e, então, de vez em quando, explorar o local. Embora não seja absurdo, às vezes entro na toca do coelho por causa desse tipo de coisa e faço grandes desvios da minha rota.

Gosto de enfiar a cabeça em uma bacia de gelo de manhã para despertar. Não acho que isso seja muito terapêutico, mas é com certeza revigorante e provavelmente parece absurdo.

Que livro (ou livros) você mais deu de presente e por quê? Ou nomeie de um a três livros que mais influenciaram sua vida.

Na adolescência, ganhei *The Second Tree from the Corner*, um livro de contos de E. B. White, de uma amiga da minha irmã mais velha. Ele sempre foi muito inspirador... é um simples monólogo interno sobre um cara no consultório do psiquiatra tentando responder à pergunta sobre o que ele quer da vida. É simples e arrebatador de uma forma única, destilando como os momentos de felicidade conseguem ser efêmeros e fugazes, e ainda assim é neles que está o mistério da vida. O humor e a emoção da história mexeram comigo quando eu era adolescente e tocaram algo dentro de mim que eu antes não conseguia articular.

Quando eu era adolescente, minha mãe me deu *Nove histórias*, de Salinger. O conto "Para Esmé — com Amor e Sordidez" me afetou profundamente. Uma história simples sobre um soldado lidando com transtorno de estresse pós-traumático (embora não fosse chamado assim na época) e como um rápido encontro com duas crianças quando ele estava na guerra retorna para ajudá-lo depois que ele volta. O soco no estômago que é o fim, que contém pouco mais do que a leitura de uma carta, me fez perceber o poder da narrativa. Ela sintetiza o que a arte pode fazer: comover você, e de um modo tão simples. A história é sobre a bondade humana e como um pequeno ato pode ser tão importante. Essa ideia, a qual fui exposto quando tinha tão pouca idade, afetou de verdade a minha postura em relação à arte.

The Jaws Log é um livro escrito por Carl Gottlieb, o roteirista do filme *Tubarão*. É um relato diário da produção do filme. Ele está cheio de detalhes sobre produzir um filme em locações diferentes. Foi incrivelmente inspirador para mim — eu queria ser diretor, e *Tubarão* foi lançado quando eu tinha 10 anos. Eu adorei o filme e fiquei fascinado por tudo relacionado a ele. Devorei as informações, e ele meio que se tornou minha bíblia da produção cinematográfica quando comecei a fazer filmes em Super 8 com os amigos. Um livro como esse na hora certa, que alimenta o seu desejo por conhecimento sobre uma profissão específica quando você está só começando a aprender sobre ela, pode ter uma grande influência na sua formação. Ainda me lembro da textura da capa em frangalhos e de como eu ficava empolgado ao lê-lo e relê-lo. Além disso, hoje, na era da produção digital, é uma ótima crônica de como os filmes eram feitos quando o processo era muito mais analógico.

Que aquisição de até 100 dólares mais impactou positivamente sua vida nos últimos seis meses (ou nos últimos tempos)?

Encontrei a mochila certa [Incase City Collection]. Ela faz uma grande diferença, já que é meu escritório portátil/pasta. Para um cara, a não ser que você tenha uma "bolsa" (masculina), acho que uma mochila é essencial. Ela sempre acaba ficando cheia demais, então me lembro de que não preciso levar tudo comigo o tempo todo. Ter uma mochila com um bom compartimento superior para a carteira, as chaves etc. facilita muito a vida.

De que forma um fracasso, ou fracasso aparente, acabou te levando ao sucesso? Você tem algum "fracasso pessoal" favorito?

Acho que o fracasso comercial e crítico de *O pentelho* seria o que me faz olhar para trás como a experiência mais educativa e enriquecedora. Basicamente, fizemos o que queríamos, e a capacidade de Jim Carrey de se arriscar em um filme como aquele nos permitiu isso. Então, enquanto o fazíamos, nós nos sentíamos realizados e empolgados. Mas, quando estreou, todo mundo detestou, e ninguém foi ver. Foi muito chocante, sobretudo porque nunca tinha tido um projeto com um alto perfil como aquele que não tivesse ido bem. Doeu, como o fracasso sempre dói, mas acho que na primeira vez que você passa por algo assim, não sabe como emergir. E, quando enfim emerge, isso lhe traz uma perspectiva que jamais poderia ter alcançado [de outra forma]. No que diz respeito a como as pessoas reagem à arte ou ao entretenimento, você aprende que às vezes dá certo, às vezes não. Isso não significa que a causa e o efeito estejam conectados. Em outras palavras, você sempre faz o melhor que pode no momento, então isso ou o conecta, ou não. Seguindo em frente, me tornei menos inocente, ou talvez até menos ingênuo. Logo depois daquilo, quando eu fazia algo que era bem recebido, havia sempre a consciência de que não significava que o projeto em si era melhor ou pior. Acho que foi muito útil. Além disso, com os filmes, você aprende que a verdadeira marca do "sucesso" é se as pessoas ainda se identificam com ele anos mais tarde. Se o filme tem uma "vida". Com *O pentelho*, descobri que ele tem, mais ainda do que outros filmes que fiz e que tiveram mais "sucesso". Quando as pessoas o mencionam para mim, acho ainda mais gratificante.

Se você pudesse colocar um outdoor gigante em qualquer lugar exibindo qualquer coisa, o que seria, e por quê? Poderiam ser algumas palavras ou um parágrafo. Existe alguma citação em que você pense com frequência ou que sirva de guia para sua vida?

"VIVA O AGORA" (algo que estou sempre tentando fazer, embora nem sempre me saia bem).

Pois a vida é curta, e só temos o momento atual. Nossas memórias são preciosas, mas são o passado, e o futuro ainda não chegou. À medida que fico mais velho, tento viver completamente nos momentos compartilhados com as pessoas que amo e que têm importância para mim. Passei muitos anos me concentrando no próximo ato, e, com isso, estressado com o que no fim das contas não importa nem traz felicidade. Continuo tentando meio que "relaxar" onde estou agora, não importa se é onde quero estar ou não.

Nos últimos cinco anos, que nova crença, novo comportamento ou hábito mais impactou positivamente sua vida?

Parar para respirar quando me sinto estressado. Tento simplesmente respirar e me concentrar na respiração. Acho isso muito relaxante, e me ajuda a recuperar a concentração e resetar.

Que dicas ruins você costuma ouvir na sua profissão ou especialidade?

Acho que as pessoas ficam muito preocupadas em tentar identificar qual é a "onda do momento" e tentar seguir o fluxo. O que você tem que fazer é desenvolver a própria voz como cineasta ou ator. Leva tempo. Em termos de dicas ruins, não acredite em ninguém que lhe diga que sabe o que está fazendo. O roteirista William Goldman certa vez escreveu que "ninguém sabe nada" na indústria cinematográfica, e é verdade. Eu sei que não sei, e já estou nela há um bom tempo. Você sempre tem que começar do zero.

Então, não escute ninguém que lhe diga que tipo de filme escrever, ou qual deve ser sua aparência, ou que tipo de trabalho fazer.

CITAÇÕES QUE ESTÃO NA MINHA CABEÇA

(Tim Ferriss: 11 – 25 de março de 2016)

"Um homem é rico em proporção ao número de coisas que ele pode se dar ao luxo de deixar para lá."

— HENRY DAVID THOREAU

Ensaísta e filósofo norte-americano, autor de *Walden*

"O que é medido é administrado."

— PETER DRUCKER

Considerado "o fundador da administração moderna", autor de *Executivos eficientes*

"Moralidade é apenas a atitude que adotamos em relação às pessoas de quem, pessoalmente, não gostamos."

— OSCAR WILDE

Escritor irlandês, autor de *O retrato de Dorian Gray*

"A ioga e a comunidade que conheci por meio dessa prática salvaram a minha vida."

ANNA HOLMES
X/IG: @annaholmes
annaholmes.com

ANNA HOLMES é uma escritora e editora premiada que trabalhou com inúmeras publicações, inclusive no *Washington Post*, a versão on-line da *New Yorker* e do *New York Times*, com as quais colabora regularmente com a Sunday Book Review. Em 2007, como desdobramento do trabalho para revistas como *Glamour* e *Cosmopolitan*, ela criou o famoso site Jezebel.com, que ajudou a revolucionar as discussões populares em torno das interseções de gênero, raça e cultura. Em 2016, ela se tornou vice-presidente sênior do Editorial da First Look Media, onde está liderando o lançamento do Topic.com, o braço voltado ao público do Topic, o estúdio digital, cinematográfico e de TV da companhia.

Que conselho você daria a um universitário inteligente e aplicado prestes a entrar no "mundo real"? E quais conselhos ele deveria ignorar?

Eles devem ignorar qualquer conselho de qualquer pessoa que tente dizer como será o futuro. Ninguém sabe. As pessoas têm ideias, e vale a pena considerá-las, mas não passam de ideias. Perdi a conta de quantos "especialistas" em mídia ou política anunciaram qual seria a próxima grande coisa no jornalismo ou no entretenimento — ou na política — e no fim das contas estavam muito constrangedoramente errados. No esquema geral das coisas, ninguém sabe nada. Ou melhor, todos nós temos muito a aprender, e isso leva uma vida. Fique atento às informações compartilhadas pelos outros e as use para formar a própria opinião, não como um caminho a ser seguido.

Se você pudesse colocar um outdoor gigante em qualquer lugar exibindo qualquer coisa, o que seria e por quê?

"Siga sua curiosidade, onde quer que ela esteja." Abraçar uma mente curiosa e sempre tentar aprender mais — sobre os outros, sobre si mesmo, sobre o mundo e o nosso lugar nele — é uma forma importante de se expressar e também é muito barata, na maioria das vezes grátis.

De que forma um fracasso, ou fracasso aparente, acabou te levando ao sucesso? Você tem algum "fracasso pessoal" favorito?

Sou um fracasso absoluto na política do ambiente de trabalho. É provável que seja porque simplesmente não tenho estômago para isso. Gosto de ambientes colaborativos onde as pessoas que se esforçam muito e fazem um bom trabalho são recompensadas por isso, não importa quem sejam. Detesto maquinações, estratagemas traçados por baixo dos panos e mentiras. O primeiro lugar onde trabalhei depois da faculdade era muito político, e não me saí bem lá, o que, no fim das contas, foi uma bênção, pois me levou a investir meus talentos em espaços mais novos, menos convencionais e menos conservadores [não politicamente conservadores, e sim "cautelosos demais, restritos às regras, fazendo as coisas do jeito que elas sempre foram feitas"].

Que livro (ou livros) você mais deu de presente e por quê? Ou nomeie de um a três livros que mais influenciaram sua vida.

Meu livro infantil favorito, *Miss Rumphius*, de Barbara Cooney. Tenho uns dez exemplares no apartamento que dou a amigos (antigos e novos) que têm filhas. É um conto belamente ilustrado e escrito sobre uma jovem no litoral do Maine que, ao crescer, viaja pelo mundo e satisfaz a curiosidade sobre outros lugares e outras pessoas. Não há menção de casamento nem maternidade na história; é simplesmente um retrato da vida de uma mulher que encontra valor e significado em perseguir seus interesses e uma lição importante para todos nós em relação às capacidades das mulheres.

Há algum hábito incomum ou algo absurdo que você ame?

Nos últimos anos, fui ficando cada vez mais fascinada pelo voo — dos pássaros e dos aviões. Alguns meses atrás, passei um tempo observando aviões durante a estadia em um hotel perto do Aeroporto de Heathrow; simplesmente fui até o estacionamento e me apresentei a uns jovens que estavam sobre um pequeno monte observando os aviões pousarem. Vejamos se é um fascínio que vai "colar". Não acho que seja um interesse muito comum entre as mulheres, pelo menos até onde sei.

Nos últimos cinco anos, que nova crença, novo comportamento ou hábito mais impactou positivamente sua vida?

Ioga. Especificamente, a vigorosa ioga vinyasa. Comecei a prática de ioga em 2011 com o objetivo de ficar mais forte, mais saudável e lidar com um período muito difícil da minha vida — problemas com o meu então marido, seguidos da separação e do divórcio. Eu dançava quando era criança e havia me esquecido do quanto a compreensão do próprio corpo e a crença nas suas capacidades podiam se traduzir em uma autoestima maior, uma concentração melhor e em foco mental e emocional. A ioga e a comunidade que conheci por meio dessa prática salvaram a minha vida.

Nos últimos cinco anos, a que você começou a dizer não com mais facilidade?

Eu passei a dizer não com muito mais facilidade a pedidos de ajuda e conselhos, o que parece horrível! Mas houve um momento alguns anos atrás em que eu passava mais tempo respondendo a perguntas de desconhecidos do que sendo acessível e presente para as pessoas que de fato fazem parte da minha vida — amigos e familiares. Há alguns anos, fiz um discurso de formatura em um colégio interno feminino no norte do estado de Nova York. O tema principal da palestra era por que aquelas jovens talentosas deveriam aprender a dizer não com mais frequência. As mulheres são educadas para ser solícitas, cuidar das pessoas, não sair da linha e a colocar os outros acima de si mesmas. O que eu disse àquelas meninas não foi "foda-se", mas que elas deveriam se esforçar para superar os sentimentos desagradáveis com que podiam se deparar ao dizerem não a outras pessoas, fossem amigos, companheiros românticos ou colegas de trabalho etc.

Quando se sente sobrecarregada, ou desconcentrada, ou perde o foco momentaneamente, o que faz?

Duas coisas: tento respirar profundamente e faço uma caminhada, de preferência em algum ambiente com natureza — um parque, no litoral de Nova York... se eu estiver com sorte, algum lugar fora da cidade, como rotas e trilhas no Maine, no Reino Unido ou no meu amado estado natal da Califórnia. Também gosto de pegar a estrada de carro. Acho que dirigir durante um bom tempo me ajuda a colocar as coisas em perspectiva, resolver problemas e aliviar a tensão. (Eu canto no carro. Alto.) Viajar pelo mundo, seja a pé ou num veículo de quatro rodas, ajuda a me dar uma perspectiva diferente das coisas e me inspira a sentir gratidão até pelos menores prazeres: uma nuvem fofa, um esquilo correndo pela estrada, um falcão pousado em uma cerca, um grupo animado de adolescentes fazendo bagunça e se divertindo.

"As coisas nunca são nem tão boas, nem tão ruins quanto parecem."

ANDREW ROSS SORKIN
X: @andrewsorkin
andrewsorkin.com

ANDREW ROSS SORKIN é colunista financeiro no *New York Times* e fundador e consultor da DealBook, um relatório financeiro diário on-line publicado pelo jornal. Andrew também é editor assistente de notícias relacionadas a negócios e finanças no *New York Times*, ajudando na orientação e na formação da cobertura do jornal. Ele é um dos âncoras do *Squawk Box*, o programa matutino que é a marca registrada da CNBC, e é autor do livro *Too Big to Fail: How Wall Street and Washington Fought to Save the Financial System — and Themselves*, best-seller do New York Times, um relato da crise financeira de 2008. O livro ganhou o Prêmio Gerald Loeb de Melhor Livro Sobre Negócios e ficou entre os finalistas do Prêmio Samuel Johnson de 2010 e do Prêmio de Livro Sobre Negócios do Ano de 2010 do *Financial Times*. Andrew coproduziu a adaptação do livro para o cinema, que recebeu onze indicações ao Emmy Awards. Ele começou a escrever para o *New York Times* em uma circunstância incomum: ainda não havia concluído o ensino médio.

Se você pudesse colocar um outdoor gigante em qualquer lugar exibindo qualquer coisa, o que seria?

"As coisas nunca são nem tão boas, nem tão ruins quanto parecem."

Que aquisição de até 100 dólares mais impactou positivamente sua vida nos últimos seis meses (ou nos últimos tempos)?

Protetores de ouvido para dormir. Experimentei todos. Os Hearos Xtreme Protection NRR 33 são os que funcionam melhor e os mais confortáveis. Se você quiser ir ao extremo e também controlar a luz, a máscara Lonfrote Deep Molded Sleep é a melhor para aviões ou qualquer outro lugar.

Que conselho você daria a um universitário inteligente e aplicado prestes a entrar no "mundo real"?

A persistência vence o talento. O estudante que só tira A é irrelevante se o estudante sentado ao lado dele, que só tira B, tiver mais paixão.

Quando se sente sobrecarregado, ou desconcentrado, ou perde o foco momentaneamente, o que faz?

Sempre que sinto que preciso priorizar o que estou fazendo ou que estou complicando uma situação em particular que está me deixando ansioso, tento me lembrar de um excelente diálogo do filme *Ponte de espiões*. Tom Hanks, que interpreta um advogado, pergunta ao seu cliente, que está sendo acusado de espionagem: "Você não está preocupado?" Sua resposta: "Isso ajudaria?" Eu sempre penso: *Isso ajudaria?* Essa é a pergunta crucial que me faço todos os dias. Considerar tudo por meio desse prisma é uma maneira muito eficaz de anular o ruído.

"Um grande amigo certa vez disse: 'É muito fácil dizer o que você não é. Difícil é dizer o que você é.' (...) Qualquer pessoa pode falar por que uma coisa é ruim. Tente fazer algo bom."

JOSEPH GORDON-LEVITT
X/IG: @hitrecordjoe
hitrecord.org

JOSEPH GORDON-LEVITT é um ator cuja carreira já tem três décadas, e vai da televisão (*3rd Rock from the Sun*), passando pelo cinema de arte (*Mistérios da carne*, *A ponta de um crime*), aos filmes comerciais (*A origem*, *(500) dias com ela*, *Snowden: herói ou traidor*). Ele fez sua estreia como roteirista e diretor com *Como não perder essa mulher* (indicado ao Independent Spirit Award de Melhor Primeiro Roteiro). Também fundou e é diretor da HITRECORD, uma comunidade on-line de artistas que enfatiza a colaboração e a autopromoção. A HITRECORD se transformou em uma companhia de produção "comunitária" que publica livros, lança álbuns, produz vídeos para marcas como LG e ACLU e ganhou um Emmy pelo programa de variedades *HitRecord on TV*.

Que livro (ou livros) você mais deu de presente e por quê? Ou nomeie de um a três livros que mais influenciaram sua vida.

Remix: Making Art and Commerce Thrive in the Hybrid Economy, de Lawrence Lessig. Esse livro é sobre o que significa pegar algo que outra pessoa criou e torná-lo seu. Ele é um estudioso da lei e fala sobre as leis de propriedade intelectual, direitos autorais, *fair use* etc., mas também tem um entendimento profundo do processo criativo em geral. A nossa cultura atribui um valor tão grande à noção de originalidade, mas quando examinamos a fundo, quase todos os pensamentos ou obras "originais" na realidade são um compilado de influências anteriores. Tudo é um remix. É lógico que existem casos de derivação exagerada, mas a minha tendência é valorizar mais a sinceridade à originalidade. Acho que trabalho melhor quando me concentro menos em ser original e mais em ser honesto.

De que forma um fracasso, ou fracasso aparente, acabou te levando ao sucesso? Você tem algum "fracasso pessoal" favorito?

Comecei a trabalhar como ator aos 6 anos. Parei aos 19 para fazer faculdade, mas, quando tentei voltar a atuar, não consegui trabalhos. Passei um ano fazendo testes e sendo dispensado. Foi doloroso. Eu tinha visões de nunca mais voltar a atuar, o que me aterrorizava.

Pensei muito. O que exatamente me assustava? O que eu perderia se nunca mais arranjasse outro trabalho como ator? Nunca gostei muito da ribalta e do glamour de Hollywood, então não era isso. Na época, eu nunca sequer havia me importado muito com o que outras pessoas pensavam dos filmes e programas que eu fazia. Na maioria das vezes, eu simplesmente amava fazê-los. Eu amava o processo criativo em si e percebi que não podia condicionar a minha capacidade criativa à decisão de outra pessoa de me contratar. Eu precisava tomar as rédeas da situação.

Criei meu pequeno mantra metafórico para isso, algo em que pensava quando precisava de motivação, que era: "Apertar GRAVAR." Sempre brinquei com as filmadoras da família, e o botão vermelho REC tornou-se um símbolo para a minha convicção de que eu era capaz de agir sem a ajuda de ninguém. Aprendi sozinho a editar vídeos e passei a fazer filmes curtos, músicas e histórias.

Meu irmão me ajudou a montar um site simples onde eu colocava as coisas que fazia, o qual chamamos de HITRECORD.ORG. Isso aconteceu há doze anos. Desde então, o HITRECORD cresceu para se tornar uma comunidade de mais de meio milhão de artistas do mundo inteiro. Fizemos todo tipo de coisa incrível juntos, pagamos milhões de dólares a pessoas e ganhamos prêmios de prestígio, porém, para mim, a essência disso permanece a mesma: o amor pela criatividade por si só. É aquilo que precisei encontrar doze anos atrás, mergulhado no desprezo por mim mesmo, na procrastinação e numa sensação de fracasso que deixava a minha garganta inflamada de tanto gritar.

Se você pudesse colocar um outdoor gigante em qualquer lugar exibindo qualquer coisa, o que seria, e por quê? Existe alguma citação em que você pense com frequência ou que sirva de mapa para sua vida?
Um grande amigo certa vez disse: "É muito fácil dizer o que você não é. Difícil é dizer o que você é." Em outras palavras, você pode passar o dia todo criticando outras pessoas, e, mesmo que você esteja errado, quem se importa? Qualquer pessoa pode falar por que uma coisa é ruim. Tente fazer algo bom.

Qual foi o melhor ou mais valioso investimento que você já fez?
Acho que sair da minha cidade natal foi uma das coisas mais proveitosas que já fiz. Não conseguimos evitar nos definir em termos de como os outros nos veem. Assim, ter apenas novas pessoas ao redor me permitiu me redefinir. Eu voltei à minha cidade, mas o crescimento que o fato de morar longe me possibilitou foi tremendo.

Há algum hábito incomum ou algo absurdo que você ame?
Gosto de conversar comigo mesmo. Com frequência, em voz alta.

Nos últimos cinco anos, que nova crença, novo comportamento ou hábito mais impactou positivamente sua vida?
Minha esposa me apresentou ao Google Acadêmico. É como o Google, exceto pelo fato de que as buscas se restringem a estudos acadêmicos e científicos. Então, quando quero saber algo, em vez de ler um caça-clique qualquer, posso descobrir o que as evidências verdadeiras dizem. Leva muito mais tempo. Não é fácil ler estudos científicos. Na verdade, eu geralmente preciso de ajuda, mas vale a pena.

Que conselho você daria a um universitário inteligente e aplicado prestes a entrar no "mundo real"?
Eu meio que já me deparei com esta ideia, mas, para qualquer um que esteja lendo isto e que queira entrar no mundo da atuação ou do entretenimento, meu conselho é primeiro se perguntar: por quê? Tente ser completamente honesto consigo mesmo a respeito do que está procurando de verdade. A fama é sedutora. Nós todos vimos e amamos os filmes sobre o jovem azarado que se torna um astro. Não vou dizer que sou 100% imune a isso. Na verdade, acho que há algo natural em querer ser famoso em termos de evolução biológica. Quando nossos ancestrais viviam na selva, o fato de todo mundo saber quem você era talvez o ajudasse a ter o apoio necessário para enfrentar um ambiente hostil e transmitir seus genes. Então, não estou dizendo que

você é uma pessoa má caso queira ser famoso. Só estou dizendo que talvez esteja perseguindo um caminho que não vai levar à felicidade. Das pessoas famosas que conheço, as que são felizes não o são por causa da fama. Elas são felizes pela mesma razão pela qual qualquer outra pessoa é: porque são saudáveis, porque têm pessoas boas ao redor e porque o que fazem lhes dá satisfação, não importando se há milhões de desconhecidos observando. Acho que isso se aplica fora da área da atuação e do entretenimento. Em qualquer área, costuma existir algum tipo de recompensa mitológica que você deve receber se todo mundo o considerar um sucesso. Mas, na minha opinião, existe uma felicidade muito mais sincera em se extrair prazer do trabalho em si.

Quando se sente sobrecarregado, ou desconcentrado, ou perde o foco momentaneamente, o que faz?

Gosto de escrever. Passei por diferentes fases da vida escrevendo um diário com mais ou menos frequência, mas é algo a que recorro, sobretudo quando estou tentando lidar com algo que esteja me atormentando. Eu me sento e descrevo a situação por escrito. Digito. Gosto de frases completas. Acho que escrevo como se fosse para uma plateia, mesmo jamais mostrando a ninguém. Ao ter que explicar o que está acontecendo a um "leitor" sem conhecimento prévio da situação, sou forçado a identificar e transmitir todos os elementos e nuances do que está realmente acontecendo. De vez em quando, chego a novas respostas ou conclusões, porém, mesmo quando isso não acontece, passo a pensar com mais consciência e a respirar com um pouco mais de facilidade.

COMO DIZER NÃO

WENDY MACNAUGHTON
X/IG: @wendymac
wendymacnaughton.com

WENDY MacNAUGHTON é ilustradora e jornalista gráfica best-seller do *New York Times* e mora em São Francisco. Entre seus livros estão: *Meanwhile in San Francisco, The City in Its Own Words*; *Lost Cat: A True Story of Love, Desperation, and GPS Technology*; *Pen and Ink: Tattoos and the Stories Behind Them; Knives & Ink: Chefs and the Stories Behind Their Tattoos*; *The Essential Scratch & Sniff Guide to Becoming a Wine Expert*; *The Essential Scratch & Sniff Guide to Becoming a Whiskey Know-It-All*; e o *Leave Me Alone with the Recipes: The Life, Art, and Cookbook of Cipe Pineles*. Wendy é colunista da *California Sunday Magazine* e cofundadora do Women Who Draw. É companheira de Caroline Paul (página 390).

Observação de Tim: Meu lindo leitor/minha linda leitora, como você, sem dúvida, observou (já que é tão lindo/a quanto brilhante), uma das perguntas que gosto de fazer, com algumas variações, é: "Nos últimos cinco anos, a que você começou a dizer não com mais facilidade (distrações, convites etc.)? Que novas descobertas e/ou abordagens ajudaram?"

O que é fantástico nessa pergunta é que é difícil evitar respondê-la. Isso se aplica até quando — na verdade, *especialmente* quando — alguém se recusa a responder! Quando perguntei a Wendy se ela aceitaria participar deste livro, após muita reflexão, ela mandou uma resposta muito atenciosa e perfeita dizendo "Eu passo". Gostei tanto da resposta que resolvi fazer outro pedido: "Talvez esta seja uma pergunta estranha, mas teria problema eu publicar esse e-mail muito educado de declinação no livro?"

Ela respondeu que não, então aqui está o e-mail que ela me mandou... recusando o convite para participar deste livro:

Oi, Tim,

Nossa. Vamos lá. Venho lutando contra isso, e é o seguinte: após cinco anos muito intensos de produção criativa e divulgação, entrevistas sobre jornadas pessoais e de onde as minhas ideias vêm, após anos de concluir um projeto em um dia e pular direto na divulgação dele no dia seguinte... estou dando um passo atrás. Recentemente, cheguei ao limite, e, pelo bem do meu trabalho, preciso de férias. No mês passado, cancelei contratos e rejeitei novos projetos e entrevistas. Comecei a criar espaço para voltar a explorar e rascunhar. Para ficar sentada sem fazer nada. Para vagar a esmo e desperdiçar um dia. E, pela primeira vez em cinco anos, enfim me encontro sem um prazo para cada desenho que faço. Sem prazos para ideias. E está sendo muito bom.

Então, embora eu quisesse muito fazer isto — eu respeito você e seu trabalho, e fico honrada por ter me convidado para participar — e por mais que seja burrice com B maiúsculo não fazer, vou ter que dizer obrigada, mas... preciso passar. Eu simplesmente não estou numa posição conveniente para falar de mim e do meu trabalho neste momento. (Parece loucura uma filha única tagarela dizer isso.) Com sorte, teremos a oportunidade de conversar no futuro — prometo que quaisquer pensamentos que virei a ter mais adiante serão mais profundos do que qualquer coisa que eu venha a compartilhar neste momento.

Espero que o espaço criado pela minha ausência seja preenchido por uma das pessoas brilhantes que sugeri no e-mail anterior.

E agradeço muito pelo seu interesse.

Vou me chutar quando o livro for lançado.

— W

> "Prefiro dar uma boa recomendação modesta: seja interdisciplinar (...) as interações [entre as áreas] tendem a informar decisões estratégicas e protocolares."

VITALIK BUTERIN
X: @VitalikButerin

VITALIK BUTERIN é criador da Ethereum. Ele descobriu as tecnologias blockchain e da moeda virtual por meio do Bitcoin em 2011 e logo ficou empolgado com seu potencial. Ele foi um dos cofundadores da revista *Bitcoin*, em setembro de 2011, e, após dois anos e meio estudando o que a tecnologia e os aplicativos então existentes de blockchain tinham a oferecer, escreveu o artigo sobre a Ethereum em novembro de 2013. Hoje, lidera a equipe de pesquisa da Ethereum, trabalhando nas futuras versões do protocolo. Em 2014, Vitalik ganhou a bolsa de dois anos Thiel, o projeto do bilionário Peter Thiel que doa 100 mil dólares a vinte inovadores promissores com menos de vinte anos para que possam desenvolver invenções em vez de frequentar uma universidade.

Nos últimos cinco anos, que nova crença, novo comportamento ou hábito mais impactou positivamente sua vida?

Acho que a coisa mais importante foi entender como interpretar o que outras pessoas dizem em situações em que os objetivos delas e os meus não estão completamente alinhados. Um erro comum cometido por líderes inexperientes é sempre concordar com a última pessoa com quem conversaram; leva um tempo para superarmos isso, embora se torne fácil depois que você é exposto o suficiente a pessoas que se contradizem. Uma boa estratégia geral é usar um argumento contrafactual: se alguém lhe diz que X é verdadeiro, pergunte-se: (i) o que a pessoa diria se X realmente for verdadeiro e (ii) o que ela diria se X for falso? Se a resposta para (i) e (ii) for "ela diria praticamente a mesma coisa que acabou de dizer", então as palavras da dita pessoa lhe dão zero informações. Em geral, saiba quando é importante encarar o que as pessoas dizem com uma dose de desconfiança.

Que aquisição de até 100 dólares mais impactou positivamente sua vida nos últimos seis meses (ou nos últimos tempos)?

Uma mochila de viagem confortável. Uso-a para levar todos os meus pertences (cerca de 10kg) para onde quer que um voo me leve, e ela tem ajudado muito a tornar a experiência mais conveniente.

Há algum hábito incomum ou algo absurdo que você ame?

Assisto a filmes com frequência em aviões, mas me certifico de assistir apenas em um idioma em que eu ainda não seja fluente. No momento, vario entre francês, alemão e chinês.

* Chocolate amargo 90%. Menos de 80% é doce demais e 95% ainda é muito amargo para mim... por enquanto. Em geral, como Lindt, porque é o que encontramos com mais facilidade, mas vario de vez em quando. A escolha depende muito mais do que está disponível do que das minhas preferências pessoais.

* Gatos.

Que dicas ruins você costuma ouvir na sua profissão ou especialidade?

Prefiro dar uma boa recomendação modesta: seja interdisciplinar. No meu caso, acompanho um bocado a ciência da computação, a criptografia, o design de mecanismos, economia, política e outras ciências sociais, e as interações [entre as áreas] tendem a informar decisões estratégicas e protocolares.

Quando se sente sobrecarregado, ou desconcentrado, ou perde o foco momentaneamente, o que faz?

Depende do tipo de situação que esteja me deixando sobrecarregado. Em geral, sempre ajuda mudar o foco para outra coisa, pelo menos por um momento, talvez fazendo uma caminhada. Se for por causa de um problema técnico (por exemplo, como concluir a tarefa X?), a melhor forma de sair de um impasse é se colocar em várias situações e ambientes diferentes para tentar obter novas inspirações. O tipo mais difícil são as situações sociais. Nesse caso, é importante evitar cair na armadilha de enxergar as coisas pela perspectiva da última pessoa com quem você conversou, ou até, de forma geral, das pessoas com quem você passa mais tempo; você precisa encontrar formas de avaliar a situação com neutralidade e talvez conversar com outras pessoas de fora do ambiente em que atualmente se encontra em conflito.

CITAÇÕES QUE ESTÃO NA MINHA CABEÇA

(Tim Ferriss: 12 de fevereiro — 4 de março de 2016)

"Pense de forma independente. Seja o enxadrista e não a peça de xadrez."

— RALPH CHARELL

Autor de *How to Make Things Go Your Way*

"Nomeado deve ser seu medo antes que o banir você possa."

— YODA

Poderoso Mestre Jedi

"A melhor defesa é um bom ataque."

— DAN GABLE

Medalhista de ouro olímpico de luta greco-romana, considerado o melhor técnico da modalidade de todos os tempos

"Muitos passos em falso foram dados quando se estava parado."

— BISCOITO DA SORTE

"A distinção mais importante na vida(...) é saber diferenciar entre aproveitar uma oportunidade e resistir a uma tentação."

RABINO LORDE JONATHAN SACKS
X/FB: @rabbisacks
rabbisacks.org

O **RABINO LORDE JONATHAN SACKS** é líder religioso internacional, filósofo, escritor premiado e voz respeitada sobre moral. Em 2016, ele recebeu o Prêmio Templeton em reconhecimento às suas "contribuições excepcionais para afirmar a dimensão espiritual da vida". O rabino Sacks foi descrito por Sua Alteza Real, o rei Charles, como "uma luz sobre esta nação" e pelo ex-primeiro ministro Tony Blair como "um gigante intelectual". Desde que deixou o cargo de grão-rabino das Congregações Hebraicas Unidas da Comunidade Britânica das Nações (que ocupou por 22 anos), o rabino Sacks exerceu uma série de magistérios em diversas instituições acadêmicas, entre as quais a Universidade de Yeshiva e a King's College London. Hoje, é o professor distinto global Ingeborg e Ira Rennert de Pensamento Judaico da Universidade de Nova York. O rabino Sacks escreveu mais de trinta livros. Uma de suas obras mais recentes, *Not in God's Name: Confronting Religious Violence*, rendeu-lhe o National Jewish Book Award de 2015 nos Estados Unidos e ficou entre os dez mais vendidos do *Sunday Times* no Reino Unido. O rabino Sacks foi condecorado Cavaleiro do Império Britânico por Sua Majestade, a Rainha Elizabeth, em 2005, e foi feito Par Vitalício, tendo ocupado o assento na Câmara dos Lordes em outubro de 2009.

Que livro (ou livros) você mais deu de presente e por quê? Ou nomeie de um a três livros que mais influenciaram sua vida.

Liderança no fio da navalha, de Ronald A. Heifetz e Marty Linsky, porque foi o livro mais honesto sobre liderança que já li, e posso afirmar isso pelo subtítulo do livro:

Sobrevivendo e vencendo os perigos do comando. É profundamente honesto, e um livro que dou a todo mundo, para que saibam no que estão se metendo quando escolhem liderar.

Que aquisição de até 100 dólares mais impactou positivamente sua vida nos últimos seis meses (ou nos últimos tempos)?

Sem sombra de dúvida, ter comprado os fones de ouvido com cancelamento de ruído [da Bose]. Foram os objetos mais religiosos com que já me deparei, pois defino a fé como a capacidade de ouvir a música sob o ruído.

De que forma um fracasso, ou fracasso aparente, acabou te levando ao sucesso? Que acontecimento ou pensamento o levou ao desespero?

O ponto mais baixo da minha vida se deu por volta de 2002, quando publiquei — no dia 11 de setembro de 2002, o primeiro aniversário do 11 de Setembro — um livro chamado *A dignidade da diferença*.

Fui até o Marco Zero em janeiro de 2002. O Fórum Econômico Mundial havia sido transferido de Davos para Nova York naquele ano, e o arcebispo de Canterbury, o grão-rabino de Israel, imames, gurus de todo o mundo estavam presentes no Marco Zero, e todos oramos juntos.

De repente, percebi que aquela era a grande escolha definitiva que a humanidade enfrentaria na geração seguinte: a religião como uma força para a coexistência, a reconciliação e o respeito mútuo, ou como uma força para o ódio, o terror e a violência.

Decidi escrever uma resposta pessoal ao 11 de Setembro, a ser publicada no primeiro aniversário dos ataques. Chamei-a *A dignidade da diferença*. Era um livro muito forte e controverso. Membros da minha comunidade acharam que eu havia simplesmente ido longe demais e que tinha cometido uma heresia.

Estávamos no início de 2002, e algo muito engraçado aconteceu. Rowan Williams acabara de ser apontado como arcebispo de Canterbury e, na semana anterior à indicação, havia acompanhado uma cerimônia druida em Gales, o que era considerado por alguns da Igreja da Inglaterra como um ato pagão.

Então, um jornal publicou uma manchete dizendo, e duvido que isso já tenha sido dito e que um dia volte a ser: "Arcebispo de Canterbury e grão-rabino acusados de heresia."

Veja bem, quando você é um defensor da fé, é no mínimo um pouco desafiador ser acusado de heresia contra ela. Achei que muitos dos meus colegas rabinos não haviam entendido o livro e o estavam criticando.

Simplesmente não estava evidente para mim como seguir em frente a partir dali.

Eu não enxergava um cenário que me permitisse recuperar a minha autoridade e a minha reputação, minha credibilidade como líder judeu, e isso me deixou muito desesperado. Achei que não tinha mais saída. Era provável que a coisa mais importante a fazer fosse renunciar.

Foi então que ouvi uma voz. Não vou dizer que era Deus falando comigo, mas certamente uma voz me disse: "Se você renunciar, terá dado a vitória aos seus oponentes. Terá se permitido ser derrotado nesta primeira batalha, que considera o maior desafio da próxima geração."

Eu não podia fazer isso.

Apesar de estar passando por um sofrimento pessoal quase insuportável, eu não podia renunciar. Não podia dar essa vitória aos inimigos, meus oponentes, os oponentes da tolerância religiosa e da reconciliação.

Foi quando, de repente, percebi que não se tratava de mim. Tratava-se de não decepcionar as pessoas que haviam confiado em mim e não trair os ideais que haviam me levado primeiro a assumir aquele cargo e depois a escrever o livro.

Então, aquele foi o divisor de águas, e, no fim, o fato de eu ter sobrevivido e me tornado mais forte do que era antes não foi importante apenas para mim; foi importante para todos os outros rabinos, pois eles também puderam ver que podemos assumir uma posição controversa, ser amplamente criticados, superar a situação e ainda cantar "I'm Still Standing" com Sir Elton John.

Houve um giro de 180º, um giro copérnico, na minha compreensão da natureza do que eu estava fazendo. Não era nada pessoal; não havia um envolvimento pessoal ali. Estamos falando daquilo em que você acredita e das pessoas com quem se importa. Daquele momento em diante, tornei-me, de certa forma, invulnerável, pois não levei mais as coisas para o lado pessoal.

Se você pudesse colocar um outdoor gigante em qualquer lugar exibindo qualquer coisa, o que seria e por quê?

Diria três palavras: "Viva. Doe. Perdoe." Esses são de longe os elementos mais importantes da vida.

Qual foi o melhor ou mais valioso investimento que você já fez?

Muito tempo atrás, em 1979, minha esposa, Elaine, e eu compramos uma casa com uma sala de jogos nos fundos do jardim, que eu pude transformar no meu escritório. Até então, eu vinha trabalhando para escrever a minha tese de doutorado, para escrever o meu primeiro livro, sem sucesso nenhum. Sonhava em ir a um lugar isolado nas montanhas ou a uma cabana na zona rural, e de repente me ocorreu: "Eu tenho uma casa com uma sala nos fundos do jardim, e talvez lá eu encontre paz e isolamento." Funcionou como um sonho, e foi naquela sala que concluí minha tese de doutorado e escrevi meus primeiros cinco livros. Ela mudou completamente a minha vida. Foi cara, mas valeu cada centavo.

Há algum hábito incomum ou algo absurdo que você ame?

Uma coisa muito ridícula, mas que acho que faz toda a diferença para mim, é que, nas pequenas pausas da vida, ou quando preciso me revigorar, chamo [minha esposa] Elaine, e revisitamos um momento do nosso passado assistindo a um videoclipe no YouTube. É algo extraordinário. Se Proust tivesse tido o YouTube, não teria precisado escrever *Em busca do tempo perdido*, porque, graças *à plataforma*, nada do nosso passado se perde. Podemos revisitá-lo a qualquer momento. Ele é o nosso *De volta para o futuro*, a nossa pequena máquina do tempo, de retorno a um período e um lugar anteriores na vida que sejam ricos em emoções, e é algo magicamente fácil de se fazer, quase em um instante.

Você pode, por favor, dar um exemplo de um momento do passado associado a um vídeo específico do YouTube?

Para citar só um exemplo, no verão de 1968 duas coisas importantíssimas aconteceram comigo. Em primeiro lugar, fiz uma viagem aos Estados Unidos, onde tive alguns encontros que mudaram a minha vida com alguns dos maiores rabinos dos nossos tempos. E, em segundo, quando voltei, conheci Elaine, que estava estudando no hospital de Cambridge. Eu fazia faculdade em Cambridge, e não demorou para ficarmos noivos e por fim nos casarmos.

Na época, eu e Elaine fomos ver um filme, *A primeira noite de um homem*, com Dustin Hoffman. A moça por quem ele se apaixonou chamava-se Elaine, e a música do filme era de Simon and Garfunkel. Em 1968, eles lançaram uma música muito evocativa chamada "America", com jovens e suas namoradas contando carros na estrada de Nova Jersey.

Portanto, sempre que quero reviver o momento em que Elaine e eu nos conhecemos, quando novos horizontes se abriram na minha vida, e o maior romance da nossa vida teve início, eu simplesmente abro o YouTube e assisto Simon and Garfunkel cantando "America".

Nos últimos cinco anos, que nova crença, novo comportamento ou hábito mais impactou positivamente sua vida?

Três anos e meio atrás, desisti de ser grão-rabino e tentei fazer algo que, por diversas razões, nenhum dos meus predecessores havia conseguido fazer: desenvolver uma nova carreira, um novo tipo de desafio. Eu me dei conta de que deixar um trabalho tão público e privilegiado como aquele muito provavelmente provocaria sintomas de isolamento e risco de depressão.

Decidi reorganizar minha agenda para não ter tempo de ficar depressivo. Foi eficaz como um passe de mágica. Recomendo isso a todo mundo.

Nos últimos cinco anos, a que você começou a dizer não com mais facilidade? Que novas descobertas e/ou abordagens ajudaram?

Muito simples, minha equipe. Minha esposa e as duas pessoas que administram o meu escritório, pois acho que meu maior defeito é a incapacidade de dizer não, então simplesmente delego essa tarefa a outras pessoas. Essas pessoas são muito melhores em dizer não do que eu. Também recomendo isso a todo mundo.

Que dicas ruins você costuma ouvir na sua profissão ou especialidade?

Na minha área profissional, que são a religião e o discurso público, é provável que eu ouça com mais frequência acerca de medo, e, consequentemente, atitudes defensivas. Essa é com certeza a forma errada de encarar o futuro. Encare-o cheio de esperança, sabendo que, qualquer que seja o desafio à sua frente, você está à altura dele, e assim transmita uma mensagem oposta ao medo e a uma postura defensiva.

Quando se sente sobrecarregado, ou desconcentrado, ou perde o foco momentaneamente, o que faz?

Qual é a configuração do sistema de navegação por satélite da minha vida [onde quero estar daqui a dez ou vinte anos]? Qual é o meu destino? Você precisa se lembrar disso sempre que se sentir sobrecarregado. Lembrar-se do seu destino vai ajudá-lo a fazer a distinção mais importante da vida, que é saber diferenciar entre aproveitar uma oportunidade e resistir a uma tentação.

"Uma distração que aprendi a evitar foi consumir material que me diga o que já sei e com os quais concordo."

JULIA GALEF
X: @juliagalef
FB: /julia.galef
juliagalef.com

JULIA GALEF é escritora e palestrante focada na pergunta: "Como podemos melhorar o julgamento humano, sobretudo em relação a decisões complexas nas quais há muito em jogo?". Ela é a cofundadora do Center for Applied Rationality, uma organização sem fins lucrativos que promove workshops sobre o desenvolvimento do raciocínio e do processo de tomada de decisões. Desde 2010, ela apresenta o podcast *Rationally Speaking*, um programa transmitido duas vezes por semana com conversas com cientistas, cientistas sociais e filósofos. Julia no momento está escrevendo um livro sobre como melhorar o julgamento remodelando as motivações inconscientes. Sua palestra no TED, "Why You Think You're Right — Even If You're Wrong", teve mais de 8 milhões de visualizações.

Nos últimos cinco anos, que nova crença, novo comportamento ou hábito mais impactou positivamente sua vida?

Quando algo dá errado, não saio logo pensando que errei. Em vez disso, pergunto a mim mesma: *Que protocolo eu estava seguindo que produziu esse resultado negativo? Eu ainda espero que esse protocolo em geral produza os melhores resultados, apesar dos ocasionais resultados negativos que ele pode produzir?* Caso a resposta seja sim, eu sigo em frente!

Esse hábito é fundamental porque até os melhores planos de ação falham algumas vezes, e você não vai querer abandoná-los (ou se castigar) na primeira vez que houver essas falhas inevitáveis.

Digamos que você sempre tenta chegar ao aeroporto 1h20 antes do voo. Certo dia, há um acidente na estrada que acaba o atrasando, e você quase perde o voo. Isso significa que deve passar a sair de casa com mais antecedência? Não necessariamente. Um protocolo de tentar chegar duas horas antes ao aeroporto teria poupado você disso, mas vem com um custo diferente: muito mais tempo esperando no aeroporto. Talvez o objetivo de chegar com 1h20 de antecedência continue sendo o melhor protocolo a ser adotado, mesmo que de vez em quando, como hoje, quase o leve a perder o voo.

Também tenho a tendência de me censurar por erros que cometo em uma postagem no blog, ou em uma reunião, ou em uma palestra etc., e meu impulso é sempre pensar *Bem, eu deveria ter me preparado mais*. Às vezes, estou certa. Outras vezes, a conclusão certa é: *Não, na verdade a quantidade de tempo que eu precisaria passar me preparando antes de cada palestra para evitar erros como esse no fim das contas não valesse a pena*.

Para dar um exemplo um pouco diferente, recentemente eu estava em um trem de Nova Jersey durante o inverno, e, ao olhar pela janela, achei ter visto fogo nos trilhos. Ninguém aparentou ter visto algo de errado, então pensei: *Provavelmente, não é nada*. Mas eu não tinha certeza, então saí à procura de um condutor e lhe contei o que havia visto. Acontece que não havia mesmo nada com que se preocupar — parece que as companhias ferroviárias usam fogo para descongelar os trilhos durante o inverno. Meu impulso foi me sentir tola por ter me preocupado à toa, mas, após refletir, percebi: *Não, na verdade acho que seria bom continuar prestando atenção em possíveis riscos que seriam terríveis se eu estivesse certa. Mesmo que, na maioria das vezes, eu esteja errada*.

Que dicas ruins você costuma ouvir na sua profissão ou especialidade?

Acho que a maioria é ruim, porque elas são do tipo genérico. "Corra mais riscos." "Não seja tão duro consigo mesmo." "Trabalhe mais." O problema é que alguns precisam correr mais riscos, enquanto outros precisam correr menos. Alguns precisam pegar mais leve consigo mesmos, enquanto outros já são muito acomodados. Alguns precisam trabalhar mais, enquanto outros estão à beira do burnout. E assim por diante.

Então, acho que o tipo mais útil de recomendação diz respeito à melhora do seu julgamento em geral — a capacidade de observar a situação com precisão (mesmo que a verdade não seja lisonjeira nem conveniente), as opções possíveis e os custos envolvidos. Um bom julgamento é o que lhe permite avaliar se uma recomendação é ou não apropriada à situação; sem um bom julgamento, você não saberá a diferença entre um bom e um mau conselho.

Os livros *Superprevisões* (de Philip E. Tetlock e Dan Gardner) e *Como mensurar qualquer coisa* (de Douglas W. Hubbard) contêm bons conselhos sobre como melhorar a capacidade de fazer previsões precisas. E *Gente que resolve* (de Chip Heath e Dan Heath) explica quatro dos maiores erros de julgamento (como formular a decisão dentro de um quadro muito limitado ou deixar emoções temporárias atrapalharem o julgamento) e dá dicas para combatê-los.

Nos últimos cinco anos, a que você começou a dizer não com mais facilidade?

Uma distração que aprendi a evitar foi consumir material que me diga coisas que já sei e com as quais concordo (por exemplo, sobre política). Você pode se viciar nisso, pois lhe dá uma sensação de aprovação (é como desabafar com um amigo), mas você não aprende nada, e, com o tempo, acho que ceder a esse impulso acaba tornando-o menos tolerante a outras opiniões. Então, acabei com o vício essencialmente observando quanto tempo eu estava desperdiçando sem aprender nada.

Quando se sente sobrecarregada, ou desconcentrada, ou perde o foco momentaneamente o que faz?

De vez em quando, me vejo dividida entre duas opções, e fica evidente que há muita coisa em risco, mas não qual opção é a melhor. Então, fico agonizando diante do dilema, num jogo de pingue-pongue entre as opções, apesar de não obter nenhuma informação nova.

Felizmente, em algum ponto do processo, lembro-me do seguinte princípio: a incerteza em relação ao valor esperado (VE) só se torna mais VE. Então, se sei que uma das opções, A ou B, vai ser ótima e a outra será um desastre, mas estou insegura em relação a qual será o quê, o valor esperado continua sendo o mesmo. Reformular o problema dessa maneira é muito útil. Pensar *Uma dessas opções é ótima e a outra é terrível, mas não sei qual delas é qual* é paralisante, mas pensar *Essas opções têm o mesmo valor esperado* é libertador.

(É óbvio que se presume que você não pode obter mais informações a um baixo custo sobre A e B a fim de reduzir a incerteza em relação a qual é melhor. Se puder, você deve buscar mais informações! Esse conselho é para situações em que você precisa agir mesmo não havendo mais informações a baixo custo a serem obtidas e você se sente paralisado.)

Digamos que você esteja indeciso entre dois possíveis empregos disponíveis e esteja se sentindo paralisado por não saber qual é a melhor opção. O Emprego A tem mais prestígio e paga bem, mas o Emprego B tem uma cultura colaborativa e você terá mais liberdade para escolher os projetos.

O que você deve se perguntar é: *Existe algum modo de eu conseguir mais informações para resolver essa questão?* Talvez você possa conversar com funcionários das respectivas companhias sobre a satisfação delas com o emprego, ou então possa dar uma olhada no que ex-funcionários de A e B fizeram depois de deixarem a empresa.

Mas talvez você já tenha feito isso, e as respostas não tenham ajudado a resolver o impasse. Se esse for o caso (se não há mais informações que você possa conseguir com facilidade e que tornem a "escolha certa" nítida), então você tem que relaxar, escolher e parar de se preocupar. E sei que "relaxar e parar de se preocupar" é algo mais fácil de dizer do que fazer, porém, se eu não consigo dizer qual é a melhor escolha, então para todos os efeitos as opções são igualmente boas.

> "Quando eu era mais jovem, não é que eu fosse 'ingrata', mas eu nunca parava para refletir sobre tudo de bom que acontecia comigo. Agora, pratico a gratidão todas as manhãs."

TURIA PITT
X/IG: @TuriaPitt
turiapitt.com

TURIA PITT é uma das figuras mais admiradas e reconhecidas da Austrália. Em 2011, aos 24 anos, Turia era uma ex-modelo viciada em exercícios físicos e engenheira de minas bem-sucedida quando foi vítima de um incêndio florestal enquanto competia em uma ultramaratona de 100 quilômetros na Austrália Ocidental. Ela foi resgatada por um helicóptero no deserto remoto quase morta e com 64% do corpo coberto por queimaduras de terceiro grau. Depois de ter sobrevivido contra todas as probabilidades, Turia voltou mais forte do que nunca. No fim de 2016, ela concluiu o Ironman World Championship em Kona, no Havaí, e mais tarde escreveu sua autobiografia, *Everything to Live For: The Inspirational Story of Turia Pitt*. Sua famosa palestra no TEDx, "Unmask Your Potential", é um relato detalhado de sua história incrível de triunfo contra as adversidades.

Que livro (ou livros) você mais deu de presente e por quê? Ou nomeie de um a três livros que mais influenciaram sua vida.

Meu livro favorito é *O mapa que mudou o mundo*, de Simon Winchester. Um construtor de canais (William Smith) acabou criando o primeiro mapa geológico da Inglaterra e do País de Gales. Qualquer um pensaria que isso lhe renderia reconhecimento e honrarias, mas, em vez disso, ele foi acusado de heresia e acabou na prisão.

Dito isto, acho que a maioria das pessoas não tem o mesmo fascínio pela geologia que eu tenho (eu era uma engenheira de minas), então tento presenteá-las com livros do interesse delas.

Se é uma pessoa interessada por corridas, dou *Nascido para correr*, de Christopher McDougall. Se é uma pessoa que quer mudar sua situação financeira, dou *The Barefoot Investor*, de Scott Pape. Se é uma pessoa que quer saber mais sobre mim, dou um dos meus livros e, se é alguém que está numa jornada de autoconhecimento, a escolha óbvia é *Em busca de sentido*, de Viktor E. Frankl.

Que aquisição de até 100 dólares mais impactou positivamente sua vida nos últimos seis meses (ou nos últimos tempos)?

Custou um pouco mais de 100 dólares, mas mudou completamente a minha vida. Comprei um par de fones de ouvido Beats Solo 3 no aeroporto dois meses atrás. Eles são incríveis! Adoro ouvir o aplicativo Brain.fm usando os fones — isso me ajuda a me concentrar na tarefa que tenho pela frente. Acho que, se eu fosse me ater à regra de "até 100 dólares", o aplicativo Brain.fm também mudou minha vida. Ele me ajuda muito a me concentrar no trabalho. Uso-o todos os dias.

De que forma um fracasso, ou fracasso aparente, acabou te levando ao sucesso? Você tem algum "fracasso pessoal" favorito?

Fiz muita besteira na vida, quase demais para contar! Já devi uma quantia absurda em impostos (sim, já paguei). Gastei 10 mil dólares em um coaching de oratória para depois perceber que não precisava. Já peguei aviões para dar palestras... e percebi que havia ido à cidade errada. Já fiquei extremamente bêbada em uma noite de premiação e fiz papel de estúpida.

Nenhum desses fracassos acabou "me levando" ao sucesso, mas me ensinaram que podemos cometer erros. Pois sabe de uma coisa? A Terra não para de girar só porque você cometeu um erro. Na verdade, erros são mais úteis na vida do que o sucesso. Nunca aprendi nada alcançando o sucesso... é fácil demais. Os erros, por outro lado, ressaltam a falibilidade, e, o mais importante, você pode aprender e melhorar a partir deles.

Nos últimos cinco anos, que nova crença, novo comportamento ou hábito mais impactou positivamente sua vida?

A gratidão. Quando eu era mais jovem, não é que eu fosse 'ingrata', mas eu nunca parava para refletir sobre tudo de bom que acontecia comigo. Agora, pratico a gratidão todas as manhãs, todos os dias, e posso até praticar de novo ao longo do dia. Não penso muito na ciência por trás disso. Simplesmente sei que, quando pratico, me sinto melhor. Não acredito em "atalhos", mas sei que esse é um método muito eficaz de mudar como você está se sentindo.

[É assim:] Primeiro, ouço a minha playlist da gratidão no Spotify, qualquer música da lista. Por exemplo, aqui estão nove faixas de hoje:

1. "Breathturn", Hammock
2. "Your Hand in Mine", Explosions in the Sky
3. "Devi Prayer", Craig Pruess & Ananda
4. "Horizon", Tycho
5. "Recurring", Bonobo
6. "Hanging On", Active Child
7. "Long Time Sun", Snatam Kaur
8. "Angels Prayer", Ty Burhoe, James Hoskins, Cat McCarthy, Manorama & Janaki Kagel
9. "Twentytwofourteen", The Album Leaf

Em seguida, penso em três coisas pelas quais me sinto genuinamente grata. Descobri que, quanto mais específica eu for, melhor. Então, por exemplo, em vez de só pensar "pela minha mãe", pode ser "pela minha mãe, por ontem ter feito torta de espinafre para mim". Em vez de "pelo meu marido", pode ser "pela corrida que fiz com meu marido ontem". Esta manhã foi por:

1. Meu filho estar chutando na minha barriga.
2. Meu café.
3. Assistir ao nascer do sol.

Quando eu faço isso direito e de forma genuína (ou seja, não apenas pensar nas coisas — é por isso que a música me ajuda a entrar no estado de espírito certo), em geral choro de gratidão. Quando estou me sentindo frustrada ou com raiva durante o dia, às vezes repito o processo para me reequilibrar.

"Quando duas opiniões extremas se chocam, a verdade em geral está em um meio-termo. Sem se expor ao outro lado, você vai naturalmente se aproximar dos extremos e se afastar da verdade."

ANNIE DUKE
X/FB: @AnnieDuke
annieduke.com

Durante duas décadas, **ANNIE DUKE** foi uma das maiores jogadoras de pôquer do mundo. Em 2004, ela deixou 234 jogadores para trás e ganhou seu primeiro bracelete da Série Mundial de Pôquer. No mesmo ano, ganhou 2 milhões de dólares no Torneio dos Campeões da Série Mundial de Pôquer, restrito a convidados, em que o vencedor leva tudo. Antes de se tornar jogadora profissional de pôquer, Annie ganhou uma bolsa da Fundação Nacional da Ciência para estudar psicologia cognitiva na Universidade da Pensilvânia. Ela compartilha regularmente suas observações sobre a ciência do processo inteligente de tomada de decisão (aplicada a elementos que vão muito além do pôquer) em seu blog, *Annie's Analysis*, e também compartilhou seu conhecimento sobre o pôquer em uma série de livros best-sellers, entre os quais *Decide to Play Great Poker* e *The Middle Zone: Mastering the Most Difficult Hands in Hold'em Poker* (ambos em coautoria com John Vorhaus). O último livro de Annie, *Thinking in Bets: Making Smarter Decisions When You Don't Have All the Facts*, concentra-se em estratégias para tomar decisões com a maior eficácia possível.

Que conselho você daria a um universitário inteligente e aplicado prestes a entrar no "mundo real"?

Em primeiro lugar, busque opiniões discordantes. Sempre tente encontrar pessoas que discordem de você, que possam de forma honesta e produtiva fazer o papel de advogado do diabo. Desafie-se a realmente ouvir pessoas com ideias e opiniões diferentes. Evite bolhas políticas e grupos que reforcem sua opinião o máximo possível. Sinta-se bem em de fato ouvir aqueles que discordam de você. Tente todos os dias mudar de ideia em relação a algo.

O fato é que, quando duas opiniões extremas se chocam, a verdade em geral está em um meio-termo. Sem se expor ao outro lado, você vai naturalmente se aproximar dos extremos e se afastar da verdade. Não tenha medo de estar errado, pois estar errado não é nada mais do que uma oportunidade de descobrir mais sobre o que é genuíno.

Em segundo, seja sempre flexível e aberto às oportunidades que surgirem no caminho. A maioria das pessoas bem-sucedidas que conheço não sabia exatamente o que queriam fazer quando saíram da faculdade e mudaram de rumo ao longo da carreira. Esteja aberto ao que o mundo lhe trouxer. Não tenha medo de mudar de emprego ou área de atuação, não importa quanto tempo você já tenha investido em algo. Não há urgência em definir-se nada. E achar que você já definiu tudo pode deixá-lo paralisado e torná-lo resistente a mudanças.

Nos últimos cinco anos, a que você começou a dizer não com mais facilidade?

Em geral, me tornei melhor em dizer não a praticamente tudo, mas sobretudo a obrigações que me afastam de casa. A estratégia que emprego é imaginar que já é o dia de viajar e se me sinto feliz ou triste neste dia. Em seguida, imagino que estou de volta no dia seguinte e me pergunto: *A viagem valeu a pena? Estou feliz por ter dito sim e feito o que fiz?* Ao fazer esse tipo de "viagem no tempo", imagino melhor o lado negativo das coisas de que não gosto (ficar longe de casa, os inconvenientes de uma viagem) e o peso em relação ao lado positivo do que estou considerando fazer (um discurso de abertura que obterá uma ótima resposta de um determinado público, um evento para a caridade que vai me deixar realizada pelo dinheiro arrecadado).

Consigo o mesmo resultado lembrando de ofertas semelhantes que aceitei ou rejeitei. Estou feliz por ter aceitado ou rejeitado? Essa é uma ótima técnica para ponderar qualquer decisão, seja ela pequena, como aceitar um convite para jantar, ou grande, como me mudar ou não para outra cidade. Fazer uma viagem no tempo bem consciente ajuda a nos dar perspectiva.

De que forma um fracasso, ou fracasso aparente, acabou te levando ao sucesso? Você tem algum "fracasso pessoal" favorito"?

No pôquer, falha-se muito, porque você perde muitas mãos. Há duas formas de falhar. Primeiro, poderíamos definir uma falha apenas como perder um bom resultado — por exemplo, uma mão. Mas uma das lições que o pôquer ensina é que essa é uma forma improdutiva de definir o fracasso, pois você pode ganhar uma mão tomando decisões erradas e perder uma mão com ótimas decisões. Então, você pode colocar todo o seu dinheiro em jogo com uma mão matematicamente dominante, e ainda assim perder pelo fato de o restante das cartas dadas não ter colaborado.

Se você definir o fracasso apenas como perder, pensará que não passa de um resultado, e talvez tente ajustar seu jogo para evitar perder, mesmo que as decisões tenham sido ótimas (ou talvez repita estratégias pobres só porque venceu uma vez com elas). Isso seria o equivalente a decidir que é inteligente avançar em sinais vermelhos só porque você passou algumas vezes sem causar acidentes. Ou não passar quando o sinal está verde porque sofreu um acidente ao fazer isso certa vez.

O pôquer me ensinou a desconectar o fracasso do resultado. Só porque perdi não significa que falhei e só porque venci não significa que tive sucesso — não quando definimos o sucesso e o fracasso em torno da tomada de boas decisões que levarão à vitória no longo prazo. O que importa são as decisões que tomei ao longo do caminho, e cada fracasso causado por uma decisão é uma oportunidade de aprender e ajustar a minha estratégia no futuro. Ao fazer isso, perder se torna uma experiência menos emocional e mais uma oportunidade de explorar e aprender.

"Todas as pessoas inteligentes e estáveis que conheço praticam tanto caminhada quanto meditação. O aplicativo Headspace é uma forma divertida de começar. Experimente praticar todos os dias. Mas sugiro não fazer enquanto está caminhando... por ora."

JIMMY FALLON
X/IG: @jimmyfallon
tonightshow.com

JIMMY FALLON é um comediante ganhador tanto do Emmy quanto do Grammy. Ele é conhecido por fazer parte do elenco do *Saturday Night Live* e apresentar o programa noturno de entrevistas *The Tonight Show Starring Jimmy Fallon*. Também escreveu muitos livros, incluindo *Your Baby's First Word Will Be DADA* e o mais recente, *Everything Is Mama*. Jimmy mora na cidade de Nova York com a esposa, Nancy, e as duas filhas, Winnie e Franny. Se você quiser vê-lo voando em cima dos meus pés (sério), dê uma olhada em tim.blog/jimmy.

Que livro (ou livros) você mais deu de presente e por quê? Ou nomeie de um a três livros que mais influenciaram sua vida.

Para um adulto, seria *Em busca de sentido*, de Viktor E. Frankl. Eu o li durante os dez dias que passei na UTI do Bellevue Hospital tentando recuperar um dedo depois de um acidente na cozinha. Ele fala sobre o sentido da vida, e acredito que você se torna uma pessoa melhor depois de lê-lo. As citações que extraí dele foram: "Não há uma resposta exata para a pergunta 'qual é o sentido da vida?'. É como perguntar a um enxadrista 'qual é a melhor jogada do mundo?'. Tudo depende da situação em que você se encontra." Ele também reforçou a crença de que o que não me mata me fortalece. Se você o ler, vai extrair mais dele.

Os livros que mais dou de presente hoje em dia são livros infantis, já que estou indo cada vez mais a festas infantis (tenho uma filha de 2 anos e meio e outra de 4). Penso nos que eu adorava quando criança — os que não esqueci. Um deles é *The Monster at the End of This Book*, de Jon Stone.

Lembro-me de ter lido de Grover, o narrador, que morria de medo do virar de páginas porque tem um monstro no fim — mas eu continuava virando — e ele ia ficando cada vez mais nervoso: "VOCÊ VIROU A PÁGINA????!!!! PARE DE VIRAR AS PÁGINAS!!!!" E não sei ao certo se eu estava tentando ser corajoso por ele ou se simplesmente sabia que tudo ficaria bem, mas continuei virando as páginas e lendo o livro até a última página, onde vem a revelação: ELE é o monstro no fim do livro! O velho e adorável peludo Grover! Acho que o livro me ensinou que não há nada a temer.

Nos últimos cinco anos, que nova crença, novo comportamento ou hábito mais impactou positivamente sua vida?

Os melhores comportamentos que adotei nos últimos cinco anos com certeza foram caminhar e meditar (separadamente). Meu amigo Lorne Michaels ama caminhar, e sempre que nos encontramos, caminhamos e conversamos, e sequer temos um propósito para andar — simplesmente é divertido. Certa vez, em Londres, andamos quase 13 quilômetros sem nem termos nos dado conta. Minha mulher e minhas filhas adoram caminhar, e acho que é algo que eu poderia fazer para sempre. Fico meio triste quando penso que levou tanto tempo para perceber como me sinto bem fazendo isso. Meditação? Essa é mais difícil, mas, se você conseguir treinar o cérebro (como fazemos quando queremos aprender qualquer coisa — tocar guitarra, fazer imitações, dirigir carros com câmbio manual), essa é uma capacidade incrível de se ter. Só requer prática. Todas as pessoas inteligentes e estáveis que conheço praticam tanto caminhada quanto meditação. O aplicativo Headspace é uma forma divertida de começar. Experimente praticar todos os dias. Mas sugiro não fazer enquanto está caminhando... por ora.

CITAÇÕES QUE ESTÃO NA MINHA CABEÇA

(Tim Ferriss: 1º de abril – 15 de abril de 2016)

"A genialidade é apenas uma capacidade superior de enxergar."

– JOHN RUSKIN

Polímata vitoriano, crítico de arte, filantropo e pensador social

"Quanto aos métodos, pode haver mais de um milhão, mas os princípios são poucos. O homem que entende princípios pode selecionar os próprios métodos com sucesso. O homem que experimenta métodos e ignora princípios sem dúvida terá problemas."

– RALPH WALDO EMERSON

Ensaísta norte-americano,
líder do movimento transcendentalista do século XIX

"A primeira regra de qualquer tecnologia usada nos negócios é que a automação aplicada a uma operação eficiente aumenta a eficiência. A segunda é que a automação aplicada a uma operação ineficiente aumenta a ineficiência."

– BILL GATES

Cofundador da Microsoft

"[A] multiplicidade de perspectivas é essencial para nos tornar quem somos. A identidade é sempre uma via de mão dupla — criada de dentro para fora e de fora para dentro."

ESTHER PEREL
IG: @estherperelofficial
FB: /esther.perel
estherperel.com

ESTHER PEREL já foi chamada de "agente de mudança mais importante na sexualidade e na saúde do relacionamento desde a dra. Ruth". Suas palestras no TED sobre a preservação do desejo e a ideia de repensar a infidelidade têm mais de 47 milhões de visualizações, e ela já viu e experimentou tudo que pode ser imaginado ao longo dos 34 anos de prática de terapia na cidade de Nova York. Esther é a autora do best-seller internacional *Sexo no cativeiro*, que foi traduzido para 26 idiomas. Fluente em nove deles (já a ouvi pessoalmente), essa mulher natural da Bélgica agora imprime seu pulso multicultural em um novo livro, *The State of Affairs: Rethinking Infidelity*. Sua energia criativa no momento se concentra na cocriação e na apresentação da série original da Audible *Where Should We Begin?*.

Que conselho você daria a um universitário inteligente e aplicado prestes a entrar no "mundo real"? Que conselho ele deveria ignorar?

A vida irá lhe apresentar oportunidades inesperadas, e você nem sempre saberá com antecedência quais serão os momentos importantes. Acima de tudo, é a qualidade dos relacionamentos que determinará a qualidade de vida. Invista nas suas conexões, mesmo nas que parecem irrelevantes.

Um amigo me contou pouco tempo atrás uma história que tem a ver com isso. Ele havia levado a filha para visitar uma universidade, e eles pediram para conhecer um centro em particular no qual ela estava interessada. O gestor do prédio mostrou tudo com muito orgulho — da sala do diretor ao centro de multimídia e a lavanderia. Surpresa com o passeio exaustivo, a filha revirava os olhos, mas o pai lhe disse: "Apenas faça perguntas. Você não sabe o que pode acontecer." Quando eles enfim terminaram, o gestor lhes deu um cartão, e meu amigo instruiu a filha a lhe escrever um e-mail agradecendo, mencionando especificamente duas coisas memoráveis sobre a experiência.

No dia seguinte, a filha do meu amigo recebeu um telefonema do presidente do centro. Evidentemente, o gestor havia encaminhado o e-mail dela dizendo: "Este é o tipo de aluna de que precisamos aqui." Nem preciso contar o que aconteceu no fim.

Nunca se esqueça de agradecer às pessoas, e não só quando sabe que tem algo a ganhar. Se você mostrar interesse por elas, elas ficarão interessadas por você. As pessoas reagem à bondade com bondade, ao respeito com respeito. As relações — mesmo as mais breves — são portas para oportunidades.

O conselho a ignorar é: "onde você quer estar daqui a cinco anos?"

Quais foram os melhores ou mais valiosos investimentos que você já fez?

Tive uma vantagem para aprender vários idiomas, porque cresci na Bélgica, que é um país trilíngue (flamengo, francês e alemão). Meus pais eram judeus refugiados da Polônia no pós-guerra, o que acrescentou polonês, hebraico e iídiche ao mix. Desde muito cedo, compreendi que a língua é uma porta para outro mundo — sua cultura, sensibilidade, estética e humor. O oposto do refugiado é o nativo, e a língua seria a forma de entrar. Partes diferentes de mim ganham vida quando alterno entre os idiomas.

Aprendi meus idiomas adicionais na escola (inglês), na estrada (espanhol), em uma banda de bossa nova (português) e num relacionamento (italiano). Muitas noites, eu assistia ao noticiário em várias línguas. As revistas ajudavam muito. E conversas em aviões melhoraram o meu vocabulário. Falo nove idiomas e trabalho em pelo menos sete deles.

O tempo que investi no aprendizado de idiomas foi essencial para a minha carreira. Quando cheguei aos Estados Unidos, sem documentos nem diplomas importantes, meu único diferencial eram os idiomas que eu falava e as múltiplas perspectivas que eles me deram.

Fiz questão de transmitir a necessidade de aprender outras línguas para os meus filhos. Sempre achei estranho que nos Estados Unidos ser bilíngue fosse um sinal de posição social inferior e que, até no maternal, as crianças se recusassem a falar a língua dos pais. Então, infundi nos meus filhos o prazer de viajar. Se eles quisessem brincar com outras crianças na Europa, em Israel ou na América do Sul, precisariam aprender o idioma delas.

No meu trabalho, converso com pessoas do mundo inteiro sobre uma gama de assuntos pessoais. A língua é uma forma de intimidade, e eu não conseguiria fazer o trabalho que faço se precisasse me comunicar através da tradução.

Quando se sente sobrecarregada, ou desconcentrada, ou perde o foco momentaneamente o que faz?

Procuro pessoas que possam me ajudar a recuperar o foco, a confiança e a consciência. Levo a vida em uma rede de amigos, familiares, colegas, desconhecidos, mentores e alunos. Quando fico sobrecarregada, perco o senso de direção, e preciso de um GPS humano para me ajudar a "recalcular" a rota e encontrar o caminho.

Nos momentos em que não acredita em si mesmo, você precisa de outras pessoas que acreditem em você. Elas podem reerguê-lo quando tropeçar e não deixar que você caia no chão. Os outros o veem de uma perspectiva diferente da que você tem de si mesmo. E essa multiplicidade de perspectivas é essencial para nos tornar quem somos. A identidade é sempre uma via de mão dupla — criada de dentro para fora e de fora para dentro.

Muitas pessoas sentem que, quando estão sobrecarregadas ou perdem o foco, precisam se isolar e afastar o mundo. Elas acham que há mais mérito e virtude em entender as coisas sozinhas. Isso não dá certo para mim. Eu me encontro e ativo as minhas maiores capacidades criativas me relacionando com a bela diversidade de outros seres humanos.

"O que torna um rio tão tranquilizante para as pessoas é que ele não tem dúvidas — ele tem a certeza de chegar aonde está indo e não quer ir a nenhum outro lugar." — Hal Boyle

MARIA SHARAPOVA
X/IG: @MariaSharapova
MariaSharapova.com

MARIA SHARAPOVA é a vencedora de cinco Grand Slans e medalhista olímpica de prata de tênis. Maria nasceu em Nyagan, na Rússia, e se tornou profissional aos 14 anos. Ela é uma das poucas tenistas a terem todos os títulos do Grand Slam — Wimbledon (2004), US Open (2006), o Aberto da Austrália (2008) e Roland Garros (2012, 2014). Ocupou o primeiro lugar do ranking mundial por 21 semanas e tem 35 títulos únicos na carreira. A *Forbes* a elegeu a atleta mais bem paga de todos os tempos em 2005, título que Maria manteve por um recorde de onze anos. Escreveu *Imparável: minha vida até aqui.*

Que livro (ou livros) você mais deu de presente e por quê? Ou nomeie de um a três livros que mais influenciaram sua vida.

Gosto de dar de presente *The Beggar King and the Secret of Happiness: A True Story*, de Joel ben Izzy. Alguns livros atuais são como manuais, guias passo a passo e, embora isso seja prático, não é como a vida sempre transcorre. Talvez você precise dar o décimo passo antes de dar o segundo. Gostei desse livro porque ele não dá respostas; ele faz você se perguntar quais respostas poderia dar a si mesmo.

De que forma um fracasso, ou fracasso aparente, acabou te levando ao sucesso? Você tem algum "fracasso pessoal" favorito?

Na minha profissão, as derrotas com frequência são vistas como fracassos. Não ser a pessoa que marcou o último ponto, ser o primeiro a sair da quadra. Todas essas coisas visíveis. Mas, internamente, perder o coloca no caminho da vitória. Perder faz você pensar de formas que a vitória não faz. Você começa se fazendo perguntas e não sentindo que tem todas as respostas. As perguntas abrem portas para tantas possibilidades. Se uma derrota me levar a perguntas difíceis que talvez eu precise me fazer, conseguirei as respostas que no fim das contas transformarão as derrotas em vitórias.

Se você pudesse colocar um outdoor gigante em qualquer lugar exibindo qualquer coisa, o que seria, e por quê?

"Seja original."

É direto. Diz o suficiente. Seja você. Abrace a si mesmo. Celebre quem você é. Somos o tempo todo influenciados por acontecimentos externos e por pessoas que talvez sequer conheçamos, e isso nos afasta do que deveríamos ter sido e do que deveríamos ser para sempre: nós mesmos.

Há algum hábito incomum ou algo absurdo que você ame?

Tenho algumas coisas aleatórias. Sempre calço o pé esquerdo antes do direito. Não só tênis, mas qualquer calçado. Quando estou em uma loja experimentando sapatos novos e me entregarem o sapato do pé direito, digo: "Desculpe, posso eu mesma abrir a caixa outra vez sem problemas, mas prefiro pegar o pé esquerdo." Eles me olham estranho.

Na quadra, não gosto de usar [a mesma roupa]. Geralmente, as pessoas gostam de usar a mesma roupa com que se saíram bem. Elas lavam e voltam a usá-la — ou talvez nem lavem. Faço o oposto. Não uso outra vez. Não quero usar exatamente a mesma roupa. Uso acessórios praticamente iguais, mas com algumas variações.

Quando você vence algum grande torneio, tem algum prato favorito para celebrar?

Amo doce. Amo doce de leite. Temos um bolo na Rússia chamado *medovik*. É um bolo macio, em camadas, de mel. Eu poderia comê-lo todos os dias no café da manhã, no almoço e no jantar. Quando minha avó faz geleia de cereja, posso comer uma compota inteira. É uma memória da infância. Amo doce.

Que conselho você daria a um universitário inteligente e aplicado prestes a entrar no "mundo real"? E quais conselhos ele deveria ignorar?

Não importa quantas vezes você diga as palavras "por favor" e "obrigada", nunca é o bastante. E transforme essas palavras em ações, faça as pessoas ao redor sentirem que são palavras genuínas, que é exatamente como você se sente. O mesmo se aplica quando você alcança o sucesso. Não elimine essas palavras do vocabulário.

Quando se sente sobrecarregada, ou desconcentrada, ou perde o foco momentaneamente o que faz?

Minha melhor amiga colocou uma citação de Hal Boyle em um cartão que me deu no meu aniversário alguns anos atrás: "O que torna um rio tão tranquilizante para as pessoas é que ele não tem dúvidas — ele tem a certeza de chegar aonde está indo e não quer ir a nenhum outro lugar."

Tanta coisa acontece em um dia só, ações e distrações, que é fácil perder o foco. Essa citação me coloca imediatamente de volta ao caminho certo. Ela me mantém com os pés no chão.

"Eu achava que o 'problema' da meditação era a falta de praticidade (...). Por fim, reformulei a meditação como uma maneira de retomar o controle da mente consciente a fim de que minha mente inconsciente, mais potente, pudesse vir à tona."

ADAM ROBINSON
X: @IAmAdamRobinson
robinsonglobalstrategies.com

ADAM ROBINSON passou a vida estudando como tirar vantagem da concorrência e enganá-la. Ele é um enxadrista de sucesso, ganhador do título Life Master pela Federação de Xadrez dos Estados Unidos. Na adolescência, foi orientado por Bobby Fischer durante os dezoito meses que antecederam sua vitória no Campeonato Mundial. Depois, na primeira carreira, Adam desenvolveu uma abordagem revolucionária para fazer testes padronizados como um dos dois cofundadores originais de The Princeton Review. Seu livro de preparação para provas, que rompe paradigmas, ou "transcende categorias", como eles chamam no mercado editorial, *Cracking the System: The SAT*, é o único livro de preparação para provas a ter se tornado best-seller do *New York Times*. Depois de ter vendido suas ações da The Princeton Review, Adam, nos anos 1990, voltou sua atenção para o que na época era uma área nascente, a inteligência artificial, desenvolvendo um programa capaz de analisar textos e fornecer comentários semelhantes aos de seres humanos. Mais tarde, foi convidado a se juntar a um conhecido fundo de analistas quantitativos para desenvolver modelos estatísticos de trading e, desde então, estabeleceu-se como conselheiro macro global das principais agências de investimentos de um seleto grupo dos fundos de cobertura mais bem-sucedidos do mundo e de escritórios familiares de patrimônio líquido a partir de 30 milhões de dólares.

Que livro (ou livros) você mais deu de presente e por quê? Ou nomeie de um a três livros que mais influenciaram sua vida.

A mente inconsciente está trabalhando o tempo todo, processando pedidos de maior magnitude de informações e com uma facilidade muito maior do que a mente consciente. É lógico que o sistema educacional inteiro, assim como grande parte da filosofia ocidental, se dedica mais ao desenvolvimento do pensamento e de capacidades conscientes do que do nosso inconsciente.

Já li milhares de livros. Cinco livros muito diferentes se destacam de todo o restante como os mais influentes, seja por terem confirmado minhas intuições, seja por terem sugerido caminhos promissores de investigação na minha busca pela compreensão — ou pelo menos por controle — do pensamento inconsciente, pela capacidade de acessá-lo quando preciso e levá-lo o mais longe possível.

Esses livros são: *A arte cavalheiresca do Arqueiro Zen*, de Eugen Herrigel; *Desenhando com o lado direito do cérebro*, de Betty Edwards; *The Crack in the Cosmic Egg*, de Joseph Chilton Pearce; *The Act of Creation*, de Arthur Koestler, e, talvez, principalmente, *The Origins of Consciousness in the Breakdown of the Bicameral Mind*, de Julian Jaynes. Esses livros foram tão cruciais para o desenvolvimento do meu modo de pensar que li cada um pelo menos três vezes seguidas e recorro a eles de forma contínua com o passar dos anos como gatilhos para melhores compreensões e inspiração.

E o que eles confirmaram, assim como minhas explorações do inconsciente revelaram, é, parafraseando Hamlet, que existe muito, muito mais no inconsciente do que sonha a nossa vã filosofia.

Nos últimos cinco anos, que nova crença, novo comportamento ou hábito mais impactou positivamente sua vida?

A compreensão — transformada em hábito — que mais melhorou a minha vida nos últimos cinco anos, de forma drástica, foi o reconhecimento da importância dos outros não apenas para mudar o mundo como também para aproveitá-lo!

Sou introvertido por natureza. Ao ponto de alguns amigos terem revelado, anos depois da escola, que tínhamos colegas do ensino médio em comum que nunca haviam me visto falar.

Quando terminei a pós-graduação na Universidade de Oxford — depois de ter me formado na Wharton School da Universidade da Pensilvânia —, eu havia saído bastante do meu mundo interior, mas ainda era 95/5 na escala introvertido/extrovertido. Eu gostava muito da companhia de outras pessoas, porém apenas por períodos curtos, logo após os quais eu ficava esgotado e precisava me isolar para recarregar as energias.

Depois da faculdade, meu sucesso na carreira foi resultado do meu discernimento, do meu raciocínio e da minha imaginação. Então eu habitava o mundo das ideias muito mais do que habitava o mundo das pessoas. Quanto mais ideias boas eu tinha, mais sucesso alcançava. Então, foi com surpresa que me dei conta, já bem mais velho — aliás, apenas no ano anterior à escrita deste livro — de que, se quiser mudar o mundo, você precisa incluir outras pessoas nos seus planos e na sua visão. E não só isso: também percebi os imensos prazeres e satisfações que podem ser extraídos de nos concentrarmos nos outros, além da descoberta surpreendente de que quanto mais eu dava aos outros — algo que sempre fizera —, mais o universo me devolvia em troca.

Enquanto, no passado, quando saía e encontrava outras pessoas, eu sempre ficava mergulhado nos pensamentos, agora fico completamente concentrado não no meu interior, nas minhas ideias, e sim no exterior, na conexão com os outros. Mencionei essa descoberta em público pela primeira vez em dezembro de 2016, durante um podcast coletivo ao vivo com Tim [Ferriss] e logo em seguida me senti inspirado a escrever um livro, *An Invitation to the Great Game: A Parable of Love, Magic, and Everyday Miracles*, no qual articulo as três regras básicas da minha vida. A primeira: sempre que possível, conecte-se com os outros; segunda: com entusiasmo, tente sempre criar diversão e prazer para os outros; terceira: entregue-se a cada momento e descubra a magia — ou os milagres — à sua espera.

Essa descoberta alterou o caminho da minha vida de modo tão profundo — revelando, pela primeira vez, minha verdadeira missão neste planeta — que agora divido minha vida em dois períodos: antes da descoberta dos "outros" e depois da descoberta. Hoje, fico tão ansioso para sair de casa todos os dias, me perguntando que tipo de magia criarei ao encontrar outras pessoas, que mal consigo me conter. Meus dias agora têm um ritmo natural entre a introversão e a extroversão que é semelhante à respiração: quando estou só, inspiro as ideias, e depois exalo com os outros.

O número de pessoas, gratas descobertas e sucessos que entraram na minha vida desde que adotei a percepção aos outros — que logo se desenvolveu no *hábito* de concentrar minha atenção total neles quando não estou só — foi muito impressionante.

Quais foram os melhores ou mais valiosos investimentos que você já fez?

Fiz muitos investimentos na vida — financeiros, de tempo, de energia, de paixão e de emoção —, e um dos melhores resultados em termos de custo-benefício foi aprender a meditar.

Sempre fui motivado, empolgado com o mundo, então minha mente está sempre correndo a milhares de quilômetros por hora, tentando responder a esta ou aquela pergunta, criando este ou aquele sistema. Sem parar. 24 horas por dia, 365 dias por ano, 366 se for um ano bissexto.

O problema, é lógico, é que todo esse estímulo mental e psíquico é exaustivo. E, se você quiser ter desempenho máximo, no que for, precisa encontrar um modo de se recuperar do estresse dessa atividade. Portanto, eu soube por anos que precisava encontrar uma maneira de "desligar" a mente e só relaxar, curtir, apenas ser, mas não conseguia descobrir como.

Tentei de tudo. Ioga. Exercícios físicos. Tentei até a hipnose. Pesquisei o "melhor" hipnotizador da cidade de Nova York na tentativa de desligar minha mente hiperativa, mas, depois de quatro sessões sem sucesso — e muito caras —, o hipnotizador desistiu, declarando: "Sua mente é ativa demais para ser submetida à hipnose." "Muito obrigado, doutor", respondi, sem esconder a frustração, "foi por isso que o procurei!".

Então, uns dois anos atrás, meu melhor amigo, Josh Waitzkin (página 204), reconhecendo que eu era incapaz de relaxar ou me desconectar do hábito incansável de analisar o mundo, especialmente o financeiro, me recomendou a meditação.

"Não funciona para mim", respondi. "Não consigo ficar parado por tempo o bastante para deixar quaisquer benefícios da meditação agirem."

"Você já experimentou o treinamento de variabilidade da frequência cardíaca? Treinamento de VFC?", perguntou ele.

"Não", repliquei.

Disse-lhe que nunca sequer ouvira falar do treinamento de VFC. Ele disse que bastava nos concentrarmos na respiração usando o *biofeedback* para medir a "suavidade" e a amplitude — variabilidade — da nossa frequência cardíaca. O coração registra todas as nossas emoções e estresses em tempo real, então nossos batimentos cardíacos são muito erráticos, permanecendo dentro de uma variação restrita em torno de uma média. O objetivo do treinamento com *biofeedback* é obter controle sobre a própria frequência cardíaca por meio da concentração na respiração, fazendo a frequência cardíaca "irregular" suavizar como uma função seno e levando ao aumento da amplitude.

Isso me pareceu interessante, mas só quando ressignifiquei a meditação foi que decidi experimentar. Eu achava que o "problema" da meditação era a falta de praticidade. E, o pior, o tempo que eu passava meditando era um tempo que eu podia ter usado na análise do mundo.

Por fim, ressignifiquei a meditação como uma maneira de retomar o controle da mente consciente a fim de que minha mente inconsciente, mais potente, pudesse vir à tona, provocando a melhora da minha análise do mundo.

Motivado por essa ressignificação, adotei o treinamento da VFC com *biofeedback* cheio de entusiasmo e, em poucas semanas, aprendi a silenciar a mente após apenas uma única respiração diafragmática — conquistando a habilidade de alcançar uma tranquilidade zen sob demanda.

Agora, sempre que preciso me desligar do mundo e dos estresses da vida diária para permitir que a mente descanse, apenas me concentro e inspiro a partir do diafragma. E faço isso inúmeras vezes por dia. Um minuto aqui. Alguns minutos ali. Pelo menos uma vez por dia, "desperdiço" um imenso bloco de quinze a vinte minutos para meditar dessa forma. Mas não é desperdício de tempo, é claro, já que o aumento da criatividade e da produtividade promovido por essas pequenas sessões renovadoras vale muito mais do que o tempo que passo sendo "improdutivo" enquanto medito.

A meditação é uma das ferramentas mais práticas, poderosas e indutoras da produtividade já criadas, e aprender a meditar foi um dos melhores investimentos que já fiz.

Que aquisição de até 100 dólares mais impactou positivamente sua vida nos últimos seis meses (ou nos últimos tempos)?

Não foi uma compra de até 100 dólares, mas, como foi de 159 dólares, é um valor bem próximo para descartar: o monitor HeartMath Inner Balance de *biofeedback*. Ele detecta os menores ritmos cardíacos e envia um gráfico para o seu smartphone, facilitando o treinamento de VFC.

Que dicas ruins você costuma ouvir na sua profissão ou especialidade?

Quase todos os investidores ouviram quando eram mais jovens — ou acreditam implicitamente, ou foram implicitamente encorajados pelos currículos em forma de receita de bolo das faculdades de administração que cursaram — que, quanto mais compreenderem o mundo, melhores serão os resultados de seus investimentos. Faz sentido, não é? Quanto mais informações adquirimos e avaliamos, "mais informados" nos tornamos, e melhores se tornam nossas decisões. O acúmulo de informações, tornar-se "mais informado", sem dúvida é uma vantagem em inúmeras — se não na maioria das — áreas.

Mas não na área do complexo mundo dos investimentos, na qual o acúmulo de informações pode prejudicar os resultados.

Em 1974, Paul Slovic — um psicólogo de nível mundial e colega do ganhador do Prêmio Nobel Daniel Kahneman — decidiu avaliar o efeito das informações na tomada de decisão. Esse estudo deveria ser ensinado em todas as faculdades de administração dos Estados Unidos. Slovic reuniu oito apostadores profissionais e anunciou: "Quero ver como vocês se saem na previsão dos vencedores das corridas de cavalos." Todos esses participantes eram profissionais experientes que ganhavam a vida unicamente com suas habilidades como apostadores.

Slovic disse a todos que o teste consistiria na previsão de quarenta corridas em quatro rodadas consecutivas. Na primeira rodada, cada apostador receberia cinco informações que quisesse sobre cada cavalo, informações que iriam variar de apostador para apostador. Um apostador poderia querer saber quantos anos de experiência o jóquei tinha entre as cinco principais variáveis, enquanto outro poderia não dar a mínima para essa informação, mas querer saber qual fora a maior velocidade alcançada por um determinado cavalo no ano anterior, ou qualquer outra coisa.

Por fim, além de pedir aos apostadores para preverem o vencedor de cada corrida, ele também pediu a cada um que dissesse quão confiante estava em relação à sua decisão. Como havia uma média de dez cavalos em cada corrida, seria de se esperar, por um palpite sem reservas — estimativa aleatória —, que cada apostador estivesse certo 10% do tempo, e que sua confiança com um palpite sem reservas fosse de 10%.

Assim, na primeira rodada, com apenas cinco informações, os apostadores obtiveram uma precisão de 17%, o que é muito bom, 70% melhor do que as chances iniciais de 10%, quando não tinham nenhuma informação. E, de modo curioso, a confiança deles foi de 19% — quase exatamente tão confiantes quanto se esperava. Eles tiveram 17% de precisão e 19% de confiança nas previsões.

Na segunda rodada, eles receberam dez informações. Na terceira, vinte. E, na quarta rodada, foram quarenta informações. É muito mais do que as cinco informações iniciais. Para nossa surpresa, a precisão deles permaneceu em 17%; eles não obtiveram uma maior precisão com as 35 informações adicionais. Infelizmente, a confiança dos apostadores quase dobrou — para 34%! Assim, as informações adicionais não os tornaram mais precisos, porém os tornaram muito mais confiantes, o que os teria levado a aumentar as apostas e perder dinheiro.

Ao passar de determinada quantidade mínima, informações adicionais provocam apenas — isso sem falar nos custos e nos atrasos consideráveis envolvidos na sua aquisição — o que os psicólogos denominam "viés de confirmação". Nós convenientemente ignoramos ou dispensamos as informações adquiridas que entram em conflito com as análises ou conclusões originais, enquanto as informações que confirmam as decisões originais conduzem a uma certeza cada vez maior de que a nossa conclusão estava correta.

Assim, voltando aos investimentos, o segundo problema na tentativa de compreender o mundo é que ele é simplesmente complexo demais, e, quanto mais determinadas são nossas tentativas de entendê-lo, mais queremos "explicar" seus eventos e tendências e mais apegados nos tornamos às crenças resultantes — sempre mais ou menos equivocadas —, que nos cegam para as tendências financeiras que de fato estão se desdobrando. Pior ainda, *achamos* que entendemos o mundo, dando aos investidores uma falsa sensação de confiança, quando, na realidade, nossa compreensão é sempre mais ou menos equivocada.

Ouvimos o tempo todo, até de investidores e "especialistas financeiros" mais experientes, que essa ou aquela tendência "não faz sentido". "Não faz sentido que o dólar esteja caindo cada vez mais" ou "não faz sentido que as ações estejam cada vez mais altas." Na verdade, quando os investidores dizem que alguma coisa não faz sentido é porque eles têm uma série de razões para acreditar que a tendência deveria ir no sentido oposto... mas ela permanece no sentido que está indo. Então, eles passam a achar que a tendência não faz sentido. Contudo, o que não faz sentido é o modelo que eles têm do mundo. É isso que não faz sentido. O mundo sempre faz sentido.

Na verdade, devido ao fato de as tendências financeiras envolverem crenças e comportamentos humanos numa escala global, as tendências mais poderosas não farão sentido até que se torne tarde demais para lucrar com elas. Quando os investidores formularem uma compreensão que lhes dê confiança para investir, a oportunidade de investimento já terá passado.

Portanto, quando ouço investidores ou comentaristas financeiros sofisticados dizerem, por exemplo, que o fato de as ações do setor energético não pararem de cair não faz sentido, sei que elas vão continuar caindo por um bom tempo. Porque todos esses investidores estão do lado errado das transações, em negação, provavelmente reforçando a decisão inicial deles de comprar ações do setor. Eles em algum momento vão acabar jogando a toalha e vendendo as ações, o que fará os preços caírem ainda mais.

Quando se sente sobrecarregado, ou desconcentrado, ou perde o foco momentaneamente, o que faz?

Quando me sinto desconcentrado, a primeira pergunta que faço a mim mesmo é: "Estou apresentando a minha melhor versão?" Se a resposta for não, me pergunto como posso reiniciar. Cada dia nos dá 86.400 segundos, o que significa que somos presenteados com praticamente inúmeras oportunidades de perda e recuperação do equilíbrio para continuarmos apresentando a melhor versão de nós mesmos.

Quando percebo que meu foco está fraco, e com certeza quando passo por qualquer emoção negativa, me pergunto: "Onde deveria estar a minha atenção neste exato momento?" Quase sempre a resposta é "na minha missão", o que é como um farol que sempre mostra o caminho.

Mas, às vezes, assumo um número grande demais de compromissos. Como de vez em quando tenho dificuldades de dizer não a pessoas que estejam ansiosas para trabalhar comigo, posso ficar sobrecarregado.

Quando isso acontece, em vez de tentar fazer tudo de qualquer maneira, pergunto a mim mesmo: "Qual atividade ou compromisso liberará o máximo de tempo se eu cancelar?". Isso me lembra de uma matéria que li há muito tempo no jornal sobre uma pequena cidade europeia (não vou dizer o nome do país para não o ofender desnecessariamente) onde os carteiros tinham dificuldade de fazer todas as entregas dentro do prazo.

Na segunda-feira, eles faziam o melhor possível para entregar as correspondências, mas algumas sempre acabavam faltando, e eles as adicionavam à pilha da terça. Na terça-feira, é claro que eles ficavam mais atrasados ainda, o que ia piorando na quarta e na quinta-feira. Na sexta, eles acabavam com uma imensa pilha de correspondências não entregues, as quais queimavam para poderem começar do zero na segunda. O processo se repetia na semana seguinte, uma pequena fogueira a cada sexta eliminando vans inteiras de correspondências atrasadas da semana anterior.

É claro que essa é uma maneira muito duvidosa de "reiniciar" a cada semana, e que não recomendo! Mas a ideia de ter um reinício sempre que você se sente sobrecarregado é excelente. Então, digamos que seja meio-dia de um dia qualquer em que eu esteja atrasado, e que eu corra o perigo de logo ficar sobrecarregado. Em vez de tentar manter todos os compromissos da tarde, que eu adiaria cada vez mais com o decorrer do dia, dou uma olhada na agenda e me pergunto qual é o primeiro compromisso que posso "queimar", adiando-o para outro dia. Prefiro remarcar um compromisso e cumprir os outros três a tempo do que me atrasar e cumprir cansado todos os quatro compromissos daquela tarde.

Falando nisso, a cada semana deixo um dia completamente livre e marco uma viagem de mentirinha para outra cidade. Assim, não me sinto tentado a preenchê-lo, nem mesmo para encontrar amigos ou me dedicar a algum outro tipo de diversão. Então, quando surge uma emergência ou quando me atraso e fico sobrecarregado, sei que tenho um "dia livre" para usar como quiser.

Logo, quando fico sobrecarregado tentando fazer malabarismo com bolas demais, me questiono se posso deixar uma ou duas de lado — por enquanto — a fim de poder me dedicar às outras.

Há algum hábito incomum ou algo absurdo que você ame?

No antigo programa de televisão *Candid Camera*, recentemente reformulado no *Punk'd*, do Ashton Kutcher (página 258), pessoas inocentes eram gravadas lidando em tempo real com alguma situação bizarra armada com antecedência, em geral protagonizando momentos hilários.

Não me canso de armar "emboscadas" com atos aleatórios de bondade para estranhos inocentes. Então, por exemplo, depois de pedir o meu latte gelado, dou a um barista do Starbucks uma nota de 20 dólares e peço que ele a ofereça de brinde à pessoa após o cliente seguinte na fila para que ela possa pedir o que quiser, dando-lhe também o troco. Não faço isso com quem está bem atrás de mim para que a pessoa não suspeite que sou o benfeitor misterioso.

Então, bebo meu latte de longe e observo a confusão dar lugar a sorrisos quando o beneficiário aleatório toma conhecimento do prêmio inesperado. Às vezes, a pessoa deixa o troco todo como gorjeta. Outras pessoas o deixam para pagar um café para o próximo na fila, mas o beneficiário sempre sai com um sorriso aberto, e sei que dei início a um efeito cascata na comunidade daquela pessoa e para qualquer outra que ela encontrar ao longo do dia.

Espalhando a magia!

"A vida é bonita para caralho."

JOSH WAITZKIN
joshwaitzkin.com

JOSH WAITZKIN serviu de inspiração para o livro e para o filme *Lances Inocentes*. Considerado um prodígio do xadrez, ele aperfeiçoou a aprendizagem de estratégias que podem ser aplicadas a tudo, inclusive às suas outras paixões: o jiu-jitsu brasileiro (ele é faixa preta graduado pelo fenômeno Marcelo Garcia) e tui shou (ele é campeão mundial). Atualmente, se dedica à preparação dos melhores atletas e investidores do mundo, ao trabalho para revolucionar a educação e à paixão mais recente pelo *standup paddle*, às vezes quase me matando (Tim) no processo. Conheci Josh há muitos anos depois de ter lido seu livro, *The Art of Learning*.

Que livro (ou livros) você mais deu de presente e por quê? Ou nomeie de um a três livros que mais influenciaram sua vida.

On The Road: pé na estrada, de Jack Kerouac: ele me mostrou, durante a adolescência, os pequenos momentos de beleza extasiante da vida.

Tao Te Ching, de Gia-Fu Feng, na tradução para o inglês de Jane English: inspirou o meu estudo da suavidade e receptividade como contrapontos para minhas paixões desvairadas.

Zen e a arte da manutenção das motocicletas, de Robert Pirsig: inspirou-me a cultivar o dinamismo como estilo de vida.

Ernest Hemingway on Writing: o livrinho mais potente de sabedoria sobre o processo criativo com que já me deparei.

Que aquisição de até 100 dólares mais impactou positivamente sua vida nos últimos seis meses (ou nos últimos tempos)?

A *leash* de SUP Stay Covered, da Big Wave (36 dólares). Ela não quebra, algo pelo que já me senti inúmeras vezes grato em alguns momentos complicados de *standup paddle* em alto-mar.

De que forma um fracasso, ou fracasso aparente, acabou te levando ao sucesso? Você tem algum "fracasso pessoal" favorito?

A derrota mais dolorosa da minha vida foi a última rodada do Campeonato Mundial de Xadrez Sub18 de Szeged, Hungria. Eu estava empatado pelo primeiro lugar com o representante russo, que tinha me oferecido um empate logo no início do jogo. Não aceitei, tentando a vitória, e perdi. No momento crítico do jogo, precisei tomar uma decisão que estava completamente fora do meu esquema conceitual. Só descobri qual teria sido a decisão certa após mais de cem horas de estudo, três meses depois do jogo. Resumidamente, eu precisava remover minha última peça de defesa da frente do meu rei, porque o ataque dele precisava da minha defesa como o fogo precisa de combustível para queimar. Sem as peças de defesa no caminho, minha estrutura de peões teria sido o suficiente para defender o meu rei e o ataque dele não teria nada para usar. O princípio: o poder do espaço desocupado — ou reagir à agressão com o vazio. A lição foi como uma mudança radical de paradigma, e acabei devotando grande parte da minha vida à sua prática.

Doze anos depois, a usei para vencer as finais do Campeonato Mundial de Tui Shou. Portanto, a pior derrota da minha vida no xadrez me ensinou uma das lições temáticas mais importantes da vida e acabou me levando a vencer um campeonato mundial de artes marciais mais de uma década depois. É tão bonito como a vida se desenrola quando você coloca todas as cartas na mesa e mantém os poros abertos.

Se você pudesse colocar um outdoor gigante em qualquer lugar exibindo qualquer coisa, o que seria?

"A vida é bonita para caralho."

Há algum hábito incomum ou algo absurdo que você ame?

Amo chuva, tempestades, condições inóspitas, caos com harmonias ocultas. Isso é absurdo?

Nos últimos cinco anos, que nova crença, novo comportamento ou hábito mais impactou positivamente sua vida?

Já tive inúmeros "fracassos". Tim testemunhou muitos deles em nossas viagens para surfar. No início da vida como competidor, com frequência houve longos intervalos entre uma derrota dolorosa e o meu reconhecimento de como ela foi uma lição valiosa. Sempre fui muito bom em fazer correções técnicas, mas melhorei bastante em dois aspectos nos últimos anos: encontrar a lição temática ou psicológica oculta no erro técnico (que amplifica, e muito, o crescimento resultante) e perceber a beleza e a potência de como a derrota me faz melhorar, mesmo enquanto ainda sofro o pior do golpe.

Que conselho você daria a um universitário inteligente e aplicado prestes a entrar no "mundo real"?

Faça o que você ama, do jeito que você ama, e coloque o coração e a alma em cada momento disso. Não se sujeite à inércia. Desafie suas suposições e as daqueles que o cercam como um estilo de vida. Observe como você luta inconscientemente para manter o esquema conceitual, mesmo enquanto ele o leva à areia movediça e a uma dor imensa. Domine o corpo para treinar a mente.

Conselho a ser ignorado: Siga o caminho comprovado. Evite riscos. Não se arrisque. Use um terno.

Que dicas ruins você costuma ouvir na sua profissão ou especialidade?

Quase tudo que vem de pessoas que não viveram e foram testadas nas trincheiras. Cuidado com os amantes da filosofia.

Nos últimos cinco anos, a que você começou a dizer não com mais facilidade?

Digo não a quase tudo público. Digo não a mais de 99% das oportunidades profissionais com que as pessoas me procuram. Um princípio operacional básico é que não existe investimento melhor do que no próprio processo de aprendizagem, então só me dedico a parcerias que possam me desafiar e me melhorar. Sou exponencialmente melhor quando mergulho totalmente de cabeça do que quando mergulho 99%, então só me dedico ao que me inspira a mergulhar de cabeça. E só firmo parcerias com pessoas por quem sinto amor ou por quem acredito ser capaz de sentir amor.

Quando se sente sobrecarregado ou desconcentrado, o que faz?

Modifico a minha fisiologia. Se estou perto de ondas, vou surfar. Se não estou, faço um bom treino com levantamento de peso, pedalo um pouco, nado, tomo um banho frio ou dou um mergulho na água gelada, Wim Hof ou exercícios de respiração com foco na variabilidade da frequência cardíaca [ver Adam Robinson, página 195, para uma descrição]. É incrível como a mente acompanha o corpo. Honestamente, acho que a falta de compreensão ou do desejo de entender essa simples realidade evolucionária é o que impede tantas pessoas de melhorar a própria vida de forma rápida.

"Pode parecer um conselho estranho vindo de alguém que se formou em engenharia elétrica e fez doutorado em modelagem matemática para segurança eletrônica, mas digo aos estudantes que conheço que dediquem o restante do tempo na faculdade enchendo a mente com o melhor das ciências humanas que a instituição tenha a oferecer."

ANN MIURA-KO
X: @annimaniac
IG: @amiura
floodgate.com

ANN MIURA-KO é sócia da Floodgate, uma firma de capital de risco especializada em investimentos em startups microcaps. Ela já foi chamada de "a mulher mais poderosa nas startups" pela *Forbes* e leciona empreendedorismo em Stanford. Filha de um cientista da NASA, Ann é natural de Palo Alto e trabalha com startups de tecnologia desde a adolescência. Antes de cofundar a Floodgate, ela trabalhou na Charles River

Ventures e na McKinsey and Company. Entre os investimentos de Ann estão Lyft, Ayasdi, Xamarin, Refinery29, Chloe and Isabel, Maker Media, Wanelo, TaskRabbit e Modcloth.

De que forma um fracasso, ou fracasso aparente, acabou te levando ao sucesso? Você tem algum "fracasso pessoal" favorito?

Aos 12 anos, subi ao palco com meu irmão, que apontou cheio de confiança para mim e anunciou: "Esta é Ann Miura. Ela tocará o Noturno em Dó Sustenido Menor de Chopin." Fiquei ao lado dele, muda, e em seguida fui até o piano e comecei a tocar. Apesar de eu conseguir fazer um recital para piano na frente de muitas pessoas, [meu irmão falou por mim porque] eu tinha pavor de falar em público. Para piorar, eu falava japonês em casa e, embora eu tivesse grande confiança nas minhas capacidades em outras matérias, o inglês particularmente nunca foi o meu forte. No ensino médio, decidi enfrentar essas inseguranças entrando para a equipe de palestras e debates e devotando quase todas as horas extracurriculares a essa empreitada. Dois anos depois, quando estava na metade do ensino médio, meus pais observaram que a experiência fora um fracasso terrível. Enquanto os outros membros da equipe haviam acumulado uma série de troféus e honras, eu tinha um histórico de derrotas e nada demais para compensar o tempo investido. Preocupados, e com razão, por eu ter investido todo o meu tempo em uma ocupação vã, meus pais sugeriram gentilmente que eu mudasse de curso no ano seguinte. "Quem sabe esgrima?", sugeriu minha mãe, alheia à minha falta absoluta de habilidades atléticas. "Ouvi falar que, se você for bom em esgrima, pode entrar em uma ótima universidade!"

Embora suas intenções fossem boas, meus pais não estavam levando em conta que eu apenas adorava debater. Eu adorava a competição. Adorava formular argumentos. Adorava a preparação. Adorava tudo, e o meu histórico de derrotas não havia diminuído o meu ardor. Implorei que eles me dessem o verão para encontrar uma nova abordagem. Enquanto minha mãe me chamava de teimosa, passei o verão inteiro na biblioteca local pesquisando sobre os possíveis tópicos de debate do ano seguinte. Dobrei ou tripliquei os esforços investidos anteriormente lendo livros de filosofia, textos de sociologia, artigos de jornal — literalmente tudo que encontrava. Prometi aos meus pais que desistiria do debate se não conseguisse uma colocação nos dois primeiros torneios do ano.

Aquele verão foi um presente para mim. Aprendi mais sobre mim mesma e sobre como encontrar o sucesso do que em qualquer momento em que de fato tenha experimentado uma forma mais tradicional de sucesso. Em primeiro lugar, quando você ama algo o bastante, é muito mais fácil se comprometer. Por meio do verdadeiro compromisso e do trabalho duro, você se prepara para vencer a concorrência. Quando entrei na primeira rodada de debates no outono daquele ano, já havia vencido a rodada antes mesmo de meu oponente falar uma única palavra. Eu havia me preparado e me planejado melhor do que ele. Para cada argumento que ele apresentava, eu já pensara em uma série de respostas. Não houve nenhuma surpresa. Em segundo lugar, aprendi que só eu conheço minhas capacidades pessoais melhor do que qualquer outra pessoa. É muito difícil avaliar resistência, determinação, trabalho duro e potencial humano. Quando temos a chance, percebemos essas qualidades melhor do que qualquer pessoa. Só precisamos nos certificar de ouvirmos a voz interior. Naquele ano, fiquei em segundo lugar no estado da Califórnia e venci o Torneio dos Campeões no último ano do ensino médio. Nem eu poderia ter previsto isso naquele verão em que estudei.

Há algum hábito incomum ou algo absurdo que você ame?

Sou absolutamente louca por material de escritório. Minha família materna tem uma pequena loja de materiais de escritório em Kanazawa, no Japão, e na infância eu passava o verão trabalhando lá. Eu adorava comparar os mais recentes e melhores lápis e canetas. Eu conhecia o modelo do estojo com os melhores acessórios, incluindo um apontador embutido, réguas e tesouras combinando e compartimentos ocultos para doces ou dinheiro. Adorava o cheiro de cadernos novos que nunca haviam sido abertos. Adorava o fato de as pessoas no Japão usarem carimbos em vez de assinaturas e de irem à loja comprar o substituto de um carimbo que talvez tivessem perdido. Hoje, minha obsessão pelas melhores canetas (canetas Muji 0,38 mm em gel e canetas Pilot Juice Up 0,4 mm em gel) e cadernos (Leuchtturm1917 Médio Capa Dura) é um eco daqueles dias quentes de verão em que eu passava na loja de materiais de escritório do meu tio. Só fico com um pouco de vergonha pelo quanto amo fazer anotações no papel com uma coleção interminável de canetas e lápis coloridos.

Que conselho você daria a um universitário inteligente e aplicado prestes a entrar no "mundo real"?

Geralmente, dou dois conselhos a alunos que estão no último ano da faculdade. Pode parecer um conselho estranho vindo de alguém que se formou em engenharia elétrica e fez doutorado em modelagem matemática para segurança eletrônica, mas digo aos estudantes que conheço que dediquem o restante do tempo na faculdade enchendo a mente com o melhor das ciências humanas que a instituição tenha a oferecer. Embora as aulas que eu tive em circuitos digitais em 1995 estejam há muito tempo ultrapassadas, as aulas atemporais sobre a natureza humana (por exemplo, sobre John Locke, Thomas Hobbes), a ascensão e a queda de grandes civilizações e os exemplos motivacionais estabelecidos por heróis da vida real (como Alexander Hamilton) e apresentados nas aulas de literatura e história são úteis até hoje. Em um mundo onde enfatizamos a criação de novos produtos por meio de rápidas iterações e experiências, com frequência nos esquecemos de dar um passo atrás e nos certificarmos de que o futuro que estamos correndo para alcançar é o que de fato queremos criar. A prática do julgamento e do raciocínio encontrada na filosofia (por exemplo, na ética kantiana), na história e na literatura é uma capacidade que devemos desenvolver mesmo depois de deixarmos a universidade, mas se não dermos início a essa prática lá, é um processo que é difícil retomar depois.

Em segundo lugar, no meu primeiro mês de trabalho na cidade de Nova York, meu gerente me deu um conselho de graça que me disse ser muito pessoal, mas bastante importante: desenvolver a filosofia de doar assim que entrasse no mundo profissional. Ele disse que eu deveria desenvolver essa filosofia enquanto tinha poucas obrigações além da dívida que assumira para concluir a minha formação. Sugeriu que eu comprometesse uma porcentagem da renda para doações anuais a instituições de caridade da minha escolha. O que não me dei conta na época, mas descobri posteriormente, é que a caridade é ao mesmo tempo um hábito e um ato consciente. Embora a qualquer momento possa parecer que há inúmeras coisas em que você poderia estar investindo aqueles dólares preciosos economizados para a caridade, o simples fato de estabelecer e manter um compromisso tão pessoal pode ter um significado tremendo. Mantive essa promessa para mim mesma a partir do momento em que concluí a faculdade, mesmo durante os anos mais magros da pós-graduação, e meu marido e eu renovamos esse compromisso juntos para o futuro.

"As regras mais justas são aquelas com as quais todos concordariam se não soubessem quanto poder teriam." — John Rawls

JASON FRIED
X: jasonfried
basecamp.com

JASON FRIED é cofundador e CEO do Basecamp (antes 37signals), uma empresa de software de Chicago. O principal produto da companhia, o Basecamp, é um aplicativo de comunicação entre equipes e gerenciamento de projetos que conta com a confiança de milhões de pessoas. Ele é coautor de *Getting Real: The Smarter, Faster, Easier Way to Build a Successful Web Application*, que pode ser lido de graça em gettingreal.37signals.com. Também é coautor de *Reinvente sua empresa*, best-seller do New York Times. Jason escreve uma coluna regular para a revista *Inc.* e contribui frequentemente com o famoso blog do Basecamp *Signal v. Noise*, que oferece "opiniões fortes e pensamentos compartilhados sobre design, negócios e tecnologia."

Que livro (ou livros) você mais deu de presente e por quê? Ou nomeie de um a três livros que mais influenciaram sua vida.

Acho que está esgotado, mas sempre digo às pessoas para encontrarem e lerem *Seeking Wisdom: From Darwin to Munger*, de Peter Bevelin. Acho que vale a pena ler qualquer livro que analise as ideias de Charlie Munger, e esse, particularmente, está cheio de sabedoria das maiores mentes da história. A leitura é um pouco complicada, mas para mim não tem problema.

De que forma um fracasso, ou fracasso aparente, acabou te levando ao sucesso? Você tem algum "fracasso pessoal" favorito?

Lá atrás, nos anos 1990, quando eu estava começando a trabalhar como web designer, mandei o meu trabalho para um site de prêmios chamado HighFive.com. Na época, ele era o grande lance. Se você recebesse um prêmio High Five, era reconhecido.

Bem... enviei tudo, e David Siegel, o cara que administrava o site, respondeu ao meu e-mail. Não tenho mais a resposta original, mas, basicamente, ele me falou que eu era péssimo, que não deveria ser web designer e que não deveria nunca mais mandar outro e-mail para ele.

Essa rejeição me deixou fervendo. Não de raiva. Não de ressentimento. Não de decepção. Mas fervendo para acabar com a raça dele e provar que ele estava errado.

Adorei a rejeição. Devo tudo que sou a ela.

Se você pudesse colocar um outdoor gigante em qualquer lugar exibindo qualquer coisa, o que seria e por quê? Existe alguma citação em que você pense com frequência ou que sirva de guia para sua vida?

Uma destas citações:

> "Se você acha que é pequeno demais para ser eficaz, nunca esteve no escuro com um mosquito." — Betty Reese

> "Cada grande causa começa com um movimento, torna-se um negócio e, por fim, se degenera em uma fraude." — Eric Hoffer

> "As regras mais justas são aquelas com as quais todos concordariam se não soubessem quanto poder teriam." — John Rawls

> "Em teoria, não há diferença entre a teoria e a prática. Mas, na prática, há." — Jan L. A. van de Snepscheut

> "Preço é o que você paga. Valor é o que você recebe." — Warren Buffett

> "Todo mundo é alguém, mas ninguém quer ser quem realmente é." — Gnarls Barkley

> "A vida não pergunta o que queremos. Ela nos dá opções." — Thomas Sowell

"Observando-se em relação a que as pessoas são cínicas, com frequência conseguimos descobrir o que lhes falta." — George S. Patton

"Faça o que pode, com o que tem, onde está." — Theodore Roosevelt

"Não é para o que você olha que importa, é o que você vê." — Henry David Thoreau

"Cuidado com a atividade de investimento que produz aplausos; as grandes estratégias geralmente são recebidas com bocejos." — Warren Buffett

"O buraco e o remendo devem ser proporcionais." — Thomas Jefferson

"Em qualquer assunto, é saudável de vez em quando acrescentar um sinal de interrogação a certezas antigas." — Bertrand Russell

"A burocracia é a arte de tornar o possível impossível." — Javier Pascual Salcedo

"O que não fazer é muito importante." — Iggy Pop

"Não preste nenhuma atenção ao que escrevem sobre você, só meça em polegadas." — Andy Warhol

"O conhecimento é o princípio da prática; fazer é a conclusão do saber." — Wang Yangming

"Não há nada tão inútil quanto fazer com eficiência aquilo que simplesmente não deveria ser feito." — Peter Drucker

"Na esperança de alcançarem a lua, os homens deixam de enxergar as flores que desabrocham aos seus pés." — Albert Schweitzer

"Nossos medos são sempre mais numerosos do que nossos riscos." — Sêneca, o Jovem

"É incrível o que você consegue alcançar se não der importância a quem receberá o crédito." — Harry Truman

"Não se preocupe com a possibilidade de lhe roubarem uma ideia. Se ela for original, você vai ter que enfiar goela abaixo deles." — Howard H. Aiken

"Não contrate um cachorro para latir você mesmo." — David Ogilvy

"Todo bom trabalho é feito em desafio à gerência." — Bob Woodward

"Coloque um pé cego na frente do outro e ajuste o curso à medida que avança." — Barry Diller

"Um cínico é um homem que conhece o preço de tudo e o valor de nada." — Oscar Wilde

"Invariavelmente, descobrimos que um sistema complexo que funciona se desenvolveu a partir de um sistema simples que funcionava. Um sistema complexo desenvolvido do zero nunca funciona e não pode ser corrigido para funcionar. Você precisa recomeçar, partindo de um sistema simples que funcione." — John Gall

"Sempre que há um trabalho difícil a ser feito, eu o delego a um homem preguiçoso; ele com certeza encontrará uma forma fácil de fazê-lo." — Walter Chrysler

"Nem tudo que pode ser contado conta, e nem tudo que conta pode ser contado." — William Bruce Cameron

"Você deve ser a mudança que quer ver no mundo." — Mahatma Gandhi

"A maioria dos lugares maravilhosos do mundo não foram feitos por arquitetos, mas pelas pessoas." — Christopher Alexander

"Observo uma relutância cada vez maior da parte dos executivos de marketing em usar o discernimento. Eles estão começando a confiar demais na pesquisa e a usam como um bêbado usa um poste: como apoio, e não fonte de iluminação." — David Ogilvy

"Perca uma hora de manhã e passará o dia todo tentando encontrá-la." — ditado em ídiche, autor desconhecido

"A comunicação geralmente falha, exceto quando por acidente." — Osmo Wiio

Quais foram os melhores ou mais valiosos investimentos que você já fez?

Sempre que dei sem expectativa de retorno. Dinheiro, tempo, energia, qualquer coisa. Sempre que esperei algo em troca, o investimento não rendeu o esperado. Sempre que dei com o único intuito de dar, para ajudar, para dar apoio, auxílio, encorajamento — com zero expectativas ou interesses em qualquer tipo de retorno — foi inteiramente gratificante.

Há pouco tempo, meu amigo Krys estava abrindo a própria academia de ginástica. Ele havia acabado de deixar a empresa do pai, estava com pouco dinheiro e estava assumindo um grande risco. Eu tinha total confiança nele, sabia que seria ótimo no que estava fazendo e quis tirar um pouco da sua preocupação. Então, paguei o primeiro ano de aluguel dele. Sem esperar participação na empresa, sem esperar ser pago, sem ter nenhum interesse financeiro. Foi apenas um presente. Seu negócio está indo de vento em popa, e é um prazer tão grande vê-lo tão feliz com a jovem família (esposa e dois filhos). Estou bastante empolgado por eles.

Nos últimos cinco anos, que nova crença, novo comportamento ou hábito mais impactou positivamente sua vida?

Comecei a me exercitar duas vezes por semana em vez de três. Foi uma pequena mudança, mas algo ótimo acontece quando se exercita menos: você se dá conta de que precisa comer melhor, dormir melhor e viver melhor nos dias em que não se exercita. Exercitar-se com mais frequência pode encobrir maus hábitos; porém, quando você se exercita menos vezes, tudo tem mais importância. Isso me ajuda muito a tomar decisões melhores em relação aos cuidados com a saúde.

Que conselho você daria a um universitário inteligente e aplicado prestes a entrar no "mundo real"?

Concentre-se na sua capacidade de escrita. É a única coisa que descobri que realmente ajuda as pessoas a se destacarem. A comunicação hoje se dá cada vez mais pela escrita. Seja ótimo em se expressar com palavras, e só palavras, e estará quilômetros à frente dos outros.

Além disso, a maioria das coisas com que você vai se preocupar não importa. Você vai se preocupar com tantos detalhes que ninguém vai reparar. Não que os detalhes não importem; eles importam, mas apenas os detalhes certos. Preste muita atenção no que está investindo seu tempo.

Tempo e atenção são coisas muito diferentes. São os recursos mais preciosos para avançar. Assim como anda pelo ar e nada na água, você trabalha por meio da atenção. Ela é o caminho pelo qual o trabalho acontece. Embora as pessoas costumem dizer que não há tempo o suficiente, lembre-se de que você sempre terá menos atenção do que tempo. É quando dedica atenção total que você realiza o melhor trabalho, e todo mundo vai tentar arrancá-la de você. Proteja e preserve-a.

Que dicas ruins você costuma ouvir na sua profissão ou especialidade?

Há tantas. "Escale." Não, não escale. Fique pequeno, fique pequeno pelo máximo de tempo possível. Cresça com controle, e não sem controle.

"Levante capital para lançar uma empresa de software/serviços." Não, comece um negócio com iniciativa própria. Assim como na vida, nós formamos hábitos empresariais muito cedo. Se você conseguir levantar dinheiro, vai se tornar bom em gastar dinheiro. Se começar com o próprio dinheiro, será forçado a ser bom em fazer dinheiro. Se há um hábito/habilidade que um empreendedor deve praticar é fazer dinheiro. Então, force-se a isso.

"Fracasse no começo, e fracasse muito." Não. Por que esse fetiche do fracasso na nossa indústria? Não entendo. É claro que a maioria dos negócios não sobrevive, mas a ideia de que o fracasso seja um pré-requisito para o sucesso nunca fez sentido para mim. Não acho que seja uma experiência necessária. É só um fracasso. Além disso, muitas pessoas vão dizer que há muito a se aprender com o fracasso. Talvez... Mas há mais a se aprender com o sucesso. O fracasso pode lhe dizer o que não repetir, mas não ajuda a descobrir o que fazer da próxima vez. Prefiro me concentrar nas coisas que funcionam e tentar aplicá-las outra vez do que tentar extrair lições de coisas que não funcionaram.

Há tantas, que eu poderia continuar por muito tempo...

Nos últimos cinco anos, a que você começou a dizer não com mais facilidade?

Sempre fui muito bom em dizer não, mas nos últimos dois anos estabeleci uma nova regra. Se o pedido tiver que ser atendido mais de uma semana depois, quase sempre nego, não importa o que seja. Entre as exceções estão coisas em família em que preciso estar presente, uma ou duas conferências em que eu realmente queira falar, porém, fora isso, se o “sim” for me deixar amarrado a algo que ocorrerá daqui a mais de uma semana, é quase sempre não.

Sou simples e direto. A não ser que haja circunstâncias especiais, sempre explico e digo algo como: “Obrigado pelo convite, mas não posso me comprometer com nada além de um ou dois dias de antecedência. Preciso manter a agenda aberta para mim e para as pessoas com quem trabalho. É melhor entrar em contato comigo um ou dois dias antes da data em que você queira uma reunião. Se eu estiver disponível, podemos marcar um horário.”

Como escrevi no *Signal v. Noise*, modelei isso mais ou menos com base na política “Posso Marcar um Encontro com Warren?” de Warren Buffet.

Apenas me dei conta de que, quanto antes eu disser sim, mais irei me arrepender quando a hora marcada chegar. Como não há custos agora, é muito fácil dizer não para qualquer coisa que ocorrerá no futuro distante. Além disso, um futuro “sim” significa que o passado controla sua agenda. Quando você chega ao futuro, descobre que o calendário está cheio de compromissos marcados anteriormente. Isso limita as possibilidades atuais. Poucas coisas me incomodam mais do que querer dizer sim a algo hoje, mas estar preso a um sim que eu disse semanas ou meses atrás.

Quando se sente sobrecarregado ou desconcentrado, o que faz?

Dou uma caminhada. De preferência por um caminho que nunca andei. Se for um caminho de rotina, tendo a ignorar os arredores e acabo pensando nas coisas que me desconcentraram. Mas, se for um caminho novo, concentro-me no exterior e logo limpo a mente. Preciso de cerca de trinta minutos para funcionar, porém nada me renova mais do que andar numa nova direção, no sentido de algum lugar ou alguma coisa para a qual nunca me encaminhei antes.

CITAÇÕES QUE ESTÃO NA MINHA CABEÇA

(Tim Ferriss: 22 de abril — 13 de maio de 2016)

"A ação nem sempre pode trazer felicidade, mas não existe felicidade sem ação."

— BENJAMIN DISRAELI

Ex-primeiro-ministro do Reino Unido

"É fatal saber demais desde o início. O tédio se estabelece tão rápido para o viajante que já conhece sua rota quanto para o escritor que tem certeza em relação à trama."

— PAUL THEROUX

Romancista norte-americano, escritor de roteiros de viagens e autor de *O grande bazar ferroviário*

"Prefiro ser leal a mim mesmo, ainda que arrisque ser ridicularizado pelos outros, a ser falso e incorrer na própria aversão."

— FREDERICK DOUGLASS

Reformador social afro-americano, líder do movimento abolicionista

"Todos os cursos de ação são arriscados, então a prudência não é evitar o perigo (isso é impossível), mas calcular o risco e agir resolutamente. Cometa erros por ambição, e não por preguiça. Desenvolva a força para fazer coisas ousadas, e não a força para sofrer."

— NICOLAU MAQUIAVEL

Filósofo italiano do século XVI, chamado de "o pai da ciência política moderna", autor de *O Príncipe*

"Burnout não é o preço que você precisa pagar pelo sucesso."

ARIANNA HUFFINGTON
X: @ariannahuff
thriveglobal.com

ARIANNA HUFFINGTON foi incluída na lista das cem pessoas mais importantes da revista *Time* e na lista de "Mulheres mais poderosas" da *Forbes*. Natural da Grécia, ela se mudou para a Inglaterra aos 16 anos e se formou no mestrado em economia na Universidade de Cambridge. Em maio de 2005, lançou *The Huffington Post*, um site de notícias e blog que logo se tornou uma das marcas de mídia mais lidas, referenciadas e citadas da internet. Em 2012, ganhou um prêmio Pulitzer como repórter do jornalismo nacional. Em agosto de 2016, lançou o Thrive Global com a missão de neutralizar a epidemia de estresse e burnout, oferecendo a companhias e indivíduos soluções sustentáveis e baseadas na ciência para o bem-estar. Arianna integra vários conselhos administrativos, entre os quais o do Uber e do Center for Public Integrity, além de ter escrito quinze livros, os mais recentes sendo *A terceira medida do sucesso* e *The Sleep Revolution: Transforming Your Life, One Night at a Time*.

Que livro (ou livros) você mais deu de presente e por quê? Ou nomeie de um a três livros que mais influenciaram sua vida.

Um dos meus livros favoritos, que dou de presente com frequência, é *Meditações*, de Marco Aurélio. Ele foi imperador de Roma por dezenove anos, tendo enfrentado guerras constantes, uma praga terrível, uma tentativa de golpe de um dos aliados mais próximos e um meio-irmão incompetente e ganancioso como coimperador. Mas, ainda assim, teve cabeça para escrever uma das minhas citações favoritas: "As pessoas buscam retiros para si mesmas no campo, no litoral ou nas montanhas. Não há nenhum lugar onde uma pessoa possa encontrar um retiro mais tranquilo e desprovido de problemas do que na própria mente... Então, constantemente, dê a si mesmo esse retiro e se renove." E o estoicismo, como podemos ver a partir dos artigos quase diários da nova era, nunca foi mais relevante. Acho o livro tão inspirador e instrutivo que não o tiro da cabeceira.

Também adoro *Memórias, sonhos, reflexões*, de Carl Jung. Ele é um ótimo guia para entendermos a importância dos sonhos como portas para a intuição e a sabedoria.

De que forma um fracasso, ou fracasso aparente, acabou te levando ao sucesso? Você tem algum "fracasso pessoal" favorito?

Um dos meus "fracassos favoritos", que na verdade é uma coleção de muitos pequenos fracassos, foi quando meu segundo livro foi rejeitado por 37 editoras. Lembro-me de ter ficado sem dinheiro e caminhar, deprimida, pela St. James Street, em Londres, onde morava na época. Ergui o olhar e vi um Banco Barclays, e, sem pensar muito, decidi entrar e pedi para conversar com o gerente. Eu lhe pedi um empréstimo e, apesar de eu não ter nenhuma posse, o gerente, Ian Bell, concedeu-me o empréstimo. Não foi muito, mas mudou a minha vida, pois me permitiu aguentar mais algumas rejeições. Depois da 37ª rejeição, meu livro foi publicado. Até hoje, todos os anos, mando um cartão de boas festas para Ian Bell.

Minha mãe me ensinou que o fracasso não é o contrário do sucesso, mas um degrau para ele.

Qual foi o melhor ou mais valioso investimento que você já fez?

Um dos melhores investimentos que já fiz, como nos instruem nos aviões, foi adquirir o hábito de colocar a própria máscara de oxigênio primeiro — dormir, meditar, caminhar, fazer exercícios etc. Em 2007, desmaiei de exaustão. Depois disso, fiz mudanças na vida e fui me apaixonando cada vez mais pela conexão entre o bem-estar e a produtividade. Muitas pessoas acham que não têm tempo para cuidar de si mesmas, mas é um investimento que compensa de muitas maneiras.

Nos últimos cinco anos, que nova crença, novo comportamento ou hábito mais impactou positivamente sua vida?

Eu diria que foi a reformulação de como penso no meu tempo. Antes, eu o separava entre tempo útil e tempo livre, e sempre queria maximizar o tempo útil. Agora, vejo que não é possível separar os dois. O tempo dedicado a fazer intervalos, uma caminhada, desligar, meditar, tudo isso também é tempo útil, no sentido de que o tempo passado desligando e recarregando me faz sentir melhor, mais eficaz e feliz no trabalho e na vida.

Que conselho você daria a um universitário inteligente e aplicado prestes a entrar no "mundo real"?

Eu o aconselharia a ser mais consciente e deliberado no que diz respeito ao relacionamento com a tecnologia. A tecnologia nos permite fazer coisas incríveis, mas nós nos tornamos viciados nela. E isso se deve ao design — os designers dos produtos sabem como nos viciar na corrida para dominar a economia da atenção. Porém, como diz Tristan Harris, ex-especialista em ética do design do Google, há formas de "libertar a mente".

[Por exemplo,] uma dica é alterar a organização dos aplicativos de modo regular, o que interrompe o condicionamento que todos nós temos ao padrão dos aplicativos no smartphone. Criar essa interrupção de padrão nos torna mais conscientes sobre o uso do telefone, nos dando um pouco mais de espaço e tempo para decidirmos se precisamos mesmo usá-lo ou se o estamos pegando apenas por tédio ou costume.

Que aquisição de até 100 dólares mais impactou positivamente sua vida nos últimos seis meses (ou nos últimos tempos)?

O produto de 100 dólares que mais impactou a minha vida positivamente nos últimos seis meses foi o carregador para celular em forma de cama da Thrive Global. Eu sei, sei que é um produto da minha companhia, então talvez eu esteja quebrando alguma regra implícita do questionário do Tim Ferriss, mas, assim como muitas pessoas que estão lendo este livro agora, quando não conseguimos encontrar uma coisa no mercado, precisamos criá-la. A caminha para telefone fica na escrivaninha na entrada do meu quarto e torna a desconexão uma parte regular do ritual noturno. Ela tem até doze portas, então consegue carregar celulares e tablets para toda a família. Os celulares são úteis para muitas coisas, porém, como guardiões das listas de tarefas, ansiedades e preocupações, com certeza não ajudam a dormir. Então, ao facilitar o afastamento do celular, dando-lhe a própria cama fora do quarto, conseguimos dar boa-noite ao dia e ter o sono necessário para acordarmos completamente recarregados.

Quando se sente sobrecarregada ou desconcentrada, o que faz?

Adoro tirar pelo menos cinco minutos para uma rápida meditação. Isso me ajuda a sair da superfície e mergulhar dentro de mim, e, após um momento de concentração na respiração, sinto-me reequilibrada.

Se você pudesse colocar um outdoor gigante em qualquer lugar exibindo qualquer coisa, o que seria?

Eu diria: "Burnout não é o preço que você precisa pagar pelo sucesso." E espero que bilhões de pessoas o vejam mesmo, pois grande parte do mundo continua vivendo sob a ilusão coletiva de que precisa escolher entre o bem-estar e o sucesso. A ciência nos diz o total oposto: quando priorizamos o bem-estar, o desempenho ultrapassa as expectativas. Três quartos de todas as startups falham, e empreender é tomar decisões. Nada prejudica mais rápido a qualidade das decisões do que trabalhar sem energia.

"Macropaciência, microvelocidade."

GARY VAYNERCHUK
X/IG: @garyvee
garyvaynerchuk.com

GARY VAYNERCHUK é um empreendedor em série, CEO e cofundador da VaynerMedia, uma agência digital completa com clientes da Fortune 500. Gary ganhou notoriedade no final da década de 1990, depois de ter criado um dos primeiros sites de e-commerce de vinho, o Wine Library, que ajudou o pai a levar o negócio da família de uma empresa de 4 milhões a uma empresa de 60 milhões de dólares em vendas anuais. Ele é investidor de risco, autor de best-sellers do *New York Times* e um dos primeiros investidores de empresas como Twitter (agora X), Tumblr, Venmo e Uber. Foi nomeado para as listas de "40 com menos de 40" tanto da *Crain's* quanto da *Fortune*. Hoje, ele é o tema da *DailyVee*, uma série documental que mostra como é ser um CEO e uma figura pública do mundo digital atual.

Que aquisição de até 100 dólares mais impactou positivamente sua vida nos últimos seis meses (ou nos últimos tempos)?

Minha coleção aleatória de camisetas de luta dos anos 1980.

De que forma um fracasso, ou fracasso aparente, acabou te levando ao sucesso? Você tem algum "fracasso pessoal" favorito?

Acredito que ser um cara baixinho e imigrante, ter feito xixi na cama até os 12 anos, todas essas coisas me colocaram no caminho do sucesso em grande escala. Fui um péssimo aluno e só me ferrava na escola.

Acho que os extremos da minha educação me levaram às grandes vitórias que tenho tido na vida real, pois o mercado — ou seja, os amigos, pais e professores que estavam sempre zombando de mim e me colocando para baixo, antecipando derrotas no meu caminho — acabou me forçando a me tornar melhor.

[As pessoas escrevem] alguma coisa sobre mim [na internet] e me comparam a seres humanos terríveis, dizendo que sou um impostor, um péssimo indivíduo, o que é uma das coisas mais difíceis com que uma pessoa nobre precisa lidar. Mas elas não conseguem me atingir nem um pouco, pois estou acostumado.

Acho que grande parte do motivo de eu ser capaz de usar a personalidade como meio para conquistas nos negócios foi fundamentada em todas as derrotas. Não existe uma história específica. Acho que cresci como um perdedor em todos os aspectos, pois a escola é o único padrão que usamos para julgar as crianças. Era a sala de aula ou o esporte, e eu não me saía bem em nenhum deles. Não fazia parte de nenhum time, não conquistava nada e só tirava D e F. Era um clichê do perdedor no sistema escolar de 1982-1994.

No entanto, aqui estou.

Que conselho você daria a um universitário inteligente e aplicado prestes a entrar no "mundo real"?

Macropaciência, microvelocidade. Eles não devem se importar com os próximos oito anos, e sim com os próximos oito dias.

No macro, acho que todo mundo é muito impaciente. Acho que sou bastante paciente em termos de anos e décadas, e muito esporádico e ligado a cada minuto, dia após dia. Acredito, de verdade, que todo mundo é o oposto. Todo mundo toma decisões do tipo: "O que vou fazer aos 25 anos? É melhor eu fazer o seguinte..." Em termos de anos, eles são impacientes e tomam decisões estúpidas, mas passam os dias seguintes assistindo à porcaria da Netflix. Estão muito preocupados com os 25 anos quando têm 22 mas, ainda assim, bebem toda terça à noite. Jogam Madden. Assistem a *House of Cards*, porra. Passam quatro horas e meia no feed do Instagram todos os dias.

Isso é muito importante.

Todo mundo é impaciente no macro e extremamente paciente no micro, desperdiçando dias e se preocupando com anos. Não me preocupo com anos, pois espremo tudo que posso dos meus segundos, sem mencionar dos dias. Vai dar tudo certo.

Nos últimos cinco anos, que nova crença, novo comportamento ou hábito mais impactou positivamente sua vida?

Meu regime de saúde. Três anos atrás, adotei uma atitude muito mais séria em relação à saúde. No entanto, este é um ótimo lugar para dizer o seguinte: não consegui nenhuma energia com isso. Zero. Só que é a coisa certa a se fazer. Estou aqui hoje, aos

41 anos, com menos energia. Consigo pegar as malas e colocar meus filhos no colo com mais facilidade. Estou mais forte, mas tenho zero de energia a mais, ou qualquer uma das outras coisas que as pessoas gostam de dizer que alcançam quando se exercitam. Porém, é indiscutível que, em tese, devo ter muitas vantagens aos 60, 70, 80 e 90 anos que serão garantidas pelo trabalho que estou fazendo agora.

A princípio, minha meta era melhorar a estética, mas ela logo se transformou em: "Como posso me sentir bem e focar no longo prazo?" Agora, eu me exercito com um personal trainer sete dias por semana. Geralmente, treino três ou quatro dias fazendo exercícios compostos para o tronco e as pernas. O resto dos exercícios se concentra em flexibilidade e tecido mole. Faço muitos exercícios de mobilidade para o quadril, as costas e para o pescoço. Isso melhorou muito como me sinto. Agora, estou focado em ganhar massa muscular e estabelecer uma base sólida. Faço levantamento terra, supino, agachamento e tudo o mais entre uma coisa e outra. Meu objetivo não é ficar fortão, é me sentir bem e continuar forte, flexível e saudável.

Sempre que consigo encaixar entre trinta minutos e uma hora, encaixo. Meu personal trainer, Jordan, viaja muito comigo. Em geral, eu me exercito de manhã, antes de ir para o escritório. Costumo chegar à academia por volta das 6h15 e sair uma hora depois.

Nos últimos cinco anos, a que você começou a dizer não com mais facilidade?

A tudo. Uma das grandes questões para qualquer pessoa que quer conquistar o sucesso é que ela às vezes é atrapalhada pelas oportunidades, e o não está se tornando muito mais importante do que o sim.

Por outro lado, como Tyler e qualquer outro assistente meu pode lhe dizer, ainda preciso de um equilíbrio saudável de 20% de sim para coisas que parecem idiotas, pois acredito na importância das grandes descobertas que fazemos por acaso, e esse é um equilíbrio essencial que as pessoas têm dificuldade de estabelecer.

Acredito que a maioria das pessoas que estão lendo isto agora vai longe demais em um ou outro extremo. Ou elas se tornam extremamente disciplinadas e dizem não a tudo, e acham que estão usando o tempo da forma certa, ou dizem sim a tudo sem pensar, sem nenhuma estratégia.

Quero usar mais o não e ser bom nisso, e valorizar o meu tempo de verdade. Entretanto, acho que existe um equilíbrio saudável em fazermos certas coisas requisitadas de nós que não tenham retornos óbvios, pois uma das coisas naqueles 20% em geral faz todo o investimento valer a pena.

Quando se sente sobrecarregado ou desconcentrado, o que faz?

Finjo que minha família morreu em um acidente terrível. Sério, é o que eu faço. É provável que seja algo mais estranho do que as respostas das outras pessoas no livro, mas é o que me motiva imensamente. Vou para um lugar muito escuro, sinto isso de verdade, sinto a dor no coração, e então me dou conta de que, não importa com o que eu esteja lidando no momento, não chega nem perto do mesmo universo de algo como aquilo. Então, me sinto grato por ter perdido um cliente, por ter perdido alguma oportunidade, por terem zombado de mim etc.

“O dinheiro em um negócio é como a gasolina para o carro. É preciso prestar atenção para não acabar no acostamento. Mas uma viagem não é uma turnê por postos de gasolina.”

TIM O’REILLY
X/FB: @timoreilly
LI: linkedin.com/in/timo3
tim.oreilly.com

TIM O’REILLY é o fundador e CEO da O’Reilly Media. Seu plano de negócio original era simplesmente “trabalho interessante para pessoas interessantes”, e parece ter dado muito certo. A O’Reilly Media oferece educação , publica livros, promove conferências, estimula companhias a criarem mais valor do que capturam e tenta mudar o mundo espalhando e amplificando o conhecimento dos inovadores. Ela foi chamada de “identificadora de tendências” pela revista *Wired*. Tim agora está focado nas implicações da inteligência artificial (IA), na economia sob demanda e outras tecnologias que estão transformando a natureza do trabalho e o futuro do mundo empresarial. Esse é o tema do novo livro dele: *WTF?: What’s the Future and Why It’s Up to Us*.

Que livro (ou livros) você mais deu de presente e por quê? Ou nomeie de um a três livros que mais influenciaram sua vida.

É muito difícil limitar a lista a três livros, porque os livros e as ideias que tirei deles compõem uma grande parte da minha caixa mental de ferramentas.

Preciso começar com *The Meaning of Culture*, de John Cowper Powys, pois ele explica algo sobre o meu relacionamento com a literatura (e as outras artes).

Powys aponta que a diferença entre a educação e a cultura é que a cultura é a incorporação da música, da arte, da literatura e da filosofia não apenas à sua biblioteca ou ao seu currículo, mas a quem você é. Ele fala sobre a interação entre a cultura e a vida, sobre como o que lemos pode enriquecer o que vivenciamos, e o que vivenciamos pode enriquecer o que lemos.

The Way of Life According to Lao Tzu, a tradução do Tao Te Ching de Witter Bynner. Esse livro está próximo da essência da minha filosofia pessoal religiosa e moral; ele realça a justeza do que há, se pudermos aceitá-la. A maioria das pessoas que me conhece já me ouviu citar esse livro. "Vendo como nada está fora das malhas largas da rede do céu, quem pode dizer como ela foi forjada?" "Acho as boas pessoas boas, e acho as más pessoas boas, se sou bom o bastante."

Rissa Kerguelen, de F. M. Busby. Hoje esquecido, li esse livro de ficção científica por volta da época em que estava fundando a minha companhia, e ele me influenciou bastante. Uma das principais ideias é o papel do empreendedorismo como uma "força subversiva". Em um mundo dominado por grandes companhias, são as empresas menores que mantêm a liberdade viva, a economia sendo pelo menos um dos campos de batalha. Esse livro me deu a coragem para mergulhar nos detalhes de um negócio fundamentalmente trivial (a escrita e a publicação técnicas) e a abandonar minhas expectativas de escrever livros profundos capazes de mudar o mundo. Essas expectativas retornaram mais tarde na minha vida.

A outra ideia maravilhosa desse livro é "o pensamento a longo prazo". Muito antes de a Long Now Foundation ter popularizado essa filosofia, Busby articulou seu enredo em torno da trama de ficção científica em que, em um mundo de viagens a velocidades próximas da velocidade da luz, o tempo passa mais devagar para aqueles que estão em uma velocidade quase relativista do que para os que ficam para trás. Os personagens precisam desencadear eventos e viajar para comparecer a eles décadas depois. Essa também foi uma formulação útil quando decidi começar um negócio que me possibilitaria afetar o mundo no futuro de formas que eu ainda não podia concretizar como jovem empreendedor.

Se você pudesse colocar um outdoor gigante em qualquer lugar exibindo qualquer coisa, o que seria e por quê?

Na verdade, tenho outdoors gigantes desse tipo, com o detalhe de que estão on-line, e não em estradas. Muitas coisas que eu disse se transformaram em memes da internet, complementados por uma variedade incrível de imagens (e, aqui e ali, com uma deturpação do texto). Três dos mais populares são:

"Trabalhe em coisas que importam."

"Crie mais valor do que captura."

"O dinheiro em um negócio é como a gasolina para o carro. É preciso prestar atenção para não acabar no acostamento. Mas uma viagem não é uma turnê por postos de gasolina."

Se eu tivesse que escolher um, provavelmente seria "Crie mais valor do que captura", porque grande parte do que há de errado na nossa economia vem do fracasso ao fazermos isso. Em uma sociedade rica, ou um ecossistema complexo rico... Foi Brian Erwin, na época meu vice-presidente de marketing, quem cunhou essa frase durante uma viagem para executivos da companhia por volta de 2000, quando observei, com ironia, que mais de um bilionário da internet havia me dito que começou o próprio negócio com o que aprendera em um livro da O'Reilly. Brian sugeriu que abraçássemos esse princípio, e nunca me arrependi.

Certa vez, tentei explicar a Eric Schmidt por que eu achava que esse seria um lema melhor para o Google do que "Não seja mau!". Trata-se de algo mensurável — você consegue comparar o que aproveita de uma atividade ao que os outros aproveitam. O Google já faz uma avaliação semelhante em seu relatório anual de impacto econômico, mas não acho que estariam prestes a ser o centro de uma controvérsia antitruste agora se tivessem passado mais tempo pensando na saúde do ecossistema enquanto desenvolviam novos serviços. Não basta simplesmente pensar em você, nos usuários e clientes. Você precisa pensar na companhia como parte de uma rede viva, como um organismo em um ecossistema. Se você se tornar dominante demais, acabará sugando toda a vida do ecossistema. Há um desequilíbrio, e todos sofrem, em algum momento, até as criaturas que acreditam estar seguras no topo da cadeia.

Há algum hábito incomum ou algo absurdo que você ame?

Todas as manhãs, enquanto corro, tento tirar uma foto de uma flor e compartilhar no Instagram. Faço isso porque me inspirei em uma passagem que li muitos anos atrás em um livro de C. S. Lewis (acho que foi *O grande abismo*) na qual um personagem, após a morte, só vê as flores como bolhas de cor, e seu guia espiritual lhe diz: "É porque você nunca olhou de verdade para elas enquanto estava vivo." Como é dito em *Hamilton*, "Olhe ao redor. Olhe ao redor. Como você tem sorte por estar vivo agora!"

Nos últimos cinco anos, que nova crença, novo comportamento ou hábito mais impactou positivamente sua vida?

Quando saio da cama, faço prancha por dois minutos, seguida pelo mesmo período da postura do cachorro olhando para baixo e então uma série de alongamentos. Isso desperta o metabolismo e me ajuda a começar com uma série de exercícios muito mais vigorosa. Antes, eu começava o dia abrindo o computador e já sendo sugado, até que via a hora e me dava conta de que era tarde demais para sair da cama antes de o dia realmente começar.

Nos últimos cinco anos, a que você começou a dizer não com mais facilidade?

Tirei um grande proveito do conselho de Esther Dyson (página 251) sobre aceitar convites para dar palestras: "Eu diria sim se fosse numa terça?" Porque virá o dia em que *será* terça-feira, e você dirá "Droga, por que aceitei isso?". A premeditação é uma virtude; lembre-se de que, um dia, aquele futuro distante será o agora, e as opções que você adotar hoje terão moldado as escolhas que poderá fazer então. É claro que isso também tem vastas implicações em questões sociais e ambientais (pois é, mudança climática e desigualdade de renda).

Que dicas ruins você costuma ouvir na sua profissão ou especialidade?

"Rompa!" Quando Clayton Christensen introduziu o termo "tecnologia disruptiva" no seu clássico do gênero dos negócios *O dilema da inovação: quando as novas tecnologias levam empresas ao fracasso*, de 1997, ele estava fazendo uma pergunta muito diferente do que "Como consigo financiamento convencendo investidores de risco de que há um grande mercado que posso explodir?". Ele queria saber por que companhias falham ao tirar vantagem de novas oportunidades. Clayton descobriu que tecnologias inovadoras que ainda não amadureceram o suficiente alcançam o sucesso encontrando mercados bem novos, e só mais tarde rompem mercados preexistentes.

A questão da tecnologia disruptiva não é em relação ao mercado ou aos concorrentes que ela destrói. São os novos mercados e as novas possibilidades que ela cria. Assim como os rádios transistorizados ou a World Wide Web no princípio, esses novos mercados costumam ser pequenos demais para as grandes companhias considerarem atuar neles. Quando caem em si, um inovador já assumiu a liderança no segmento emergente.

Mas o mais importante é que a crença de que devemos nos concentrar em disrupção em vez de no novo valor que podemos criar está na essência da atual doença econômica, da desigualdade de renda e da agitação política. O segredo para construir um futuro melhor é usar a tecnologia para fazer coisas antes impossíveis. Isso aconteceu na Primeira Revolução Industrial e está acontecendo agora. A tecnologia não elimina empregos, e sim as decisões empresariais imediatistas que usam a tecnologia apenas para cortar custos e engordar os lucros corporativos. O objetivo da tecnologia não é fazer dinheiro. É solucionar problemas!

Eis o principal padrão de projeto a ser aplicado à tecnologia: Faça mais. Faça coisas antes inimagináveis.

Apesar de todo o discurso sobre ruptura, o Vale do Silício também depende do sistema financeiro. O princípio que guia muitos empreendedores não é a mudança que eles querem fazer no mundo, mas "a saída", a venda ou oferta pública que gerará uma pilha gigante de dinheiro para eles e para os investidores que financiaram seus negócios. É fácil apontar para "Wall Street" sem se dar conta da própria cumplicidade no problema ou na necessidade de encontrar uma forma de controlá-lo.

Que conselho você daria a um universitário inteligente e aplicado prestes a entrar no "mundo real"? E quais conselhos ele deveria ignorar?

"Deixe a vida amadurecer e cair. Ânsia definitivamente não é o caminho." — Lao Tzu, em *The Way of Life According to Lao Tzu.*

Igualamos ser inteligente e determinado como meios de sair na frente. Mas, às vezes, uma atitude de cautela é muito mais sábia e eficaz. Aprender a seguir os instintos, a usar a curiosidade ou o interesse, pode levá-lo a lugares que ser determinado nunca levará.

Minha própria vida foi moldada por coincidências felizes. Quando eu havia acabado de sair da faculdade, um amigo perguntou se eu escreveria um livro sobre o autor de ficção científica Frank Herbert. Eu nunca havia escrito um livro, mas Dick Riley, o editor de uma nova série sobre autores de ficção científica, sabia que eu amava o gênero e que era um bom escritor. Lembro-me de ter conversado com o orientador da minha tese em Harvard, Zeph Stewart, na época meu amigo, e questionado se isso iria me tirar do "caminho". Ele riu e disse: "Você só tem 21 anos. Se não souber o que está fazendo aos trinta, talvez aí sim deva se preocupar."

Ao aceitar o convite, passei a me ver como escritor. E, ao me ver como escritor, alguns anos depois aceitei ajudar um amigo programador a escrever um manual de computador (apesar de eu não saber nada sobre computadores). Esse golpe de sorte me levou a iniciar o que iria se tornar a O'Reilly Media.

Mesmo mais tarde na minha carreira, houve momentos em que esperar pelo momento certo me levou ao resultado perfeito. Tomemos como exemplo a "cúpula do freeware" que organizei em abril de 1998. Eu vinha pensando em reunir pessoas da comunidade Linux, da comunidade Perl e da internet desde o outono de 1997, mas algo me impedia de dar o pontapé inicial. Então, a Netscape anunciou que lançaria seu navegador como software gratuito, e quando organizei a reunião em abril de 1998, o momento foi perfeito. O termo software de "código livre" fora cunhado por Christine Peterson semanas antes. Se eu tivesse realizado a reunião no outono do ano anterior, não teria tido a chance de convencer os líderes ali reunidos a adotarem o novo termo e a introduzi-lo à imprensa presente.

Ouça sua voz interior, que lhe diz o que escolher. Sócrates a chamava de seu "*daimon*". Lao Tzu disse sobre o homem sábio: "Ele tem seu não e tem seu sim." É essa capacidade de esperar tranquilamente pelo momento certo, e não sair correndo sem foco, que pode levar até mesmo um caçador ambicioso de sucesso a pescar o melhor peixe.

"A excelência são os próximos cinco minutos (...). Esqueça o longo prazo. Arrase nos próximos cinco minutos!"

TOM PETERS
X: @tom_peters
tompeters.com

TOM PETERS é coautor de *In Search of Excellence: Lessons from America's Best-Run Companies*, com frequência chamado de "o melhor livro de negócios de todos os tempos". Dezesseis livros e mais de trinta anos depois, ele continua à frente da indústria de "gurus da administração", que ajudou a inventar. Como a CNN disse: "Enquanto a maioria dos gurus de negócios recicla o mesmo mantra até não poder mais, a marca de um homem só chamada Tom Peters continua se reinventando". Seu livro mais recente é *The Little BIG Things: 163 Ways to Pursue Excellence*. A crença fundamental de Tom é: "Execução é estratégia: depende das pessoas e da prática, e não de conversa e teoria." Tom já deu mais de 2.500 palestras, e seu material está disponível em vídeos e documentos gratuitamente em tompeters.com.

Que livro (ou livros) você mais deu de presente e por quê? Ou nomeie de um a três livros que mais influenciaram sua vida.

O poder dos quietos, de Susan Cain (página 32); *Como fazer a escolha certa na hora certa*, de Frank Partnoy; *O poder da gentileza: Descubra como a simpatia e a delicadeza podem transformar sua vida* e *Power of Small: Why Little Things Make All the Difference*, de Linda Kaplan-Thaler; e *Weapons of Math Destruction: How Big Data Increases Inequality and Threatens Democracy*, de Cathy O'Neil.

O livro de Cain me deixou envergonhado. Ele sugere que a maioria de nós subestima os introvertidos, e, por consequência, negamos oportunidades a cerca de 40% da população. Em particular, os introvertidos tendem a ser mais atentos e deliberados.

E não é que eles não gostem de pessoas — na verdade, a maioria tem relações profundas com um número menor de pessoas em relação aos extrovertidos.

A velocidade é tudo! Não é? Frank Partnoy diz... NÃO! A capacidade de parar e refletir nos separa do restante do reino animal. Considerando o frenesi da aceleração, "diminua o ritmo" é um conselho profundo.

Quanto aos livros da senhorita Kaplan-Thaler... Uau! Ela construiu uma grande agência de publicidade do zero, que, hoje, está no hall da fama da propaganda. Por acaso, acredito na regra da "gentileza" e do "pequeno"! Essas ideias sempre moveram minha vida. (Ela também zomba da ideia de uma "visão" — a questão é a qualidade do trabalho de hoje.)

E há o livro de Cathy O'Neil: ele dá um soco muito necessário no "big data". Bravo! O big data pode ser inestimável, mas também pode causar grandes danos. Precisamos estar muito mais cientes dos danos do que estamos atualmente.

Ok, mais alguns: por acaso, acredito que o sucesso econômico está nas mãos das pequenas e médias empresas. Quatro livros que dou de presente sobre pequenas e médias empresas: *Retail Superstars: Inside the Twenty-five Best Independent Stores in America*, de George Whalin (Citação favorita: "Seja o melhor, esse é o único mercado que não está saturado."); *Pequenos gigantes: As armadilhas do crescimento empresarial*, de Bo Burlingham; *Simply Brilliant: How Great Organizations Do Ordinary Things in Extraordinary Ways*, de William C. Taylor; e *As campeãs ocultas: Estratégias de pequenas e médias empresas que conquistaram o mundo*, de Hermann Simon.

Adoro dar livros de presente! Por mais louco que possa soar, aposto que dei no mínimo entre 25 e 50 de cada um desses livros. Observação: um dos maiores investidores do mundo certa vez me disse: "Tom, o que você considera a principal falha dos CEOs?" Passei algum tempo pensando, e ele finalmente disse: "Eles não leem o suficiente."

Que aquisição de até 100 dólares mais impactou positivamente sua vida nos últimos seis meses (ou nos últimos tempos)?

Adoro remar, e faço isso desde os 5 anos de idade. Não me refiro à competição, refiro-me a pular em um barco a remo e passar uma ou duas horas em um rio. Cresci no Rio Severn, perto de Annapolis. Depois de sessenta anos remando pra lá e pra cá, descobri o paraíso: meu elegante e leve Vermont Dory de 4 metros, de Kevlar. A fabricante é a Adirondack Guide Boat of North Ferrisburgh, Vermont.

(Observação: Custou muito mais do que 100 dólares... mas sem dúvida foi a minha aquisição favorita em muito tempo.)

Qual foi o melhor ou mais valioso investimento que você já fez?

Eu gostaria de pensar que passei duas décadas e meia à frente do rebanho. Mas, cerca de quatro anos atrás, parecia que eu quase conseguia ver o fim do rebanho, de tão atrás que estava. Então, tirei um ano de férias e... LI, e LI, e LI um pouco mais. Quando o assunto são mudanças tecnológicas, algo em que eu me sentia tão desatualizado, acho que agora consigo lidar de modo eficaz com suas implicações com certa confiança.

Há algum hábito incomum ou algo absurdo que você ame?

É um hábito irritante que enlouquece minha esposa. Sou engenheiro civil formado, e engenheiros adoram exagerar. Esperamos o pior e nos moldamos para lidar com ele.

Tradução para a vida real: até mesmo em viagens curtas, minhas malas pesam uma tonelada. Tenho tudo em dobro ou triplo. Se você roubasse minha mala, conseguiria, por exemplo, abrir uma lojinha de eletrônicos só com ela.

Que conselho você daria a um universitário inteligente e aplicado prestes a entrar no "mundo real"? E quais conselhos ele deveria ignorar?

Várias pessoas vão lhe dar um ou outro conselho sobre o trabalho. Meu conselho é diferente: ser educado compensa muito. Presumo que você seja inteligente e esforçado. Mas ser civilizado, decente e gentil é a base do sucesso profissional, além de ser pessoalmente gratificante. (E, se alguém lhe disser que essa é uma ideia "fraca", pode mandar a pessoa para mim que vou lhe dar um soco bem "forte" no nariz.)

Ah, e mais duas coisas: Primeiro, torne-se um ouvinte superstar, profissional. Como? Desenvolva essa capacidade. Ela não é algo natural. Leia a respeito. Pratique. Tenha um orientador para avaliá-lo. Em segundo: Leia. Leia. Leia. Para resumir, o melhor estudante vence, seja aos 21, aos 51 ou aos 101.

Que dicas ruins você costuma ouvir na sua profissão ou especialidade?

Eles dizem: "Pense grande! Tenha uma visão arrebatadora!" Eu digo: Pense pequeno. Faça algo muito legal no final do dia! Eu escrevo sobre "excelência". A maioria vê a excelência como uma aspiração grandiosa. Isso está errado. Completamente errado. Minha pequena contribuição: a excelência são os próximos cinco minutos, ou nada. É a qualidade da conversa que você vai ter nos próximos cinco minutos. É a qualidade, sim, do seu e-mail. Esqueça o longo prazo. Arrase nos próximos cinco minutos!

Quando se sente sobrecarregado ou desconcentrado, o que faz?

Ando. Ando. Ando. Uma caminhada de trinta minutos (ou até quinze) fora da empresa sem nenhum dispositivo eletrônico quase sempre clareia a mente.

Meu livro *In Search of Excellence* ganhou seu tema definitivo durante um único encontro com o presidente da Hewlett-Packard, John Young, em 1977. Ele disse que o mantra da HP era "MBWA", sigla de: Managing By Wandering Around [Administrar Andando por Aí]. Quer dizer manter contato, ser humano e aprender com todo mundo. Anos atrás, trabalhei com uma gerente geral de muito sucesso da Nordstrom. Ela disse (parafraseando): "Quando estou travada ou desanimada, me levanto da mesa e faço uma caminhada aleatória de trinta minutos pela empresa. Uma conversa de alguns minutos com a gangue desanuvia a mente e sempre me inspira."

"O bom, o doloroso, é tudo um privilégio."

BEAR GRYLLS
X/IG: @BearGrylls
FB: /RealBearGrylls
beargrylls.com

BEAR GRYLLS é um dos rostos mais reconhecidos da sobrevivência ao ar livre e da aventura. Bear passou três anos servindo como soldado das Forças Especiais Britânicas no 21º Regimento do Serviço Aéreo Especial. Foi lá que aperfeiçoou muitas das habilidades que hoje exibe na televisão. Seu programa indicado para o Emmy *À Prova de Tudo* tornou-se um dos programas mais assistidos do planeta, com uma audiência de 1,2 bilhão de pessoas. No grande sucesso que é o programa de aventura *Running Wild*, da NBC, ele leva alguns dos astros mais conhecidos do planeta em aventuras incríveis, entre os quais o ex-presidente dos Estados Unidos Barack Obama, Ben Stiller (página 151), Kate Winslet, Zac Efron e Channing Tatum. Ele já escreveu vinte livros, entre os quais sua autobiografia, *Lama, suor e lágrimas*, primeiro lugar entre os campeões de vendas.

Que livro (ou livros) você mais deu de presente e por quê? Ou nomeie de um a três livros que mais influenciaram sua vida.

O rinoceronte bem-sucedido, de Scott Alexander. Eu o li aos 13 anos, e ele basicamente me mostrou que a vida é dura como uma selva e que ela recompensa os rinocerontes que vão com tudo atrás dos objetivos e nunca desistem. E, acima de tudo, a não seguir as vacas da vida, que vagueiam a esmo e fazem sua jornada sem propósito nem alegria. Costumo dá-lo com frequência a pessoas que acho que vão adorá-lo ou precisam lê-lo.

De que forma um fracasso, ou fracasso aparente, acabou te levando ao sucesso? Você tem algum "fracasso pessoal" favorito?

Fui reprovado na primeira tentativa de entrar para o Serviço Aéreo Especial Britânico, o que, na época, partiu meu coração. Eu nunca havia me esforçado tanto por algo, e não conseguir me deixou arrasado. Mas voltei, tentei a segunda vez e acabei passando. Apenas quatro de cada 120 pessoas conseguem, e eles costumam dizer que os melhores soldados passam na segunda tentativa. Gosto disso. Para mim, significa que a tenacidade é mais importante do que o talento, e na vida isso sem dúvida é verdade.

Para me preparar pela segunda vez para a seleção das Forças Especiais, me esforcei mais e treinei com mais intensidade ainda. Em um dia típico, eu subia uma montanha carregando mais de 20kg por três horas à velocidade máxima ou fazia sessenta minutos de circuitos de levantamento de peso intercalados com corridas rápidas nas montanhas. Basicamente, adotei um foco insano.

Fracassar significa lutar, e sempre é a luta que desenvolve minha força.

Se você pudesse colocar um outdoor gigante em qualquer lugar exibindo qualquer coisa, o que seria e por quê?

Essa é simples para mim: "Tempestades nos tornam mais fortes." Se eu tivesse que transmitir uma mensagem para jovens que estão embarcando na vida, seria essa. Não se intimide diante de tempos difíceis. Encare-os, escolha o caminho menos trilhado, cheio de obstáculos, pois a maioria das pessoas corre ao primeiro sinal de confronto. As tempestades nos dão a chance de nos definirmos, de nos distinguirmos, e sempre saímos delas mais fortes.

A outra chave é ser bondoso ao longo do caminho. A bondade é tão importante na jornada do esforço. É o que separa os bons dos ótimos.

Nos últimos cinco anos, que nova crença, novo comportamento ou hábito mais impactou positivamente sua vida?

Aprender a curtir o processo em vez de sempre correr para o futuro. Às vezes, nas selvas e nos desertos, tento desesperadamente concluir o trajeto, fazer o meu melhor, dar duro, trabalhar rápido e voltar para a minha família. Mas me dei conta de que passo muito tempo com medo do que tenho pela frente ou lutando para sair de onde estou. Aprender a abraçar o momento foi uma grande mudança para mim. O bom, o doloroso, é tudo um privilégio. Há tantas pessoas que nem passam dos 30 anos, então já somos abençoados.

Quando se sente sobrecarregado ou desconcentrado, o que faz?

Aguento firme, concentro-me no esforço, vou mais fundo e nunca desisto. Não é um bicho de sete cabeças, mas é difícil, e a maioria das pessoas, quando fica difícil, começa a procurar uma desculpa ou uma tática diferente. Muitas vezes, porém, quando começa a ficar difícil, você só precisa ser mais resistente e aguentar firme. A mágica é que, quando isso acontece, frequentemente significa que você está perto do objetivo final! Basta mais um grande impulso com foco, dedicação e garra, e, na maioria das vezes, você chega ao outro lado. Porém, ao olhar ao redor, você verá que grande parte das outras pessoas sumiu. Elas desistiram na última parte da dor.

"Coragem acima de conforto."

BRENÉ BROWN
IG/FB: @brenebrown
brenebrown.com

Dra. **BRENÉ BROWN** é professora e pesquisadora na Faculdade de Serviço Social da Universidade de Houston. Sua palestra do TEDxHouston de 2010, "The Power of Vulnerability", teve mais de 36 milhões visualizações e é uma das cinco palestras do TED mais assistidas do mundo. Ela passou os últimos quatorze anos estudando a vulnerabilidade, a coragem, o valor e a vergonha. Brené também escreveu os best-sellers do *New York Times A coragem de ser imperfeito*, *Risking Strong* e *Braving the Wilderness: The Quest for True Belonging and the Courage to Stand Alone*.

Que livro (ou livros) você mais deu de presente e por quê? Ou nomeie de um a três livros que mais influenciaram sua vida.

Dou muitos livros. Minha lista inclui *The Dance of Anger*, de Harriet Lerner, (muito útil para casais naquele ciclo "Estou gritando e ele/ela está se afastando), e seu novo livro, *Why Won't You Apologize?* (No fim das contas, a maioria de nós tem muita dificuldade de pedir desculpas — esse livro me fez mudar completamente.) Para pais de primeira viagem, adoro a série Disciplina Positiva, de Jane Nelsen (que foca tanto nos pais quanto nos filhos) e a série Momentos Decisivos, de T. Berry Brazelton (você não consegue orientar os filhos se não entende o que acontece no seu desenvolvimento). Compro livros algumas vezes por ano para todos os membros da minha equipe. Nossas próximas leituras são *Stretch*, de Scott Sonenshein, e *Lead Yourself First*, de Kethledge e Erwin.

Se você pudesse colocar um outdoor gigante em qualquer lugar exibindo qualquer coisa, o que seria e por quê?

"Coragem acima de conforto." É um lembrete simples de que não há nada de confortável em ser corajoso. Todo mundo quer ser corajoso, mas ninguém quer ser vulnerável.

Que aquisição de até 100 dólares mais impactou positivamente sua vida nos últimos seis meses (ou nos últimos tempos)?

Fácil. Meu carregador de 3 metros para iPhone da Native Union e o protetor labial da Fierce, de Tata Harper.

Qual foi o melhor ou mais valioso investimento que você já fez?

A identificação de problemas é sempre um bom investimento de tempo, dinheiro e energia. Einstein disse: "Se eu tivesse uma hora para resolver um problema, passaria 55 minutos pensando no problema e 5 pensando nas soluções." Não é agradável dedicar tempo e recursos a identificar exatamente qual é o problema — queremos pular direto para a solução o mais rápido possível. A maioria de nós é sabotada pelo impulso de agir e luta para se concentrar na identificação do problema. Descobri que entender bem o que há de errado e por que algo é um problema é o melhor investimento que você pode fazer em casa ou no trabalho.

Nos últimos cinco anos, que nova crença, novo comportamento ou hábito mais impactou positivamente sua vida?

Dormir. Dieta, exercícios e ética profissional não são nada comparados a como o sono consegue revolucionar como você vive, ama, cria os filhos e lidera.

Quando se sente sobrecarregada ou desconcentrada, o que faz? Que perguntas faz a si mesma?

Sempre faço estas perguntas:

1. Sono?
2. Exercícios?
3. Alimentação saudável?
4. Estou ressentida por não ter estabelecido ou mantido algum limite?

De que forma um fracasso, ou fracasso aparente, acabou te levando ao sucesso? Você tem algum "fracasso pessoal" favorito?

Um dos meus maiores erros foi não entender ou assumir quão envolvida eu queria e precisava estar no meu próprio negócio. Convenci-me desde o início que podia "apresentar ideias" e nossas equipes incríveis as colocariam em prática enquanto eu fazia outras coisas. Eu queria acreditar nisso porque meu tempo é muito escasso. Pesquiso, escrevo, dou palestras, presto orientação em programas de liderança, chefio três negócios e mantenho limites inflexíveis em torno do meu tempo com a família. Não deu certo. Tenho a melhor equipe do mundo, eles são comprometidos, criativos e inteligentes. Mas apresentar ideias não é liderar. O verdadeiro trabalho é iterar com constância, incorporar o feedback do consumidor, resolver problemas, identificar quando insistir e quando recuar e ajudar todo mundo a recuperar o ânimo após um revés, bem como a aprender com os reveses. Quero e preciso estar envolvida em tudo isso. Quero discutir intensamente como empacotamos uma caixa e o bilhete que a acompanha. Quero ver as fotos que usaremos no site, elas têm apelo emocional e transmitem conexão? Não estar presente criou uma frustração desnecessária para todos nós, e, de modo irônico, levou ao pior tipo de microgerência da minha parte. Agora, passo muito tempo com as equipes no início dos projetos definindo como ficarão as coisas quando estiverem "prontas" e participo das reuniões que elas fazem de pé uma vez por semana. Mantenho-me acessível para os líderes das equipes no Slack. Nossa equipe de auditoria também trabalhou para garantir um sólido alinhamento entre responsabilidade e autoridade para todos. A mudança é visível. Estamos nos tornando mais produtivos e eficazes do que jamais fomos e estamos nos divertindo. Moral da história: o pensamento mágico é muito perigoso e custa mais tempo, dinheiro e energia do que sujar as mãos.

CITAÇÕES QUE ESTÃO NA MINHA CABEÇA

(Tim Ferriss: 27 de maio — 16 de junho de 2016)

"A simples disposição de improvisar a longo prazo é mais crucial do que a pesquisa."

— ROLF POTTS

Escritor norte-americano de guias de turismo e autor de *Vagabonding*

"Não há caminho para a felicidade — a felicidade é o caminho."

— THICH NHAT HANH

Monge budista vietnamita, indicado ao Nobel da Paz

"O homem razoável adapta-se ao mundo; o insensato persiste em tentar adaptar o mundo a si. Logo, todo progresso depende do homem insensato."

— GEORGE BERNARD SHAW

Dramaturgo irlandês, ganhador do Prêmio Nobel

"Perfeição não é quando não há mais nada a ser acrescentado, mas quando não há mais nada a ser retirado."

— ANTOINE DE SAINT-EXUPÉRY

Escritor francês, autor de *O Pequeno Príncipe*

"Eu me pergunto: 'Qual é a coisa mais carinhosa que posso fazer por mim mesmo e pelos outros neste exato momento?' Então, eu faço."

LEO BABAUTA
X: @zen_habits
zenhabits.net

LEO BABAUTA é o fundador do *Zen Habits*, um site dedicado a encontrar a simplicidade e a atenção plena no caos diário da vida. O *Zen Habits* tem mais de dois milhões de leitores, e a revista *Times* o elegeu um dos "Top 25 Blogs" de 2009 e um dos "Top 50 Websites" de 2011. Leo é autor de *Quanto menos, melhor: concentre-se no essencial e livre-se do estresse*, *Essential Zen Habits: Mastering the Art of Change*, *Briefly* e de vários outros livros.

Que aquisição de até 100 dólares mais impactou positivamente sua vida nos últimos seis meses (ou nos últimos tempos)?

Comprei um tapete preto de yoga PRO da Manduka por cerca de 100 dólares (em liquidação). É um tapete tão pesado e luxuoso que me encoraja a praticar em casa, o que, francamente, é um milagre.

De que forma um fracasso, ou fracasso aparente, acabou te levando ao sucesso? Você tem algum "fracasso pessoal" favorito?

Em 2005, eu estava paralisado: muito endividado, acima do peso, viciado em *junk food*, sem tempo para a família, sem conseguir seguir nenhum plano de exercícios. Eu me sentia um fracasso absoluto. Mas isso me levou a pesquisar hábitos e como alterá-los, e me concentrei inteiramente em fazer uma única mudança. Depois, outra. Isso levou minha vida inteira a uma transformação, e me levou a ajudar outras pessoas a mudarem seus hábitos. Foi terrível, mas foi uma das lições mais incríveis que aprendi.

A primeira mudança foi parar de fumar, o que foi uma das coisas mais difíceis que já fiz, e não recomendo começar por ela. Porém investi todas as forças nisso e aprendi muito sobre mudanças de hábito. A mudança seguinte foi acrescentar a corrida — como forma de lidar com o estresse depois de parar de fumar — e começar a me tornar mais saudável. Após isso, me tornei vegetariano e comecei a meditar.

Se você pudesse colocar um outdoor gigante em qualquer lugar exibindo qualquer coisa, o que seria e por quê?

"Você é bom o bastante, do jeitinho que é. Respire e aproveite o momento."

Há algum hábito incomum ou algo absurdo que você ame?

Tenho um gosto absurdo pela estética minimalista. Sinto um prazer ridículo ao ver um quarto vazio com apenas um móvel e uma planta. Às vezes, fantasio com a possibilidade de não possuir nada além de um quarto vazio!

Nos últimos cinco anos, que nova crença, novo comportamento ou hábito mais impactou positivamente sua vida?

O zen-budismo me influenciou profundamente — não apenas na meditação e na atenção plena, mas também na crença na pureza da experiência, na minha interconexão com todos os outros seres, no desejo de querer dedicar a vida a ajudar outras pessoas a serem felizes. Hoje, me dedico a ajudar os outros a transformarem o sofrimento em atenção plena, receptividade e alegria.

Comecei pelo livro *Mente zen, mente de principiante*, de Shunryu Suzuki, um clássico. Mas acho que o melhor livro para principiantes é *What Is Zen?: Plain Talk for a Beginner's Mind*, de Norman Fischer. É uma introdução maravilhosa e responde à maioria das dúvidas que eu tinha quando comecei.

Que conselho você daria a um universitário inteligente e aplicado prestes a entrar no "mundo real"?

Abrace a incerteza, a ausência de uma base e o medo como o lugar onde realmente aprenderá e crescerá. Vá para esse lugar em vez de esquivar-se dele. Ele vai ajudá-lo a superar a procrastinação, a ansiedade social, o medo de iniciar o próprio negócio ou ir atrás dos seus sonhos, o medo do fracasso e do ridículo, e muito mais. Esses temores continuarão presentes, mas você aprenderá a encontrar prazer neles.

Quando se sente sobrecarregado ou desconcentrado, o que faz?

Eu me concentro na respiração e nas sensações do corpo. Quando me sinto sobrecarregado, me pergunto: "Qual é a sensação corporal proveniente desse sentimento neste momento?" Não uma narrativa sobre o sentimento, mas sensações corporais. Tento me concentrar pelo máximo de tempo nessas sensações e encará-las com interesse e abertura. Isso funciona com o medo, a distração, a procrastinação, a frustração e outros sentimentos. Depois de meditar a respeito, eu me pergunto: "Qual é a coisa mais carinhosa que posso fazer por mim mesmo e pelos outros neste exato momento?" Então, eu faço.

"Para mim, [a meditação] é um ótimo porto-seguro onde posso mergulhar profundamente em meu próprio trauma e drama, livre do medo — reduzindo o estado reacionário e abrindo espaço para ser proativo."

MIKE D
IG: @miked
beastieboys.com

MICHAEL "MIKE D" DIAMOND é rapper, músico, compositor, baterista e designer de moda, mais conhecido como membro fundador do grupo pioneiro de hip-hop The Beastie Boys — cujos integrantes foram incluídos na lista "Os 100 Melhores Artistas de Todos os Tempos" da *Rolling Stone* e entronizados no Hall da Fama do Rock and Roll em abril de 2012. Eminem disse: "É óbvio para qualquer um a grande influência que os Beastie Boys foram para mim e para muitos outros." O grupo se separou em 2012 depois da morte de outro membro fundador, Adam "MCA" Yauch. Mike atualmente apresenta um programa de rádio na Beats 1, *The Echo Chamber*.

De que forma um fracasso, ou fracasso aparente, acabou te levando ao sucesso? Você tem algum "fracasso pessoal" favorito"?

Uau, houve tantos momentos que não saíram como queríamos como uma banda — ideias imaginadas e não realizadas, shows que pareciam durar uma eternidade porque nada dava certo. Mas, talvez, o fracasso mais "libertador" em que consigo pensar seja um álbum nosso: *Paul's Boutique*. Com o tempo, ele acabou não sendo um fracasso tão grande, já que muitas pessoas o citam como seu álbum favorito da banda.

Porém, isso nos deixa imaginando com o que essas pessoas estavam tão ocupadas na época do lançamento para não terem ido à loja de discos (na verdade, uma loja de CDs na época) e gastado 9,99 dólares.

Então, vamos explicar corretamente e apresentar o contexto: *Paul's Boutique* foi uma grande decepção comercial. Estamos falando de um fracasso gigantesco aqui. *Licensed To Ill* vendera milhões e milhões de cópias, e suas músicas e clipes haviam passado meses tocando. Muitas pessoas esperavam que nós apenas desistíssemos, provando a elas e ao mundo que tudo fora um acaso feliz. Mas, por outro lado, havia muitas pessoas em uma grande gravadora promovendo *Paul's Boutique* para torná-lo lucrativo. Oops, foi mal! Infelizmente, sem um hino, sem clipes com músicas nem um pouco semelhantes às de *Licensed To Ill*, *Paul's Boutique* foi diferente demais para qualquer pessoa, exceto por um contingente de esquisitões: nossos verdadeiros fãs. A princípio, ficamos meio chocados. Havíamos trabalhado e acreditado tanto no que fizemos, e apenas duas semanas depois do lançamento tudo havia acabado. Nada de grandes sucessos, ou clipes, ou turnês em arenas. Foi de partir o coração desistir de algo em que havíamos depositado todo aquele esforço e tempo. Tantas palavras escritas, tantas horas passadas em tantas tomadas de vocais no estúdio, um número interminável de versões das músicas, horas e horas de *samples* digitais ajustados e reajustados, sem falar nas várias partidas de pingue-pongue e hóquei de mesa. Ficamos arrasados.

Por outro lado, o álbum teve críticas positivas. Mas isso não pareceu ajudar muito na sua popularidade. Depois da demissão de vários funcionários da Capitol Records, em grande parte por causa desse fracasso, fomos ao selo fazer a nossa defesa, pedindo-lhes que não abandonassem a promoção do disco. Sem chance. Eles tinham outras coisas em que se concentrar.

Então, por que isso foi libertador? Porque permitiu que nos isolássemos completamente do mundo. Pudemos nos afastar e só relaxar. Só restávamos nós três. Nossa relação e confiança um no outro. Matando tempo e tendo quase nada para fazer. Acordar, tomar café da manhã, fumar maconha, comprar alguns discos, ouvi-los, e talvez tocar um pouco. Agora, tínhamos toda a liberdade artística. Ninguém, nem mesmo nenhum de nós, tinha qualquer expectativa comercial. Isso nos deu a liberdade criativa necessária para produzir o que quiséssemos, completamente livres de medos e expectativas. Olhando para trás, foi uma *grande* bênção.

É claro que essa história não é totalmente justa. Como disse, *Paul's Boutique* não apenas teve críticas positivas, mas, com o tempo, as pessoas o descobriram da própria forma e no próprio tempo, e ele acabou vendendo milhões de cópias, o que ainda é uma grande conquista para três garotos brancos da cidade de Nova York que formavam uma banda de *hardcore punk* antes de decidir fazer rap.

Nos últimos cinco anos, que nova crença, novo comportamento ou hábito mais impactou positivamente sua vida?

Para mim, a meditação transcendental é a maior fonte de bênçãos que nunca se esgota. Quanto mais velho fico, mais percebo que você nunca sabe quando ou onde irá se deparar com lições e práticas diferentes. Eu estava fazendo uma excursão de surfe em um barco no meio do Oceano Índico. As ondas estavam disparadas, e as coisas estavam indo bem demais em muitos aspectos. Eu me sentia afortunado e grato por estar onde estava, mas estava passando por um grande e tumultuoso drama pessoal. Por sorte, o grupo principal da viagem era formado por praticantes da meditação transcendental. Logo senti o benefício de receber uma iniciação apropriada. Assim que voltei para casa, fui para o estúdio gravar um disco. Não só aprendi e fui iniciado, como passei tudo a todos nós que estávamos trabalhando no disco. Isso tornou a experiência mais forte e compartilhada. E, em termos pragmáticos, tornou a prática mais viável durante os longos dias de trabalho no estúdio. É impressionante como a meditação transcendental é um bom "reset". Os requisitos estruturais dela são muito simples no contexto da vida atual. Vinte minutos ao acordar e vinte minutos ao fim do dia, quando você precisa muito de uma sessão. Para mim, é um ótimo porto-seguro onde posso mergulhar profundamente em meu próprio trauma e drama, livre do medo — reduzindo o estado reacionário e abrindo espaço para ser proativo. Minhas relações com todos se beneficiam. Às vezes, meus filhos perguntam algo como: "Papai, por que você passa tanto tempo meditando?" Mas, com isso, estou muito melhor nas minhas relações como pai. Aliás, estou muito melhor em todas as relações.

Quando se sente sobrecarregado ou desconcentrado, o que faz?

Pergunta interessante. Minha primeira tendência é continuar, sobretudo quando estou trabalhando em uma canção ou com música em geral. Continuar batendo a cabeça na parede, na esperança de ter uma grande ideia, mesmo quando a cabeça está doendo! *Mas* acho que, com a maturidade (tenho medo de admitir qualquer maturidade), às vezes precisamos de um "reset". Ele pode ter algumas formas diferentes. Aí vão algumas que têm me ajudado:

Meditação transcendental: ver pergunta anterior. Especialmente quando estou sobrecarregado, exausto, ou apenas não consigo entender algo e estou ficando cada vez mais frustrado, a meditação transcendental me ajuda a ajustar o foco total e a recarregar. Com frequência, ela me ajuda a ver as coisas de modo diferente e a ser produtivo por horas, o que equivale a um bom retorno sobre o investimento.

Surfar: Tenho muita sorte. Moro em Malibu, Califórnia, com ondas a uma caminhada de distância. Passo boa parte do tempo surfando com meus filhos pelo mundo, e cada momento vale muito a pena. Estou ciente de que a maioria das pessoas não mora no litoral e não tem esse luxo, mas o surfe me oferece um ótimo "reset". Eu me torno instantaneamente tão mais grato, e a natureza oferece perspectiva. O mar e as ondas estão no controle, e não eu. Sou só um pontinho tentando respirar e fazer o melhor que consigo.

Passar tempo com os filhos: eles não serão crianças para sempre, disso não há dúvida! E, às vezes, preciso de uma distração deles. Mas sempre me sinto tão grato quando temos experiências e conversas maravilhosas juntos. Isso realmente coloca as coisas em perspectiva. Uma coisa pela qual sou muito grato: sempre fui incluído nas conversas dos meus pais com seus amigos adultos e tento fazer o mesmo com meus filhos, valorizando suas ideias e pensamentos.

Passear com os cachorros: o simples ato de fazer um intervalo e levar meus cachorros para um passeio me ajuda a entender algumas coisas.

"Pergunte a si mesmo: 'Você diria sim se fosse na próxima terça?' É tão fácil se comprometer com coisas marcadas para daqui a semanas ou meses, quando a agenda ainda não está cheia."

ESTHER DYSON
X: @edyson
wellville.net

ESTHER DYSON é fundadora da HICCup e presidente da EDventure Holdings. Ela é investidora-anjo ativa, escritora best-seller, membro de conselhos de administração e consultora especializada em mercados e tecnologias emergentes, novos espaços e saúde. Ela integra os conselhos do 23andMe e do Voxiva (txt4baby) e é investidora do Crohnology, do Eligible API, do Keas, do Omada Health, do Sleepio, da StartUp Health e da Valkee, entre outros. Esther morou em Star City, perto de Moscou, na Rússia, de outubro de 2008 a março de 2009, treinando como turista espacial reserva.

Que livro (ou livros) você mais deu de presente e por quê? Ou nomeie de um a três livros que mais influenciaram sua vida.

The Biology of Desire: Why Addiction Is Not a Disease, de Marc Lewis. O vício é um desejo a curto prazo. O propósito é um desejo a longo prazo.

Escassez: uma nova forma de pensar a falta de recursos na vida das pessoas e nas organizações, de Sendhil Mullainathan e Eldar Shafir. Uma explicação sobre a escassez para intelectuais ricos, mostrando como pessoas pobres cometem atos estúpidos por falta de dinheiro, enquanto pessoas ricas fazem o mesmo por falta de tempo.

From Bacteria to Bach and Back: The Evolution of Minds, de Daniel C. Dennett. Como a consciência surge, e o quanto ela depende da noção de passado, presente e futuro (além de outras ideias interessantes).

De que forma um fracasso, ou fracasso aparente, acabou te levando ao sucesso? Você tem algum "fracasso pessoal" favorito?

Foram muitos ao longo dos anos! Mais recentemente, uma das cinco comunidades com as quais meu projeto sem fins lucrativos, Way to Wellville, estava trabalhando não estava muito comprometida — como alguém que contrata um personal trainer, mas nunca vai à academia. Com delicadeza, cortamos o vínculo e selecionamos outra comunidade. Isso não apenas deu certo, como deixou claro para todos — as comunidades, os investidores em potencial e os sócios *et al.* — que assumimos a responsabilidade e também a exigimos dos outros. Com essa atitude, honramos as comunidades que estão dispostas a correr riscos e se esforçar para fazer a diferença.

Se você pudesse colocar um outdoor gigante em qualquer lugar exibindo qualquer coisa, o que seria e por quê?

"Sempre cometa erros!" Na verdade, recebo cerca de 50 dólares por ano em direitos autorais do Quotable Quotes por essa frase.

Há algum hábito incomum ou algo absurdo que você ame?

Bem, não acho que seja absurdo: a viagem espacial. Espero me aposentar em Marte, mas daqui a um bom tempo! Treinei como turista espacial reserva durante seis meses em Star City, na Rússia.

Nos últimos cinco anos, que nova crença, novo comportamento ou hábito mais impactou positivamente sua vida?

Comecei a usar o Audible e agora voltei a ler livros regularmente. (Ou talvez o período de trinta anos em que *não* li livros deva entrar na pergunta sobre fracasso.) Ele é ótimo. Mesmo enquanto trabalho no meio do mato com a Wellville, leio livros intelectuais sobre pobreza, neurociência, nutrição, sistemas complexos, vício e temas semelhantes. As duas extremidades — uma muito abstrata e íntima, a outra pessoalmente concreta com seres humanos reais — se complementam.

Que conselho você daria a um universitário inteligente e aplicado prestes a entrar no "mundo real"?

Sempre escolha empregos para os quais não esteja qualificado; desse modo, você com certeza aprenderá alguma coisa. E não abandone a faculdade a não ser que realmente tenha uma alternativa melhor. Alguns indivíduos notáveis foram bem-sucedidos apesar de terem feito isso, mas é um grande obstáculo a ser superado para a maioria.

Nos últimos cinco anos, a que você começou a dizer não com mais facilidade?

Eu me tornei um pouco melhor em evitar conferências divertidas, mas não muito úteis.

Minha dica é seguir o ditado: "Você diria sim se fosse na próxima terça?" É tão fácil se comprometer com coisas marcadas para daqui a semanas ou meses, quando a agenda ainda não está cheia.

Quando se sente sobrecarregada ou desconcentrada, o que faz?

[Quando estou] sobrecarregada:

Perguntar: "Qual é a pior coisa que poderia acontecer?"

O medo do desconhecido geralmente é bem pior do que o medo de algo específico. Se não for a sua morte ou daqueles por quem é responsável, é provável que haja uma série de opções que você deve considerar com calma e discernimento.

"Comecei meu primeiro negócio com 200 dólares. Aprendi muito mais sobre negócios com aqueles 200 dólares do que com um MBA gerador de dívidas."

KEVIN KELLY
X: @kevin2kelly
kk.org

KEVIN KELLY é o "dissidente sênior" da revista *Wired*, que ajudou a fundar em 1993. Também é cofundador da All Species Foundation, uma organização sem fins lucrativos que tem como missão catalogar e identificar todos os seres vivos da Terra, e do Rosetta Project, que está construindo um arquivo de todas as línguas humanas documentadas. No tempo livre, ele escreve livros best-sellers e integra o conselho da Long Now Foundation. Como integrante desta, ele está investigando como recuperar e restaurar espécies ameaçadas de extinção ou extintas, entre as quais o mamute-lanoso. Talvez ele seja o "homem mais interessante do mundo" na vida real. Seu último livro é *Inevitável: as 12 forças tecnológicas que mudarão o nosso mundo*.

Que livro (ou livros) você mais deu de presente e por quê? Ou nomeie de um a três livros que mais influenciaram sua vida.

Eis os livros que alteraram o meu comportamento e o curso da minha vida e mudaram meu modo de pensar. Estes livros serviram de alavancas para mim (e para outros). A lista está na ordem em que os li.

O fim da infância, de Arthur C. Clarke: para um garoto que cresceu sem televisão nas vizinhanças entediantes do subúrbio dos anos 1950 e 1960, a ficção científica abriu o meu universo. Eu devorava todo e qualquer livro de ficção científica que encontrava na biblioteca pública. As histórias de Arthur C. Clarke, particularmente, deram início a um interesse pela ciência que duraria a vida toda e a um profundo respeito pelo poder da imaginação. Essa história de singularidade sempre me acompanhou como algo para o qual me preparar.

The Whole Earth Catalog, de Stewart Brand (página 331): quando eu tinha 17 anos, esse grande catálogo de escolhas me deu permissão para ter as próprias ideias, produzir as próprias ferramentas e seguir sem medo o meu amor pela arte e pela ciência. Eu o usei para inventar a minha vida. Décadas depois, eu mesmo trabalhei no *The Whole Earth Catalog*; foi meu primeiro emprego de verdade.

A nascente, de Ayn Rand: mergulhei de cabeça na leitura desse manifesto sem paralelos de autoconfiança durante as provas finais do primeiro ano na faculdade. Ao final do livro, decidi abandonar a universidade. Nunca voltei. Foi a melhor decisão da minha vida.

Folhas de relva, de Walt Whitman. Ao ler essa clássica e poética ode ao Estados Unidos e às possibilidades ("Há multidões dentro de mim!"), surtei e fui tomado por uma necessidade insana de viajar. Fechei o livro e comprei uma passagem para a Ásia. Passei oito anos percorrendo o continente sem destino. Essa foi a minha universidade.

Gandhi Autobiografia: minha vida e minhas experiências com a verdade, de Mahatma Gandhi: essa autobiografia de Gandhi curiosamente me levou a Jesus. A honestidade radical de Gandhi me fez tentar assumir a mesma atitude. Foi o início do meu despertar espiritual.

A Bíblia: sua leitura completa, do início ao fim, superou todas as minhas expectativas de um texto tão fundamental. Foi mais esquisito, mais estranho, mais perturbador e poderoso do que fui levado a acreditar. Já a li por inteiro várias vezes, e ela sempre me perturba, de formas positivas e negativas.

Gödel, Escher, Bach, de Douglas R. Hofstadter: fiquei maravilhado e impressionado com o brilhantismo deste livro quando o li pela primeira vez, mas, a princípio, ele não alterou a minha vida. Entretanto, com o passar dos anos, me surpreendi retornando às suas ideias e, sempre que isso acontecia, eu as acessava em um nível mais profundo. Hoje, essas ideias se misturaram com meus pensamentos, e me dou conta de que passei a ver o mundo através de um olhar semelhante.

The Ultimate Resource, de Julian Simon: outro livro cuja influência levou um tempo para se estabelecer na minha visão. A percepção esclarecedora de Simon — de que a mente e a inteligência podem superar quaisquer limitações físicas e são, portanto, os únicos recursos escassos — se tornou uma parte importante de como vejo o mundo atualmente.

Jogos finitos e infinitos, de James P. Carse: esse livro pequeno e curtinho me forneceu um vocabulário para pensar o significado da vida — não só da minha vida, mas toda a vida! Ele me ofereceu uma estrutura matemática para a espiritualidade. Como ele diz, o jogo é fazer com que o jogo nunca acabe, envolver todos os seres em jogos infinitos *versus* finitos (vencer-perder) e se dar conta de que só há um jogo infinito.

Que aquisição de até 100 dólares mais impactou positivamente sua vida nos últimos seis meses (ou nos últimos tempos)?

Recentemente, atualizei meu plano no 1Password, a ferramenta de gerenciamento de senhas, para o pacote de equipe/familiar. Agora, toda a segurança, facilidade e alívio de um bom sistema de senhas pode ser compartilhada com a família e com pessoas com quem trabalho mais de perto. Conseguimos compartilhar senhas apropriadas com segurança.

Qual foi o melhor ou mais valioso investimento que você já fez?

Comecei meu primeiro negócio com 200 dólares. Comprei um anúncio na contracapa da revista *Rolling Stone* para promover um catálogo de guias de viagens econômicas enviados pelo correio por 1 dólar. Nem o catálogo nem o levantamento dos livros existiam ainda. Se eu não houvesse recebido pedidos o suficiente, teria devolvido o dinheiro [de todos os pedidos feitos], mas tudo deu certo a partir da minha iniciativa própria. Aprendi muito mais sobre negócios com aqueles 200 dólares do que com um MBA gerador de dívidas.

Nos últimos cinco anos, ao que você começou a dizer não com mais facilidade?

Sempre que preciso decidir se aceito ou não um convite, simplesmente finjo que é para a manhã do dia seguinte. É fácil dizer sim a coisas que acontecerão daqui a seis meses, mas precisa ser algo superfantástico para me fazer ir na manhã do dia seguinte.

Nos últimos cinco anos, que crença, comportamento ou hábito novos mais impactaram positivamente sua vida?

Evito trabalhar em coisas que outra pessoa conseguiria fazer, mesmo que eu goste de fazer e seja bem pago para isso. Tento doar minhas melhores ideias para que outra pessoa possa executá-las, pois, se isso acontecer, significa que eu não era o único que conseguiria tê-las executado. Encorajo a concorrência pela mesma razão. No fim, restam-me projetos que só eu consigo colocar em prática, o que os torna singulares e valiosos.

Que conselho você daria a um universitário inteligente e aplicado sobre como entrar no "mundo real"? Que conselho ele deveria ignorar?

Não tente encontrar sua paixão. Em vez disso, domine alguma capacidade, interesse ou conhecimento que tenha valor para outras pessoas. No início, sequer importa o que seja. Você não precisa amar, só tem que ser o melhor. Assim que as dominar, será compensado por oportunidades que irão lhe permitir abandonar as tarefas de que não gosta para se dedicar àquelas de que gosta. Se continuar se aprimorando na maestria, você acabará chegando à sua paixão.

"Seja educado, pontual e trabalhe para caralho até ter talento o suficiente para ser franco, atrasar-se um pouco e tirar férias, e ainda assim... seja educado."

ASHTON KUTCHER
FB: /Ashton
aplus.com

ASHTON KUTCHER é ator, investidor e empreendedor de sucesso. Ele começou a carreira como ator na famosa série *That '70s Show*, que teve oito temporadas, e estrelou a comédia de sucesso e de bilheteria *Cara, cadê meu carro?*. É um renomado investidor de projetos de tecnologia, com participações no Airbnb, Square, Skype, Foursquare, Duolingo, entre outros. Atualmente, é cofundador e presidente da A Plus, uma companhia de mídias digitais dedicada a disseminar a mensagem do jornalismo positivo, onde lidera parcerias estratégicas com marcas e influenciadores. Em 2009, Ashton se tornou o primeiro usuário do Twitter (atual X) a alcançar um milhão de seguidores, e hoje tem quase vinte milhões.

Que livro (ou livros) você mais deu de presente e por quê? Ou nomeie de um a três livros que mais influenciaram sua vida.

O bebê mais feliz do pedaço, de Harvey Karp. Se você quer ser um pai/mãe participativo e também ter um pouco de vida profissional, esse livro é um tesouro. Geralmente, eu o presenteio junto com outro livro chamado *The Sleepeasy Solution*, de Jennifer Waldburger e Jill Spivack.

No momento, *Sapiens: uma breve história da humanidade*, de Yuval Noah Harari (página 540), é o livro inteligente que mais compartilho e sobre o qual falo. Quanto mais estudo as pessoas e como os sistemas funcionam, mais me dou conta de que é tudo inventado. É fácil recitar filosofias ou citar livros, pessoas conhecidas ou doutrinas que, de alguma forma, tenham mais credibilidade do que os outros, mas quanto mais você se aprofunda, mais percebe que todos nós apenas nos baseamos em pilhas de ficção coletiva. Esse livro ilustra isso muito bem.

De que forma um fracasso, ou fracasso aparente, acabou te levando ao sucesso? Você tem algum "fracasso pessoal" favorito?

Quando eu tinha 18 anos, fui preso e acusado de arrombamento (por sorte, tive o julgamento deferido, o que eliminou o registro da minha ficha, então ainda posso votar e possuir uma arma de fogo). A vergonha gerada por esse evento me fez provar a todos que me julgaram que eu não era *aquele* cara. Por causa desse acontecimento, assumi riscos que jamais teria assumido em outras circunstâncias, pois eu sabia que o rebaixamento do fracasso nunca seria igual ao rebaixamento da vergonha.

Se você pudesse colocar um outdoor gigante em qualquer lugar exibindo qualquer coisa, o que seria e por quê?

"Ou vai ou racha." Muitas pessoas estão esperando para organizar as coisas antes de fazer o que precisam fazer. Chegou a hora.

Ou: "Postar sobre algo não vai mudar nada. É como só falar... é fácil!" Há pessoas demais achando que estão apoiando uma causa, e a única coisa que estão fazendo é falar dela nas redes sociais. Fazer algo é fazer algo, o resto é conversa.

Nos últimos cinco anos, que nova crença, novo comportamento ou hábito mais impactou positivamente sua vida?

Finalmente, comecei a valorizar o sono. Percebi que, quando não durmo com responsabilidade, funciono abaixo do meu melhor desempenho em [quase] todos os aspectos da vida.

Quando se sente sobrecarregado, ou desconcentrado, ou perde o foco momentaneamente, o que faz?

Faço uma caminhada ou corro. Transo. Ou como. Depois, faço listas.

Geralmente, a cura para a sensação de sobrecarga é entrar em um estado de apreciação. Caminhar ajuda a apreciarmos o mundo ao redor. Correr ajuda a apreciarmos o oxigênio, a saúde, a vida. Transar... Bem, você entende, é transar. Comida é só para certificar-se de que você não está com fome. E fazer listas insere organização no caos, e em geral transforma as coisas em pequenos pontos executáveis.

Que conselho você daria a um universitário inteligente e aplicado prestes a entrar no "mundo real"?

Seja educado, pontual e trabalhe para caralho até ter talento o suficiente para ser franco, atrasar-se um pouco e tirar férias, e ainda assim... seja educado.

CITAÇÕES QUE ESTÃO NA MINHA CABEÇA

(Tim Ferriss: 24 de junho – 15 de julho de 2016)

"O amor pela confusão não é ocupação."

— SÊNECA

Filósofo estoico romano, famoso dramaturgo

"O serviço prestado aos outros é o aluguel que você paga pelo seu espaço aqui na Terra."

— MUHAMMAD ALI

Lendário boxeador profissional e ativista norte-americano.

"Há muitas coisas que um homem sábio pode desejar ignorar."

— RALPH WALDO EMERSON

Ensaísta norte-americano, líder do movimento transcendentalista do século XIX

"Se você não cometer erros, não está trabalhando em problemas difíceis o bastante. E isso sim é um grande erro."

— FRANK WILCZEC

Físico teórico norte-americano, ganhador do Prêmio Nobel

"Às vezes, você precisa permitir que a vida o salve de conseguir o que quer."

BRANDON STANTON
IG: @humansofny
FB: /humansofnewyork
humansofnewyork.com

BRANDON STANTON é autor de *Humans of New York* e *Humans of New York: Stories*, ambos best-sellers do *New York Times*, bem como do livro infantil *Little Humans of New York*. Em 2013, ele foi eleito uma das "30 pessoas com menos de 30 que estão mudando o mundo" pela revista *Time*. Brandon vem contando histórias do mundo inteiro em colaboração com as Nações Unidas, e foi convidado para fotografar o presidente Obama no Salão Oval. Seu blog de fotografia e narrativas, *Humans of New York*, é seguido por mais de 25 milhões de pessoas em diversas redes sociais. Ele se formou na Universidade da Georgia e mora na cidade de Nova York.

De que forma um fracasso , ou fracasso aparente, acabou te levando ao sucesso? Você tem algum "fracasso pessoal" favorito?

Na época em que fui demitido do meu emprego como operador, eu estava convencido de que teria sucesso negociando títulos. Às vezes, você precisa permitir que a vida o salve de conseguir o que quer.

Nos últimos cinco anos, que nova crença, novo comportamento ou hábito mais impactou positivamente sua vida?

Ter cuidado com a superioridade moral. Entender que todos têm códigos morais diferentes e que pouquíssimas pessoas tomam decisões imorais de forma intencional ajuda a resolver conflitos. Certa vez, Chase Jarvis me disse: "Todo mundo quer se ver como uma boa pessoa." Não importa o quão chocante seja o crime, o criminoso em geral tem uma razão para enxergá-lo como moralmente aceitável.

Que dicas ruins você costuma ouvir na sua profissão ou especialidade?

A tendência mais desconcertante com a qual já me deparei na mídia é o incentivo para "seguir o que dá certo". Minha principal motivação como artista sempre foi criar algo diferente. Acho que o máximo que qualquer um de nós pode alcançar é encontrar uma forma de dizer algo novo. Mas esse tipo de pensamento raramente é recompensado quando chega a hora de ser publicado. A novidade é vista como um risco. As editoras querem algo que já tenha sido testado e comprovado. Isso significa que a melhor arte sempre será a mais arriscada.

"Quando 99% da sua vida é seu trabalho, ou você é muito ruim no que faz, ou está em completo desequilíbrio com o restante da sua vida; nenhuma das opções é motivo de orgulho."

JÉRÔME JARRE
X/FB/SC/YT: @jeromejarre

JÉRÔME JARRE abandonou a faculdade de administração aos 19 anos e se mudou para a China. Depois de seis de suas startups falirem, ele concentrou toda sua energia nas redes sociais, e, em doze meses, seus vídeos sobre a felicidade e desafiar os medos alcançaram 1,5 bilhão de visualizações, tornando-o um pioneiro da indústria de vídeos em plataformas móveis. Em 2013, Jérôme criou a primeira agência de propaganda voltada apenas para plataformas móveis com Gary Vaynerchuk (página 223), prestando consultoria a algumas das maiores companhias do mundo e conectando influenciadores a marcas. Em 2017, depois de apoiar ONGs do mundo inteiro, Jérôme uniu cinquenta dos maiores influencers das plataformas móveis por meio do LOVE ARMY e angariou 2,7 milhões de dólares para combater a seca na Somália, supervisionando pessoalmente como cada centavo estava sendo gasto.

Que livro (ou livros) você mais deu de presente e por quê? Ou nomeie de um a três livros que mais influenciaram sua vida.

Propaganda, de Edward Bernays, acompanhado do documentário *The Century of the Self*. Esse livro abriu meus olhos para a indústria do marketing em um momento em que eu apenas participava dela às cegas. De maneira resumida, Edward Bernays é o precursor de todo o ecossistema do marketing, o pai de todos os gurus e agências de marketing. No início do século passado, ele ficou fascinado pelo que o exército de

Hitler havia criado: uma ilusão completa, uma "propaganda" que milhões de pessoas na Europa adotaram. Então, se mudou para Nova York e decidiu aplicar essa técnica aos negócios. E, por causa da má reputação da palavra "propaganda", ele a rebatizou como "relações públicas" e criou a primeira firma de RP dos Estados Unidos.

Infelizmente para a humanidade, ele escolhia seus clientes com base em quanto dinheiro eles estavam dispostos a lhe dar, assim como 99,9% das agências hoje em dia. Dessa forma, acabou ajudando o setor de suínos ao convencer as pessoas de que comer bacon no café da manhã deixava um homem mais forte e auxiliou a indústria do tabaco ao transformar os cigarros no símbolo do movimento feminista.

Tenho enorme interesse pela vida de Bernays, porque ele fez tudo errado. Perseguiu dinheiro em vez de um propósito. Fama em vez de impacto. E teve grandes arrependimentos no leito de morte — certa vez li que, quando estava morrendo, ele pregou contra o consumo do tabaco. Sei que a indústria do marketing e de relações públicas não vai desaparecer, e provavelmente é tarde demais para reverter os efeitos que esse cara e todos os gurus do marketing tiveram no mundo, mas espero que um dia os livros de Bernays e o documentário sobre sua vida sejam as primeiras coisas que os estudantes tenham que ler e assistir nas faculdades de administração e marketing. Nas atuais circunstâncias, sua vida está sendo ignorada por todos por uma razão específica: é difícil olhar-se no espelho. Lembro-me de quando falei sobre a vida e o legado de Bernays em uma conferência de marketing na Alemanha. Os organizadores ficaram furiosos — eles esperavam que eu lhes desse ferramentas para vender produtos no Snapchat para a "geração Y".

Que aquisição de até 100 dólares mais impactou positivamente sua vida nos últimos seis meses (ou nos últimos tempos)?

Gastei 4 dólares para estacionar perto de um lindo lago no Oregon. Nadei e tive uma experiência que me valeu o equivalente a trilhões de dólares na água.

De que forma um fracasso, ou fracasso aparente, acabou te levando ao sucesso? Você tem algum "fracasso pessoal" favorito?

À primeira vista, grande parte do que faço parece um fracasso. Quando larguei a faculdade de administração para criar minha primeira startup, 75% das pessoas que eu conhecia acharam que me arrependeria da decisão pelo resto da minha vida, e algumas até disseram que eu acabaria morando na rua. Depois, quando desisti da minha startup de tecnologia para começar a fazer vídeos on-line, todos ao meu redor viram isso como uma desculpa vergonhosa e um desperdício de tempo. E, quando deixei a agência de marketing para influenciadores que criei com Gary Vaynerchuk para tentar promover boas causas por meio das redes sociais, todo mundo achou que eu tinha ficado completamente louco e estava perdendo não só o juízo, mas também uma imensa fonte de renda e um futuro garantido. Acontece que essas foram as melhores decisões da minha vida. Cada uma dessas difíceis decisões que pareciam fracassos (a princípio) me fez chegar um pouco mais perto de quem eu realmente sou. Cada uma fortaleceu o meu verdadeiro eu. Cada uma me acordou da ilusão. Agora, consigo enxergar claramente um padrão de rejeição sempre que tento me aproximar de quem sou de fato, então a sensação de "parecer um fracasso" tornou-se mais um combustível do que um fardo.

Se você pudesse colocar um outdoor gigante em qualquer lugar exibindo qualquer coisa, o que seria e por quê?

De certo modo, ter uma audiência nas redes sociais é como ter um outdoor gigante para milhões de pessoas todos os dias. Eu adoraria que todos enxergássemos isso dessa maneira. Conheço muitas pessoas, por exemplo, que eram contra o Trump, mas passavam todos os dias falando dele e o criticando nas redes sociais. Você ergueria um outdoor gigante de alguém que não quer eleger? Provavelmente não. Na verdade, nós não entendemos as redes sociais. Um bom livro que pode nos ajudar é *Os meios de comunicação como extensões do homem*, de Marshall McLuhan. Ele deveria ser a bíblia do comportamento on-line do século XXI. Todos nós usamos diferentes formas de mídia o dia inteiro, todos os dias, só que a maioria de nós nunca tirou um tempo para estudá-las.

Mas, voltando à sua pergunta, eu gostaria de ter dois outdoors. Um para algo que digo a mim mesmo quando preciso tomar uma decisão difícil ou contraintuitiva: "Dê orgulho a si mesmo." Acho que desperdiçamos tempo demais tentando agradar a todo mundo e esquecemos que tudo já está dentro de nós. Seu instinto, sua criança interior, seu espírito — todos eles sabem o que é bom para você e para o mundo. Já a opinião dos seus amigos e de estranhos on-line, nem tanto.

A segunda é uma citação de um homem muito especial, Christopher Carmichael: "Você tem 99 anos, está no leito de morte e tem a chance de voltar a este momento: o que vai fazer?" Recorri a essa frase muitas vezes diante de questões difíceis. Quando o conheci na China, sete anos essa frase, eu não falava nada de inglês. Então, ele me deu dois livros para ler, praticar e me acostumar com a língua inglesa. Um dos livros foi *Trabalhe 4 horas por semana*. Eu o li tantas vezes para praticar que acho que passei algum tempo falando como você [Tim].

Quais foram os melhores ou mais valiosos investimentos que você já fez?

Quatro anos atrás, pouco antes de o Vine estar prestes a decolar, decidi me dedicar a ele em tempo integral. Se eu quisesse que desse certo, precisava sair de Toronto, onde morava, e me mudar para Nova York, que é uma das principais cidades quando se pensa em marketing/propaganda. Eu tinha o desejo de criar a primeira agência de marketing para influenciadores de plataformas móveis. Então, dei um salto no escuro e perguntei aos meus sócios na época quanto havia disponível para eu me mudar para Nova York. Não tínhamos nada. Mas um dos nossos colaboradores disse que poderia me emprestar 400 dólares. Imagine só: mudar-se para a cidade de Nova York com 400 dólares. Eu não conhecia ninguém em nenhuma parte dos Estados Unidos. Tudo que eu sabia era que sentia a necessidade de ir e precisava confiar nos meus instintos. Comprei uma passagem de ônibus de Toronto para Nova York por 60 dólares. Dormi no chão da casa do amigo de um amigo de um amigo. E ali estava eu , "morando" em Nova York.

Em sete dias, Gary Vaynerchuk e eu abrimos a GrapeStory, a primeira agência de influenciadores voltada apenas para plataformas móveis. Eu estava totalmente zerado de grana e não queria que Gary soubesse, então passei a dormir na sede da companhia dele, a VaynerMedia, a tomar banho numa academia que havia ali perto e a comer as sobras que a equipe esquecia na geladeira da companhia. Foi assim por meses, e, durante esse período, minhas postagens no Vine começaram a se intensificar. Fui inspirado por Nova York, tanto que não me importava com as dificuldades de estar sem dinheiro em uma cidade tão cara. Acho que levou mais ou menos um ano para eu me mudar para um apartamento. Meu objetivo nunca fora alcançar um número imenso de seguidores, só estudar o aplicativo enquanto o usava; porém, em Nova York, de alguma forma, descobri meu estilo, e o público gostou do conteúdo. Em junho de 2013, apenas algumas semanas depois de ter me mudado para Nova York, passei de 20 mil seguidores para um milhão em um mês. No mesmo mês, nossa agência começou a dar lucro. Apesar de estarmos ganhando dinheiro, continuei dormindo no escritório, porque não tinha tempo para encontrar um apartamento, e acho que durante algum tempo gostei da empolgação de dormir no chão de um escritório na Park Avenue South, em Nova York. Teve seu charme enquanto durou. Quando peguei meu primeiro contracheque da companhia, comprei o iPhone 5. Era a primeira vez que eu comprava um celular novo, e não usado. Foi um investimento para melhorar a qualidade da imagem dos meus Vines. E foi um ótimo investimento.

Há algum hábito incomum ou algo absurdo que você ame?

Não é absurdo, mas é algo que não fiz durante a maior parte da minha vida, e não vejo muitos amigos fazendo, então presumo que não seja muito comum. Antes de comer, faço uma oração. Não religiosa, mas para declarar intenções. Tento me sentir verdadeiramente grato pela comida no meu prato, sobretudo se, por acaso, for algum produto de origem animal. Pode ser um ovo ou um frango. Na maioria das vezes, minha alimentação é vegetariana, pois me faz sentir melhor e causa menos danos ao nosso planeta e ao meio ambiente. Mas, por exemplo, quando passei mais ou menos quatro meses na Somália, durante a nossa missão com o LOVE ARMY, não tínhamos o luxo de comer legumes e verduras. Precisávamos comer frango. Não vejo problema em comer animais quando é preciso, contanto que isso seja feito com respeito. Sentir gratidão pela vida do animal é uma boa maneira de honrá-lo. Tudo que comemos, seja um tomate ou um frango, contém luz. Essa luz nos alimenta muito mais do que as calorias ou proteínas. Ao reconhecermos essa luz, ao reconhecermos a divindade de todas as criações da Mãe Natureza, podemos nos alimentar duas vezes. É como quando somos crianças e temos um bichinho de pelúcia. Dizem que os bichos de pelúcia só se tornam reais se você acreditar que são reais. O mesmo se aplica à luz em nossos alimentos.

Nos últimos cinco anos, que nova crença, novo comportamento ou hábito mais impactou positivamente sua vida?

Uma crença: a de que todos somos minideuses, no sentido de que somos criadores, de uma forma que não deve alimentar nosso ego, mas nossa consciência. O que significa que o universo inteiro não está só fora, mas também dentro de nós. Temos um poder ilimitado: o poder de resolver quaisquer problemas diante de nós ou dos outros. Podemos criar as nossas realidades. É uma crença simples e pequena, porém pode mudar o curso da humanidade. Sendo minideuses, nunca nos falta nada. Sabemos que já temos tudo. Não precisamos de 1 milhão de dólares. Não precisamos de um trilhão de seguidores. Estamos completos. Estamos saciados. Tão saciados que podemos dar sem contar. No dia em que todos começarmos a agir como minideuses será o dia em que haverá paz no mundo.

Que conselho você daria a um universitário inteligente e aplicado prestes a entrar no "mundo real"?

Não confie nos gurus, seja um guru do marketing ou da vida. Qualquer um que lhe diga que sabe mais está — mais do que tudo — usurpando o seu poder, pois está rebaixando você e se elevando. O guru se separa do resto de nós. Qualquer coisa que crie separação é uma ilusão. Na verdade, estamos todos unidos, somos todos iguais, todos pequenas partes da mesma coisa maior: o universo. Falo sobretudo de todas as personalidades on-line que lhe dizem para trabalhar mais, que dizem que estão trabalhando mais do que qualquer pessoa. Quando 99% da sua vida é seu trabalho, ou você é muito ruim no que faz, ou está em completo desequilíbrio com o restante da sua vida; nenhuma das opções é motivo de orgulho. Sempre que alguém vier com algum discurso pronto, lembre-se de que não passa de ilusão.

Meu outro conselho é para que entre no mundo real assim que puder. E, por "mundo real", não me refiro a um estágio em uma companhia de marketing. Refiro-me a sair das redes sociais, sair das grandes cidades e se reconectar com o que é real: a natureza, seu espírito, sua criança interior. Respeite-se. A maior parte do mundo hoje está adormecido, interpretando um pequeno papel em uma ilusão gigante. Você não precisa fazer a mesma coisa. Pode escolher uma vida diferente. Tudo está dentro de nós. Você saberá as respostas quando dedicar algum tempo a encontrar-se e a confiar em si mesmo. Se você está estudando administração/relações públicas/marketing, abandone o curso hoje. O mundo já está cheio de marqueteiros e empresários. O mundo não precisa de mais disso. O mundo precisa de curandeiros, de pessoas capazes de resolver problemas com o coração. O coração é milhões de vezes mais poderoso do que o cérebro.

Que dicas ruins você costuma ouvir na sua profissão ou especialidade?

Estou presente em duas indústrias neste momento: na "influência" nas redes sociais e na indústria humanitária. A pior recomendação que ouço no mundo dos influenciadores vem dos gurus de marketing que pregam que, se uma pessoa construir uma audiência e começar a promover marcas para eles, pode ser bastante rica e bem-sucedida. Isso é bonitinho, mas precisamos nos lembrar da história de Bernays. Promover companhias antiéticas ou insalubres por dinheiro não é sinônimo de sucesso, se chama "corrupção". Não a de nível político, como estamos acostumados a ouvir, mas corrupção do seu sistema de crença. Corrupção do seu legado. Conheço muitos influenciadores que promovem produtos que nunca consumiriam. Mas com um contracheque de 500 mil dólares por duas fotos no Instagram, o que você faria se estivesse no lugar deles?

Já estive nesse lugar, e tenho orgulho de dizer que precisei provar do meu próprio remédio naquele dia. Dois anos atrás, na época em que eu estava começando realmente a questionar a indústria do marketing, me ofereceram um contrato de 1 milhão de dólares por uma grande série no Snapchat para o Sour Patch Kids. Eu disse que não comia essas balas e que nunca iria comê-las diante de uma câmera. Eles acataram a minha resposta. Eu até me lembro de ter dito a mim mesmo: "Eu nunca comeria uma bala dessas, nem que o diretor de marketing deles, responsável pela assinatura do acordo, pedisse." Aquele dia foi uma batalha difícil entre a ilusão de precisar de dinheiro e a voz interior incorruptível que me dizia para não fazer aquilo. Dispensei aquele contrato milionário. Até gravei a cena do encontro e a coloquei no meu canal no YouTube. Gary Vee estava na sala, negociando o contrato. Senti orgulho de mim mesmo naquele dia. O pior conselho que qualquer pessoa com um público on-line pode receber é de marqueteiros. O próprio Gary diz que "os marqueteiros entragam tudo".

Quando o assunto é a área humanitária, o pior conselho que você pode receber é: "Confie nas grandes ONGs; elas sabem o que fazem." Por mais triste que isso possa parecer, o humanitarismo, neste momento, é uma grande indústria. Já vi tantas pessoas levantarem dinheiro para uma causa, centenas de milhares de dólares, às vezes milhões, e acharem que não são boas o bastante para organizarem elas mesmas a missão de socorro. Elas acreditam que, se confiarem em uma ONG grande e famosa, as coisas darão certo. É claro que é uma opção segura para a pessoa, pois isso encerra o problema — de repente, o trabalho acabou. Mas isso realmente vai ajudar aqueles que precisam? Não tenha tanta certeza. Quando angariamos dinheiro para a Somália, decidimos organizar tudo nós mesmos, pedindo orientações a ONGs locais, mas sem, em nenhum momento, pisar na bola. E foi por isso que a nossa missão foi uma das que mais causaram impacto na Somália. Mesmo com uma quantia relativamente pequena de dinheiro se comparados aos gigantes dessa área, acabamos tendo um impacto maciço. Você vai ouvir que boas intenções não são o suficiente, mas posso garantir que, se você mantiver suas intenções puras ao longo de todo o processo, vai aprender muito rápido e vai mudar vidas, não apenas com a ação, mas também com a intenção. Os seres humanos que precisam de comida ou água continuam sendo seres humanos — e compreendem quando a mão que os alimenta faz isso com respeito e dignidade, e quando os trata com desrespeito e como se fossem uma commodity. As ONGs que já existem há décadas sabem que o sistema humanitário está falido e que há novas abordagens mais eficientes.

Por exemplo, em muitos países da África, como a Somália, a transferência financeira por dispositivos móveis é usada por toda a população. Isso significa que ninguém precisa levar alimentos até as vilas, pois agora é possível apenas transferir o dinheiro levantado diretamente para as pessoas via celular. Isso já é possível há quase dez anos, mas nenhuma ONG, nem as Nações Unidas, falam disso, porque é algo que os assusta. Se a área humanitária de repente sofrer uma ruptura de paradigma, como aconteceu em todas as outras indústrias, isso representará uma grande mudança para essas ONGs e para todas as pessoas que trabalham nelas. Pense no que o Uber fez com as companhias de táxi. Quando descobrimos que toda a infraestrutura para esse novo modelo estava pronta, minha equipe e eu começamos a angariar e distribuir dinheiro diretamente para os celulares das pessoas. Isso mudou o jogo para elas, que passaram a ter poder e a comprar a própria comida, como as outras pessoas. O que quero dizer é: dê o seu dinheiro às pessoas que precisam, e não a instituições de caridade.

Nos últimos cinco anos, a que você começou a dizer não com mais facilidade?

A Somália foi um período desafiador para mim, visto que precisei separar o tempo entre a organização da nossa missão e a atualização/comunicação com os nossos 95 mil doadores. Precisei prestar muita atenção no que colocava a minha energia e, nesse processo, adotei uma abordagem diferente para o meu celular. Em vez de considerar cada mensagem ou e-mail a coisa mais importante da minha vida, passei a ver as coisas como energia. Esse e-mail me dá poder ou usurpa o meu poder? Percebi que, na maioria das vezes, a resposta era que usurpava o meu poder. Lembre-se de que a maioria das pessoas está adormecida, alheia a seus poderes internos, então acha que precisa tirar poder dos outros para se alimentar. Agora, aprendi a dizer não a todas essas solicitações.

Quando se sente sobrecarregado ou desconcentrado, o que faz?

Simplesmente tento colocar os pés no chão, e, para isso, é preciso tocar em alguma coisa real. Pode ser nadar — a água é real; meditar — o coração é real; estar em contato com um animal — animais são reais; ou fazer uma refeição deliciosa sozinho sob o sol. Adoro ficar sozinho com comida. Ao comer devagar e depositar tantas intenções na minha comida, comecei a desenvolver uma noção mais forte de sabor do que tinha antes. Portanto, quando como, sinto o sabor do alimento com muita emoção. Esses pequenos momentos reais fazem você sair da própria cabeça.

"Quer você pense que pode, quer pense que não pode, você está certo."
— Henry Ford

FEDOR HOLZ
X: @CrownUpGuy
IG: @fedorholz
primedgroup.com

FEDOR HOLZ é amplamente considerado um dos melhores jogadores de pôquer da Era Moderna. Em julho de 2016, ele ganhou seu primeiro bracelete da Série Mundial de Pôquer no High Roller for One Drop de 111.111 dólares, totalizando 4.981.775 dólares. Ele foi eleito pelo PocketFives o melhor jogador on-line de torneios multimesa de 2014 e 2015. Tem mais de 23,3 milhões de dólares em jogos ganhos em eventos ao vivo. Fedor é cofundador e CEO da Primed, uma startup e companhia de investimentos sediada em Viena. Seu primeiro produto é o Primed Mind, um aplicativo de coaching para a mente que ajuda o usuário a experimentar as mesmas técnicas de visualização e estabelecimento de objetivos usadas no treinamento dos maiores fenômenos mundiais do pôquer.

Que livro (ou livros) você mais deu de presente e por quê? Ou nomeie de um a três livros que mais influenciaram sua vida.

Em busca de sentido, de Viktor E. Frankl. Suas descrições da vida nos campos de concentração nazistas, enquanto todos que ele amava morriam ao seu redor, tiveram um impacto duradouro em mim, especialmente em como decido a que quero dedicar meu tempo. [A partir do livro], interpretei que não podemos evitar o sofrimento, mas podemos escolher como lidar com ele, e que ter sentido na nossa vida é essencial.

Que aquisição de até 100 dólares mais impactou positivamente sua vida nos últimos seis meses (ou nos últimos tempos)?

A Deuserband Original foi uma descoberta incrível para mim. Sobretudo quando passo longos períodos em uma cadeira, é ótimo poder alongar meus braços e minhas costas, e ela melhora a postura.

De que forma um fracasso, ou fracasso aparente, acabou te levando ao sucesso? Você tem algum "fracasso pessoal" favorito?

Meu "fracasso" favorito foi ter deixado a universidade aos 18 anos, após nove meses de estudos, para me dedicar ao pôquer. Na época, minha família e a maioria das pessoas com quem eu convivia ficaram muito preocupadas comigo e com meu futuro. Nove meses de pôquer medíocre depois, saí do apartamento em que morava e me livrei de todos os meus pertences para viajar pelo mundo e me concentrar completamente no pôquer. Conheci dois caras incríveis durante a viagem, fui morar com eles em Viena e, nos nove meses seguintes, ganhei meu primeiro milhão de dólares jogando pôquer on-line.

Se você pudesse colocar um outdoor gigante em qualquer lugar exibindo qualquer coisa, o que seria e por quê?

"Quer você pense que pode, quer pense que não pode, você está certo", de Henry Ford.

Essa é, de longe, minha citação favorita de todos os tempos. Meus valores básicos na vida consistem em manter um estado mental positivo, manter o foco naquilo que é prioridade e ser apaixonado por meus objetivos e determinado a alcançá-los.

Qual foi o melhor ou mais valioso investimento que você já fez?

Só invisto em pessoas em quem acredito muito. Investi dezenas de milhares de dólares nos meus amigos mais próximos do pôquer, que os transformaram em milhões. Hoje, estão entre os melhores do jogo.

Existem muitos acordos e estruturas diferentes. Em geral, há duas opções principais: 1) a aposta de longo prazo, que significa bancar o bankroll de um jogador, e vocês dividirem os lucros mais ou menos meio a meio, e continuarem jogando enquanto estiverem lucrando; 2) comprar ações: você compra 50% da ação em um torneio por 50% + x% do bônus (chamado "markup") do lote adquirido de ações. Isso é o que tenho feito bastante e algo em que tenho sido muito bem-sucedido. Pode ser comparado às apostas nos esportes. Supomos o retorno sobre o investimento em um jogador durante um torneio e precisamos compensar o "desperdício" de ter pagado por ele com algo adicional: o markup. A maioria dos jogadores cobra markup porque acredita que vai ganhar e quer dividir o lucro em potencial com os investidores. Se o markup for muito alto, mesmo que ele ganhe, acabamos por perder dinheiro no longo prazo. O ideal é quando a divisão é justa entre o jogador e o comprador. Cinquenta por cento é um exemplo. Poderia ser qualquer quantia. Meu maior ganho foi transformar 2.500 dólares em 750 mil dólares em um torneio com um dos meus melhores amigos.

Além disso, sempre gastei muito dinheiro em todo tipo de experiências, e poucas vezes em coisas materiais.

Há algum hábito incomum ou algo absurdo que você ame?

Consigo pensar melhor quando minhas mãos estão ocupadas. É por isso que estou constantemente brincando e jogando brinquedinhos como fidget cube, spinner, bolinhas antiestresse ou pequenos travesseiros de pescoço.

Nos últimos cinco anos, que nova crença, novo comportamento ou hábito mais impactou positivamente sua vida?

Há pouco tempo, me dei conta do valor de fazer as perguntas *certas*. Muitas vezes, apenas nos atemos a questões superficiais ao trocar frases roteirizadas. Aprofundar mais um determinado assunto e descobrir *por que* alguém se comporta de uma forma ou de outra e o que o/a motiva tem muito mais significado para mim. Especificamente em conversas, perguntar de verdade a alguém como se sente e por que acha que se comportou de determinada maneira lhe dá (e à pessoa) uma perspectiva muito diferente.

Que dicas ruins você costuma ouvir na sua profissão ou especialidade?

"Você só precisa continuar jogando." Há muito mais no pôquer do que simplesmente continuar jogando. Vale tentar entender todas as diferentes facetas do jogo e dar à própria mente tempo para se recuperar, descansando e fazendo outras coisas agradáveis. Não se deve exagerar.

Quando se sente sobrecarregado ou desconcentrado, o que faz?

Trabalho com o meu coach de atenção plena, Elliot Roe, e/ou uso o nosso aplicativo Primed Mind. Após dez minutos, estou focado, recarregado e pronto para me concentrar nos próximos desafios.

"'Não prejudique outras pessoas. Seja leal a si mesmo. 'Para mim, ser uma boa pessoa, assim como o caminho para a verdadeira felicidade interior, se dá mediante ações altruístas, de empatia com os outros.'"

ERIC RIPERT
X/IG: @ericripert
X/IG: @lebernardinny
le-bernardin.com

ERIC RIPERT é reconhecido como um dos melhores chefs do mundo. Em 1995, com apenas 29 anos, ele recebeu quatro estrelas do *New York Times*. Vinte anos depois, e pela quinta vez consecutiva, Le Bernardin, onde Eric é chef e coproprietário, recebeu mais uma vez quatro estrelas do *New York Times*, tendo se tornado o único restaurante a manter a maior classificação por tanto tempo. Em 1998, a Fundação James Beard o nomeou Top Chef da cidade de Nova York e, em 2003, Chef Destaque do Ano. Em 2009, *Avec Eric*, seu programa de TV, estreou e passou duas temporadas no ar, rendendo-lhe dois Daytime Emmy Awards. Ele retornou para uma terceira temporada no Cooking Channel em 2015. Eric também apresentou o programa *On The Table* no YouTube, que estreou em julho de 2012 e foi transmitido no mundo inteiro. Ele é autor do livro de memórias *32 Yolks: From My Mother's Table to Working the Line, Avec Eric*, best-seller do *New York Times* e de vários outros livros.

Que livro (ou livros) você mais deu de presente e por quê? Ou nomeie de um a três livros que mais influenciaram sua vida.

Os dois livros que mais dou de presente são *O alquimista*, de Paulo Coelho, e *A Plea for the Animals*, do monge budista Matthieu Ricard. Fácil de ler, *O alquimista* fala de como todos temos um objetivo máximo na vida e de como temos medo de persegui--lo. O encorajamento para realizar os sonhos é muito inspirador! Ler *A Plea for the Animals* levantou muitas questões pessoais para mim. Como budista, sempre senti um grande conflito entre o gosto por carne e peixe como ingredientes e a responsabilidade pela morte de outra criatura. Os fatos chocantes e argumentos apaixonados de Matthieu Richard me desafiaram de modo emocional e intelectual.

Mais recentemente, tenho dado de presente minhas memórias, *32 Yolks: From My Mother's Table to Working the Line*. É uma honra compartilhar minha experiência e espero que ela sirva como fonte de lições para jovens chefs.

Que aquisição de até 100 dólares mais impactou positivamente sua vida nos últimos seis meses (ou nos últimos tempos)?

Um orbe de shungite. Suas incríveis qualidades protetoras e curativas — para a mente, o emocional, o espírito e o físico — podem ser sentidas até pelos mais céticos. Um benefício relevante para muitos de nós na atualidade: ele neutraliza as ondas negativas dos equipamentos eletrônicos.

De que forma um fracasso, ou fracasso aparente, acabou te levando ao sucesso? Você tem algum "fracasso pessoal" favorito?

Por volta dos 15 anos, fui expulso da escola por baixo desempenho e recebi a recomendação de que teria de encontrar uma vocação. Lembro-me de ter sentado ao lado da minha mãe, na frente do diretor, tentando parecer triste, mas por dentro estava em êxtase! Desde cedo, eu tinha uma paixão por comer que adquiri na cozinha da minha mãe. Esse "fracasso" significava que eu poderia enfim frequentar um curso de culinária! O ensino técnico me permitiu estudar com alguns dos maiores chefs, o que me tornou o chef que sou hoje e a viver a minha paixão.

Se você pudesse colocar um outdoor gigante em qualquer lugar exibindo qualquer coisa, o que seria e por quê?

Meu outdoor diria: "Não prejudique outras pessoas. Seja leal a si mesmo." Para mim, ser uma boa pessoa, assim como o caminho para a verdadeira felicidade interior, se dá mediante ações altruístas, de empatia com os outros. Acredito que, para encontrar o contentamento e a paz interior, você precisa ter um impacto positivo em qualquer um com quem interaja a cada dia. Você também não deve permitir que a energia negativa dos outros o diminua ou altere; deve manter-se leal às suas crenças.

Recentemente me deparei com uma citação do Dalai Lama que tem muito a ver com meu modo de ser e com o modo com que desejo viver a vida: "A felicidade não é algo que vem pronto. Ela vem das próprias ações."

Qual foi o melhor ou mais valioso investimento que você já fez?

No início dos anos 1990, li *Cent éléphants sur un brin d'herbe*, do Dalai Lama, cuja tradução é "Cem elefantes sobre uma folha de grama" e que tem como introdução o discurso que o Dalai Lama fez ao receber o Prêmio Nobel. Eu era um jovem em busca de orientação e espiritualidade... Foi uma revelação para mim e foi o que me colocou na jornada para o budismo.

Há algum hábito incomum ou algo absurdo que você ame?

Sempre levo no bolso uma estátua de cristal em miniatura de Buda ou uma pedra com propriedades protetoras.

Nos últimos cinco anos, que nova crença, novo comportamento ou hábito mais impactou positivamente sua vida?

Deixar de tomar refrigerante diet. Passei a tomar mais chás — de açafrão, lótus — que me dão a mesma energia, mas não têm os efeitos colaterais negativos para a saúde.

Quando se sente sobrecarregado, ou desconcentrado, ou perde o foco momentaneamente, o que faz?

Para evitar me sentir sobrecarregado ou desconcentrado, passo cerca de uma hora meditando toda manhã. Isso me ensinou a abrir espaço para a felicidade e a tranquilidade no dia. Em momentos estressantes, tento me distanciar da situação e parar para refletir. Seja qual for o problema, em geral pergunto a mim mesmo: "Tenho capacidade de fazer alguma diferença neste momento?" Se não enxergo uma forma clara de causar um impacto positivo, reflito mais um pouco. Acho que a paciência na resolução dos problemas costuma ser subestimada.

[Contribuição de Cathy Sheary, da equipe de Eric: "Ele pratica diferentes tipos de meditação (em geral pela manhã), incluindo Samatha, quando precisa se concentrar, e Vipassana, que é uma meditação guiada com propensão a ser mais religiosa e pode ser usada no manejo da raiva. É algo que Eric consegue fazer em qualquer ambiente, mas é mais comum que pratique em sua sala de meditação. Algumas vezes, também em seu escritório e outras, quando está caminhando."]

Nos últimos cinco anos, a que você começou a dizer não com mais facilidade?

Há cinco ou seis anos, decidi que dividiria a vida em três partes: uma para os negócios, uma para a família e uma para mim. A distinção e a priorização me ajudam a encontrar equilíbrio e satisfação em cada área. Agora se tornou muito fácil dizer não... Se algo não acrescenta significado ou diversão a uma das partes, então não participo.

Que dicas ruins você costuma ouvir na sua profissão ou especialidade?

Com frequência, existe uma ânsia para abrir vários restaurantes muito rápido, o que algumas pessoas associam a sucesso. O ponto fraco em qualquer restaurante é a contância: você não pode ser ótimo em um dia e então ser mediano no outro. Tentar gerenciar muitos lugares e manter a mesma qualidade culinária e de serviço é quase impossível. Nós não conseguiríamos comandar dois Le Bernardins e fazer com que os dois fossem igualmente bons. Quanto mais você dividir o foco, mais cada empreendimento pode sofrer com a falta de atenção.

"Você não precisa merecer amor. Só precisa existir."

SHARON SALZBERG
X: @SharonSalzberg
sharonsalzberg.com

SHARON SALZBERG teve um papel crucial na introdução de práticas de meditação e atenção plena no Ocidente e na cultura de massa desde 1974, quando começou a ensinar. Ela é cofundadora da Insight Meditation Society e autora de dez livros, entre os quais *A real felicidade*, best-seller do *New York Times*, seu trabalho inspirador, *Lovingkindness*, e o novo livro, *Real Love: The Art of Mindful Connection.* Conhecida pelo estilo prático de ensino, Sharon oferece uma abordagem secular moderna para os ensinamentos budistas, tornando-os instantaneamente acessíveis. Ela é colunista regular do *On Being*, colaboradora do *The Huffington Post* e apresenta o próprio podcast: *Metta Hour*.

De que forma um fracasso, ou fracasso aparente, acabou te levando ao sucesso? Você tem algum "fracasso pessoal" favorito?

No início da carreira, eu tinha pavor de dar aulas. Na estrutura dos nossos retiros intensivos de meditação, as pessoas meditam ao longo do dia com sessões de perguntas e respostas, contato individual e em pequenos grupos com o professor e uma aula formal a cada noite. Nos primeiros retiros em que lecionei nos Estados Unidos, não conseguia dar uma única palestra — meus colegas precisavam dar todas. Acho que durou mais de um ano. Eu tinha medo de, no meio da palestra, ter um branco e ficar ali, paralisada, decepcionando a todos. Depois de um bom tempo, me dei conta de que as pessoas não estavam ali para me julgar com crueldade. Elas também não estavam esperando que eu expusesse minha experiência incrível. O que queriam mais do que qualquer coisa era uma sensação de conexão, e eu podia oferecer isso sendo sincera e atenciosa. Percebi que também desejava conexão e eu não precisava ser uma palestrante perfeita para que isso acontecesse. Se não fosse pelo medo inicial, eu não teria olhado mais fundo, e talvez não tivesse aprendido tanto sobre a minha autenticidade.

Que livro (ou livros) você mais deu de presente e por quê? Ou nomeie de um a três livros que mais influenciaram sua vida.

Mente zen, mente de principiante, de Shunryu Suzuki, influenciou muito a minha vida. Há uma citação no livro que diz algo como: "Praticamos (a meditação) não para alcançar a qualidade do Buda, mas para expressá-la." Mesmo apesar de tê-la lido pela primeira vez quarenta anos atrás, ainda sinto um frisson percorrer meu corpo ao pensar nessa citação. Muitas vezes, já me ocorreu que a melhor forma de ensinar é uma articulação do que já sabemos, mas não temos ideia de como colocar em palavras, ou, mais crucialmente, como viver. Desde a primeira vez que a li, senti a diferença crucial entre praticar para alcançar algo que você acredita não ter e praticar para expressar a completude de quem você é.

Se você pudesse colocar um outdoor gigante em qualquer lugar exibindo qualquer coisa, o que seria e por quê?

"Você é uma pessoa digna de amor. Não precisa fazer nada para provar isso. Você não precisa merecer amor. Só precisa existir." É fácil confundirmos o amor verdadeiro por nós mesmos com narcisismo ou presunção, mas acho que essas são coisas muito diferentes. Em vez do vazio que o narcisismo tende a esconder, vi que o amor verdadeiro por mim mesma vem de um sentimento de abundância ou suficiência interior. Vem de me sentir completa, o que é algo inato em nós, oculto sob os temores, sob o condicionamento cultural e sob os julgamentos que aplicamos a nós mesmos. Então, você não precisa aprender a jogar tênis, ou criar um vídeo que viralize, ou se tornar um chef mundialmente renomado para merecer amor. Tudo isso são coisas ótimas, mas somos dignos de amor conquistando-as ou não.

Nos últimos cinco anos, a que você começou a dizer não com mais facilidade? Que novas descobertas e/ou abordagens ajudaram? Alguma outra dica?

Comecei a dizer não com mais facilidade a convites, embora ainda tenha um grande caminho a percorrer! Peguei essa dica com uma amiga, que achava difícil dizer não quando precisava. Durante sua meditação, ela conscientemente revisitou situações em que poderia ter dito não e observou o que acontecia no seu corpo ao rever o diálogo. Ela se conectou com as sensações que vinham do estômago para o peito, atrapalhando a respiração. Era quase como um tipo de pânico, uma expressão visceral de "talvez essa pessoa não vá gostar mais de mim". Ela aprendeu como era experimentar essas sensações, e nas vezes seguintes que estava no trabalho, ou com a família, e aquele mesmo tipo de pergunta foi feito, ao sentir as sensações começando, usou seu feedback para dizer: "Vou ter que responder depois." Com esse pequeno espaço, ela depois conseguia dizer não. A consciência da expressão emocional no corpo foi crucial. Estou tentando seguir seus passos.

Quando se sente sobrecarregada ou desconcentrada, o que faz?

Paro e pergunto a mim mesma: "Do que você precisa neste momento para ficar feliz? Você necessita de alguma outra coisa além do que está acontecendo agora para ser feliz?" Isso logo me leva àquilo do que preciso. Também tento me lembrar de respirar. Já percebi que, quando me sinto sobrecarregada, congelo, e minha respiração fica muito superficial. "Simplesmente respire" é algo que digo a mim mesma quando me sinto mergulhada em caos. Ou eu mudo o foco para sentir os pés no chão. Na maioria das vezes, costumamos pensar na consciência como algo que habita a cabeça, atrás dos olhos. Aprendi que preciso começar delicadamente a levar minha energia para baixo a fim de sentir os pés. Experimente! No início, é um pouco estranho, mas a consciência não precisa ser vista como algo limitado à cabeça, espiando o mundo desconectada. Quanto mais a consciência transita pelo corpo, mais eu me lembro de respirar e mais concentrada me torno de modo natural.

CITAÇÕES QUE ESTÃO NA MINHA CABEÇA

(Tim Ferriss: 22 de julho – 12 de agosto de 2016)

"Tudo que você constrói em grande escala ou com uma paixão intensa convida o caos."

– FRANCIS FORD COPPOLA

Diretor premiado, mais conhecido por *O Poderoso Chefão*

"Não busque seguir os passos do sábio; em vez disso, busque o que ele buscou."

– MATSUO BASHŌ

Poeta japonês do período Edo

"As coisas que você possui acabam possuindo você."

– CHUCK PALAHNIUK

Escritor norte-americano, mais conhecido por *Clube da luta*

"Se você estabelecer objetivos muito elevados e fracassar, fracassará acima dos sucessos de qualquer outra pessoa."

– JAMES CAMERON

Renomado diretor canadense, mais conhecido por *Titanic* e *Avatar*

"Passei os primeiros 33 anos da minha vida tentando evitar o fracasso a todo custo. Há pouco tempo, passei a me preocupar menos com a possibilidade de fracassar e mais com a de não arriscar fracassar o bastante, pois tenho uma certeza razoável de que não há um fracasso ao qual não consiga sobreviver."

FRANKLIN LEONARD
X: @franklinleonard
IG: @franklinjleonard
blcklst.com

FRANKLIN LEONARD foi descrito pela *NBC News* como "o homem por trás do banco de dados secreto de Hollywood, 'The Black List'". Em 2005, Franklin entrevistou quase cem executivos de desenvolvimento da indústria cinematográfica sobre seus roteiros favoritos daquele ano que não tinham se tornado longas-metragens. Desde então, a lista de eleitores alcançou o número de quinhentos executivos. Hoje, mais de trezentos roteiros da Black List ganharam as telas. Esses filmes arrecadaram mais de 26 bilhões de dólares em bilheterias do mundo inteiro, foram nomeados para 264 Academy Awards e ganharam 48, inclusive os ganhadores do Oscar de

Melhor Filme: *Quem Quer Ser Um Milionário*, *O Discurso do Rei*, *Argo* e *Spotlight: Segredos Revelados*, e dez dos últimos vinte Oscars por melhor roteiro.

De que forma um fracasso, ou fracasso aparente, acabou te levando ao sucesso? Você tem algum "fracasso pessoal" favorito?

Pode-se dizer que os primeiros três anos da minha carreira foram um catálogo de tentativas fracassadas de seguir carreiras das quais eu achava que podia gostar: a campanha para o congresso que ajudei a conduzir foi um fracasso. Os textos que produzi para o jornal *Trinidad Guardian* foram bons, mas nada notáveis. Fui um analista medíocre da McKinsey and Company. Essas experiências falhas me levaram a tentar Hollywood, e, ironicamente, meu trabalho na Black List, de muitas formas, foi uma síntese da liderança de um movimento baseado na escrita que requer uma verdadeira compreensão de operações e sistemas corporativos.

Há algum hábito incomum ou algo absurdo que você ame?

Não sei ao certo se isso é muito incomum ou absurdo, mas sou um fã degenerado de futebol. Jogo todas as noites de sexta em Los Angeles. Acordo às quatro da manhã nas manhãs de sábado e domingo durante a temporada da Premier League inglesa para assistir a todas as partidas. Jogo Fantasy Premier League de forma religiosa e com frequência planejo viagens internacionais com base na oportunidade de assistir ao vivo a jogos importantes. Fundamentalmente, amo o jogo, mas também é uma forma declarada de me desconectar de tudo que faz parte do trabalho. Por ironia, contudo, meu amor sincero por futebol deu origem a uma série de relações profissionais com pessoas que compartilham o mesmo interesse.

Quando se sente sobrecarregado, ou desconcentrado, ou perde o foco momentaneamente, o que faz?

Tiro um dia de folga (ou, se não for possível tirar um dia inteiro, algumas horas, ou até alguns minutos) com permissão para não pensar em seja lá em que eu esteja fracassando. Esse dia em geral inclui algum tipo de atividade puxada e assistir novamente a pelo menos um dos meus filmes favoritos (na maioria das vezes, *Amadeus* e *Muito Além do Jardim*, ambos, como talvez não seja surpresa, filmes sobre como a genialidade pode ser encontrada em lugares incomuns).

Sempre que posso, jogo futebol. Por instinto, detesto a academia, mas ela é necessária tanto para me manter em forma quanto para me distrair da dor emocional com a dor física que vem quando estamos sobrecarregados ou desconcentrados. Também tenho a sorte de morar a alguns quarteirões do Griffith Park, em Los Angeles, então é fácil dar uma longa caminhada até as montanhas.

Nos últimos cinco anos, que nova crença, novo comportamento ou hábito mais impactou positivamente sua vida?

Provavelmente, duas coisas:

A necessidade absoluta de viajar. Sou filho de militar. Antes dos 9 anos, não passei mais de doze meses morando no mesmo lugar e suspeito que seja por isso que tenho essa necessidade de viajar. Passei pelo menos uma década resistindo, esforçando-me para me concentrar no trabalho como algo definido por ficar no escritório mexendo em papéis. Nos últimos três anos, tentei agarrar toda oportunidade de viagem que o trabalho me trazia e me comprometi em passar pelo menos um mês fora dos Estados Unidos ao longo do ano. Isso fez coisas extraordinárias pela minha saúde mental e pela capacidade de manter a perspectiva sobre o que é importante ou não quando volto ao trabalho no escritório.

Acreditar que consigo suportar a maioria dos fracassos que me ocorrem. Passei os primeiros 33 anos da minha vida tentando evitar o fracasso a todo custo. Há pouco tempo, passei a me preocupar menos com a possibilidade de fracassar e mais com a de não arriscar fracassar o bastante, pois tenho uma certeza razoável de que não há um fracasso ao qual eu não consiga sobreviver. Mesmo que a Black List desmorone amanhã, tenho certeza de que alguém vai me oferecer um emprego.

Que dicas ruins você costuma ouvir na sua profissão ou especialidade?

A pior é que os públicos internacionais não vão assistir a filmes sobre pessoas negras. É algo particularmente pérfido, mas reflete a questão mais ampla de que Hollywood aceita uma sabedoria convencional que é mais convenção do que sabedoria, sem se perguntar se há evidências que comprovem tais suposições.

Que conselho você daria a um universitário inteligente e aplicado prestes a entrar no "mundo real"?

Experimente tudo que você acha que pode querer fazer profissionalmente antes de aceitar qualquer plano B que tenha na cabeça, mas que esteja com a esperança de conseguir evitar.

"'A maior parte daquilo que lhe causa angústia nunca acontece de fato, então você deve expulsar essas coisas.' Não permita que vivam livremente no seu cérebro."

PETER GUBER
X: @PeterGuber
LI: peterguber
peterguber.com

PETER GUBER atua como presidente e CEO do Mandalay Entertainment Group. Já foi presidente e CEO da Sony Pictures Entertainment. Produziu ou atuou como produtor executivo (pessoalmente ou por meio de suas companhias) de filmes que receberam cinco indicações ao Oscar de Melhor Filme (tendo ganhado um por *Rain Man*) e sucessos de bilheteria que incluem *A Cor Púrpura*, *Expresso da Meia-Noite*, *Batman*, *Flash Dance: Em Ritmo de Embalo* e *Minhas Mães e Meu Pai*. Peter também é sócio-proprietário do Golden State Warriors, do qual foi um dos presidentes executivos do NBA Champions de 2015 e 2017. É um dos proprietários do Los Angeles Dodgers e proprietário e presidente executivo do Los Angeles Football Club (LAFC), da Major League Soccer. É um escritor renomado, cujas obras incluem *Shootout: Surviving Fame and (Mis)Fortune in Hollywood* e o livro mais recente, *Contar histórias para vencer — conectar, persuadir e triunfar com o poder de uma boa história*, que foi instantaneamente para o primeiro lugar dos mais vendidos do *New York Times*.

De que forma um fracasso, ou fracasso aparente, acabou te levando ao sucesso? Você tem algum "fracasso pessoal" favorito?

Nos anos 1970, quando eu era um jovem executivo na Columbia Pictures, a companhia estava tentando ferozmente destruir a indústria do videocassete, acreditando que a prerrogativa da indústria cinematográfica como produtores e distribuidores de conteúdo em vídeo para cinemas estava sendo ameaçada por essa nova tecnologia. Argumentei que era uma nova forma de alcançar audiências que agora poderiam adaptar o conteúdo à própria agenda, o que só acrescentaria valor ao negócio e ao público. Os executivos tinham uma visão estreita do produto que ofereciam. Quando, por fim, cederam e enxergaram seu valor, passaram a ver não uma bomba-relógio, mas um tesouro.

Mais tarde, todos os estúdios correram para aceitar uma proposta imperdível, quando os caras que desafiavam seu domínio se ofereceram para adquirir os catálogos inteiros de filmes para o cinema e para a televisão ao final da temporada para serem distribuídos em um produto compacto de forma exclusiva. Argumentei com todas as forças que não deveríamos aceitar o dinheiro ou deixá-los construir um sistema de grande valor nas nossas costas, e sim tirarmos vantagem do nosso conteúdo para entrar na nova indústria. Eles preferiram o lucro rápido e abriram mão de um empreendimento que acabou sendo uma galinha dos ovos de ouro.

Nunca esqueci que meu fracasso foi não os convencer de que o pensamento a curto prazo não é bom em uma maratona. Ironicamente, mais de duas décadas depois, como CEO da Sony (que adquirira a Columbia Pictures), comprei de volta o catálogo e todos os direitos de distribuição a um preço alto. Eu achava que controlar o conteúdo e o direito de distribuí-lo era fundamental para a sobrevivência da marca e do empreendimento.

Se você pudesse colocar um outdoor gigante em qualquer lugar exibindo qualquer coisa, o que seria e por quê?

Eu precisaria de três outdoors:

> "Não deixe o peso do medo interferir na alegria da curiosidade." O medo na verdade são falsas evidências que parecem reais.

> "A maior parte daquilo que lhe causa angústia nunca acontece de fato, então você deve expulsar essas coisas." Não permita que vivam livremente no seu cérebro.

"Atitudes são esteroides para a aptidão." Atitudes são simples, mas em tempos difíceis, que são os mais frequentes, são as coisas simples que contam mais.

Que conselho você daria a um universitário inteligente e aplicado prestes a entrar no "mundo real"?

A mudança crucial nos negócios é que um jovem deve encarar a pirâmide da carreira de forma diferente em relação à tradição. Estabeleça o ponto onde você se encontra agora (no início da carreira) e conceba seu futuro como um horizonte de oportunidades em expansão onde você pode se movimentar através do espectro em busca de um conjunto cada vez mais amplo de oportunidades de carreira. Reinvente-se de forma regular. Veja o mundo como um conjunto cada vez maior de realidades e aproveite o dia.

"Seus sonhos são a semente para a realidade."

GREG NORMAN
IG: @shark_gregnorman
FB: /thegreatwhiteshark
shark.com

GREG NORMAN é bastante conhecido como "O Grande Tubarão Branco" e venceu mais de noventa torneios de golfe no mundo inteiro, inclusive dois Opens. Ele manteve sua posição no primeiro lugar do ranking mundial de golfe por 331 semanas. Em 2001, foi incluído no Hall da Fama do Golfe Mundial com uma porcentagem maior de fotos do que qualquer outro agraciado da história. Hoje, é presidente e CEO da Greg Norman Company, que tem um portfólio variado de companhias bem estabelecidas, entre as quais produtos para o consumidor final focados no estilo de vida, no design de campos de golfe e empréstimos baseados em ativos para o pagamento de dívidas. Seus projetos filantrópicos já levantaram discretamente mais de 12 milhões de dólares para instituições de caridade, entre as quais a Cure Search for Children's Cancer e o Environmental Institute for Golf, que promove a sustentabilidade e a responsabilidade ambiental.

Que livro (ou livros) você mais deu de presente e por quê? Ou nomeie de um a três livros que mais influenciaram sua vida.

O caminho do guerreiro pacífico, de Dan Millmanm, *Ferramentas dos titãs*, de Tim Ferriss, e *Sobre a China*, de Henry Kissinger.

The Way of the Shark, que contém uma visão muito ampla e sincera das transições ocorridas na minha vida. A segunda parte será lançada em breve...

Se você pudesse colocar um outdoor gigante em qualquer lugar exibindo qualquer coisa, o que seria?

"Seus sonhos são a semente para a realidade."

Qual foi o melhor ou mais valioso investimento que você já fez?

Investir na Cobra no início dos anos 1990. Meu investimento de 1,8 milhão de dólares me rendeu 40 milhões depois que a companhia foi comprada pela Acushnet. Reinvesti esse dinheiro no meu negócio. A decisão era óbvia por três razões:

1. Meu investimento me deu 12% da Cobra e foi direcionado para pesquisa e desenvolvimento. Durante essa era, a Callaway havia sido a primeira a colocar tacos de madeira oversize no mercado, mas não colocou tacos de ferro oversize. Nós/a Cobra decidimos atacar esse mercado virgem imediatamente produzindo tacos de ferro oversize para homens e mulheres e atender aos jogadores veteranos, que haviam sido negligenciados. Essa decisão foi primordial para o crescimento maciço que a Cobra teve no mercado.

2. Eu passaria anos sendo um jogador representante da Cobra, recebendo um pagamento anual que logo compensaria o meu investimento. Assim, o retorno que tive sobre o investimento foi garantido desde o início, rendendo-me 12% de uma companhia que crescia com velocidade.

3. Fui o primeiro lugar do mundo durante esse período feliz — um jogador de nível mundial. Assim, por sorte eu era uma peça fundamental no que diz respeito à exposição em um esporte que explodiu na década de 1980, facilitando o marketing e o estabelecimento do produto.

Há algum hábito incomum ou algo absurdo que você ame?

Escovo os dentes em um pé só, alternando. É ótimo para as pernas, para a força e para o equilíbrio!

Nos últimos cinco anos, que nova crença, novo comportamento ou hábito mais impactou positivamente sua vida?

Ter viajado para o Butão em dezembro de 2016 e descoberto o budismo, que é mais do que uma religião: é um estilo de vida extremamente gratificante.

Que dicas ruins você costuma ouvir na sua profissão ou especialidade?

"Não dá para ser feito."

Quando se sente sobrecarregado ou desconcentrado, o que faz?

Primeiro, grito "CARALHO!" a plenos pulmões! Em seguida, compartimentalizo em FA e FD ("faço agora" e "faço direito").

Também vou à academia para me dar um tempo de solidão, permitindo-me uma autoanálise e relaxar do estresse do momento e do dia.

Quando estou no rancho, longas trilhas com meu cavalo, Duke, também são muito catárticas, já que a natureza é uma ótima terapeuta.

"Se você ousar, já estará à frente de 99% de todos os outros."

DANIEL EK
X/FB: @eldsjal
spotify.com

DANIEL EK é cofundador e CEO do Spotify, a plataforma mundialmente famosa de streaming com mais de 140 milhões de usuários mensais ativos. Daniel foi chamado de "o homem mais importante da música" pela revista *Forbes*. Quando adolescente, do quarto, criava sites para companhias e administrava serviços de hospedagem na web. Ele abandonou a faculdade e trabalhou para várias companhias pontocom antes de fundar a Advertigo, uma firma de marketing on-line que ele vendeu em 2006 para a companhia sueca Tradedoubler. Em seguida, Daniel fundou o Spotify com o cofundador da Tradedoubler, Martin Lorentzon, e se tornou o CEO.

Que livro (ou livros) você mais deu de presente e por quê? Ou nomeie de um a três livros que mais influenciaram sua vida.

O princípio da caixa-preta: A surpreendente verdade sobre o sucesso, de Matthew Syed. Desde que li esse livro, incorporei à minha rotina a abordagem dele para a solução de problemas. Sempre encorajei as pessoas ao redor a não terem medo do fracasso, pois acredito que ele é a ferramenta de aprendizagem mais importante.

O alquimista, de Paulo Coelho. Passei uma tarde inspiradora com Paulo na Suíça, por volta da época em que estávamos lançando o Spotify no Brasil. Foi fascinante conversar com ele sobre como o livro se tornou um sucesso tão grande — em nenhum momento ele hesitou: deixou as pessoas o lerem de graça para promover a venda, algo muito parecido com o modo como o modelo freemium do Spotify era visto na época.

The Minefield Girl, de Sofia Ek. Minha esposa, Sofia, publicou há pouco tempo seu primeiro livro. Estou bastante orgulhoso dela, do esforço e da dedicação que ela investiu na obra. Não sei como ela conseguiu fazer isso e, ao mesmo tempo, ser uma ótima mãe para nossas duas filhas. O livro é sobre suas experiências como uma jovem vivendo e fazendo negócios em uma ditadura, e é uma história de amor e luta em uma terra onde nada é o que parece ser.

Poor Charlie's Almanack, de Charles T. Munger. Há anos tenho acompanhado com prazer as palestras on-line de Charlie Munger; essa é a coletânea das melhores delas. Há pouco assisti a *Becoming Warren Buffett* em um voo e me lembrei da grande lenda que Charlie é.

Nos últimos cinco anos, que nova crença, novo comportamento ou hábito mais impactou positivamente sua vida?

Gosto de fazer pelo menos duas das minhas reuniões diárias enquanto caminho. Mesmo que seja uma reunião com alguém que não se encontra fisicamente presente, uso o Google Hangout segurando o telefone à minha frente enquanto caminho, com fones de ouvido. Isso me ajuda a me concentrar e me inspira, além de trazer benefícios óbvios à saúde.

De que forma um fracasso, ou fracasso aparente, acabou te levando ao sucesso? Você tem algum "fracasso pessoal" favorito?

Abandonei a universidade para fundar minha companhia, ajudando empresas a construírem sites. Na época, amigos e familiares acharam que eu estava louco. Mas minha mãe foi quem me deu a segurança de que precisei para fazer o que faço hoje. É claro que ela teria preferido que eu cursasse a faculdade e tivesse uma base educacional sólida. Porém, acima de tudo, ela me disse: "Faça o que quer fazer, e estarei ao seu lado não importa o que aconteça." É provável que tenha sido esse apoio que me fez sentir como se nada no mundo fosse impossível. Você só tem que ousar fazer. Se você ousar, já estará à frente de 99% de todos os outros.

Que dicas ruins você costuma ouvir na sua profissão ou especialidade?

"Quem espera sempre alcança." Se eu tivesse seguido esse conselho, o Spotify nunca teria se tornado nada além de uma ideia. Tivemos tantas dificuldades na época. Bono certa vez me disse: "Quem trabalha duro e nunca desiste é quem sempre alcança." Isso faz muito mais sentido para mim.

"Sempre pergunte: o que não estou vendo? E ouça a resposta."

STRAUSS ZELNICK
IG: @strausszelnick
zmclp.com
take2games.com

STRAUSS ZELNICK fundou o Zelnick Media Group (ZMC) em 2001, uma companhia especializada em investimentos de capital próprio nas indústrias de mídia e comunicações. Ele é CEO e presidente do conselho da Take-Two Interactive Software Inc., o maior ativo do ZMC e desenvolvedor de games de sucesso como *Max Payne*, a série *Grand Theft Auto* e *WWE 2K*. Strauss também é diretor da Education Networks of America Inc. e integra a diretoria da Alloy, LLC. Antes de formar o ZMC, ele era presidente e CEO da BMG Entertainment, na época uma das maiores companhias da indústria da música e do entretenimento, com mais de duzentas gravadoras e negócios em 54 países. Strauss tem uma graduação tecnológica pela Universidade Wesleyan, um MBA da Harvard Business School e é formado em direito pela Harvard Law School.

Que livro (ou livros) você mais deu de presente e por quê? Ou nomeie de um a três livros que mais influenciaram sua vida.

Como fazer amigos e influenciar pessoas, de Dale Carnegie, fundador do movimento de autoajuda no desenvolvimento pessoal. Tirando as referências arcaicas e o título pretensioso, é um ótimo guia para a liderança e a arte de vender.

Se você pudesse colocar um outdoor gigante em qualquer lugar exibindo qualquer coisa, o que seria?

"Sempre pergunte: o que não estou vendo? E ouça a resposta."

Nos últimos cinco anos, que nova crença, novo comportamento ou hábito mais impactou positivamente sua vida?

Fazer exercícios entre sete e doze vezes por semana, de forma diversa e disciplinada, muitas vezes com um grupo de pessoas com os mesmos interesses. Nosso time se chama #TheProgram. Ele mudou minha opinião sobre forma física e trouxe grandes melhorias para a minha vida.

Acredito muito em começar devagar. Revistas que prometem uma barriga tanquinho em três semanas só querem vender. Se você está fora de forma, isso não aconteceu da noite para o dia; então, não espere tampouco ficar em forma da noite para o dia. Uma maneira boa e suave de iniciar um programa de exercícios é fazer cerca de dez minutos de ginástica três vezes por semana: flexões, abdominais, polichinelos, agachamentos etc. Em seguida, faça uma caminhada em marcha por meia-hora. Depois de algumas semanas disso, vá à academia e experimente uma aula de exercícios fáceis, ou contrate um personal trainer, ou adote qualquer programa on-line. Não se exercite mais de duas ou três vezes por semana até o corpo se sentir pronto para mais. Se você começar devagar e desenvolver o hábito de fazer exercícios durante cerca de três meses, é muito mais provável que consiga mantê-lo.

E, lembre-se, você não pode compensar a má alimentação com exercícios. Não existem exercícios mágicos. Gosto muito do programa de Marc Perry, BuiltLean. Ele é muito acessível e bastante eficaz, em especial quando combinado às recomendações alimentares dele.

De que forma um fracasso, ou fracasso aparente, acabou te levando ao sucesso? Você tem algum "fracasso pessoal" favorito?

Cometo muitos erros todos os dias. Mas erros podem ser identificados e corrigidos (ou pelo menos podemos tentar corrigi-los) no momento. Um fracasso é uma coleção de erros que não foram identificados ou corrigidos ao longo do caminho. Meu fracasso "favorito" ocorreu quando tive, de forma involuntária, um lapso ético na minha empresa — e tanto a minha abordagem pessoal quanto a nossa marca corporativa se baseiam, acima de tudo, na integridade. Para ser mais específico, a companhia tinha um negócio com um parceiro, e nosso acordo impedia que possuíssemos outro negócio concorrente. Apesar disso, consideramos de fato assumir um acordo diferente que, embora não fosse idêntico, teria semelhanças com o primeiro acordo. Eu me convenci — em grande parte porque queria desenvolver meu negócio e não lidar com uma situação que poderia ser difícil — de que o novo acordo na realidade não representava um conflito de interesses. No fim das contas, quando estávamos perto de comprar a companhia em questão, procurei meus parceiros e lhes contei o que iríamos fazer. Basicamente, eles surtaram. Então, o que fiz? Eu mesmo assumi a responsabilidade de forma pública. Eu me desculpei não uma, mas várias vezes. Fiz o melhor que pude para consertar as coisas. E, o mais importante, reaprendi uma lição que pensei já saber: jamais comprometa sua integridade. Ela é tudo que você tem. A aquisição da nova companhia acabou não se concretizando.

Embora possa ser constrangedor e desagradável nos desculparmos, fazê-lo é um sinal de maturidade e bom caráter. É triste que não exista nenhuma mágica específica para pedir desculpa. Apenas faça.

Qual foi o melhor ou mais valioso investimento que você já fez?
Educação. Passei quatro anos na faculdade e mais quatro fazendo pós-graduação. Pareceu uma eternidade na época, mas valeu muito a pena.

Que conselho você daria a um universitário inteligente e aplicado prestes a entrar no "mundo real"?
Descubra o que o sucesso significa para você. Não aceite o ponto de vista dos outros nem a sabedoria convencional. Imagine o que seria uma vida de sucesso pessoal e profissional para você em vinte anos e coloque no papel. Em seguida, volte o relógio até a atualidade. Certifique-se de que as suas escolhas sirvam aos objetivos.

Quando eu tinha vinte e poucos anos, criei uma imagem do que seria a minha vida décadas depois. Para mim, o sucesso profissional significava ter uma participação significativa em uma grande e diversificada empresa de mídia e entretenimento sob o meu controle. O sucesso pessoal significava ter esposa e filhos que eu amasse e viver com conforto na região de Nova York. E hoje minha vida é assim. Não é perfeita, e não é para todo mundo, mas consegui muito do que me dispus a conquistar. No momento, estou muito satisfeito na maior parte do tempo.

Quando se sente sobrecarregado ou desconcentrado, o que faz?
Tento fazer um intervalo e não ser duro demais comigo mesmo. Faço um pouco de exercícios (a mais). Feito isso, pergunto: estou no caminho certo e apenas frustrado pela falta de progresso de hoje ou preciso reconsiderar a estratégia? Caso isso não renda nada de útil, faço as mesmas perguntas a amigos próximos em quem confio e à minha esposa. E, se nada disso ajudar, tento deixar esses pensamentos de lado por 24 horas. Um dia depois, minha visão fica mais clara e as coisas fazem mais sentido.

CITAÇÕES QUE ESTÃO NA MINHA CABEÇA

(Tim Ferriss: 12 de agosto – 9 de setembro de 2016)

"Com frequência, quando pensamos que estamos no fim de algo, estamos apenas no início de outra coisa."

— FRED ROGERS

Criador da famosa série de televisão *Mister Rogers' Neighborhood*

"Quando me desapego de quem sou, torno-me o que posso ser."

— LAO TZU

Filósofo chinês, autor de *Tao Te Ching*, fundador do taoismo

"Qualquer coisa que valha a pena fazer vale a pena fazer devagar."

— MAE WEST

Uma das maiores estrelas do cinema clássico norte-americano

"Se você está em uma briga justa, é porque não planejou a missão corretamente."

— CORONEL DAVID HACKWORTH

Ex-coronel do Exército norte-americano e famoso correspondente de guerra

"Celebre a mente infantil."

STEVE JURVETSON
X: @ FutureJurvetson
FB: /jurvetson
dfj.com

STEVE JURVETSON é sócio da DFJ (Draper Fisher Jurvetson), uma das principais investidoras de capital de risco do Vale do Silício. Steve foi homenageado como "Jovem Líder Mundial" pelo Fórum Econômico Mundial e eleito "Investidor de Capital de Risco do Ano" pela Deloitte. A *Forbes* incluiu Steve várias vezes na Midas List e o elegeu um dos "Melhores Investidores de Capital de Risco da Tecnologia". Em 2016, o presidente norte-americano Barack Obama anunciou a nomeação de Steve como Embaixador Presidencial para Empreendimentos Globais. Ele faz parte do conselho da SpaceX, da Tesla e de outras companhias proeminentes. Foi o primeiro proprietário do Tesla Model S do mundo e segundo proprietário do Tesla Model X, depois de Elon Musk.

Que livro (ou livros) você mais deu de presente e por quê? Ou nomeie de um a três livros que mais influenciaram sua vida.

Presente 1: *The Scientist in the Crib*, de Alison Gopnik. Dou esse livro a todo colega nerd que esteja esperando o primeiro filho. Presente 2: *Jogador número 1*, de Ernest Cline. Um presente para todos os meus amigos programadores Apple][, do colegial e companheiros de Dungeons & Dragons. Muitas das referências geek dos primeiros anos da computação profissional me trouxeram um Rush 2112 de memórias proustianas em 16K, do Trash-80 aos jogos gravados em fitas cassete.

Livros que mais me influenciaram:

Out of Control, de Kevin Kelly (página 254). Introdução ao poder dos algoritmos evolucionários e das redes informacionais inspirados pela biologia.

A era das máquinas espirituais, de Ray Kurzweil. O que Moore observou no centro da indústria nascente de circuitos integrados foi uma métrica derivada, um sinal refratado de uma tendência a longo prazo, que nos convida a diversas questões filosóficas e prevê futuros revolucionários. A abstração de Ray Kurzweil da Lei de Moore mostra o poder computacional em uma escala logarítmica e encontra uma curva exponencial dupla que se estende por 110 anos! Por meio de cinco mudanças de paradigma — como as calculadoras eletromecânicas e os computadores valvulados — o poder computacional que pode ser comprado por 1.000 dólares dobrou a cada dois anos. Nos últimos trinta anos, ele tem dobrado anualmente. Na Era Moderna de mudanças cada vez mais rápidas na indústria tecnológica, é difícil identificar até mesmo tendências de cinco anos com qualquer nível de precisão, quem dirá tendências de séculos.

Tenho mantido esse gráfico desde que li Kurzweil e o mostro em todas as apresentações que faço. Esta é a última versão:

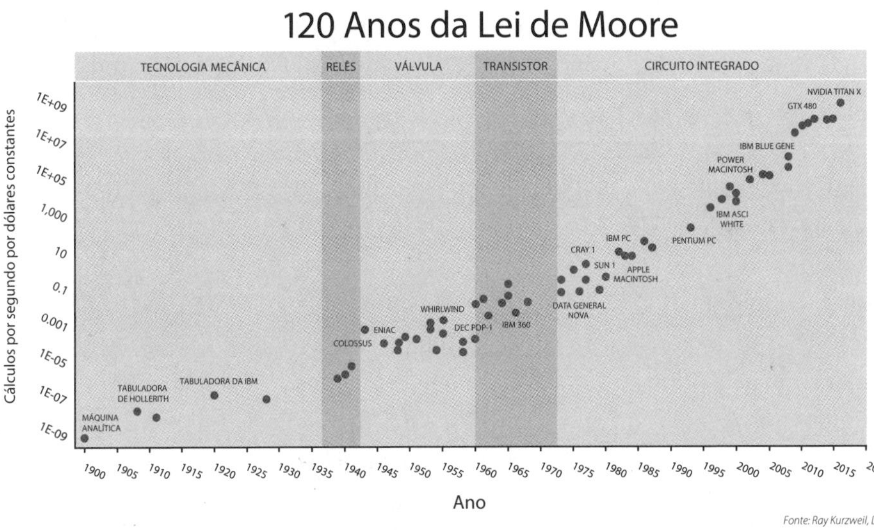

Eu iria além e afirmaria que esse é o gráfico mais importante já concebido. Todas as indústrias do nosso planeta vão se tornar um negócio informacional. Pensemos na agricultura. Em vinte anos, se você perguntar a um fazendeiro como se dá a concorrência entre eles, ela dependerá de como usarem a informação, das imagens produzidas por satélites que permitirão a otimização robótica dos campos e dos códigos em suas sementes. Não vai ter nada a ver com habilidade ou mão de obra. Isso em algum momento vai tomar conta de toda a indústria à medida que a tecnologia da informação se infiltrar na economia.

Mudanças não lineares no mercado também são essenciais para o empreendedorismo e para as mudanças significativas. O ritmo exponencial do progresso tecnológico tem sido a principal força motriz da ruptura perpétua do mercado, gerando onda após onda de oportunidades para novas companhias. Sem a ruptura, os empreendedores nunca existiriam.

A Lei de Moore não é exógena à economia. É por isso que temos crescimento econômico e um ritmo cada vez mais rápido de progresso. Na DFJ, vemos isso na diversidade crescente e no impacto global das ideias empreendedoras que testemunhamos a cada ano. As indústrias impactadas pela onda atual de empreendedores da tecnologia são mais diversas e têm uma ordem de magnitude maior do que as dos anos 1990 — de automóveis e aeronaves à energia e substâncias químicas.

Nos últimos cinco anos, que nova crença, novo comportamento ou hábito mais impactou positivamente sua vida?

A dieta Whole 30. Depois de um detox de trinta dias, excluí o pão e o açúcar [artificial] da alimentação e tenho mais energia do que nunca. Durmo a noite toda e voltei ao peso que tinha no colegial.

Agora, depois de ter experimentado a carne sintética, acredito que ela vai acelerar o desenvolvimento da moralidade humana, do mesmo modo que outras disrupções ajudaram a sociedade a reconhecer seus horrores. Quando olhamos para o que o mundo era dois mil anos atrás, vemos como mudamos com o amadurecimento da cultura. É muito mais difícil identificar algo que fazemos na vida atual e que a convenção considera moralmente correto. Como carnívoro, hoje consigo ver isso em mim mesmo pela primeira vez. Acredito que, em alguns anos, olharemos para trás e ficaremos horrorizados diante da barbárie e dos desperdícios ambientais (consumo de água e produção de metano) do consumo de carne atual.

Nosso círculo de empatia costuma se expandir com o tempo... mas, às vezes, como uma racionalização retrospectiva. Não costumamos discutir a indústria da carne em conversas educadas, porque não queremos encarar a inevitável dissonância cognitiva (porque bacon é muito bom). Na verdade, não queremos saber por que quase todos os inspetores da produção de carne do Departamento de Agricultura dos Estados Unidos tornaram-se vegetarianos. Acho que tudo isso vai mudar quando produtos derivados da carne viáveis forem produzidos a partir de culturas celulares, e não no campo. Vamos mudar de hábito e condenar as versões anteriores de nós mesmos.

Há algum hábito incomum ou algo absurdo que você ame?

Lançar grandes foguetes feitos em casa com meus filhos e colecionar artefatos espaciais da era Apollo. (Converti a DFJ em um museu espacial.)

Se você pudesse colocar um outdoor gigante em qualquer lugar exibindo qualquer coisa, o que seria e por quê?

"Celebre a mente infantil." Do meu ponto de vista, os melhores cientistas e engenheiros alimentam uma mente infantil. Eles são curiosos, têm a mente aberta e não se deixam deter pela voz interna da razão, pelo ceticismo coletivo nem pelo medo do fracasso.

O que é tão bom na mente "infantil"? Mais uma vez, recomendo *Scientist in the Crib*, de Alison Gopnik, a todo nerd que esteja esperando um filho. Eis algumas de suas conclusões fundamentais: "Bebês são muito mais inteligentes do que nós, pelo menos se considerarmos que ser inteligente significa ser capaz de aprender algo novo... Eles pensam, tiram conclusões, fazem previsões, procuram explicações e até fazem experiências... Na verdade, os cientistas são bem-sucedidos exatamente porque imitam o que as crianças fazem com naturalidade."

Grande parte do poder do cérebro humano é proveniente da sua maciça interconectividade sináptica. Geoffrey West, do Santa Fe Institute, observou que, entre as espécies, as sinapses/ligações entre neurônios aumentam como uma lei de potência proporcionalmente à massa cerebral.

Entre os 2 e os 3 anos de idade, as crianças alcançam o auge, com dez vezes mais sinapses e duas vezes mais queima de energia do que um cérebro adulto. E, daí em diante, é ladeira abaixo.

O Centro de Memória e Envelhecimento, da UCSF, traçou um gráfico do ritmo do declínio cognitivo e encontrou a mesma queda quando chegamos aos 40 anos e quando chegamos aos 80. Nós simplesmente observamos um declínio mais acumulado à medida que envelhecemos, sobretudo no momento em que cruzamos o limiar em que passamos a esquecer a maior parte do que tentamos lembrar.

Mas podemos frear essa progressão. O professor Michael Merzenich, da UCSF, descobriu que a plasticidade neural não desaparece nos adultos. Ela apenas requer exercício mental. É usar ou perder. Para resumir: passe a vida aprendendo. Faça coisas novas. Os exercícios físicos são repetitivos; os exercícios mentais são ecléticos.

"Andar de skate pode mudar o mundo. Curta o passeio."

TONY HAWK
X/IG/FB: @tonyhawk
birdhouseskateboards.com

TONY HAWK é provavelmente o skatista mais conhecido de todos os tempos. Ele foi o primeiro skatista a fazer o 900º, um giro aéreo de 900º, realizado no X Games de 1999. A franquia do jogo *Tony Hawk's Pro Skater* é uma das mais populares da história e ultrapassou 1,4 bilhão de dólares em vendas. Os outros empreendimentos de Tony incluem a Birdhouse Skateboards, a Hawk Clothing e a Tony Hawk Signature Series, com produtos e brinquedos esportivos. A Tony Hawk Foundation já doou mais de 5 milhões de dólares a mais de quinhentos projetos de pistas skate nos Estados Unidos, que atendem a mais 4,8 milhões de crianças a cada ano.

De que forma um fracasso, ou fracasso aparente, acabou te levando ao sucesso? Você tem algum "fracasso pessoal" favorito?

Quando decidi ajudar a criar um game sobre skate, tive reuniões muito desanimadoras com fabricantes. Algumas chegaram a ser discussões, e me vi na posição de defender o skate de uma forma geral em vez de promover a ideia de um jogo baseado no esporte que amo. Em retrospectiva, não era mesmo a hora certa. Dois anos mais tarde, fui procurado pela Activision para uma colaboração no que depois iria se tornar o THPS [*Tony Hawk's Pro Skater*]. Se a primeira rodada de propostas tivesse dado certo, acredito que teríamos lançado um jogo para um público que não estava interessado em skate... ainda. Por mais desanimadoras que tenham sido aquelas primeiras reuniões, elas foram exatamente a motivação de que eu precisava para buscar a oportunidade certa.

Se você pudesse colocar um outdoor gigante em qualquer lugar exibindo qualquer coisa, o que seria?

"Andar de skate pode mudar o mundo. Curta o passeio."

Há algum hábito incomum ou algo absurdo que você ame?

Pinball! Viajo grandes distâncias para jogar em boas máquinas *vintage*. Tenho algumas mesas em casa e no escritório.

Nos últimos cinco anos, que nova crença, novo comportamento ou hábito mais impactou positivamente sua vida?

Não ficar tão ocupado a ponto de perder os momentos pequenos, mas muito importantes, com a minha família. Estar presente e disponível para quem amo em vez de perseguir todas as oportunidades de trabalho e me distrair constantemente trabalhando, andando de skate e viajando. Ter uma intimidade real com minha esposa e meus filhos é um conceito um pouco novo para mim, mas tem me oferecido uma vida muito mais cheia de significado do que antes.

Que conselho você daria a um universitário inteligente e aplicado prestes a entrar no "mundo real"?

O sucesso não deve ser medido pelo ganho financeiro; o verdadeiro sucesso é trabalhar com algo que você ame. Aprenda todos os aspectos da área ou especialidade que escolheu, pois isso vai lhe dar vantagem sobre a concorrência, e busque sempre mais — e melhores — oportunidades de trabalho.

Há algum conselho ou alerta que você possa dar aos empreendedores?

Já fizemos parcerias com algumas grandes companhias (McDonald's, Frito-Lay, Mattel etc.) para colaborações e acordos de licenciamento. Todas as vezes, precisei lutar por aprovações finais para a direção criativa, a divulgação e os produtos. Às vezes, isso atrasou o lançamento do produto ou da campanha, mas, no fim das contas, o contratempo valeu a pena para manter a integridade das minhas marcas. Meu conselho é permanecer firme em relação aos valores e à direção do produto, sobretudo ao trabalhar com outras companhias.

E, se as coisas acontecerem mais rápido do que você esperava, mantenha o controle da sua marca (ou ideia), não importa o que aconteça.

"As consequências das suas ações importam muito mais do que as ações em si."

LIV BOEREE
X/IG: @liv_boeree
https://reg-charity.org

LIV BOEREE é jogadora de pôquer, apresentadora de TV e escritora. Como campeã da European Poker Tour e da World Series of Poker com mais de 3,5 milhões de dólares em vitórias em torneios, ela é um dos rostos mais conhecidos no circuito internacional de pôquer e foi apelidada de "Dama de Ferro". Liv é membro do Team PokerStars Pro, tendo sido eleita quatro vezes Jogadora Europeia do Ano. Sua maior paixão é a ciência. Ela é formada com louvor em física com astrofísica pela Universidade de Manchester. É uma das maiores apoiadoras do Movimento do Altruísmo Eficaz, a filosofia que defende o uso de evidências e decisões racionais para alcançar o bem maior. Em 2014, ela ajudou a fundar a Raising for Effective Giving, uma organização que angaria fundos para as instituições de caridade de melhor custo-benefício e mais impactantes a nível mundial.

Que livro (ou livros) você mais deu de presente e por quê? Ou nomeie de um a três livros que mais influenciaram sua vida.

O paradoxo da paixão: como alcançar o equilíbrio no relacionamento amoroso, do terapeuta de casais e psicólogo Dean C. Delis. Foi uma amiga quem me deu esse livro quando eu estava no finalzinho de um relacionamento muito difícil, e ele foi bastante esclarecedor. O autor examina as forças psicológicas por trás da atração humana e apresenta uma explicação sobre os agentes mais comuns do conflito nos relacionamentos amorosos. Uma das principais lições é que quase nunca é um dos parceiros que causa problemas em um relacionamento; na maioria das vezes, a culpa é de dinâmicas desequilibradas. O livro oferece várias táticas para superar esses desequilíbrios, e eu o recomendo a qualquer um, não importa se esteja solteiro, prestes a terminar com alguém ou em uma relação perfeitamente feliz.

Map and Territory e *How to Actually Change Your Mind*, de Eliezer Yudkowsky. Esses dois livros sem dúvida compõem a melhor explicação sobre o pensamento racional da modernidade que já li, escritos (na minha opinião) por uma das maiores mentes da era atual. Yudkowsky consegue explicar conceitos filosóficos e científicos extremamente complexos para o leitor de forma divertida e acessível. Concluí a leitura sentindo-me como se enfim tivesse encontrado as ferramentas para compreender tanto a mim mesma quanto o mundo ao redor. Esses dois livros na verdade são o primeiro e o segundo volume de uma coleção de seis volumes chamada *Rationality: From AI to Zombies*, compilada a partir das postagens do blog de Yudkowsky, publicadas na última década no site LessWrong.com.

Que aquisição de até 100 dólares mais impactou positivamente sua vida nos últimos seis meses (ou nos últimos tempos)?

Blinkist — um aplicativo que condensa livros de não ficção em leituras de 15 minutos.

Qual foi o melhor ou mais valioso investimento que você já fez?

Aprender sobre a racionalidade moderna. Isso acrescentou valor a todos os aspectos da minha vida.

O pôquer consiste em tomar as melhores decisões, então aprendi da forma mais difícil quanto meus erros irracionais podem custar. Isso me deu mais motivação para realmente identificar minhas falhas mentais inerentes. A racionalidade (e o pôquer) ensina você a pensar mais de forma quantitativa, a fazer previsões melhores e avaliar crenças com mais eficácia a fim de poder alcançar melhor os objetivos. Também ensina a controlar melhor e trabalhar com as emoções, e descobri que isso provocou uma imensa melhora na minha felicidade em geral.

Se você pudesse colocar um outdoor gigante em qualquer lugar exibindo qualquer coisa, o que seria e por quê?

Se eu tivesse um outdoor, ele diria: "As consequências das suas ações importam muito mais do que as ações em si."

Um dos meus momentos mais "Ah, é claro!" foi quando um amigo filósofo me explicou a diferença entre o pensamento deontológico e o pensamento consequencialista. Um deontologista acredita que, para algo ser eticamente correto, deve seguir um conjunto predefinido de regras ou ideologias morais, e, se uma ação quebra essas regras, então é imoral, não importa qual seja o resultado. Um consequencialista acredita que o valor moral de uma ação depende apenas do resultado — o ato em si não tem peso moral; tudo que importa é se as consequências em geral são boas ou ruins.

Por exemplo, digamos que um assassino esteja prestes a matar várias vítimas com um machado, e isso só não acontecerá se você o matar. Um deontologista radical diria: "Matar uma pessoa é sempre errado, não importa o motivo." Um consequencialista diria: "Matar uma pessoa é errado, pois o resultado em geral causa sofrimento. Entretanto, não é errado quando claramente evitará um sofrimento maior." Com facilidade, a maioria de nós nessa situação pode se identificar com a segunda mentalidade, pois todos estamos familiarizados com a ideia do bem maior, e, portanto, é fácil enxergar o valor do pensamento consequencialista.

A heurística moral (senso comum) teve benefícios sociais, sobretudo na era pré-científica, em que as superstições e as crenças sem evidências científicas dominavam e a educação era muito pobre. Porém, nesta era de dados científicos de fácil acesso, podemos avaliar as consequências das ações com mais precisão do que jamais foi possível, e, assim, devemos estar mais abertos à reavaliação de grande parte do senso comum ideológico que ainda rege nossa vida.

Há algum hábito incomum ou algo absurdo que você ame?

Hum... Em vez de raspar as pernas, gosto de arrancar os pelos um por um, e isso há anos é a minha forma favorita de meditação. Demora uma eternidade, mas, para mim, é a forma mais eficaz de entrar em um estado mental de tranquilidade.

Nos últimos cinco anos, a que você começou a dizer não com mais facilidade?

Antes, eu adorava socializar — minhas reuniões favoritas envolviam o maior número possível de pessoas. Quando organizava um jantar, eu queria convidar o máximo de gente que pudesse. Detestava a ideia de alguém ser deixado de fora ou não conhecer os outros, e definitivamente gostava demais de ser o centro das atenções!

Hoje em dia, recuso a maioria dos convites que recebo para jantar. Prefiro situações em que uma conversa acontece de cada vez. Se passar de cinco ou seis pessoas, a discussão tende a se fragmentar e perdemos o fluxo. Meu foco mudou de quantidade para qualidade, prefiro mais tempo com poucas pessoas a menos tempo com mais pessoas.

Nos últimos cinco anos, que nova crença, novo comportamento ou hábito mais impactou positivamente sua vida?

Sempre que tenho de fazer uma previsão sobre algo incerto, como "Vou chegar a tempo para o voo?" ou "Qual é a probabilidade de a pessoa com quem estou ficar chateada por eu não ter lavado os pratos?", hoje em dia, tento atribuir uma porcentagem numérica a palavras vagas como "talvez", "às vezes", "de vez em quando" e "provavelmente". Sempre que uso uma dessas palavras, tento imaginar o que quero dizer de fato como um número ou escala variável entre 0 e 100 (de "nunca" a "sempre"). Mesmo que esses números costumem ser muito vagos, descobri que os resultados das decisões melhoraram de modo significativo desde que adotei o hábito. Afinal de contas, a realidade física em que vivemos é governada pela matemática, então faz sentido treinar a mente para pensar o máximo possível alinhada a essa realidade.

Que dicas ruins você costuma ouvir na sua profissão ou especialidade?

No pôquer, o erro que as pessoas mais costumam cometer é superestimar a própria capacidade de interpretar os outros — os maus conselhos clássicos em geral envolvem afirmações como "observe os movimentos dos olhos" (os seres humanos geralmente estão muito cientes dos olhos quando mentem) ou "ele parece nervoso, então deve estar blefando" (o nervosismo e a empolgação têm aparências muito semelhantes). Indicações físicas são muito menos consistentes e confiáveis do que nos levam a acreditar, e para de fato se destacar no jogo é muito mais importante ter uma compreensão sólida da teoria matemática por trás dele.

Quando se sente sobrecarregada ou desconcentrada, o que faz?

É essencial identificar a raiz do foco perdido — estou apenas tendo um dia ruim ou a tarefa em si é algo que simplesmente odeio fazer? Se ficar claro que é a primeira opção e a pressão do tempo permitir, sou uma grande fã de apenas parar e fazer algo divertido até o foco retornar, mesmo que isso só aconteça no dia seguinte. Se for a segunda, talvez seja relevante investigar por que estou me sentindo tão desmotivada. Caso eu esteja ciente do lado positivo de concluir a tarefa, o fato de a estar postergando pode significar que há mais alguma coisa acontecendo que não estou levando em conta. Nesse caso, ajuda listar algumas razões para ver se consigo identificar uma nova maneira de realizar a tarefa, evitando as partes chatas. Se isso não for possível, posso pelo menos fazer uma análise mais eficaz em termos de custo-benefício e decidir se devo continuar. Se eu concluir que o resultado da tarefa de fato vale a pena, então é mais provável que a motivação retorne de forma natural.

"Em algum lugar por trás da atleta que você se tornou, e das horas de treino, e dos técnicos que te incentivaram, há uma garotinha que se apaixonou pelo jogo e nunca se arrependeu... jogue por ela."

ANNÍE MIST ÞÓRISDÓTTIR
IG/FB: @anniethorisdottir
anniethorisdottir.com

ANNÍE MIST ÞÓRISDÓTTIR passou a fazer parte da cena do CrossFit em 2009, quando terminou em 11º lugar no CrossFit Games. No CrossFit Games de 2010, ela levou para casa um incrível segundo lugar antes de se tornar a primeira campeã do mundo a ficar com o título duas vezes seguidas — o que quer dizer que ela foi a "Mulher Mais em Forma do Mundo" tanto em 2011 quanto em 2012. Depois de ter se recuperado de uma grave lesão nas costas em 2013, Anníe voltou a brilhar e terminou em segundo lugar no CrossFit Games de 2014.

Que livro (ou livros) você mais deu de presente e por quê? Ou nomeie de um a três livros que mais influenciaram sua vida.

Os livros que mais dou são sobre a riqueza natural da Islândia: *Iceland Small World*, de Sigurgeir Sigurjónsson, ou *Iceland in All Its Splendour*, de Unnur Jökulsdóttir, com fotos de Erlend e Orsolya Haarberg. Acho que ela é uma parte muito grande de quem sou e de onde venho. Acredito na energia, na força e na liberdade que a natureza dá.

Que aquisição de até 100 dólares mais impactou positivamente sua vida nos últimos seis meses (ou nos últimos tempos)?

The Five-Minute Journal me dá foco para cada dia. Eu o comprei na Urban Outfitters. E talvez também o fatiador espiral Spiralizer. Ele deixa a salada muito mais divertida e interessante de comer.

De que forma um fracasso, ou fracasso aparente, acabou te levando ao sucesso? Você tem algum "fracasso pessoal" favorito?

Quando machuquei as costas. Lesionei o disco L5-S1 em 2013, o que me fez perceber o quanto amo treinar e competir. Eu ainda não sabia o quanto isso era importante para mim.

Se você pudesse colocar um outdoor gigante em qualquer lugar exibindo qualquer coisa, o que seria e por quê?

"Os sonhos se realizam. Você só precisa estar disposto a batalhar por eles."

Há algum hábito incomum ou algo absurdo que você ame?

Adoro assistir desenhos animados. Assisto até no cinema. Eles me deixam feliz. Nunca me canso de *Meu Malvado Favorito*.

Nos últimos cinco anos, que nova crença, novo comportamento ou hábito mais impactou positivamente sua vida?

Tentei parar de me preocupar demais com o futuro. Concentro-me em extrair o máximo de cada dia, acreditando que isso irá me levar aonde quero estar.

Você tem algum exercício favorito (ou importante) que a maioria dos atletas do CrossFit ou de outras modalidades negligencia?

Os exercícios de baixa intensidade e longa duração. A maioria dos exercícios de Crossfit é de alta intensidade, mas costumamos nos esquecer de dar atenção aos outros sistemas energéticos necessários para desenvolver a resistência e acelerar a recuperação.

Quando se sente sobrecarregada ou desconcentrada, o que faz?

Tento permanecer centrada, concentro-me em mim mesma e me lembro da principal razão por eu fazer o que faço. Minha frase favorita é: "Em algum lugar por trás da atleta que você se tornou, e das horas de treino, e dos técnicos que te incentivaram, há uma garotinha que se apaixonou pelo jogo e nunca se arrependeu... jogue por ela."

CITAÇÕES QUE ESTÃO NA MINHA CABEÇA

(Tim Ferriss: 16 de setembro – 14 de outubro de 2016)

"Não só uso todos os sonhos que tenho, mas todos que consigo pegar emprestados também."

— WOODROW WILSON

28º presidente dos Estados Unidos, ganhador do Prêmio Nobel da Paz

"A vida encolhe e se expande proporcionalmente à nossa coragem."

— ANAÏS NIN

Renomada ensaísta e memorialista, autora de *Delta de Vênus*

"O escritor jamais deve se envergonhar de encarar. Não há nada que não requeira sua atenção."

— FLANNERY O'CONNOR

Escritora norte-americana, vencedora do National Book Award for Fiction

"A raiva muitas vezes é a dor disfarçada ao se manifestar em público."

— KRISTA TIPPETT

Apresentadora, ganhadora do Prêmio Peabody e autora best-seller

"O caminho para se tornar mais forte é levantar o que é mais apropriado, e não mais pesado."

MARK BELL
IG: @marksmellybell
YT: supertraining06

MARK BELL é fundador da academia Super Training Gym, em Sacramento, na Califórnia, com frequência chamada de "academia mais forte do Ocidente". Antes de abrir a própria academia, ele estudou e treinou com o lendário Louie Simmons na Westside Barbell. Os melhores "levantamentos equipados" de Mark em competições incluem um agachamento de 465 quilos, um supino de 377 quilos e um levantamento terra de 335 quilos. Mark também é um empreendedor multimilionário, inventor do Sling Shot, um dispositivo usado para auxiliar no levantamento terra correto, além de também aumentar a carga e o número de repetições.

Que livro (ou livros) você mais deu de presente e por quê? Ou nomeie de um a três livros que mais influenciaram sua vida.

Crush It!, de Gary Vaynerchuk: Gary V. (página 223) teve a visão de reconhecer a importância do Twitter (atual X) e de tecnologias que ainda não haviam amadurecido. Ele escreveu sobre como todas as formas então atuais de propaganda ficariam para trás. Também previu que haveria uma mudança no marketing de atletas profissionais e celebridades para formadores de opinião em mídias sociais. Esse livro me fez reconhecer que tenho acessibilidade o suficiente para manter uma companhia muito grande, mesmo que seja de casa, já que todos têm o mesmo acesso à internet.

Trabalhe 4 horas por semana, de Tim Ferriss: ele me ensinou formas melhores de administrar o tempo e o valor de não me ocupar demais.

5/3/1, de Jim Wendler: ficar mais forte pode ser muito simples ou complexo, depende de como você encara a empreitada. Jim Wendler fez um grande trabalho ao apresentar um método condensado e simplificado, mas eficaz, para o fortalecimento.

Se você pudesse colocar um outdoor gigante em qualquer lugar exibindo qualquer coisa, o que seria e por quê?

"Ou você está comigo, ou no caminho." Muitas vezes, corremos atrás de pessoas que não estão "conosco"; que, por alguma razão, não se encaixam na nossa vida ou no nosso negócio. Desperdiçamos tempo com essas pessoas quando o foco deveria estar nas pessoas que *de fato estão* conosco.

"Para saber quem é, você também precisa saber quem não é." Essa joia vem do meu pai, Mike Bell. No esporte do levantamento de peso, como em muitas áreas competitivas, é muito difícil ser o número um. Eu estava tão apegado que faria tudo para ser tão forte quanto Ed Coan (página 314). Meu pai me disse isso no momento certo da vida. Ele me fez perceber que talvez meu impacto no levantamento de peso pudesse ser bem diferente daquele do maior levantador de peso de todos os tempos.

De que forma um fracasso, ou fracasso aparente, acabou te levando ao sucesso? Você tem algum "fracasso pessoal" favorito?

Alguns músculos rompidos. Sou um inventor que conquistou o direito de dizer que rompi músculos pelas minhas patentes. Se não fosse pelos músculos rompidos, eu jamais teria pensado em inventar o Sling Shot, que vendeu mais de 500 mil unidades até hoje. O Sling Shot é um dispositivo para o suporte do tronco que permite que você treine mesmo lesionado. Também permite aumentar a carga suportada pelo corpo com segurança. Ao poder aguentar mais carga com o Sling Shot, você desenvolve a capacidade de aguentar mais carga sem ele. Ele também melhora a técnica do levantamento, o que, a longo prazo, tornará esse padrão de movimento permanente.

Qual foi o melhor ou mais valioso investimento que você já fez?

Investi 1.200 dólares para aprender a ser um profissional de luta livre. Você oferece entretenimento através de vídeos promocionais de luta feitos com ou sem uma plateia. Essa forma de apresentação pública foi uma das coisas mais difíceis que precisei fazer. Como está falando na frente tanto de colegas quanto de uma plateia ao vivo, você é forçado a pensar na hora e improvisar. Para piorar as coisas, eles lhe dão um limite de tempo em segundos para falar, além de informações que você precisa memorizar para falar durante o vídeo. A luta livre profissional também me ensinou a aliviar a tensão abordando as pessoas para me apresentar e apertar suas mãos.

Que aquisição de até 100 dólares mais impactou positivamente sua vida nos últimos seis meses (ou nos últimos tempos)?

Um par de óculos Groucho Marx comprados no Japão por 200 ienes [cerca de 2 dólares]. Ele tirou o foco de todo mundo dos outros lutadores para mim. Tudo depende de como você faz seu marketing pessoal.

Há algum hábito incomum ou alguma coisa absurda que você ame?

Gosto de me sentir dolorido. Gosto de treinar até ficar destruído. Não é que eu ame a dor, mas amo os resultados extraídos no longo prazo.

Escrevo meus objetivos no espelho do banheiro. Fiz isso com a meta para o meu peso corporal, com a meta no levantamento terra etc. Escrever meus sonhos todos os dias os transforma em objetivos que posso alcançar.

Que dicas ruins você costuma ouvir na sua profissão ou especialidade?

O que faço se baseia no levantamento do máximo de peso. Entretanto, o caminho para tornar-se mais forte é levantar o que é mais apropriado, e não mais pesado. Em geral, levantadores e técnicos tendem a levantar peso demais com frequência demais. Acho que a natureza humana de certa forma está condicionada a tentar fazer mais do que suporta. Mas, para progredirmos, precisamos levantar e fazer coisas mais realistas. Sempre que desrespeita sua capacidade, você se prejudica.

Que conselho você daria a um universitário inteligente e aplicado prestes a entrar no "mundo real"? E quais conselhos ele deveria ignorar?

Eu diria que ele deve investir tempo em si mesmo, ter algum tipo de atividade física na vida e aderir a alguma forma de nutrição que o mantenha saudável. Quando essas coisas não recebem atenção, tudo pode se tornar mais difícil.

Coisas a ignorar: o que outras pessoas ou empresas estão fazendo. Quando você não olha para o que está à frente, pode dar um passo em falso muito trágico. É por isso que os cavalos de corrida usam antolhos. Se eles olharem para a esquerda ou para a direita, não apenas acabarão se machucando, mas a todos os outros.

"Amo minha rotina e quando nada a atrapalha. Meu pai costumava me dizer: 'Sei que não devo morrer nem ter meu velório ou funeral marcado para um dia de levantamento de peso, pois sei que você não estará lá.'"

ED COAN
IG: @eddycoan
FB: /EdCoanStrengthInc

ED COAN é considerado o maior levantador de peso de todos os tempos. Ele quebrou mais de 71 recordes mundiais no levantamento de peso. Os melhores resultados de Ed na categoria single-ply são um agachamento de 462 quilos, um supino de 265 quilos e um levantamento terra de 409 quilos, somando um total de 1.135,79 quilos. Seu levantamento terra de 409 quilos foi alcançado com um peso corporal de 100 quilos. Ed se tornou a pessoa mais leve da história a ultrapassar a barreira dos 1.088 quilos no total do levantamento de potência, que é a soma de três levantamentos competitivos: o levantamento terra, o supino e o agachamento.

Observação de Tim: Este perfil é um pouco diferente dos outros. Ed é um herói da minha infância e um dos melhores levantadores de peso que o mundo já viu. Não consegui resistir a fazer algumas perguntas específicas sobre o seu treinamento. Você encontrará as respostas para o conjunto padrão de perguntas no final.

Você sempre foi bom em esportes?

Quando eu era criança, não tinha uma boa coordenação olho-mão. Precisei ir para o Illinois Institute of Technology e usar algo parecido com antolhos de cavalo, porque não conseguia sequer bater uma bola no chão. Eu era muito pequeno. No primeiro ano do ensino médio, eu tinha 1,50 metro e 45 quilos, então não conseguia ser bom no beisebol nem no futebol americano. [Por fim], comecei a lutar, pois havia uma categoria para pessoas com 45 quilos. Foi então que descobri o levantamento de peso.

Eu conseguia praticar o levantamento sozinho. Éramos apenas eu e os pesos. Eu me sentava no porão à meia-noite com máquinas improvisadas com pesos pequenos, pirando por horas, porque ninguém estava me observando. Era só eu.

Você fez alguma descoberta inesperada ou particularmente surpreendente ao examinar suas anotações de 28 anos de treinamento?

Na época em que eu fazia as anotações, não. Mas, ao examiná-las hoje, sim. A maior surpresa foi que eu me dedicava e fazia pequenos progressos quatro ou cinco vezes por ano. Ao fazer pequenos progressos quatro vezes por ano ao longo de 28 anos, você acaba se tornando muito bom no que faz. Nunca pensei: "Ah, preciso levantar X unidades de peso ou alcançar Y." Eu simplesmente pensava: "Vou melhorar, e é isto que preciso fazer para melhorar. Estes são meus pontos fracos; vou corrigir meus pontos fracos."

Quais são os erros mais comuns cometidos por principiantes no levantamento de peso?

Eles não se dedicam. Não estabelecem objetivos a longo prazo, nem consideram o quadro geral. Faço às crianças uma antiga pergunta que todo cara mais velho pergunta: "Onde você quer estar em cinco anos? Onde você se vê?" Se eu aplicar essa pergunta ao levantamento de peso, muitas pessoas não entenderão. Elas só pensam: "O que vou fazer em seis meses?" Não se dão conta de que, se você tornar todo o corpo forte em todos os aspectos possíveis ao longo de um período de apenas três anos, terá criado uma máquina impenetrável que não vai se machucar, que não vai se abater, que você poderá ter pelo resto da vida por ter seguido o que deveria fazer desde o início.

Eles não dedicam tempo a colocar os pingos nos Is e os traços nos Ts. Por analogia, podem escrever a melhor redação do mundo e entregar ao professor, mas, por causa da gramática, vão tirar um D. Não dedicam tempo às coisas pequenas:

exercícios complementares, técnicas adicionais, dieta apropriada, exercícios para a prevenção de lesões etc.

Tive a sorte de ser introvertido e perceber quais eram todos os meus pontos fracos. Eu só participava de duas competições por ano porque gosto de me aperfeiçoar e de ter todo o tempo necessário para trabalhar nos pontos fracos. Então, por exemplo, meus pontos positivos são as costas e os quadris. Entre uma temporada e outra (mais ou menos de dezembro à metade de junho), eu fazia um agachamento olímpico com barra alta e postura. Em vez de levantamentos terra comuns, eu fazia levantamentos terra sem cinto ou com perna reta, os dois em uma plataforma.

Para o supino, eu me perguntava: "Como posso tornar isso mais difícil para melhorar meu lockout?" Então, eu fazia supino com os pés levantados, ou fechado, ou com o banco inclinado, coisas assim.

O que eu sei que vai me ajudar não apenas a ficar mais forte [em geral], mas também ajudar meus levantamentos [agachamento, levantamento terra e supino]? Não importa se você tem belos bíceps se eles não ajudam em nada.

Quando podemos tentar o limite máximo em um levantamento?

Duas vezes por ano em encontros [competições].

Geralmente, quando as pessoas tentam o limite máximo em uma academia, sentem-se muito inseguras, e não confiantes em relação aos resultados. Anos atrás, fui à Rússia com Fred Hatfield [a primeira pessoa a fazer um supino com mais de 454 quilos em uma competição] e algumas outras pessoas. Isso foi antes da perestroika, e a União Soviética era bastante poderosa. Eu estava em uma das academias mais antigas deles, algo que poderia fazer parte de um dos filmes *Rocky*. Conversei com os rapazes sobre treinamento e eles disseram: "Você tem poucas chances de tentar alcançar o limite de seu corpo na vida. Por que desperdiçá-las na academia?" Tendo a concordar com isso.

Quais são os exercícios que você acha que são negligenciados e que mais pessoas deveriam incorporar?

Em geral, são os mais difíceis, como fazer pausas nos agachamentos [na parte inferior]. Os rapazes não conseguem usar tanto peso, é mais difícil, e muitas vezes eles não fazem. A única forma de sair da parte inferior depois que você para é o corpo todo empurrar e sincronizar na hora certa. Você não pode ter uma técnica ruim ou cair para a frente de imediato. Não faço pausa para um box... eu me acostumei a permanecer firme com a barra.

Quais são os erros mais comuns que você vê em um agachamento com barra?

As pessoas não se concentram no corpo como um todo quando agacham. Todo mundo acha que só precisa usar as pernas. Eles pensam: "Não quero machucar as costas, então não vou usar as costas." Mas você precisa de força no solo, que está nas pernas, e de força subindo, que está nas costas impulsionando a barra. Essa ação dupla é o que permite a ativação e o movimento dos quadris para cima como uma dobradiça em uma porta. Quando uma parte não funciona direito, você cai para a frente. Então, me concentro no todo, impulsionando com as pernas e impulsionando para cima com a barra nas costas. Isso faz os quadris reagirem. É o mesmo princípio no levantamento terra.

Você pode citar algum exercício em particular para prevenção de lesões de que gosta ou não gosta?

Layne Norton sofreu lesões nos quadris e nas costas nos últimos quatro anos e voltou. Ele tem um tutorial de exercícios para o quadril na conta do Instagram (@biolayne) que o ajudou muito. Eu experimentei, e eles funcionam muito bem.

Também faço alguns alongamentos com faixas de Kelly Starrett para estender algumas coisas e uso uma bola de lacrosse para trabalhar os peitorais, os músculos romboides etc.

Para os peitorais, por exemplo, você fica em pé ao lado de uma porta, coloca a bola de lacrosse diretamente no tendão do peitoral e encosta na parede. Se você estiver trabalhando o peitoral direito, fica na frente do lado esquerdo da porta com o braço direito esticado à frente, dentro do quadro da porta, e o peitoral direito (parte interna do ombro) pressionando a porta na parede. O segredo é não mexer a bola. Em vez disso, você mexe o braço esticado para cima e para baixo enquanto empurra a bola, e você vai senti-la rolando sobre o tendão. Você está causando a própria dor, o que é mais tolerável.

Durante sua carreira competitiva, você descobriu alguma coisa incomum para ajudar na recuperação?

Quatro vezes por semana, eu fazia sessões com um quiroprata amigo do dr. Bob Goldman. Sempre que eu o consultava, ele trabalhava no meu corpo dos pés até a cabeça. Vemos muitas pessoas como Chris Duffin e Kelly Starrett rolando os pés para preparar os tornozelos. Na época, usávamos algo parecido com um ábaco. Logo depois de usá-lo, eu andava um pouco e, de repente, os joelhos não doíam e as costas não estavam mais tensas. Hoje em dia, uso uma bola de lacrosse.

Eu soube que você nunca errou levantamentos durante um treinamento, o que é raro. Onde aprendeu essa abordagem?

Acho que fui eu mesmo que a criei. Eu costumava ler *Powerlifting USA* quando era mais jovem, mas minha rotina era uma periodização linear básica, com muita atenção na escolha de exercícios complementares. Então, eis o que eu fazia: se eu tivesse um ciclo de treinamento de doze semanas, começaria a partir da 12ª — séries, repetições, pesos — e fazia uma engenharia reversa até a primeira semana. Eu predeterminava cada série, repetição e peso para cada exercício. Não me importava se era uma flexão de perna, um agachamento com pausa, desenvolvimento ou serrote; fosse o que fosse, meu peso, séries e repetições eram todos predeterminados para todo o ciclo.

Em seguida, eu parava e dava uma olhada na rotina, toda escrita a lápis, é claro. Eu me perguntava: "Certo, consigo fazer tudo que está aqui?" Se você precisar pensar para responder, mude. Faça algo que seja 100% possível. Quando der início à rotina, pense em qual é o nível de positividade do seu estado de espírito. Isso é muito importante.

Nunca me senti deprimido. Nunca me senti estressado. Nunca fiquei pensando: "Será que vou conseguir esta semana?" Sempre soube que conseguiria.

Relembrando o auge do seu treinamento, como era, mais ou menos, sua rotina na época?

Agachamentos e todos os exercícios complementares para as pernas na segunda-feira. Folga às terças. Às quartas, supino com exercícios complementares para peito e muito trabalho de tríceps. Às quintas, depois de ter cansado os tríceps na quarta, eu só exercitava os ombros [exercícios primários recorrentes: desenvolvimento atrás da nuca com barra, até 180 e poucos quilos]. Eu fazia levantamento terra na sexta [com agachamentos leves como aquecimento], fazia todo o trabalho de costas. Aos sábados, era um dia leve de supino para me recuperar usando supino aberto, crucifixo etc., com exercícios menores ocasionais como roscas leves e alicate. [No domingo, folga.]

Se você pudesse colocar um outdoor gigante em qualquer lugar exibindo qualquer coisa, o que seria e por quê?

"SEJA LEGAL!"

Por mais furioso e "concentrado" que eu fosse na juventude, descobri que essas duas palavras tornavam a vida muito mais fácil.

Eu costumava fechar a cara sempre que me deparava com algo que diferisse em qualquer aspecto do que pensava. Não sei se era porque tinha dificuldades — sendo tão tímido — de expressar as coisas ou se eu simplesmente era um idiota. Não acho que eu era um idiota, porque nunca prejudiquei ninguém.

Então, certo dia, havia um idiota na academia que me irritava muito, muito mesmo.

Respirei fundo, expirei, fui até ele e disse: "Ei, tudo bem? Você está ótimo. Parabéns por ter terminado a faculdade." De repente, pensei: "Cacete! Isso é incrível!" Foi como se eu tivesse me libertado. E pronto. Então, até hoje, eu só tento relaxar [com algo como]: "Oi, tudo bem? Gostei de te encontrar." Se eu não gostar mesmo de algo ou se algo não transcorrer como eu gostaria, apenas me afasto e converso com alguém mais positivo.

Vejo muito isso em [halterofilistas] Mark e Stan Efferding. Eles não deixam ninguém nem nada afetá-los. É como se nem percebessem.

Quando se sente sobrecarregado ou desconcentrado, o que faz?

Quando viajo e estou em longos voos, repasso as duas últimas semanas: o que fiz, o que achei disso, como posso melhorar e o que vou fazer para não cometer erros. Stan Efferding me ensinou a fazer listas [às vezes só leva trinta minutos]... Quando você coloca as coisas no papel, deixa de lado a emoção e então é mais fácil segui-las.

Por exemplo, em geral é a procrastinação e o medo que me impedem de fazer as coisas. Costumo pensar [nas coisas] como um grande todo, e então me sinto sobrecarregado. Se eu dividir as coisas, colocar no papel e lê-las meia hora depois, todas aquelas coisas pequenas não parecem mais algo assustador. Quando eu as escrevo, elas passam a parecer muito mais fáceis, pois o medo na mente é externado. Consigo ler e percebo que não é assustador.

Nos últimos cinco anos, que nova crença, novo comportamento ou hábito mais impactou positivamente sua vida?

Tenho feito treinamento de defesa JKD [Jeet Kune Do] há alguns anos desde que deixei de competir e adoro. Isso está entre os primeiros lugares. Precisei aprender a me movimentar outra vez, pois queria ser um atleta, não um gorila unidimensional.

Que aquisição de até 100 dólares mais impactou positivamente sua vida nos últimos seis meses (ou nos últimos tempos)?

Uma foto dos meus pais que mandei emoldurar. Nunca ouvi minha mãe nem meu pai falarem mal de ninguém. A foto me faz pensar em como devo tratar todo mundo que amo.

Ela foi tirada apenas alguns anos atrás, e minha mãe e meu pai estão juntos, um ao lado do outro — uma foto da cintura para cima. Eu nunca vira os dois demonstrando tanto afeto. Durante toda a vida, nunca percebi, por causa dos cinco filhos, e agora dos netos. Eles não tinham oportunidade de demonstrar. Hoje, estão com cerca de 87 anos e já tiveram problemas de saúde, mas continuam ativos. Amam a vida, amam os filhos e os netos, e isso os faz seguir em frente.

Acho que o que eles me passaram sem perceber foi a capacidade de observar. Até hoje, acho que sou muito bom nisso: simplesmente relaxar e observar. Nunca fui de tentar ser o centro das atenções ou fazer muito alarde. Em geral, me sento e observo com um sorriso no rosto. Não acho que você percebe [o quanto seus pais lhe deram] até ficar mais velho e refletir sobre isso.

Há algum hábito incomum ou algo absurdo que você ame?

Amo minha rotina e quando nada a atrapalha. Meu pai costumava me dizer: "Sei que não devo morrer nem ter meu velório ou funeral marcado para um dia de levantamento de peso, pois sei que você não estará lá."

Também tiro um cochilo todos os dias desde criança. Nunca deixo de fazer isso. Quase sempre, entre 45 minutos e uma hora, de preferência por volta das 15h30 ou quatro da tarde.

Qual foi a melhor compra que você fez recentemente?

Não faz muito tempo, [logo depois de uma cirurgia], o pneumologista e o anestesista entraram no meu quarto, e foi como no programa de TV *Intervention*. Eu disse: "Qual o problema, pessoal? Vocês estão sérios demais." Eles responderam: "Precisamos conversar. Sua cirurgia levou um pouco mais de tempo do que de costume por causa da sua densidade óssea e do tamanho dos músculos e tendões." Eu disse que não tinha problema com isso. Que estava feliz. Então, eles retrucaram: "A parte mais difícil de toda a cirurgia foi mantê-lo respirando." Em seguida, participei de um estudo do sono. Eles descobriram que, quando durmo de lado, paro de respirar oito vezes a cada minuto. Quando durmo com a barriga para cima, paro de respirar 24 vezes por minuto.

Comprei um CPAP que mudou a minha vida. Ele me ajudou a melhorar o foco, superar pensamentos negativos depressivos e outras coisas. A pressão sanguínea diminui, o fluxo sanguíneo começa a mudar, tudo começa a desacelerar por causa disso. Tenho certeza de que tive problemas para dormir a vida inteira. Simplesmente não me dava conta disso.

Que dicas ruins você costuma ouvir na sua profissão ou especialidade?

"As ideias novas no treinamento são as melhores!" Errado. As ideias simples testadas e comprovadas são a base de tudo que fazemos dentro e fora de uma academia.

Espero que isso não pareça ofensivo, mas por que você escreve seu nome como "Eddy"? É uma escrita incomum.

A razão por eu não escrevê-lo como E-D-D-I-E é por causa da primeira apresentação que fiz como levantador de peso convidado. Fiz uma exibição de levantamento terra quando era jovem em Pittsburgh, Pensilvânia. Foi logo no Dia de São Patrício, e eu já parecia uma droga de um duende. Fiz um levantamento terra e em seguida uma senhora se aproximou de mim com o livro de Bill Pearl *Keys to the Inner Universe*, que é gigantesco, e disse: "Você pode assiná-lo para mim? Acho que um dia você será um levantador de peso famoso." Respondi: "Claro", mas minha mão ainda estava tremendo por causa da adrenalina de ter acabado de fazer um levantamento. Eu ainda estava com o cinto e com giz nas mãos. Então, quando fui assinar, saiu E-D-D-Y. Pensei: "Quer saber? Vou ter que assinar meu nome E-D-D-Y pelo resto da vida para não invalidar o autógrafo que dei a essa senhora."

"Tenha a própria opinião e ao mesmo tempo seja radicalmente aberto a outras."

RAY DALIO
X: @RayDalio
bridgewater.com

RAY DALIO é fundador, copresidente e codiretor de investimentos da Bridgewater Associates, uma líder global em gestão institucional de portfólio e o maior fundo hedge do mundo (mais de 150 bilhões de dólares). A Bridgewater é conhecida pela cultura de "transparência radical", que inclui o encorajamento de conflitos, a expressão de divergências e a gravação de todas as reuniões. Seu patrimônio líquido é estimado em quase 17 bilhões de dólares. Junto com Bill Gates e Warren Buffett, Ray assinou "The Giving Pledge", comprometendo metade de toda sua riqueza à caridade ao longo da vida. Ele criou a Dalio Foundation para canalizar suas contribuições filantrópicas. Ray já foi incluído na lista da *Time 100* das "Pessoas Mais Influentes do Mundo" e na lista da *Bloomberg Markets* das "50 Pessoas Mais Influentes". Ele é o autor de *Princípios: vida e trabalho*, no qual compartilha os princípios pouco convencionais que desenvolveu, aperfeiçoou e usou durante os últimos quarenta anos para criar resultados únicos tanto na vida pessoal quanto nos negócios.

Que livro (ou livros) você mais deu de presente e por quê? Ou nomeie de um a três livros que mais influenciaram sua vida.

O herói de mil faces, de Joseph Campbell; *The Lessons of History*, de Will e Ariel Durant; e *O rio que saía do Éden*, de Richard Dawkins.

Que aquisição de até 100 dólares mais impactou positivamente sua vida nos últimos seis meses (ou nos últimos tempos)?

Um caderninho de bolso para anotar boas ideias quando elas me ocorrem.

De que forma um fracasso, ou fracasso aparente, acabou te levando ao sucesso? Você tem algum "fracasso pessoal" favorito?

Meus fracassos mais dolorosos foram meus melhores professores, pois a dor me levou a mudar. Meu "fracasso favorito" ocorreu em 1982, quando previ uma depressão no *Wall Street Week* (um programa de TV popular) e para o Congresso dos Estados Unidos antes de uma grande alta no mercado e na economia.

Se você pudesse colocar um outdoor gigante em qualquer lugar exibindo qualquer coisa, o que seria e por quê?

"Tenha a própria opinião e ao mesmo tempo seja radicalmente aberto a outras."

Qual foi o melhor ou mais valioso investimento que você já fez?

Aprender a meditar. Pratico religiosamente a meditação transcendental, mas também experimento e me interesso por outros tipos de meditação.

Há algum hábito incomum ou algo absurdo que você ame?

Gostar de refletir sobre os meus erros mais dolorosos. Faço isso anotando minhas reflexões. Também desenvolvi um aplicativo para iPad que ajuda as pessoas a refletirem sobre a dor que vivenciam, o qual chamei de Pain Button.

Nos últimos cinco anos, que nova crença, novo comportamento ou hábito mais impactou positivamente sua vida?

A crença de que estou num período da vida em que mostrar aos outros como alcançar o sucesso sem mim é a coisa mais importante que posso fazer.

Que conselho você daria a um universitário inteligente e aplicado prestes a entrar no "mundo real"?

Ame identificar o que não sabe, seus erros e pontos fracos, pois entendê-los será essencial para o resto da vida.

Que dicas ruins você costuma ouvir na sua profissão ou especialidade?

"Os mercados que se saíram bem são ótimos investimentos." Em outras palavras, quando alguém diz "Compre isto porque está indo bem", você deve pensar "Cuidado, pois se tornou mais caro".

Quando se sente sobrecarregado ou desconcentrado, o que faz?

Medito.

"[Tenha] a coragem moral de viver na área cinzenta (...) [Viva] as questões de forma que, um dia, você tenha vivido para as respostas."

JACQUELINE NOVOGRATZ
X: @jnovogratz
FB: Jacqueline Novogratz
Acumen.org

JACQUELINE NOVOGRATZ é fundadora e CEO da Acumen, que levanta doações para investir em companhias, líderes e ideias que estão mudando como o mundo lida com a pobreza. Antes da Acumen, Jacqueline fundou e dirigiu os programas Philanthropy Workshop e Next Generation Leadership na Rockefeller Foundation. Também é cofundadora da Duterimbere, uma instituição de microfinanciamento em Ruanda. Começou a carreira em operações bancárias internacionais no Chase Manhattan Bank. Jacqueline atualmente faz parte dos conselhos administrativos da Sonen Capital e da Harvard Business School Social Enterprise Initiative. Ela também atua na Aspen Institute Board of Trustees e no conselho da IDEO.org e integra o Council on Foreign Relations, o Fórum Econômico Mundial e a Academia de Artes e Ciências dos Estados Unidos. Jacqueline recentemente ganhou o Forbes 400 Lifetime Achievement Award for Social Entrepreneurship.

Que livro (ou livros) você mais deu de presente e por quê? Ou nomeie de um a três livros que mais influenciaram sua vida.

Homem invisível, de Ralph Ellison. Eu o li aos 22 anos, e ele me fez pensar profundamente em como a sociedade não "vê" tantos dos seus membros. Ainda preciso me lembrar de prestar atenção, de reconhecer as pessoas ao passar por elas, de cumprimentá-las. Isso parece muito simples e muda tudo.

O mundo se despedaça, de Chinua Achebe. O primeiro livro que li de um escritor africano. Achebe é inflexível em seu retrato dos desafios da mudança, das relações do colonialismo e de poder/impotência. O livro continua muito relevante até hoje.

Um delicado equilíbrio, de Rohinton Mistry. Um romance dickensiano que captura de formas extraordinárias e profundamente humanas a essência de ser pobre na Índia urbana. Ele me fez alcançar novas camadas de compreensão, mesmo depois de eu ter lido muitas obras de não ficção e ter passado anos trabalhando na Índia.

De que forma um fracasso, ou fracasso aparente, acabou te levando ao sucesso? Você tem algum "fracasso pessoal" favorito?

Quando eu tinha 25 anos, queria salvar o mundo, e pensei em começar pelo continente africano. Abandonei uma carreira em Wall Street, pensando que tinha muitas habilidades para compartilhar e muito para dar, mas logo descobri que a maioria das pessoas não quer ser salva. As capacidades de que eu mais precisava eram a imaginação moral ou a capacidade de me colocar no lugar dos outros, de ouvir e reconhecer que existem poucas soluções fáceis, mas que investir na construção da confiança é uma porta crucial para a possibilidade. Uma das lições mais importantes da minha vida foi aprender a equilibrar (e manter) a audácia de sonhar com um mundo diferente e a humildade de começar com o mundo como ele é. É um atributo essencial da liderança para qualquer um que queira promover a mudança. E hoje todos nós precisamos querer.

Se você pudesse colocar um outdoor gigante em qualquer lugar exibindo qualquer coisa, o que seria e por quê?

Um único ponto essencial para a lucratividade não serve mais para o nosso mundo interdependente. Precisamos passar do foco nos acionistas para um foco nos interessados, adotar uma visão a longo prazo e medir o que importa, e não apenas o que podemos contar. É algo muito mais fácil de falar do que de fazer. Assim, criamos um manifesto na Acumen, uma bússola moral para guiar as decisões e ações. É um documento inspiracional em que penso todo dia, apesar de nem sempre conseguir segui-lo. É muito longo para um outdoor, mas talvez pudéssemos colocá-lo no lugar certo e encorajarmos as pessoas a pararem para lê-lo, o que não seria tão ruim. Aí vai:

> Começa na convivência com os pobres, ouvindo vozes que não são ouvidas e reconhecendo potencial onde os outros veem desespero. Exige o investimento como um meio, e não como um fim, ousar ir aonde os mercados fracassaram e a ajuda não chegou. Faz o capital trabalhar para nós, e não nos controlar. Desenvolve-se a partir da indignação moral: da humildade de vermos o mundo como é e da audácia de imaginá-lo como ele pode ser. É ter a ambição de aprender no limite, a ambição de admitir o fracasso e a coragem de recomeçar. Requer paciência e bondade, resiliência e determinação: uma esperança resistente. É a liderança que rejeita a complacência, contorna a burocracia e desafia a corrupção. Fazer o que é certo, não o que é fácil. É a ideia radical de criar esperança em um mundo cético. Mudar o modo como o mundo lida com a pobreza e construir um mundo baseado na dignidade.

Ou então eu poderia pegar emprestado o lindo mantra de Rilke de "Viver as questões", que é um lembrete simples para termos a coragem moral de viver na ambiguidade, considerar a incerteza, mas não de maneira passiva. Viver as questões de forma que, um dia, você passe a viver as respostas.

Que conselho você daria a um universitário inteligente e aplicado prestes a entrar no "mundo real"?

Não se preocupe muito com o primeiro emprego. Simplesmente comece e deixe o trabalho lhe ensinar. A cada passo, você descobrirá mais sobre quem quer ser e o que quer fazer. Se você esperar pelo que for perfeito e mantiver todas as opções abertas, pode acabar com nada além de opções. Então, comece.

Que dicas ruins você costuma ouvir na sua profissão ou especialidade?

"Saia-se bem sendo bom." Quem quer se sair bem sendo ruim? Precisamos fazer mais. Este momento da história exige que coloquemos o propósito antes do lucro, que levemos mais a sério o fato de termos as ferramentas, a imaginação e os recursos para resolvermos os problemas mais difíceis. Então, é hora de agirmos.

Quando se sente sobrecarregada ou desconcentrada, o que faz?

Saio para uma corrida bem longa e me lembro da beleza do mundo e que o sol nascerá outra vez amanhã, que o que importa é estarmos na arena.

"Quase todos os conselhos dados a escritores por supostos especialistas estão errados."

BRIAN KOPPELMAN
X/IG: @briankoppelman
briankoppelman.com

BRIAN KOPPELMAN é roteirista, escritor, diretor e produtor. Antes de sua famosa série de TV *Billions*, da qual é um dos criadores e produtor executivo (e que ajudou a escrever sem garantia de retorno), ele era mais conhecido como um dos roteiristas de *Cartas na Mesa* e de *Treze Homens e Um Novo Segredo*, bem como produtor de *O Ilusionista* e *Gente de Sorte*. Ele também dirigiu filmes como *O Solteirão*, estrelado por Michael Douglas. Além disso, Brian apresenta o podcast *The Moment*. Um dos meus episódios favoritos é com John Hamburg, que escreveu e dirigiu *Eu te Amo, Cara* e escreveu *Entrando Numa Fria*, entre muitos outros filmes. É como uma faculdade de cinema e uma especialização como roteirista em uma única conversa.

Que livro (ou livros) você mais deu de presente e por quê? Ou nomeie de um a três livros que mais influenciaram sua vida.
Estes foram os livros que mais dei/recomendei. Todos eles também foram cruciais na minha vida.

Do que eu falo quando eu falo de corrida, de Haruki Murakami
O caminho do artista, de Julia Cameron
Desperte seu gigante interior, de Tony Robbins
Cidade de ladrões, de David Benioff

Sei que são quatro livros, mas vale a pena falar um pouco de cada um. O livro de Murakami é a melhor destilação do tipo de foco, compromisso e senso de missão necessários para se tornar um grande artista. Ele está ostensivamente escrevendo sobre seu hábito de correr — e ele é amplamente considerado um grande fundista;

mas também está falando sobre como se livrar de tudo que é desnecessário para alcançar o seu propósito. É um livro rigoroso e inspirador que desafia o leitor a encarar os desafios. Também é uma não ficção muito bem escrita por aquele que, para mim, é o melhor escritor de ficção do mundo.

O caminho do artista contém a melhor ferramenta para sair do bloqueio com que já me deparei [que são as páginas matinais]. Se você tiver a impressão, lá no fundo, de que está se afastando do seu verdadeiro propósito, esse livro vai ajudá-lo a retomar o caminho.

O trabalho de Tony Robbins sempre foi útil para mim. Essa é uma das razões de meu parceiro criativo, David Levien, e eu termos sido os produtores executivos de *I Am Not Your Guru*, o documentário sobre Tony. *Desperte seu gigante interior* foi o primeiro livro que li dele e me fez perguntas cruciais sobre as histórias que eu estava contando a mim mesmo e que limitavam o meu crescimento. Não conheço ninguém que não conseguiria se beneficiar de um pouquinho de Tony.

E, por último, *Cidade de ladrões*, de Benioff. Esse livro é um brinquedo. A ficção tem uma verdadeira utilidade, uma que acho que as pessoas bem-sucedidas de vez em quando esquecem: a ficção mexe com você, tira você da zona de conforto, faz você encarar aquilo que não é resolvido com facilidade. Esse livro faz tudo isso e ainda o deixa deliciado ao longo do processo. Eu já o dei a cem pessoas. Todas elas me agradeceram e também o deram a várias outras.

De que forma um fracasso, ou fracasso aparente, acabou te levando ao sucesso? Você tem algum "fracasso pessoal" favorito?

Durante um tempo, nós vendíamos uma ideia de um piloto por ano para um canal fechado premium. Nós dizíamos qual era a ideia, eles nos pagavam para escrevê-la e depois entregávamos o roteiro só para ouvir que eles não queriam mais aquele tipo de programa. Todas as vezes que descartavam um daqueles roteiros, eu ficava arrasado. Da última vez que isso aconteceu, a dor foi diferente. Aquele tipo de dor que faz você se sentar e dizer: chega. Então, quando voltamos a ter uma ótima ideia para um programa, decidimos escrever para receber depois em vez de vendê-la com antecedência. A ideia era que, se alguém quisesse comprar o roteiro do piloto finalizado, teríamos vantagem na hora de fecharmos um acordo, podendo insistir que eles realmente o filmassem. E a próxima ideia foi *Billions*.

[*Billions* acabou estrelada pelos ganhadores do Emmy e do Globo de Ouro Paul Giamatti e Damian Lewis. Ela teve a melhor estreia de todos os tempos de uma série original Showtime.]

Há algum hábito incomum ou algo absurdo que você ame?

Pingue-pongue. Adoro tudo no jogo. O excelente livro de Jerome Charyn sobre pingue-pongue, *Sizzling Chops and Devilish Spins*, captura como o esporte me faz sentir. Sei que parece um esporte bobo, mas, quando você está jogando, é o oposto. Ele é rápido, requer uma estratégia complexa, requer que você controle o medo, que se comprometa com os lances, que se incline e se prepare para o próximo lance no momento em que dá o primeiro. Venho jogando quatro ou cinco vezes por semana há um ano e queria ter começado a me dedicar a isso com mais afinco anos antes.

Que aquisição de até 100 dólares mais impactou positivamente sua vida nos últimos seis meses (ou nos últimos tempos)?

Minha raquete de pingue-pongue Butterfly Petr Korbel. Quando a comprei, eu soube que estava me comprometendo com o treinamento como jogador de pingue-pongue. Sempre amei o jogo, sempre disse a mim mesmo que um dia tentaria ficar bom nele. Comprá-la foi o mesmo que dizer que esse dia tinha chegado.

Que dicas ruins você costuma ouvir na sua profissão ou especialidade?

Quase todos os conselhos dados a escritores por supostos especialistas estão errados. Quase todos dizem aos aspirantes que façam algum tipo de cálculo relacionado ao marketing antes de começarem a escrever. Acontece que, na não ficção, isso pode até fazer sentido. Mas não é como eu trabalho. Para os artistas, a coisa mais importante é o envolvimento total. Então, sempre digo aos escritores que sigam sua curiosidade, suas obsessões e seus fascínios.

"Quando eu tinha 75 anos (hoje tenho 78), dei uma olhada no 'box' local de CrossFit e fiquei encantado pela ausência de espelhos e máquinas e pela presença de pesos livres."

STEWART BRAND
X: @stewartbrand
reviverestore.org

STEWART BRAND é presidente da Long Now Foundation, fundada para promover o pensamento a longo prazo e a responsabilidade nos próximos 10 mil anos. Ele lidera um projeto na fundação chamado Revive and Restore, que busca trazer de volta à vida espécies extintas da fauna, como o pombo-passageiro e o mamute-lanoso. Stewart é conhecido pela criação, edição e publicação de *The Whole Earth Catalog* (1968-1985), que ganhou o National Book Award for Fiction pela edição de 1972. Ele é cofundador de The WELL and Global Business Network e autor de livros que incluem *O relógio do longo agora*, *Whole Earth Discipline*, *How Buildings Learn* e *The Media Lab.* Fez biologia em Standford e foi oficial de infantaria do Exército norte-americano.

Que livro (ou livros) você mais deu de presente e por quê? Ou nomeie de um a três livros que mais influenciaram sua vida.

Quatro livros:

Jogos finitos e infinitos, de James P. Carse.
One True God: Historical Consequences of Monotheism, de Rodney Stark
A ideia de decadência na história ocidental, de Arthur Herman

Os anjos bons da nossa natureza: Por que a violência diminuiu, de Steven Pinker (página 468)

Esses são guias fundamentais para compreendermos e ajudarmos a civilização. O livro *A ideia da decadência* mostra as consequências de se acreditar nas narrativas românticas e trágicas de sociedades que se degradaram, enquanto *Os anjos bons* conta como a humanidade na verdade se tornou menos violenta, menos cruel e mais justa a cada milênio, século e década. *One True God* demonstra como as religiões monoteístas se tornam mortalmente competitivas e regimentadas de uma forma inevitável, enquanto *Jogos finitos e infinitos* apresenta um argumento arrebatador para superarmos a obsessão com resultados de soma zero e nos concentrarmos em aperfeiçoar os jogos que jogamos, infinitamente.

Nos últimos cinco anos, que nova crença, novo comportamento ou hábito mais impactou positivamente sua vida?

CrossFit. Entre com a cabeça erguida, saia cambaleando, repita.

Quando eu tinha 75 anos (hoje tenho 78), dei uma olhada no "box" local de CrossFit e fiquei encantado pela ausência de espelhos e máquinas e pela presença de pesos livres. Durante uma hora, duas vezes por semana, eu desopilo a mente nos exercícios intensos, diferentes a cada vez, desenvolvendo força, disposição e agilidade em uma competição mensurada. O resultado? Em um ano, perdi 14 quilos, voltei ao meu peso de jovem lutador de 70 quilos e me sinto ótimo, o que me deixa orgulhoso e feliz.

Que conselho você daria a um universitário inteligente e aplicado prestes a entrar no "mundo real"?

Tudo que sei é o que funcionou para mim. Depois da faculdade, aprendi uma série de habilidades vendáveis em cursos e empregos. Quando fiz 24 anos, eu podia ganhar a vida como lenhador, escritor, biólogo de campo, fotógrafo comercial, oficial do Exército, pesquisador de exibições de museu ou artista multimídia. Também aprendi a ser feliz com quase nada. Não segui em frente com nenhuma dessas coisas, mas essas habilidades me serviram em tudo que vim a fazer, como a publicação de *The Whole Earth Catalog*.

Tive a sorte de fazer uma faculdade baseada em uma ciência (a biologia), mas gostaria de ter estudado um pouco de antropologia e feito teatro (os tímidos precisam). Para mim, muito melhor do que a pós-graduação foram os dois anos servindo nas forças armadas. Qualquer tipo de serviço prestado à nação (Corpo da Paz etc.) é uma dádiva, tanto para você quanto para a sociedade.

CITAÇÕES QUE ESTÃO NA MINHA CABEÇA

(Tim Ferriss: 21 de outubro — 18 de novembro de 2016)

"O privilégio de uma vida é ser quem você é."

— JOSEPH CAMPBELL

Mitólogo e escritor norte-americano, conhecido por *O herói de mil faces*

"Quando inevitavelmente abalado pelas circunstâncias, volte já a si mesmo e não perca o ritmo mais do que pode evitar. Você terá uma harmonia melhor se sempre voltar a isso."

— MARCO AURÉLIO

Imperador de Roma e filósofo estoico, autor de *Meditações*

"Todo mundo pensa em mudar o mundo, mas ninguém pensa em mudar a si mesmo."

— LEON TOLSTÓI

Um dos maiores escritores russos,
autor de *Anna Karenina* e de *Guerra e paz*

"Por que você vai embora? Para poder voltar. Para poder enxergar o lugar de onde veio com novos olhos e cores adicionais. E para as pessoas de lá verem-no de forma diferente também. Voltar para onde começou não é o mesmo que nunca ter partido."

— TERRY PRATCHETT

Escritor inglês de fantasia, mais conhecido
pela série Discworld, de 41 volumes

"O principal é manter principal o que é principal."

SARAH ELIZABETH LEWIS
X: @sarahelizalewis
IG: @sarahelizabethlewisl
sarahelizabethlewis.com

SARAH ELIZABETH LEWIS é professora assistente de história da arte e da arquitetura e de estudos africanos na Universidade de Harvard. Ela fez bacharelado em Harvard, mestrado em filosofia na Universidade de Oxford e Ph.D em história da arte na Universidade Yale. Antes de entrar na faculdade em Harvard, atuou como curadora no Museu de Arte Moderna de Nova York e no Tate Modern, em Londres, e lecionou na Faculdade de Artes de Yale. Sarah foi a editora convidada da edição histórica "Vision & Justice" da *Aperture*, que recebeu o Infinity Award for Critical Writing and Research. Ela também é a autora de *The Rise: Creativity, the Gift of Failure, and the Search for Mastery,* best-seller do *Los Angeles Times.* Sarah fez parte do Arts Policy Committee do presidente norte-americano Barack Obama e atualmente integra as diretorias da Andy Warhol Foundation for the Visual Arts, da Creative Time e do CUNY Graduate Center.

Que livro (ou livros) você mais deu de presente e por quê? Ou nomeie de um a três livros que mais influenciaram sua vida.

Costumo dar dois: *A Field Guide to Getting Lost*, de Rebecca Solnit, e a coleção de ensaios de James Baldwin, *The Price of the Ticket*, com um [ensaio] que deveria ser o mapa para qualquer inovador chamado "The Creative Process". Não vou revelar a trama descrevendo-a aqui, mas é Baldwin. É brilhante. Quaisquer questões que você tiver sobre o propósito do espírito criativo para a sociedade provavelmente serão respondidas. O livro de Solnit é perfeito para alguém que esteja tentando encontrar sua paixão e não conseguindo traçar um novo caminho.

Que aquisição de até 100 dólares mais impactou positivamente sua vida nos últimos seis meses (ou nos últimos tempos)?

Estudos nos dizem que os gastos que nos dão mais felicidade são aqueles que nos proporcionam tempo e experiências, não coisas. Acho que é verdade. Mas vou me limitar a dizer que adoro um bom caderno Moleskine sem pauta.

De que forma um fracasso, ou fracasso aparente, acabou te levando ao sucesso? Você tem algum "fracasso pessoal" favorito?

Pessoalmente, o tipo de fracasso que mais experimento é em relação a suposições. Sendo uma mulher negra que é paga para pensar, ensinar e escrever, costumo ser subestimada quando as pessoas não sabem nada sobre o meu trabalho. Isso significa que as pessoas esperam que eu fracasse com mais frequência do que de fato fracasso. Essa percepção de um fracasso em potencial acaba sendo um tipo de combustível. Aprendi a ser grata por isso.

Escrevi *The Rise: Creativity, the Gift of Failure, and the Search for Mastery* e dei minha palestra no TED sobre ele porque acredito muito no poder do suposto fracasso, de sermos vistos como um fracasso, para alcançar sucessos inovadores. Martin Luther King Jr. se saiu bem na escola, mas suas piores notas foram em oratória. Sim. Dois Cs seguidos. A lista não para por aí, e eu adorei escrever sobre todos eles no livro. Os tipos de fracassos mais impactantes são os "quase sucessos", por causa do impulso que obtemos de quase ter alcançado os objetivos. Contudo, nunca uso a palavra "fracasso". Depois de aprender algo a partir de uma experiência, é difícil lhe darmos esse nome, pois ela se tornou útil para nós, ou pelo menos é o que esperamos.

Se você pudesse colocar um outdoor gigante em qualquer lugar exibindo qualquer coisa, o que seria e por quê?

A citação que eu gravaria em um outdoor é: "O principal é manter principal o que é principal." Simples. Extremamente importante. Acho que muitas vezes nos distraímos, bem, pela vida, ou pelas redes sociais, ou seja pelo que for. Ao fim do dia, podemos ver que não demos sequer um passo em direção ao que de fato tem importância para nós. Mulheres, em particular, sabem que isso é verdade. Como manter a atenção na coisa principal? Para mim, significa reservar minhas manhãs religiosamente para o tempo de que preciso para criar. Outras pessoas têm outras formas, mas, para mim, se eu colocar as prioridades na agenda assim que o dia começa, tenho uma probabilidade maior de encontrar tempo para me concentrar nelas.

Qual foi o melhor ou mais valioso investimento que você já fez?

Amo manter um regime de meditação e exercícios. Acrescentei algo novo recentemente, uma técnica de respiração que aprendi com Brian Mackenzie e que me ajuda muito a lidar com o estresse. Incrível. O exercício é baseado em uma ciência precisa. Brian faz uma inspiração que acessa a reatividade emocional e a tolerância ao gás carbônico (CO_2) e que cria uma sequência específica de apneia nasal. A que ele desenvolveu para mim parece um passe de mágica para aliviar o estresse. Pelo que Brian me diz, a apneia permite um tônus mais parassintético no corpo. Isso abre o sistema vascular e traz mais óxido nítrico (NO) para o corpo. Depois da sequência de apneia, medito por cerca de quinze a vinte minutos. O regime completo leva cerca de 35 minutos pela manhã.

Há algum hábito incomum ou algo absurdo que você ame?

A privacidade quando estou no auge do trabalho criativo. Costumo ficar longe das redes sociais durante esses períodos e não marco muitas reuniões. Isso é incomum na atmosfera atual, mas é crucial. Ter a sensação de privacidade quando trabalhamos é uma das formas de alimentar o hábito de correr riscos. Parte do motivo do afastamento das redes sociais ser útil é que você para de preocupar-se com o que os outros podem achar de alguma ideia que estiver considerando e lhe dá a chance de crescer e amadurecer.

Nos últimos cinco anos, a que você começou a dizer não com mais facilidade?

Ah, essa é boa. Fazer muitas coisas fora das suas obrigações pode exaurir você. As responsabilidades nascidas da paixão nos dão mais energia. Se um pedido me traz outra responsabilidade que me dá paixão, eu atendo. Se não, encontrei maneiras de negá-lo. Meu colega de Harvard, Robin Bernstein, tem um excelente artigo sobre a arte de dizer não intitulado: "The Art of 'No.'"

Quando se sente sobrecarregada ou desconcentrada, o que faz?

"Não existe um comitê que faça a Terra girar." Isso me ajuda a relaxar e lembrar que sou, assim como todos nós, parte de algo maior. Forças maiores tão precisas que sabemos o quanto da Lua ficará visível no céu em certa noite, com certeza, mesmo se a lista de tarefas de alguém não tiver sido cumprida! Sim, mesmo assim. Ou seja, podemos gerar um impacto sobre as leis da natureza com a forma como tratamos o planeta e podemos trabalhar com essas leis para expressar coisas no mundo (às vezes, até sem saber), mas não podemos criar essas leis nem as destruir. Vivemos em um mundo governado por elas. Portanto, quando me sinto sobrecarregada, tento ir para a natureza, um lugar que me lembre do meio ambiente com um conjunto de sistemas e leis que governam os movimentos. Se estou na cidade, olho para as estrelas e depois volto ao trabalho com uma sensação de relaxamento e apoio.

> "'Só diga não' (às drogas, aos jogos de azar, a comer, ao sexo etc.) é o conselho menos útil que podemos dar a um ser humano com qualquer tipo de dependência. Se eles conseguissem dizer não, diriam."

GABOR MATÉ
FB: /drgabormate
drgabormate.com

GABOR MATÉ é médico especializado em neurologia, psiquiatria e psicologia. Ele é conhecido pelo seu estudo e tratamento da dependência. O dr. Maté escreveu vários best-sellers, inclusive o premiado *Vício: o reino dos fantasmas famintos: Uma abordagem científica e compassiva sobre a dependência, suas origens e os caminhos para a recuperação*. Suas obras foram publicadas em vinte idiomas. Recebeu o Hubert Evans Non-Fiction Prize, um diploma honorário da Universidade do Norte da Colúmbia Britânica e o Martin Luther King Humanitarian Award da Mothers Against Teen Violence. Ele também é professor adjunto da Faculdade de Criminologia da Universidade de Simon Fraser.

Que aquisição de até 100 dólares mais impactou positivamente sua vida nos últimos seis meses (ou nos últimos tempos)?

Uma versão dos quartetos de cordas de Béla Bartók gravada em 1954 pelo Végh Quartet. Talvez essa escolha seja porque estou ouvindo esse CD enquanto escrevo isto, mas me sinto emocionado e inspirado pela modéstia, pela dedicação à arte e pela pureza da performance.

Que livro (ou livros) você mais deu de presente e por quê? Ou nomeie de um a três livros que mais influenciaram sua vida.

O primeiro livro a ter me influenciado profundamente foi *As aventuras do Ursinho Pooh e seus amigos*, de A. A. Milne. O ursinho foi um companheiro muito amado da minha infância em Budapeste. (Por acaso, acho que a tradução para o húngaro é mais engraçada e espirituosa do que o original em inglês, se é que isso é possível.) O pequeno universo de personagens de Milne é algo com que a criança brincalhona em todos nós se identifica, uma criança que em algum momento deve crescer, com esperança, com um pouco do humor e da sabedoria inocente de Pooh intactas.

O segundo foi *The Scourge of the Swastika*, de Lord Russell de Liverpool, um barão, advogado e historiador britânico. O livro foi um dos primeiros a documentar os horrores nazistas, assim me dando, aos 12 anos, um vislumbre chocante da história que perseguira a minha família na época do meu nascimento. (Vivi meu primeiro ano de idade na Budapeste ocupada pelos nazistas; meus avós foram assassinados em Aushchwitz.) De forma mais universal, ele me trouxe a consciência das injustiças e da crueldade que são possíveis no mundo, das maneiras como pessoas completamente inocentes podem ser submetidas ao sofrimento — consciência essa que nunca me deixou.

Em terceiro lugar está o *Dhammapada*, contendo ditos do Buda. Ele ensina a importância da exploração interior se quisermos enxergar além dos preconceitos e limitações programados da mente. Em outras palavras, se quisermos ver a vida com clareza. Ele aponta para a impossibilidade de encontrar paz no exterior quando não conseguimos encontrá-la dentro de nós mesmos, uma ideia que a minha experiência confirmou repetidamente. De certa forma, esse breve texto é o modelo para os vários textos de cunho espiritual e psicológico que mais tarde me influenciaram e promoveram o meu crescimento.

E, para quebrar as regras, vou acrescentar um quarto: *O drama da criança bem-dotada*, de Alice Miller, o primeiro livro a ter me ensinado sobre o impacto devastador para a vida inteira de um trauma na infância, a cura e a integração do qual se tornaram o principal foco do meu trabalho. Se os editores estiverem distraídos, também vou inserir de fininho *Dom Quixote*, o louco mais encantador e são de todo o universo da literatura.

De que forma um fracasso, ou fracasso aparente, acabou te levando ao sucesso? Você tem algum "fracasso pessoal" favorito?

Em 1997, fui demitido do meu emprego como coordenador médico da Unidade de Cuidados Paliativos, no Vancouver Hospital. Eu adorava o trabalho, adorava trabalhar com colegas médicos e enfermeiros dedicados ao cuidado dos pacientes em cuidados paliativos. Contudo, o que a princípio vi como o fracasso humilhante de ter sido demitido acabou sendo uma das melhores coisas que me aconteceram. Depois do choque, do ultraje e da sensação de injustiça iniciais, a experiência tornou-se uma fonte inestimável de aprendizado. Consegui ver como meu narcisismo havia me cegado para as necessidades e preocupações das pessoas com quem eu trabalhava. Percebi como fora um colaborador e ouvinte de péssima qualidade, e isso inesperadamente abriu a porta para um novo e profundo chamado profissional. Meu emprego seguinte, trabalhando com a população dependente e traumatizada do Downtown East Side de Vancouver, foi o que me deu a experiência, as ideias e a inspiração para o mais recente e talvez mais importante capítulo da minha experiência profissional: escrever e educar sobre a dependência.

Se você pudesse colocar um outdoor gigante em qualquer lugar exibindo qualquer coisa, o que seria e por quê?

O outdoor exibiria as palavras do meu maior professor contemporâneo, A. H. Almaas: "No fim das contas, seu presente para o mundo é ser quem você é. Isso é ao mesmo tempo seu presente e sua realização."

Qual foi o melhor ou mais valioso investimento que você já fez?

O melhor investimento de tempo que já fiz foi participar de um intensivo de iluminação liderado por um grande amigo meu, Murray Kennedy, muitas décadas atrás. Não que eu tenha ficado iluminado na época, nem desde então. Na verdade, terminei com um ressentimento autoimposto e uma frustração por não ter aproveitado uma experiência espiritual que eu estava convencido de que precisava. Mas ele me abriu para o mundo da investigação espiritual e me deu a minha primeira experiência de estabelecer uma separação entre o meu senso de identidade pessoal e a minha mente ocupada, determinada e cronicamente insatisfeita. Eu ainda estou trabalhando nisso, algo pelo qual tenho muita gratidão. Ao longo dos anos, meu amigo Murray se tornou um mestre e uma inspiração tanto para mim quanto para muitos outros em desenvolvimento espiritual.

Há algum hábito incomum ou algo absurdo que você ame?

Tentar seduzir minha esposa com um sotaque húngaro. A sedução de vez em quando tem sucesso; o sotaque, nem tanto.

Nos últimos cinco anos, que nova crença, novo comportamento ou hábito mais impactou positivamente sua vida?

Depois de ter sido agnóstico/cético a vida inteira em relação à ioga (tipo, "Você nunca vai me ver fazendo ioga"), hoje adquiri, e continuo tendo, o hábito de praticar ioga quase todo dia, desenvolvido pelo iogue indiano Sadhguru Jaggi Vasudev. Ele me transformou, dando-me acesso a uma sensação de espaço e leveza interior que eu até então desconhecia.

Que conselho você daria a um universitário inteligente e aplicado prestes a entrar no "mundo real"? E quais conselhos ele deveria ignorar?

Se você é realmente inteligente, vai deixar a ambição de lado. Não importa o que te motiva: quando você é ambicioso, é como uma folha levada pelo vento. Não tem autonomia real. Está fadado a ser soprado pelo vento para fora da rota, mesmo que alcance o que acredita ser seu objetivo. E não confunda ser "ambicioso" com ser motivado por um verdadeiro chamado interior. Um estado o deixa exaurido e não satisfeito; o outro alimenta a alma e faz o coração cantar.

Que dicas ruins você costuma ouvir na sua profissão ou especialidade?

"Só diga não" (às drogas, aos jogos de azar, a comer, ao sexo etc.) é o conselho menos útil que podemos dar a um ser humano com qualquer tipo de dependência. Se eles conseguissem dizer não, diriam. O ponto-chave da dependência é que as pessoas são compelidas a ela pelo sofrimento, pelo trauma, pela inquietação e pela dor emocional. Se você quiser ajudar as pessoas, pergunte por que estão sofrendo tanto a ponto de serem levadas a fugir por meio de hábitos ou substâncias que no fim das contas só vão prejudicá-las. Então, apoie-as no processo de cura do trauma no centro da sua dependência, um processo que sempre começa por uma curiosidade e uma compaixão sem julgamento.

Nos últimos cinco anos, ao que você começou a dizer não com mais facilidade?

Não nos últimos cinco anos, mas, nas últimas cinco *semanas*, comecei (finalmente!) a aprender a dizer não à compulsão de atender às necessidades dos outros, de curar a dor de todos, de aceitar todos os convites para ensinar a fazer meu trabalho. Isso estava prejudicando a minha paz interior e o meu casamento. Irônico ou não, eu enfim precisei aceitar minhas prescrições, as que eu oferecia aos outros no meu livro sobre estresse e doença, *Quando o corpo diz não: aprenda a reconhecer o impacto da ligação corpo-mente na prevenção e cura da doença*. Tudo isso é muito novo, mas estou sentindo a alegria e a vitalidade voltando para mim. Ganhei uma oportunidade muito necessária de explorar quem sou quando estou apenas *sendo*, sem ter de sempre *fazer* alguma coisa.

Quando se sente sobrecarregado ou desconcentrado, o que faz? Que perguntas faz a si mesmo?

Tendo uma mente caracterizada por padrões do TDAH, é fácil, para mim, perder a concentração e sucumbir à distração. A pergunta que me ajuda a retornar ao presente é, simplesmente, "O que estou fazendo neste momento está alinhado ao meu chamado?" Meu chamado — o que me acende e mais inspira — é a liberdade para todos, inclusive eu mesmo: de forma política, social, emocional e espiritual. Quando sou compelido a me distrair de uma inquietação emocional, não sou livre. Porém, quando julgo a mim mesmo duramente pela distração, tampouco sou livre. A liberdade sempre vem da consciência renovada da escolha: minha escolha, a cada momento.

"Lembre-se: Babe Ruth não era só o rei do *home run*, ele também era o rei do *strikeout*."

STEVE CASE
X: @SteveCase
FB: /stevemcase
revolution.com

STEVE CASE é um dos empreendedores mais conhecidos dos Estados Unidos, presidente e CEO da Revolution LLC, uma firma de investimentos cofundada por ele. Ele é um pioneiro em tornar a internet parte da nossa rotina. A carreira de Steve como empreendedor começou em 1985, quando ele ajudou a fundar a America Online (AOL). Sob sua liderança, a AOL tornou-se a maior e mais valiosa companhia da internet no mundo inteiro, e foi a primeira companhia pontocom a abrir o capital e uma das aplicações de mais sucesso na bolsa dos anos 1990, rendendo um retorno de 11.616% para os investidores. No seu auge, quase metade dos usuários da internet nos Estados Unidos usavam a AOL. Steve é o autor de *A terceira onda da internet: Como reinventar os negócios na era digital*, best-seller do *New York Times*. Ele também é presidente da Case Foundation, que estabeleceu com a esposa, Jean, em 1997. Em 2010, Steve e Jean juntaram-se a The Giving Pledge e anunciaram publicamente o compromisso com a doação da maior parte da sua riqueza para causas filantrópicas.

Que livro (ou livros) você mais deu de presente e por quê? Ou nomeie de um a três livros que mais influenciaram sua vida.

A terceira onda, do futurista Alvin Toffler, teve um impacto profundo na minha vida. Foi sua visão da vila eletrônica global que ajudou a me colocar no caminho para ajudar a fundar a AOL. Li *A terceira onda* quando estava no último ano da universidade e fiquei encantado com a ideia de conectar as pessoas por meio de uma mídia digital. Eu sabia que isso seria inevitável e quis participar da construção desse futuro. O livro me influenciou tanto que, quando decidi escrever um livro, peguei o título emprestado: *A terceira onda da internet: Como reinventar os negócios na era digital*.

As três ondas de Toffler foram a revolução agrícola, a revolução industrial e a revolução tecnológica. Eu me concentrei nas três ondas da internet: construir a plataforma para conectar o mundo, depois desenvolver aplicativos na internet e então integrar a internet na nossa vida de forma gradualmente universal e às vezes até invisível.

Que conselho você daria a um universitário inteligente e aplicado prestes a entrar no "mundo real"?

Primeiro, eu diria que é importante olhar para o futuro e se posicionar para o que está para acontecer, e não para o que está acontecendo no momento. Wayne Gretzky foi um grande jogador de hóquei porque não se concentrava onde estava o disco, e sim em para onde estava indo, e ele chegava lá primeiro. Faça isso!

Em segundo lugar, se, como muitas pessoas, você recebeu um diploma em artes liberais, orgulhe-se e faça jus a ele. Embora o senso comum diga que programar é a chave para o sucesso, isso provavelmente não irá se aplicar à terceira onda, durante a qual as maiores indústrias sofrerão uma ruptura, assim como na segunda, quando o foco era desenvolver aplicativos. Com certeza programar continuará sendo importante, mas a criatividade e a colaboração também serão. Não tente ser algo que não é. Confie nas suas habilidades, pois elas serão cruciais para a jornada que você pretende percorrer.

E, em terceiro lugar, seja destemido. Sei que isso é mais fácil de dizer do que de fazer, sobretudo para uma geração que foi criada por pais superprotetores que provavelmente encorajaram a prole a ficar dentro do convencional, e em um mundo abalado pelo desemprego e pelo terrorismo. Contudo, apesar de tudo isso, você precisa sair da zona de conforto e correr para as trincheiras, sabendo que em alguns momentos irá fracassar. Lembre-se: Babe Ruth não era só o rei do *home run*, ele também era o rei do *strikeout*. Se você correr riscos, de vez em quando irá fracassar, mas isso não significa que você seja um fracasso. Só significa que precisa se levantar, sacudir a poeira e redobrar os esforços para alcançar o sucesso.

Que dicas ruins você costuma ouvir na sua profissão ou especialidade?

Há três coisas que me preocupam, caso se tornem senso comum, em particular em lugares como o Vale do Silício. Em primeiro lugar, a ideia de que a ingenuidade é uma vantagem competitiva. Os fundadores do PayPal notoriamente disseram que o fato de não saberem nada sobre a indústria dos cartões de crédito lhes deu uma vantagem para revolucioná-la. Isso é verdade no caso deles, mas agora foi banalizado. É provável que essa noção de que a ignorância é um ponto positivo leve a tropeços em uma nova era de inovações e revoluções de grandes indústrias. Por exemplo, se você quiser revolucionar a área da saúde, não se trata só de software, e sim de como você trabalha com médicos, da relação com os hospitais, de como é pago pelos planos de saúde e de como lida com a regulamentação. Saber algo sobre a área da saúde talvez seja útil — e essencial — para descobrir como avançar e conquistar credibilidade para fazer as coisas acontecerem. O conhecimento da área também terá importância na AgTech [tecnologia agrícola], já que compreender a cultura do cultivo será fundamental. Ou na EdTech [tecnologia educacional], para ter certeza de que o que você está desenvolvendo realmente vai ajudar os estudantes a aprenderem e os professores a ensinarem. O truque será equilibrar esse conhecimento com o pensamento inovador. As pessoas que fizerem as duas coisas bem são aquelas que participarão da terceira onda.

A segunda preocupação é a ideia de que é melhor fazer tudo sozinho — o que alguns chamam de solução "full-stack". Alguns exemplos disso darão certo, mas fazer tudo sozinho não funcionará muito bem quando a questão não for apenas o aplicativo. Sócios provavelmente serão necessários, e, aliás, cruciais. Há um provérbio que irá se tornar cada vez mais importante: "Quem quer ir rápido vai só, mas quem quer ir longe vai acompanhado." Esse pode muito bem vir a ser o mantra da terceira onda.

E o terceiro mau conselho é que é melhor ignorar as regras e simplesmente fazer. Certo, o Uber teve sucesso ignorando leis locais. Em vez de esperar aprovações que poderiam jamais ter vindo, eles avançaram e construíram um valioso mercado bilateral motorista-passageiro. Tiro o chapéu para eles. Mas isso funcionou para o Uber porque as leis eram estabelecidas localmente, e não de modo nacional. Esse não será o caso da maioria das inovações em setores como a saúde; se você lançar um medicamento ou dispositivo médico sem aprovação da agência federal regulatória, será impedido. Isso também se aplica aos carros autônomos nas estradas e aos drones no céu. Vai se aplicar às inovações Smart Cities [cidades inteligentes]. E a lista não para por aí. A questão é — gostemos ou não — que os inovadores da terceira onda precisam se unir aos legisladores para produzir inovações reais. Em suma, o manual que funcionou na segunda onda, quando o foco estava em desenvolver softwares, serviços e promover uma adoção viral, em geral não funcionará na terceira onda, à medida que a internet começar a impactar alguns dos aspectos mais fundamentais da nossa vida.

"Se você *não* for chamado de louco quando começar algo novo, é porque não está pensando grande o bastante!"

LINDA ROTTENBERG
X: @lindarottenberg
lindarottenberg.com

LINDA ROTTENBERG é cofundadora e CEO da Endeavor Global, uma organização de ponta sem fins lucrativos que apoia empreendedores com grande impacto no mundo inteiro. Ela foi eleita uma das "Melhores Líderes da América" pela *U. S. News & World Report* e uma dos "100 Inovadores Para o Século 21" pela revista *Times*. Palestrante frequente em companhias da Fortune 500, Linda é tema de quatro estudos de caso da Harvard Business School e da Stanford Graduate School of Business. A ABC e a NPR chamaram-na de "encantadora de empreendedores", e Tom Friedman a chamou de "capitalista mentora" do mundo. Ela é a autora de *Crazy Is a Compliment: The Power of Zigging When Everyone Else Zags,* best-seller do *New York Times.*

De que forma um fracasso, ou fracasso aparente, acabou te levando ao sucesso? Você tem algum "fracasso pessoal" favorito?

Por volta da época em que a Endeavor fez dez anos e que eu pensei que enfim estivéssemos salvos, um incêndio quase me derrubou. Meu marido, escritor best-seller conhecido pelas viagens aventureiras, foi diagnosticado com um câncer ósseo, o que, de algum modo, tirou-me a função motora. De repente, eu não conseguia mais entrar em aviões e mal podia aparecer no escritório. Eu não sabia ao certo se Bruce sobreviveria, e, para ser honesta, não sabia tampouco se a Endeavor sobreviveria. Felizmente, nossa equipe incrível entrou em cena e crescemos mais rápido do que nunca. Talvez o fato de eu não estar presente para microgerenciar tudo tenha tido algo a ver com isso! Mas a lição foi mais profunda do que aprender a não microgerenciar. Obtive uma valiosa lição de liderança e de vida quando voltei ao trabalho depois de Bruce ter sido curado, para a nossa alegria. Como uma CEO mulher, eu fizera questão de liderar com força e confiança... Nunca deixe a equipe vê-la suar, ou — pior ainda — chorar, certo? Depois que voltei ao trabalho, essa postura inabalável não funcionou mais. Os membros da equipe queriam saber como Bruce estava, como estavam as nossas filhinhas gêmeas e como eu estava. Não tive opção além de abaixar a guarda e me mostrar vulnerável pela primeira vez. Para o meu choque, em vez de afastar os funcionários, eu os trouxe para mais perto de mim. Membros mais jovens da equipe chegaram a me puxar de lado e confessar que antes pensavam que eu era uma "super-humana", o que significava que era impossível se relacionar comigo. Conforme me disseram, agora que eu estava mostrando minha vulnerabilidade, eles me seguiriam para qualquer lugar. A lição: em vez de se esforçar para sermos super-humanos, devemos aspirar a ser *menos* "super" e *mais* "humanos".

Se você pudesse colocar um outdoor gigante em qualquer lugar exibindo qualquer coisa, o que seria e por quê?

Meu outdoor diria: "Louco é um elogio!"

Fui chamada de "*la chica loca*" (a garota louca) tantas vezes quando fundei a Endeavor que, por fim, decidi fazer jus ao título. Espero que outras pessoas façam o mesmo, pois, se você planeja tentar algo novo, sobretudo se esse algo novo representar uma ruptura com o *status quo*, deve esperar ser chamado de louco. Você não vai conseguir causar um impacto sem que lhe digam que perdeu o juízo. O maior ponto forte dos empreendedores é a forma contrária de pensar, a tendência a ir no zigue quando os outros vão no zague, de ir em uma nova direção. Mas muitos não se permitem ir em frente por medo de serem chamados de loucos. Eu não só digo que louco é um elogio, mas se você *não* for chamado de louco quando começar algo novo, é porque não está pensando grande o bastante!

Quando se sente sobrecarregada ou desconcentrada, o que faz?

Minhas filhas gêmeas, Tybee e Eden, me ajudam a ter perspectiva. Elas impactaram muito tanto o meu crescimento pessoal quanto o profissional. Pelo simples fato de terem nascido, mudaram todo o meu estilo de liderança. Eu costumava ser perfeccionista, microgerenciar tudo e viajar pelo mundo sem parar, mas precisei aprender a dizer não de vez em quando para ficar mais com elas. Como Eden sabiamente observou no auge dos cinco anos de idade: "Você pode ser uma empreendedora por pouco tempo, mas será uma mamãe pra sempre!"

Há algum hábito incomum ou algo absurdo que você ame?

Talvez o meu hábito mais incomum seja perseguir (com boas intenções) as pessoas. Minha capacidade de "perseguir" (investidores, diretores, empreendedores etc.) me serviu muito bem quando eu estava começando a Endeavor. Certa vez esperei por um mentor em potencial na porta do banheiro masculino só para ter alguns minutos cara a cara com ele. [A apresentação foi] "Oi, meu nome é Linda, eu fundei uma organização para apoiar empreendedores em mercados emergentes. Eu adoraria ir ao seu escritório para falar mais alguns minutos sobre isso."

Esqueça o medo de ser visto como agressivo. As mulheres, em particular, devem aprender a fazer isso. Estée Lauder foi uma das maiores perseguidoras, e outras empreendedoras de sucesso conseguiram dar o pontapé inicial não com grandes redes de contato, mas com um pouquinho de cara de pau no momento e no lugar certos. Reúna um pouco de coragem e entre em contato com um mentor que admire. As pessoas respondem com paixão e com uma articulação clara de curiosidade em relação ao motivo que o levou a procurá-las em especial. Essa foi a reação da vítima da minha perseguição: ele acabou aceitando se tornar membro do conselho global da Endeavor. Em outras palavras: a perseguição é uma estratégia subestimada para startups!

Que conselho você daria a um universitário inteligente e aplicado prestes a entrar no "mundo real"? Que conselho ele deveria ignorar?

As pessoas sempre dizem a recém-formados e novos empreendedores que eles deveriam manter as opções em aberto; "não feche nenhuma porta". Mas manter todas as opções abertas acaba levando à paralisia, ou, pior ainda, à ilusão. Quantos dos meus ex-colegas que aceitaram um emprego na Goldman Sachs ou McKinsey por "alguns anos" antes de se dedicarem às verdadeiras paixões, como cozinhar ou fundar a companhia dos sonhos, hoje são chefs ou empreendedores? A maioria continua trabalhando como bancário ou consultor, acreditando que aquelas portas continuam abertas. Meu conselho aos universitários: *fechem portas.*

Esse conselho também se aplica a empreendedores com um pé em um dado negócio e o outro pé fora. Não tem problema fazer isso no início (Phil Knight, da Nike, passou anos trabalhando como contador, e Sara Blakely, da Spanx, vendeu faxes até ter certeza de que sua ideia seria um sucesso). Mas, em algum momento depois de a ideia ter sido lançada, essa precaução precisa ter um fim. Você não conseguirá construir um negócio de peso com um pé fora da porta. Empreendedores costumam se agarrar aos seus empregos convencionais como se fossem redes de segurança — mais por medo do que necessidade – mesmo depois de poderem se dar ao luxo de dedicar-se ao empreendimento em tempo integral.

Meu conselho para os empreendedores: assim que sua ideia tiver ganhado impulso, corte o cordão umbilical. Sua ideia não decolará se você não sair do ninho.

“Nunca ficará mais fácil do que neste momento perseguir destemidamente seu sonho. Faça isso agora.”

TOMMY VIETOR
X: @Tvietor08, @PodSaveAmerica
crooked.com

TOMMY VIETOR é sócio-fundador da Fenyway Strategies, uma agência criativa de comunicações estratégicas e relações públicas. Ele também é cofundador da Crooked Media e um dos apresentadores do podcast político *Pod Save America*. Tommy trabalhou como porta-voz do presidente Barack Obama por quase uma década. Também foi porta-voz do Conselho Nacional de Segurança de 2011 a 2013, atuando como o principal contato da mídia para todas as questões de política externa e segurança nacional. Ele entrou para a campanha para o Senado de Obama em 2004 e atuou como porta-voz de Obama no Senado estadunidense. Foi professor visitante do Instituto de Política da Universidade de Chicago e nomeado um dos dez maiores comunicadores de 2014 pela revista *Campaigns and Elections*.

Que livro (ou livros) você mais deu de presente e por quê? Ou nomeie de um a três livros que mais influenciaram sua vida.

The Nightingale's Song, de Robert Timberg. Ele acompanha a história de cinco formados pela Academia Naval dos Estados Unidos (John McCain, Bud McFarlane, Oliver North, John Poindexter e Jim Webb), que, depois de terem servido na Guerra do Vietnã, entram na política. É uma história extraordinária de coragem e sacrifício, bem como um conto admonitório sobre como é fácil se perder e pegar o caminho errado, mesmo quando você pensa que está fazendo isso em nome de um bem maior.

De que forma um fracasso, ou fracasso aparente, acabou te levando ao sucesso? Você tem algum "fracasso pessoal" favorito?

Eu me formei na faculdade em 2002 e me mudei para Washington D. C. para estagiar com Ted Kennedy. Logo me apaixonei pela política e soube que era aquilo que queria fazer. Quando o estágio acabou, me candidatei a todas as vagas de emprego que encontrei na capital. Em seguida, os democratas foram destruídos nas eleições de meio mandato, e metade das vagas às quais eu tinha me candidatado não existia mais, então continuei estagiando de graça. Algum tempo depois, surgiu uma vaga para atender telefonemas e receber visitantes no gabinete do Senador Kennedy, e me convenci de que iria consegui-la. Eu me candidatei, fui entrevistado, várias pessoas me recomendaram, mas a vaga acabou com outro candidato. Fiquei arrasado, mas, se eu tivesse conseguido o emprego e ficado na capital, nunca teria participado da campanha de Barack Obama para o Senado, e minha vida seria muito diferente. Esse fracasso foi o passo mais importante da minha carreira.

Qual foi o melhor ou mais valioso investimento que você já fez?

O investimento mais inteligente que já fiz foi abdicar de empregos que pagavam bem por posições que me proporcionaram experiências inestimáveis. [Uma dessas] experiências foi trabalhar em campanhas. Você não ganha dinheiro. Trabalha uma quantidade de tempo insana. Se perde, fica desempregado. Mas fazer esse sacrifício a curto prazo para adquirir conhecimento foi a coisa mais inteligente que já fiz.

Falido, eu dormi em um colchão inflável por dois anos. Ele me acompanhou por três estados (Carolina do Norte, Illinois e Iowa) e toda manhã estava quase vazio, com o meu traseiro encostando no chão. Usei o cheque especial várias vezes (obrigado por aqueles juros, Bank of America!), mas as experiências valeram mais do que qualquer contracheque antes ou depois.

Que conselho você daria a um universitário inteligente e aplicado prestes a entrar no "mundo real"?

Não se preocupe em ganhar dinheiro. Não se estresse para ter um plano. Não pense em fazer networking ou em se preparar para o próximo grande lance. Esforce-se o máximo possível para encontrar algo que ama, pois a realidade deprimente é que a maioria das pessoas nunca encontra uma carreira pela qual se apaixona de verdade. Para muitos, o mundo real é difícil, e eles vivem para os fins de semana. Nunca ficará mais fácil do que neste momento perseguir destemidamente seu sonho. Faça isso agora.

Quando se sente sobrecarregado ou desconcentrado, o que faz?

Sou pago para ler e comentar notícias e ainda acordo todas as manhãs impressionado com tudo que está acontecendo. Sinto a pressão sanguínea aumentar enquanto tento decidir em que me concentrar primeiro. Só consigo administrar essa situação lembrando que o mundo continuará girando mesmo que eu não leia tudo. Os jornais voltarão a publicar no dia seguinte. Sempre será melhor eu consumir uma quantidade menor de informações de alta qualidade do que tentar consumir tudo. Acho que a lição pode se aplicar a várias coisas. Por exemplo, será melhor você passar tempo de qualidade com um amigo em uma noite qualquer do que tentar correr de um lado para outro para dar atenção a todo mundo.

Se você pudesse colocar um outdoor gigante em qualquer lugar exibindo qualquer coisa, o que seria e por quê?

Meu outdoor diria: “PARE DE OLHAR PARA O CELULAR”, tanto como uma mensagem para os outros quanto como um lembrete para mim.

CITAÇÕES QUE ESTÃO NA MINHA CABEÇA

(Tim Ferriss: 25 de novembro — 30 de dezembro de 2016)

"Não acredite em tudo que você pensa."

— DR. BJ MILLER

Médico de uma casa de repouso citando um ditado popular budista

"É difícil esquecermos a dor, mas é mais difícil ainda nos lembrarmos da doçura. Não temos cicatrizes que lembrem a felicidade. Aprendemos muito pouco com a paz."

— CHUCK PALAHNIUK

Famoso escritor norte-americano, mais conhecido por *Clube da luta*

"Fale menos, ouça mais."

— BRENÉ BROWN

Professora, pesquisadora e autora de *A coragem de ser imperfeito*

"A realidade não passa de uma ilusão, embora muito persistente."

— ALBERT EINSTEIN

Físico teórico alemão, ganhador do Prêmio Nobel

"Você aprende o segredo deste negócio, que é: não há segredo. Seja você mesmo."

LARRY KING
X: @kingsthings
ora.tv/larrykingnow

LARRY KING foi chamado de "o apresentador de talk-show mais notável da TV de todos os tempos" pelo *TV Guide* e de "mestre do microfone" pela revista *Time*. Ele fez mais de 50 mil entrevistas ao longo de meio século no ar, inclusive exclusivas com todos os presidentes norte-americanos desde Gerald Ford. O *Larry King Live* estreou na CNN em 1985 e foi transmitido por 25 anos. Descrito como o "Muhammad Ali das entrevistas em telecomunicações", Larry foi incluído em cinco dos mais importantes halls da fama da telecomunicação e ganhou tanto o Emmy Award pelo conjunto de sua obra quanto o prestigioso Al Neuharth Award for Excellence in the Media. Tanto seu programa de rádio quanto o de televisão ganharam o George Foster Peabody Award por excelência na telecomunicação. É autor de vários livros, entre os quais a autobiografia *My Remarkable Journey*. Apresentou o *Larry King Now*, produzido pela Ora TV, até 2020, e faleceu em janeiro de 2021.

Observação de Tim: Meu amigo Cal Fussman (X @calfussman, calfussman.com) é autor best-seller do *New York Times* e escreve para a revista *Esquire*, onde é mais conhecido como principal escritor da coluna "What I Learned". Ele já entrevistou dezenas de personalidades importantes da cultura moderna, entre os quais Mikhail Gorbachev, Muhammad Ali, Jimmy Carter, Ted Kennedy, Jeff Bezos e Richard Branson. Cal também tomava café da manhã com Larry King quase todas as manhãs em Los Angeles. Como pode ser difícil conseguir um tempo com Larry, e eu estava louco para tê-lo neste livro, meu amigo fez a gentileza de entrevistá-lo por mim. Nós também decidimos nos concentrar em algumas das histórias de Larry, então você perceberá que o formato e as perguntas são diferentes. Obrigado, Cal e Larry!

A primeira manhã de Larry como apresentador:

Bem, é segunda-feira de manhã, 1º de maio de 1957. Chego lá por volta das seis da manhã, mas só entrarei no ar às nove. Meu tio me dá um abraço e um beijo. Era uma manhã quente, úmida e ensolarada em Miami Beach. Na Eight 41st Street, logo em frente à delegacia. Eu faria uma visita ali no ano passado, aliás. Hoje em dia, é outra estação.

Mas, continuando, entro e uma secretária aparece por volta das oito horas e cumprimenta o cara do turno noturno e prepara meus discos. Estou pronto para começar, e Marshall [Simmons, o gerente geral,] diz "Venha até o meu escritório", por volta das 8h45.

Ele fala: "É seu primeiro dia no ar, boa sorte para você." E respondi: "Obrigado." Ele pergunta: "Qual nome vai usar?" "Do que você está falando?" "Bem, Larry Zeiger" — era o meu nome — "não vai funcionar." É claro que funcionaria. Qualquer nome funcionaria. Engelbert Humperdinck. Qualquer um funcionaria.

Então, ele diz que não vai funcionar, é um pouco étnico demais. E as pessoas não saberão como pronunciá-lo, e precisamos mudar o nome.

Avisei: "Vou ao ar em doze minutos." Ele disse: "Bem..." Ele estava com o *Miami Herald* aberto, eu mais tarde escreveria uma coluna para eles. Todas essas coisas parecem milagres. E havia um anúncio da King's Wholesale Liquor na Washington Avenue. Ele deu uma olhada e disse: "Que tal Larry King?"

Repliquei: "Ok, soa bem." [...] Seja como for, agora tenho um novo nome. Estou prestes a entrar no ar.

Nove horas.

Coloco o disco para tocar, [murmúrio] abaixo o disco, monto o microfone, e nada sai.

CF: Nada sai da sua boca?

LK: Nada. Levanto o disco outra vez, abaixo, levanto, abaixo e entro em pânico. Estou suando. Olho para o relógio e digo a mim mesmo: "Não consigo. Consigo fazer muitas coisas, mas estou nervoso, e talvez seja o fim da minha carreira." E Marshall Simmons, que ele descanse em paz, abriu a porta da sala de controle com um chute e disse: "Este é um negócio de telecomunicação, droga. Se comunique!"

Ele fechou a porta. Coloquei o disco para baixo, montei o microfone e disse: "Bom dia. Meu nome é Larry King, e esta é a primeira vez que digo isso, pois acabei de receber esse nome. E preciso lhes dizer que este é o meu primeiro dia no ar. Passei a vida inteira sonhando com isso. Quando eu tinha cinco anos, imitava os locutores. [...]"

"E estou nervoso. Estou muito nervoso aqui. Então, por favor, me aguentem." E toco o disco, e *nunca mais* me senti nervoso outra vez.

Mais tarde, contei essa história a Arthur Godfrey, Jackie Gleason, entre outros, e eles disseram: "Você aprende o segredo deste negócio, que é que não há segredo. Seja você mesmo." Então, o que fiz naquele dia, sem perceber, continuou ao longo de sessenta anos, ou seja, foi ser eu mesmo. Não tenha medo de fazer uma pergunta, não tenha medo de soar estúpido.

A história favorita de Cal Fussman sobre Larry King:

Acabei de começar no rádio. Estou há dois meses no ar, trabalhando de nove ao meio-dia, e estou adorando cada segundo.

Quer dizer, fico ansioso para chegar lá. Mal posso esperar para entrar no ar. Nossa, eu amava.

O gerente geral Marshall Simmons me chamou e disse: "Al Fox, do noturno, está doente esta noite. Você pode fazer o show noturno?" Respondi: "É claro." Ele falou: "Saiba que vai estar aqui sozinho. É uma estação muito pequena. Não temos um engenheiro à noite. Você registra as leituras dos medidores, toca música e fala. Vai ficar no ar da meia-noite às seis. Depois, fará um intervalo, voltará ao ar às nove, e então poderá descansar."

"Poxa, claro. Vai ser ótimo." Então, estou sozinho na estação, tocando discos e falando com as pessoas sobre o tempo e o clima, e sobre o que está acontecendo no mundo. E aí o telefone toca e eu atendo: "W-A-H-R."

E uma voz de mulher — para dizer a verdade, Cal, é como se eu conseguisse ouvi-la agora.

Uma voz sensual de mulher diz: "Quero você."

Lembre-se, tenho 22 anos. Acho que as espinhas no meu rosto são de barras Hershey. Sou um judeu com tesão. Ninguém nunca havia me dito "Quero você".

E, de repente, penso: há mais de dois pontos positivos neste negócio.

Então, respondi: "Uau uau uau uau uau. O que você quer?" Ela responde: "Vem aqui. Vem à minha casa." Expliquei: "Estou no ar. Saio às seis. Chego às seis." Ela retruca: "Moro só a dez quarteirões. Tenho que ir para o trabalho às seis, então é agora ou nunca. Este é o meu endereço. Tenta vir."

Estou com um dilema moral. Minha carreira, minha rádio, mas ninguém nunca me disse: "Quero você." Então, eis o que os ouvintes da rádio ouviram: "Senhoras e senhores, estou apenas substituindo um colega esta noite. Então, vou tentar fazer algo especial para vocês. Vou tocar o álbum *Harry Belafonte at Carnegie Hall* na íntegra, sem intervalos comerciais."

Eu tinha 23 minutos, o que era todo o tempo de que eu precisava — algo que se aplica até hoje.

Seja como for, coloco o disco (não tínhamos fitas na época), corro para o carro, dirijo até a casa dela, e lá está o carro que ela descreveu na entrada. Estaciono em frente à casa, a lâmpada sobre a porta está acesa. Entro em uma salinha escura, e lá está aquela mulher com um robe transparente branco e rendado sentada no sofá. Ela abre os braços, eu a abraço, meu rosto encostado no dela, e ela está com o rádio ligado.

Estou ouvindo Harry Belafonte cantando "Jamaica Farewell", e ele canta: "Down the way where the nights, where the nights, where the nights...".

O disco estava arranhado. Deixo a mulher deitada no sofá, corro para o carro. Com meu masoquismo judaico, dirijo o caminho inteiro até a estação com o rádio ligado, "where the nights, where the nights, where the nights...".

Entro, e todas as luzes estão piscando com pessoas telefonando. Fico com muita vergonha. Atendo aos telefonemas, peço desculpas às pessoas, e a última ligação é de um senhor judeu. Atendo: "W-A-H-R, bom dia", e tudo que ouço é "Where the nights, where the nights, where the nights...", estou ficando louco com "where the nights". "Poxa, me desculpe, por que o senhor simplesmente não mudou de estação?" Ele respondeu: "Sou um inválido. Estou confinado à cama, e uma enfermeira cuida de mim. Ela sai à noite e deixa o rádio sintonizado na sua estação. O rádio está ligado na escrivaninha, não consigo alcançar. Estou paralisado." Replico: "Caramba, posso fazer alguma coisa pelo senhor?" Ele responde: "Sim, toca 'Hava Nagila'."

Você pode citar entre um e três livros que geraram um grande impacto na sua vida?

O apanhador no campo de centeio seria um deles. *Lou Gehrig: A Quiet Hero*, de Frank Graham.

Há algum hábito incomum ou algo absurdo que você ame?

Tento somar as palavras [ou letras] em uma frase ou oração e dividir para ver se o resultado é um número par. Por exemplo: "True love" dividido por 2 são 4. Quatro letras em cada palavra. Não quero um número ímpar, quero um número par. Faço muito isso na cabeça.

Todo mundo tem pequenos [hábitos] incomuns. Por exemplo, meus comprimidos — tomo muitos comprimidos receitados pelo médico e vitaminas — precisam estar em ordem no compartimento. E quando os coloco no porta-comprimidos para o dia seguinte, preciso tomá-los na mesma ordem. É uma regra.

"Tenha calma, *ya azizi*."

MUNA ABUSULAYMAN
X: @abusulaymanM
FB: /Muna.Abusulayman.Page
haute-elan.com

MUNA ABUSULAYMAN é uma personalidade importante da mídia no Oriente Médio. Ela é ex-secretária-geral fundadora da Alwaleed bin Talal Foundation, o braço filantrópico da Kingdom Holding Company, de Sua Alteza Real Príncipe Alwaleed bin Talal, e coapresentadora do *Kalam Nawaem* ("O Discurso dos Gentis"), um dos programas focados em questões sociais mais populares da MBC TV. Em 2004, Muna foi nomeada uma "Jovem Líder Global" pelo Fórum Econômico Mundial. Em 2007, ela se tornou a primeira mulher da Arábia Saudita a ser indicada para o Programa das Nações Unidas para o Desenvolvimento como embaixadora da boa vontade. Em 2009 e 2010, foi selecionada como uma dos quinhentos muçulmanos mais influentes do mundo. Em 2011, foi eleita a 21ª Mulher Árabe Mais Poderosa e a 131ª Árabe Mais Influente do Mundo pela revista *Arabian Business*.

Que livro (ou livros) você mais deu de presente e por quê? Ou nomeie de um a três livros que mais influenciaram sua vida.

Para cada fase da vida, descobrimos livros com que nos identificamos, que nos ajudam a mudar, a nos tornarmos as versões de nós mesmos que precisamos ser. É muito difícil escolher *um* livro. Mas, se tiver que escolher, será *O poder do não positivo*, de William Ury.

Ele me permitiu entender as razões por que eu sempre dizia sim a coisas que não queria fazer. E, o mais importante, ele me deu as ferramentas para dizer não consistentemente e sem culpa.

Outros livros me permitiram descobrir a mim mesma, conduzindo-me a mudanças, mas eu não teria tido tempo para fazer isso se não tivesse dito não às atividades que eram um desperdício de tempo e que antes aceitava.

Se você pudesse colocar um outdoor gigante em qualquer lugar exibindo qualquer coisa, o que seria e por quê?

Há duas coisas que eu tomo como lições para a vida e que aprendi com meu pai, que sabia que eu sempre quis ser a melhor em tudo que fazia: "Você só pode fazer o seu melhor" e "Tenha calma, *ya azizi*". *Azizi* significa "minha querida" em árabe.

Faça o melhor, confie nas suas capacidades e, se não der certo: "Tenha calma, *ya azizi*". Isso me ajudou muito em períodos difíceis, em que havia responsabilidades demais, quando eu estava tentando produzir resultados perfeitos em todos os aspectos da vida.

Também me ensinou a só dar satisfações a mim mesma. Faça o seu melhor, tenha calma e sobreviva para batalhar por mais um dia.

Há algum hábito incomum ou algo absurdo que você ame?

Sempre preciso experimentar sabores estranhos de sorvete nos países que visito. Amo sorvete. É uma comida que deveria ter o próprio grupo alimentar. O sabor mais esquisito provavelmente é o sorvete de durião da Malásia, uma fruta exótica com cheiro de esgoto, mas que tem um gosto muito interessante se você ignorar o cheiro. [Por outro lado], meu sabor favorito é praticamente qualquer sabor de fruta da Venchi Gelato, em Roma.

Quando se sente sobrecarregada ou desconcentrada, o que faz?

Aprendi que, quando assumo responsabilidades demais, perco o foco e o desejo de fazer o que precisa ser feito. Foi por isso que aprender a dizer não foi tão importante para mim.

De vez em quando, contudo, a perda de foco é um sintoma de alguma outra coisa, de que você não gosta muito do seu trabalho. Isso requer muita reflexão e discussão com mentores para descobrir se você precisa tirar férias, fazer uma viagem ou mudar de carreira.

Qual foi o melhor ou mais valioso investimento que você já fez?

Investir nos meus filhos quando eram novos. Com a agenda cheia e passando tanto tempo no trabalho, praticamente todo minuto livre era dedicado a eles, e não a atividades sociais de adultos. Isso nos deu mais cumplicidade, mais tempo para histórias antes de dormir, férias juntos e memórias.

Agora que estou mais estabelecida e tenho mais tempo, eles deixaram o ninho. Estou feliz por ter reservado tempo para curtir atividades simples com eles, pois agora, que tenho tempo, eles não têm.

Eu também os levava comigo quando viajava a trabalho, sempre que era uma viagem de mais de três dias. Às vezes, custava uma fortuna, mas me permitia passar tempo com eles e discutir os questionamentos que surgiam sobre as diferentes culturas.

Sempre reservei tempo para debater com eles qualquer conversa de trabalho que eu tinha na presença deles: sobre o que era, qual era a questão, como eu estava tentando resolver. Primeiro, para que eles entendessem o que tirava a mamãe de perto deles, mas também para ajudá-los a compreender o mundo em que entrariam um dia.

"Nenhuma sociedade na história humana já sofreu por seu povo ter se tornado razoável demais."

SAM HARRIS
X: @SamHarrisOrg
samharris.org

SAM HARRIS graduou-se em filosofia na Universidade de Stanford e fez Ph.D em neurociência pela Universidade da Califórnia em Los Angeles. Ele escreveu os best-sellers *A morte da fé*, *Carta a uma nação cristã*, *A paisagem moral*, *Free Will*, *Lying*, *O despertar* e *Islam and the Future of Tolerance: A Dialogue* (com Maajid Nawaz). Ele também apresenta o famoso podcast *Waking Up with Sam Harris*.

Que livro (ou livros) você mais deu de presente e por quê? Ou nomeie de um a três livros que mais influenciaram sua vida.

O início do infinito, de David Deutsch, expandiu muito meu senso do potencial do conhecimento humano, enquanto *Superintelligence*, de Nick Bostrom, fez eu me preocupar que o conhecimento de máquina pode acabar com tudo. Recomendo muito os dois livros. Mas, se quiser esquecer o futuro e mergulhar em um livro que mudou para sempre a escrita da não ficção narrativa, leia *A sangue frio*, de Truman Capote.

Que aquisição de até 100 dólares mais impactou positivamente sua vida nos últimos seis meses (ou nos últimos tempos)?

Achei uma ótima capa para laptops feita pela WaterField Designs (SleeveCase do MacBook a 69 dólares). Ela foi tão bem feita que passei a carregar o computador comigo com muito mais frequência, o que me levou a sessões agradáveis de trabalho em lugares públicos.

Se você pudesse colocar um outdoor gigante em qualquer lugar exibindo qualquer coisa, o que seria e por quê?
"Nenhuma sociedade na história humana jamais sofreu por seu povo ter se tornado razoável demais."

Como espécie, vivemos com a escolha perpétua entre o diálogo e a violência. Portanto, é muito importante continuarmos tentando entender uns aos outros. Só o compromisso com a reflexão honesta pode nos permitir cooperar com bilhões de estranhos numa via de mão dupla. É por isso que o dogmatismo e a desonestidade não são apenas problemas intelectuais, mas também sociais. Quando não conseguimos refletir com honestidade, perdemos a conexão com o mundo e uns com os outros.

Nos últimos cinco anos, que nova crença, novo comportamento ou hábito mais impactou positivamente sua vida?
Cinco anos atrás, acho que eu não sabia o que era um "podcast". Agora, lanço um episódio de *Waking Up* mais ou menos toda semana. Ter um podcast me possibilitou me conectar com uma grande variedade de pessoas fascinantes que, de outra forma, eu sequer teria conhecido. E nossas conversas alcançam um público muito maior do que meus livros jamais alcançarão. Sinto-me muito sortudo pelo fato de a minha carreira como escritor e como locutor terem coincidido com o nascimento dessa tecnologia. Acho que estamos vivendo uma nova era de ouro do áudio.

Que conselho você daria a um universitário inteligente e aplicado prestes a entrar no "mundo real"?
Não se preocupe com o que vai fazer com o resto da sua vida. Apenas encontre uma utilidade lucrativa e interessante para os próximos três ou cinco anos.

Nos últimos cinco anos, a que você começou a dizer não com mais facilidade?
Por necessidade, me tornei muito bom em dizer não a quase tudo. Em particular, rejeito a maioria dos pedidos relacionados a trabalho: convites para colaborar em projetos, resenhas de livros, entrevistas, conferências etc. Isso se tornou muito fácil no momento em que me dei conta de que tinha a opção entre trabalhar em um dos meus projetos (ou passar tempo com a família) e trabalhar para outra pessoa (em geral, de graça). Entrevistas para documentários atualmente são bem fáceis de rejeitar. Depois de ter feito algumas, me dei conta de que a maioria desses filmes nunca vê a luz do dia.

Não que eu não faça favores. Aliás, muitas vezes largo tudo para fazer um favor. Mas, nesses casos, estou fazendo algo que realmente quero fazer. Quase nunca é pela incapacidade de dizer não.

Quando se sente sobrecarregado ou desconcentrado, o que faz?

Sempre que me sinto sobrecarregado, me queixo para a minha esposa. Depois de ouvir pacientemente por uns trinta segundos, ela sempre me manda calar a boca. Então, eu medito ou me exercito.

"Acordo todos os dias com a firme convicção de que não estou nem perto de alcançar todo o meu potencial. 'Grandeza' é um verbo."

MAURICE ASHLEY
X: @MauriceAshley
mauriceashley.com

MAURICE ASHLEY foi o primeiro grão-mestre internacional afro-americano nos anais de jogo de xadrez e traduziu aos outros esse amor como técnico em três campeonatos nacionais, escreveu dois livros, é comentarista da ESPN, desenvolvedor de aplicativos para iPhone, inventor de quebra-cabeças e palestrante motivacional. Em reconhecimento pela sua imensa contribuição para o jogo, Maurice figurou no Hall da Fama de Xadrez norte-americano em 2016. Seu livro, *Chess for Success: Using an Old Game to Build New Strengths in Children and Teens*, mostra os diversos benefícios do xadrez, sobretudo para a juventude em risco. Sua palestra TEDx, "Working Backward to Solve Problems", já teve quase meio milhão de visualizações. Ele também participou do episódio sobre o jiu-jitsu brasileiro de *The Tim Ferriss Experiment*, junto com nosso amigo Josh Waitzkin (página 204).

Que livro (ou livros) você mais deu de presente e por quê? Ou nomeie de um a três livros que mais influenciaram sua vida.

Muitos livros produziram mudanças fundamentais em mim. Entretanto, o único que continua trazendo lições até hoje é *Passagens*, de Gail Sheehy. Eu o li aos 18 anos, e ele abriu meus olhos para a conscientização de que eu seria uma pessoa diferente em cada estágio da vida, até a terceira idade e eventual morte. Ele me levou a perceber que deveria tentar viver a vida ao contrário, começando pela sabedoria do idoso e aplicando-a à energia da juventude. Nem sempre consegui fazer isso, mas foi algo que me ajudou muito a manter a perspectiva em relação às coisas que importam e às que não importam.

Eu também acrescentaria à lista *Sugar Blues*, de William Dufty, pois me fez mudar radicalmente a minha alimentação para melhor. *Maestria*, de George Leonard, detalha os desafios que todos nós enfrentamos na trajetória para a excelência em qualquer área. E *Trabalhe 4 horas por semana*, de Tim Ferriss, me levou a abandonar uma vida mediana em busca de uma total flexibilidade e liberdade para levar a vida nos meus termos.

De que forma um fracasso, ou fracasso aparente, acabou te levando ao sucesso? Você tem algum "fracasso pessoal" favorito?

Como jogador de xadrez profissional, o fracasso faz parte do crescimento. Meu fracasso mais relevante aconteceu em um torneio em Bermuda, em que eu precisava vencer uma partida crucial para enfim conseguir o título de grão-mestre internacional, o mais elevado e prestigioso título que um jogador pode alcançar. Eu estava jogando contra o grão-mestre Michael Bezold, da Alemanha, e em um momento crucial, pude escolher entre tomar uma peça importante dele ou tomar um mero peão. No fim das contas, tomar o peão teria mantido todas as minhas vantagens intactas, enquanto gananciosamente tomar a torre acabou com a minha estratégia de ataque num instante. Depois que perdi a partida, Alexander Shabalov, um grão-mestre que ganhou o título norte-americano quatro vezes, apontou de forma reconfortante o meu erro, e então disse algo que jamais esquecerei: "Para se tornar um grão-mestre, você precisa já ser um." Entendi logo que eu precisava voltar a estudar e me aperfeiçoar antes de me concentrar em vencer partidas. Desde então, essa ideia me manteve focado no processo em vez dos resultados.

Se você pudesse colocar um outdoor gigante em qualquer lugar exibindo qualquer coisa, o que seria e por quê?

"Acordo todos os dias com a firme convicção de que não estou nem perto de alcançar todo o meu potencial. 'Grandeza' é um verbo."

Essas palavras me vieram certa manhã num flash de consciência e compreensão. Ainda falta muito para o meu descanso final, então passarei o tempo que me resta procurando desesperadamente melhorar a cada ano. A grandeza não é um destino final, mas uma série de pequenos atos diários com o objetivo de rejuvenescermos de modo constante e renovarmos nossas capacidades num esforço gradual de nos tornarmos versões melhores de nós mesmos.

Nos últimos cinco anos, que nova crença, novo comportamento ou hábito mais impactou positivamente sua vida?

Há pouco tempo, fiz um curso de autoajuda chamado Landmark e aprendi muito a tentar ser completamente aberto e transparente nos relacionamentos. Com o tempo, isso me levou a manter menos relações, mas de maior qualidade, e me libertou de me preocupar tanto com o que os outros pensam. Agora, uma das palavras-chave mais importantes do meu vocabulário é "autenticidade". Ela serve para avaliar se o que estou dizendo é um monte de bobagem ou se estou falando as verdades que vêm do fundo da minha alma.

COMO DIZER NÃO

DANNY MEYER
X: @dhmeyer
ushgnyc.com

DANNY MEYER é fundador e CEO do Union Square Hospitality Group (USHG), formado por alguns dos mais amados e aclamados restaurantes de Nova York, como o Gramercy Tavern, The Modern, Maialino, entre outros. Danny e o USHG fundaram o Shake Shack, a lanchonete moderna de beira de estrada, que se tornou uma companhia pública em 2015. O livro de Danny, *Setting the Table: The Transforming Power of Hospitality in Business*, best-seller do *New York Times*, expõe uma série de princípios profissionais e pessoais desenvolvidos por ele que podem ser aplicados a uma gama variada de indústrias. Danny foi incluído na lista da revista *Time* de 2015 das "100 Pessoas Mais Influentes do Mundo".

Observação de Tim: Para satisfazer seu prazer com a leitura e aquele desejozinho sádico de ver outros se dando mal, eis outro e-mail com uma bela "recusa educada", desta vez de Danny Meyer:

> Jeffrey [o amigo que pediu por mim],
>
> Olá e obrigado por ter entrado em contato comigo.
>
> Agradeço o convite para participar do próximo projeto literário de Tim, mas no momento estou tendo dificuldades para manter as coisas em dia por

causa de tudo que estamos fazendo no USHG, inclusive a minha eterna procrastinação nos meus projetos literários.

Pensei nisso com carinho, e sem dúvida é uma oportunidade maravilhosa, mas vou declinar, com gratidão.

Sei que o livro será um grande sucesso!

Obrigado mais uma vez!

Danny
Union Square Hospitality Group

"Há muitas organizações que se preocupam com pequenas despesas diretas, mas não pensam duas vezes em manter funcionários dispensáveis presos em uma sala de reuniões por horas."

JOHN ARNOLD
X: @JohnArnoldFndtn
arnoldventures.org

JOHN ARNOLD é copresidente da Laura and John Arnold Foundation (LJAF). O principal objetivo da LJAF é melhorar a vida dos indivíduos fortalecendo os sistemas sociais, governamentais e econômicos. John fundou e foi CEO da Centaurus Energy, um fundo de cobertura de commodities de energia multibilionário, até que chocou Wall Street ao anunciar sua aposentadoria em 2012. Antes de fundar a Centaurus, ele ocupou vários cargos dentro da divisão de atacado da Enron, incluindo chefe dos Derivados do Gás Natural, e era conhecido como "rei do gás natural". John tem um bacharelado da Universidade Vanderbilt e faz parte do conselho de administração da Breakthrough Energy Ventures, uma firma de capital de risco liderada por investidores dedicada a financiar tecnologias transformacionais que reduzirão as emissões globais dos gases do efeito estufa.

Que livro (ou livros) você mais deu de presente e por quê? Ou nomeie de um a três livros que mais influenciaram sua vida.

Grande parte da nossa atitude em relação à vida depende do nível de otimismo. Uma pessoa otimista investe mais em si, pois se espera que a futura recompensa seja mais alta. Uma pessoa pessimista prefere os retornos imediatos à custa dos resultados a longo prazo. Entretanto, se perder o ciclo das notícias, focado nas histórias negativas do dia, é o mesmo que tomar o todo pelas partes. A realidade, melhor capturada em *O otimista racional*, de Matt Ridley (página 56) e *Os anjos bons da nossa natureza*, de Steven Pinker (página 468), é que a tendência a longo prazo em quase todos os sensos é resolutamente positiva. O otimismo é um traço reflexivo, com uma relação circular entre causa e efeito. Quanto mais otimista a sociedade for em relação ao futuro, melhor ele será. Esses livros servem para nos lembrar dos grandes avanços que a sociedade já fez.

Que conselho você daria a um universitário inteligente e aplicado prestes a entrar no "mundo real"? Que conselho ele deveria ignorar?

A triste verdade é que conselhos são quase sempre baseados em experiências acidentais, e, portanto, têm valor e relevância limitados. Basta ler uma amostra de discursos de formatura que você percebe que cada história é única. Para cada empreendedor que alcançou o sucesso trabalhando com resolução em uma ideia singular por muitos anos, há outro que experimentou uma série de coisas completamente diversas. Para cada indivíduo bem-sucedido que traçou um plano sólido para a vida, há outro que foi espontâneo de forma intencional. Ignore conselhos, sobretudo no início da carreira. Não existe um caminho absoluto para o sucesso.

Nos últimos cinco anos, a que você começou a dizer não com mais facilidade?

Eu ainda não havia compreendido a máxima "tempo é dinheiro" até pouco tempo. Mas, para aqueles cujo tempo é um recurso escasso, aprender a dizer não a reuniões é uma habilidade necessária. Participar de uma reunião improdutiva tem grandes custos de oportunidade. Parece óbvio, mas as pessoas têm dificuldade de equilibrar o tempo e o dinheiro. Há muitas organizações que se preocupam com pequenas despesas diretas, mas não pensam duas vezes em manter funcionários dispensáveis presos em uma sala de reuniões por horas. Nos últimos anos, me tornei melhor no julgamento do custo do tempo para as oportunidades.

CITAÇÕES QUE ESTÃO NA MINHA CABEÇA

(Tim Ferriss: 6 de janeiro — 27 janeiro 2017)

"Uma agenda criada a partir do caos e do capricho é uma rede para apanhar dias."

— **ANNIE DILLARD**

Escritora norte-americana, professora e ganhadora do Pulitzer por *Pilgrim at Tinker Creek*

"Aqueles que estão determinados a se sentirem 'ofendidos' sempre encontrarão uma provocação em algum lugar. Não podemos nos ajustar a agradar os fanáticos, e é degradante tentar."

— **CHRISTOPHER HITCHENS**

Escritor, jornalista e crítico social

"Aqueles que se chocam facilmente deveriam ser chocados com mais frequência."

— **MAE WEST**

Uma das maiores estrelas do cinema clássico norte-americano

"Se, a princípio, a ideia não for absurda, então não há esperança para ela."

— **ALBERT EINSTEIN**

Físico teórico alemão, ganhador do Prêmio Nobel

"A chave para uma vida incrível é só ter um monte de dias incríveis. Assim, você pode pensar em um dia de cada vez."

MR. MONEY MUSTACHE
X/FB: @mrmoneymustache
mrmoneymustache.com

MR. MONEY MUSTACHE (cujo nome verdadeiro é Pete Adeney) cresceu no Canadá em uma família de músicos muito excêntricos. Ele se formou em engenharia da computação nos anos 1990 e trabalhou em diversas companhias de tecnologia antes de se aposentar aos 30 anos. Peter e a esposa moram perto de Boulder, Colorado, com o filho de onze anos, e não têm empregos convencionais desde então. A pergunta que não quer calar é: "Como?" Basicamente, eles conquistaram essa aposentadoria prematura otimizando todos os aspectos do seu estilo de vida para uma diversão máxima com custo mínimo e usando investimentos básicos em fundos de índice. Suas despesas anuais gerais totalizam entre meros 25 mil e 27 mil dólares, e eles não sentem necessidade de mais nada. Desde 2005, todos os três têm explorado uma vida livre com projetos interessantes, negócios paralelos e aventuras. Em 2011, Peter começou a escrever sobre sua filosofia no blog *Mr. Money Mustache*, que alcançou 23 milhões de leitores (e 300 milhões de visualizações) desde que foi ao ar. Ele se tornou um fenômeno mundial com uma comunidade auto-organizada.

Há algum hábito incomum ou algo absurdo que você ame?

Pendurar minhas roupas na corda para secar ao sol, coletar e cortar lenha e remover quantidades enormes de neve depois de uma grande tempestade. Acho divertido passar um bom tempo nessas tradicionais atividades humanas reais para evitar ser sugado no vórtice das camadas mais artificiais de negócios, dinheiro e polêmicas de internet.

Nos últimos cinco anos, que nova crença, novo comportamento ou hábito mais impactou positivamente sua vida?

A coisa mais importante até hoje foi me dar conta de que o verdadeiro padrão para avaliar se tenho uma boa vida é: "O quanto estou feliz e satisfeito com a vida agora?"

Na verdade, isso é muito mais simples do que você acha. Todos nós temos altos e baixos, então seu objetivo é apenas maximizar os "altos" e minimizar os "baixos" para o mais perto possível de zero.

Se você se fizer essa pergunta ao fim de um dia absolutamente maravilhoso, a resposta com frequência é positiva. Depois de um dia horrível (ou de uma série deles), é provável que você diga que a vida é uma droga. Passei a compreender que a chave para uma vida incrível é só ter um monte de dias incríveis. Assim, você pode pensar em um dia de cada vez.

E, no fim das contas, existem alguns botões bastante simples que você pode pressionar para dar a si mesmo um ótimo dia. Comece despertando de uma ótima noite de sono, alimentando-se bem, deixando o celular/jornal/computador de lado e apenas escrevendo seu plano para o que tornará um dia ótimo. Muitas horas de atividade física, um pouco de trabalho duro, a chance de rir com outras pessoas e ajudá-las. Com isso, você já terá meio caminho andado.

Portanto, o desafio a longo prazo é simplesmente traçar sua vida para ter mais dessas coisas boas e menos supérfluos. Veja cada atividade que executa ao longo do dia e pense: "Isto está contribuindo para fazer meu dia melhor hoje?" E, se não estiver, "existe alguém no mundo que tenha conseguido eliminar essa atividade da vida e ainda assim teve mais sucesso do que eu?"

Que conselho você daria a um universitário inteligente e aplicado prestes a entrar no "mundo real"? Que conselho ele deveria ignorar?

O pior conselho padrão é mais uma suposição que existe em toda a classe média: "Consiga uma boa e próspera carreira de quarenta anos sendo completamente dependente do seu chefe."

É uma suposição, porque acontece de modo automático quando você segue o caminho padrão: gastar 85% ou mais da renda e pedir empréstimos como se não houvesse amanhã se quiser alguma coisa que ainda não tem como comprar. Você passará a maior parte da vida com a corda no pescoço, isso se tudo correr bem.

Em vez disso, volte a história e pense nela em termos de liberdade: você está livre para a vida quando tem de 25 a 30 vezes os seus gastos anuais presos e trabalhando para você em fundos de índice de taxas baixas ou outros investimentos relativamente entediantes.

Se você economizar uma fatia padrão de 15% da renda, essa liberdade chega mais ou menos aos 65 anos. Se você conseguir aumentar isso para 65%, vai ficar livre pouco depois do seu aniversário de 30 anos e com frequência acaba muito mais feliz no processo.

É claro que existem outras formas de se resolverem problemas financeiros: ter um negócio rentável ou encontrar um trabalho que seja prazeroso o bastante para passar a vida inteira fazendo-o. Mas mesmo essas coisas acontecem mais rápido se você não cair no atoleiro ganhar-para-pegar-emprestado-para-gastar que faz parte da grande presunção da classe média.

Resumindo: uma alta taxa de economias (ou "margem de lucro sobre a vida") é de longe a melhor estratégia para uma vida incrível e criativa, pois é o seu bilhete para a liberdade. A liberdade é o combustível para a criatividade.

"Aprenda meditação transcendental pelo método ensinado por Maharishi Mahesh Yogi e medite regularmente. Isso dará um fim ao seu sofrimento e trará alegria e realização à sua vida. Vai com tudo!"

DAVID LYNCH
X: @david_lynch
davidlynchfoundation.org

DAVID LYNCH é um premiado diretor, escritor e produtor. Foi descrito pelo *The Guardian* como "o diretor mais importante desta era" e sua obra inclui filmes icônicos e trabalhos pioneiros para a televisão como *Eraserhead*, *O Homem Elefante*, *Veludo Azul*, *Coração Selvagem*, *Twin Peaks*, *Estrada Perdida* e *Cidade dos Sonhos*. Ele também é fundador e presidente da David Lynch Foundation for Consciousness-Based Education and World Peace, que ensina meditação transcendental a adultos e crianças do mundo inteiro. Lynch recebeu três indicações ao Oscar de melhor diretor e uma por melhor roteiro original. Também ganhou duas vezes o France's César Award de melhor filme estrangeiro, bem como um Palma de Ouro no Festival de

Cannes e um Leão de Ouro pelo conjunto da obra no Festival Internacional de Cinema de Veneza.

Que livro (ou livros) você mais deu de presente e por quê? Ou nomeie de um a três livros que mais influenciaram sua vida.

That Motel Weekend, de James Donner, *The Srimad Devi Bhagavatam* e *A metamorfose*, de Franz Kafka.

De que forma um fracasso, ou fracasso aparente, acabou te levando ao sucesso? Você tem algum "fracasso pessoal" favorito?

Um fracasso bom de verdade dá ao indivíduo uma liberdade tremenda. Você já está no chão, então não há mais para onde ir a não ser para cima. Não tem mais nada a perder. Portanto, essa liberdade é quase como uma euforia e pode abrir portas na mente que te levarão ao que você realmente quer fazer. E, quando se faz o que realmente quer, há uma alegria sem limite nessa liberdade, e não há medo, apenas a grande felicidade pelo que se está fazendo. Meu fracasso favorito foi o filme *Duna*.

Que aquisição de até 100 dólares mais impactou positivamente sua vida nos últimos seis meses (ou nos últimos tempos)?

Cavilhas inacabadas de madeira de lei de vários tamanhos. Elas foram compradas pelo Amazon Prime e entregues na minha casa. Eu as usei em uma mesinha de canto que estou montando, e elas funcionaram muito bem nas dobradiças de madeira.

Nos últimos cinco anos, que nova crença, novo comportamento ou hábito mais impactou positivamente sua vida?

A tecnologia Festool para precisão na carpintaria.

Se você pudesse colocar um outdoor gigante em qualquer lugar exibindo qualquer coisa, o que seria?

"Aprenda meditação transcendental pelo método ensinado por Maharishi Mahesh Yogi, e medite regularmente. Isso dará um fim ao seu sofrimento e trará alegria e realização à sua vida. Vai com tudo!"

Qual foi melhor ou mais valioso investimento que você já fez?

Paguei 35 dólares, na época, o preço para estudantes, para começar um curso de meditação transcendental em 1º de julho de 1973.

Há algum hábito incomum ou algo absurdo que você ame?

Fumar cigarro.

Nos últimos cinco anos, a que você começou a dizer não com mais facilidade?

Entrevistas como esta. Como você pode ver, ainda preciso melhorar.

Que conselho você daria a um universitário inteligente e aplicado prestes a entrar no "mundo real"? Que conselho ele deveria ignorar?

Aprenda meditação transcendental pelo método ensinado por Maharishi Mahesh Yogi e medite regularmente. Ignore pensamentos e pessoas pessimistas.

Que dicas ruins você costuma ouvir na sua profissão ou especialidade?

Mesmo que você não goste, faça pelo dinheiro.

Quando se sente sobrecarregado ou desconcentrado, o que faz?

Eu me sento e desejo ideias.

"Confiar em terceiros é uma falha de segurança."

NICK SZABO
X: @NickSzabo4
unenumerated.blogspot.com

NICK SZABO é polímata. A extensão e a profundidade de seus interesses e conhecimentos são impressionantes. Ele é cientista da computação, jurista e criptógrafo mais conhecido pela pesquisa pioneira em contratos digitais e moedas virtuais. A expressão e o conceito "contrato inteligente" foram desenvolvidos por Nick com o objetivo de introduzir o que ele chama de práticas "altamente desenvolvidas" na criação de protocolos para o comércio eletrônico entre estranhos na internet. Nick também desenvolveu o Bit Gold, que muitos consideram o precursor do Bitcoin.

Que livro (ou livros) você mais deu de presente e por quê? Ou nomeie de um a três livros que mais influenciaram sua vida.

O gene egoísta, de Richard Dawkins, explica mais sobre a vida (inclusive o comportamento humano e eu mesmo) do que qualquer outra coisa que eu já tenha lido.

Que conselho você daria a um universitário inteligente e aplicado prestes a entrar no "mundo real"?

Todo mundo está desesperado por aprovação social — da adulação de um amigo próximo a curtidas e compartilhamentos on-line. Quanto menos você precisar de feedback positivo para as suas ideias, mais poderá explorar sua originalidade, e mais criativo e, a longo prazo, mais útil você será à sociedade. Porém, pode demorar um bom tempo antes de as pessoas começarem a amá-lo (ou mesmo a lhe pagar) por isso. Quanto mais originais forem as ideias, menos os chefes e colegas as entenderão, e as pessoas temem ou — na melhor das hipóteses — ignoram o que não entendem. Mas, para mim, fazer progresso em ideias foi muito gratificante por si só na época, mesmo que elas sejam os piores temas de conversa em uma festa. Por fim, décadas depois, elas geraram mais reconhecimento social do que hoje consigo administrar.

Que dicas ruins você costuma ouvir na sua profissão ou especialidade?

O mantra do Vale do Silício "avance rápido e quebre as coisas" é um conselho muito ruim quando lidamos com grandes montantes de dinheiro!

Se você pudesse colocar um outdoor gigante em qualquer lugar exibindo qualquer coisa, o que seria?

"Confiar em terceiros é uma falha de segurança."

Que aquisição de até 100 dólares mais impactou positivamente sua vida nos últimos seis meses (ou nos últimos tempos)?

Nada muito profundo (ou, aliás, nada que eu ache demais) por 100 dólares. Aqueles batedores de leite para uma xícara [Tim: como o PowerLix Milk Frother] são muito bons para preparar chocolate quente, café etc. Sem menosprezar as coisas, pois pode ser algo tão simples hoje (mas que não existia mais ou menos um século atrás) como um tanque de gasolina para dirigir até São Francisco e fazer seu podcast!

De que forma um fracasso, ou fracasso aparente, acabou te levando ao sucesso? Você tem algum "fracasso pessoal" favorito?

[Meu "fracasso" favorito foi] tornar o desemprego algo criativo, e não aceitar um trabalho ou ficar à toa com outras pessoas só porque "é o que devemos fazer". Minhas melhores ideias me ocorreram quando eu não estava em momentos de distração ou cansaço depois do trabalho ou de ter cumprido obrigações sociais e tinha a liberdade para pensar grande e em coisas loucas, e ainda assim pensar com cuidado. Dito isso, uma boa formação (ciência da computação e direito) e a disciplina proveniente de uma experiência profissional altamente motivada (eu precisava mesmo do dinheiro!) também foram essenciais.

Qual foi o melhor ou mais valioso investimento que você já fez?

Trabalhar nas minhas ideias, e não nas ideias em que eu deveria estar trabalhando, mesmo que, no início, isso tenha me causado problemas. Por exemplo, por ignorar as ideias do chefe... Em outras palavras, investir em ideias que eu admirava em vez de desejos sociais ou de consumo — combinando essas ideias de maneiras originais e úteis, ou pensando nas consequências de novas tecnologias para ideias muito antigas.

Outro grande investimento a longo prazo foi a minha formação orientada à teoria em ciência da computação, a partir da qual descobri grandes capacidades tecnológicas a serem aplicadas aos grandes problemas que eu queria resolver. Ela também teve um benefício prático, pois minha matrícula no curso me possibilitou descobrir a internet cedo e, com isso, encontrar as raras pessoas que estavam buscando direções semelhantes, que eu jamais teria tido a oportunidade de conhecer na "vida real".

Há algum hábito incomum ou algo absurdo que você ame?

O uso manual de papel comum! Sei que você é fã do Evernote, mas mesmo sendo um cientista da computação e programador, ainda gosto e acho útil ter uma folha de papel para rabiscar meus últimos insights.

Quando se sente sobrecarregado ou desconcentrado, o que faz?

Poxa, eu também gostaria de resolver essa questão. Estou ansioso para ler as respostas dos outros!

"Se não conseguir rir de algo, você perde."

JON CALL
IG/YT: jujimufu
acrobolix.com

JON CALL é mais conhecido como Jujimufu, o acrobata anabólico. Em 2000, ele aprendeu sozinho o "tricking", uma mistura de saltos, piruetas e chutes. Em 2002, Jon lançou o trickstutorials.com, que ficou on-line por doze anos e se tornou uma das maiores comunidades na internet para os praticantes do esporte. Ele se tornou famoso por vídeos virais em que abria espacate entre duas cadeiras, com halteres gigantescos levantados acima da cabeça, e participou do *America's Got Talent*. A *Men's Health* escreveu que ele "parece um homem forte, move-se como um ninja e executa os movimentos de ginástica mais insanos que se pode encontrar".

Que livro (ou livros) você mais deu de presente e por quê? Ou nomeie de um a três livros que mais influenciaram sua vida.

Thinking Body, Dancing Mind, de Chungliang Al Huang. É um livro de psicologia e esporte baseado nos ensinamentos do taoismo. É uma adaptação única da doutrina. Tive a sorte de pegá-lo para ler em uma livraria quando tinha 15 anos. Na época, ele complementou muito o meu treinamento em taekwondo. Até hoje, o abro de vez em quando para ler alguns trechos.

Que aquisição de até 100 dólares mais impactou positivamente sua vida nos últimos seis meses (ou nos últimos tempos)?

Um cooktop elétrico de uma boca. Uso o Aroma Housewares AHP-303/CHP-303 Single Hot Plate. Custa menos de 20 dólares e é ótimo para manter quente uma xícara (ou três!) de café.

De que forma um fracasso, ou fracasso aparente, acabou te levando ao sucesso? Você tem algum "fracasso pessoal" favorito?

Torci meu tornozelo praticando acrobacia em março de 2012. Foi uma entorse grau 2. Passei sete meses sem conseguir praticar acrobacias corretamente. Foi uma recuperação lenta, mas aí vem a parte divertida: durante o tempo que passei lesionado, decidi treinar nas argolas de ginástica como um louco. Adotei uma rotina puxada de exercícios em dias alternados por seis meses. Desenvolver massa muscular com argolas não é tão fácil quanto com pesos, mas ganhei 7 quilos! O volume altíssimo de treinamento nas argolas de ginástica inevitavelmente teve um efeito colateral surreal nos meus movimentos acrobáticos quando o tornozelo se recuperou por completo. Essa entorse desencadeou uma transformação drástica que tem consequências até hoje. Se eu não tivesse torcido o tornozelo, talvez jamais tivesse diversificado minhas habilidades e me tornado mais do que um garoto magricela que fazia acrobacias sozinho em parques.

Se você pudesse colocar um outdoor gigante em qualquer lugar exibindo qualquer coisa, o que seria e por quê?

"Se não consegue rir de algo, você perde."

Inventei essa este ano — decidi usar essa citação como lema mais do que qualquer outra. O que é ótimo nessa citação é que as exceções sugerem uma lição poderosa. Você não vai rir quando as pessoas morrerem, sobretudo se for alguém que você ama, mas isso porque nem sempre se pode vencer na vida. Às vezes, nós de fato perdemos! Mas é melhor sermos capazes de distinguir entre uma verdadeira perda e uma falha de caráter. Ter o carro aranhado ou se esquecer de levar o lixo para fora antes de o caminhão passar são coisas irritantes das quais é melhor rir mais cedo do que tarde. Quanto antes você rir de algo, mais cedo pode seguir em frente com a vida. Quanto antes rir de si mesmo, mais cedo poderá viver de verdade.

Há algum hábito incomum ou algo absurdo que você ame?

Sais de cheiro! Sais de cheiro são o que os halterofilistas inalam antes de subir na plataforma para tentar levantar o peso máximo. Esses sais são compostos químicos (que em geral contêm amônia) usados para assumir um estado de alerta e/ou melhorar o desempenho.

Há vários tipos de sais de cheiro, mas as ampolas são melhores para armazenar e mantêm a qualidade para o uso. Adoro ver alguém cheirá-las pela primeira vez — dói! A maioria das pessoas só as usa para pesos pesados, mas eu as levei a outro nível.

Sensação de inércia por ter passado muito tempo sentado? *Use sais de cheiro!* Não consegue parar de pensar em sexo e não tem como liberar a tensão? *Use sais de cheiro!*

Nos últimos cinco anos, que nova crença, novo comportamento ou hábito mais impactou positivamente sua vida?

Investir na produção de conteúdo para as redes sociais. Há uma diferença entre consumir conteúdo nas redes sociais e criar conteúdo para elas. Criar para as redes sociais em vez de consumi-las rende muita atenção positiva, mas fiz isso tendo em vista o desenvolvimento mental. As mídias sociais funcionam melhor quando oferecemos um grande valor. Prestei atenção nas métricas (curtidas, descurtidas, visualizações etc.) e limitei minhas postagens às tendências (o que tinha mais valor). Nunca postarei algo que eu não queira ou de que não goste, mas sempre postarei algo que tenha muito de "mim" e ao mesmo tempo ofereça o máximo em entretenimento ou relevância para os outros. Desde que comecei a me dedicar ao conteúdo que coloco nas mídias sociais, construí uma carreira a partir do hábito de fazer as coisas que faria de qualquer maneira. Simplificando, construí uma carreira apenas "sendo eu", e essa é uma experiência mágica. E tudo porque me dediquei ao conteúdo que compartilho nas redes.

Que dicas ruins você costuma ouvir na sua profissão ou especialidade?

Para o treino de flexibilidade, a maioria das pessoas acha que passar longos períodos em uma posição de alongamento é o caminho para a flexibilidade. Acho que essa é uma má recomendação. A mágica de verdade acontece quando você divide esse tempo se alongando em séries com períodos de descanso. O repouso é muito importante para o treino de flexibilidade. Mesmo que você não esteja sem ar ou cansado, o corpo precisa de tempo para se ajustar à resposta do alongamento. Você obterá resultados muito melhores fazendo um alongamento por um minuto com três minutos de descanso, repetindo isso três vezes, em vez de fazer o mesmo alongamento por três minutos de uma vez só. Se vai fazer, é melhor fazer direito. De outra forma, você estará desperdiçando tempo. Para fazer direito, você precisa fazer séries com descanso.

Nos últimos cinco anos, a que você começou a dizer não com mais facilidade?

Fiquei melhor em dizer "não" ao meu cérebro quando ele quer reagir durante um diálogo com uma história "mais interessante". Refiro-me a quando alguém está me contando uma história sobre uma experiência sua, enquanto tenho uma história relacionada ainda mais dramática. Em vez de esperar por um momento para contar a minha, eu apenas suprimo esse desejo e faço mais perguntas sobre a experiência do interlocutor. O que descobri com isso é incrível: a perda da oportunidade de talvez impressionar alguém compensa e muito pelo que aprendo questionando mais. Há sempre mais alguma coisa na história da outra pessoa que vai impressionar você. Não espere que o início da história seja tão interessante quanto o desenvolvimento dela. Faça perguntas e encoraje a pessoa a contar mais!

Quando se sente sobrecarregado ou desconcentrado, o que faz?

Quando me sinto sobrecarregado ou desconcentrado, telefono para a minha mãe ou para o meu pai. Eles são casados há mais de quarenta anos e são as pessoas mais equilibradas que tenho na vida. Eles ainda moram na mesma casa em que cresci! Quando ligo para eles, tenho a mesma sensação de tranquilidade da infância naquela casa. Posso conversar sobre o que está me preocupando com meus pais, mas me sinto ainda melhor ouvindo meu pai falar sobre as coisas que está construindo no quintal, ou como está o cachorro da família, ou qualquer coisa que não tenha nenhuma relação com o que está acontecendo comigo. Tenho sorte de ainda poder telefonar para casa.

CITAÇÕES QUE ESTÃO NA MINHA CABEÇA

(Tim Ferriss: 3 de fevereiro — 24 de fevereiro de 2017)

"A vida pode ser uma aventura ousada ou absolutamente nada."

— HELEN KELLER

Primeira pessoa surda-cega a fazer um bacharelado, inspiração para o filme *O Milagre de Anne Sullivan*

"Há muito tempo me despertou a atenção o fato de as pessoas bem-sucedidas raramente terem cruzado os braços e deixado as coisas lhes acontecerem. Elas agiram e fizeram por onde."

— LEONARDO DA VINCI

Polímata italiano renascentista, pintor de *Mona Lisa* e *A Última Ceia*

"Não pense que estar por baixo seja algo ruim no mundo profissional. Você não tem outra opção a não ser ir para cima."

DARA TORRES
X: @DaraTorres
IG: @swimdara
daratorres.com

DARA TORRES é considerada sem dúvida a mulher mais rápida na natação norte-americana. Participou da sua primeira competição internacional de natação aos quatorze anos e dos seus primeiros Jogos Olímpicos alguns anos depois, em 1984. Em 2008, em Pequim, Dara tornou-se a nadadora mais velha a participar dos Jogos Olímpicos, com 41 anos. Ela levou para casa três medalhas de prata — incluindo uma pelos infames 50 m livres em que perdeu a medalha de ouro por 1/100 de segundo. Dara competiu em cinco Jogos Olímpicos e ganhou doze medalhas em sua carreira olímpica. Ela foi a primeira atleta do sexo feminino a ganhar um artigo na Edição Maiô da *Sports Illustrated*, e em 2009 ganhou o prêmio ESPY de "Melhor Retorno". Dara também foi eleita uma das "Melhores Atletas do Sexo Feminino da Década" pela *Sports Illustrated*. Ela é a autora de *Age Is Just a Number: Achieve Your Dreams at Any Stage in Your Life.*

Que conselho você daria a um universitário inteligente e aplicado prestes a entrar no "mundo real"? Que conselho ele deveria ignorar?

Muitas pessoas começaram de baixo e trabalharam para subir, então não pense que estar por baixo seja algo ruim no mundo profissional. Você não tem outra opção a não ser ir para cima. Ignore os rumores até confirmá-los como fatos.

Que aquisição de até 100 dólares mais impactou positivamente sua vida nos últimos seis meses (ou nos últimos tempos)?
Produtos para o corpo da Crepe Erase para a minha pele danificada pelo sol.

Há algum hábito incomum ou algo absurdo que você ame?
Comer macarrão instantâneo cru quando meu estômago não está bem.

Quando se sente sobrecarregada ou desconcentrada, o que faz?
Subo numa bicicleta ergométrica, nado, pratico boxe ou faço exercícios na barra para me livrar do estresse e me concentrar melhor.

Se você pudesse colocar um outdoor gigante em qualquer lugar exibindo qualquer coisa, o que seria e por quê?
"O futuro pertence àqueles que acreditam na beleza dos próprios sonhos." Essa é uma citação com frequência atribuída a Eleanor Roosevelt.

“Adoro suar. É como um processo de purificação para mim. Não gosto de transpirar, mas gosto de *suar*.”

DAN GABLE
X: @dannygable
FB: /DanGableWrestler
dangable.com

DAN GABLE é uma das figuras mais lendárias na história da luta. No tatame, tanto no colegial quanto na faculdade, Dan alcançou um recorde inacreditável de 181-1. Ele também é bicampeão do campeonato da National Wresting da NCAA, tricampeão All-American e tricampeão da Big Eight. Depois da sua única derrota na universidade, Dan passou a treinar sete horas por dia, sete dias por semana, o que culminou em uma medalha de ouro nos Jogos Olímpicos de 1972 sem ceder um único ponto. Como técnico, ele foi o que obteve mais vitórias na Universidade de Iowa, de 1976 a 1997, onde ganhou quinze títulos no campeonato de National Wresting em equipe da NCAA. Dan foi eleito um dos melhores técnicos do século XX pela ESPN e, durante os Jogos Olímpicos de 2012, figurou na categoria Lendas do Esporte no Hall da Fama da FILA, tendo sido a terceira pessoa no mundo a receber essa honraria. Dan foi eleito para vários Halls da Fama, incluindo o Hall da Fama da National Wresting e o U. S. Olympic. É o autor de vários livros, incluindo o best-seller *A Wrestling Life*.

Que livro (ou livros) você mais deu de presente e por quê? Ou nomeie de um a três livros que mais influenciaram sua vida.

The Heart of a Champion, de Bob Richards, foi muito importante, pois responde a todas as perguntas. Ele apareceu por acaso no momento certo da minha vida. Bob foi campeão olímpico de salto com vara nos anos 1950 e também esteve à frente dos cereais Wheaties. Foi o porta-voz da empresa por muito tempo.

Sempre recomendei esse livro e, aliás, escrevi o prólogo da última edição... O segundo provavelmente é um livro sobre saunas, pois sou fã de saunas. Elas sempre tiram muito do estresse, e o mero fato de ler sobre elas me ajuda muito.

Que aquisição de até 100 dólares mais impactou positivamente sua vida nos últimos seis meses (ou nos últimos tempos)?

Quando criança, e mesmo agora, sempre que me mudo para uma casa nova ou outro quarto, preciso de algo na porta... é uma simples barra fixa. Custa menos de 100 dólares, mas você precisa de um bom suporte para que não caia. Eu a uso hoje em dia mais como barra de alongamento, só para me certificar de eliminar todas as torções. Passo alguns minutos nela todos os dias como aquecimento ou quando acordo. Quando estou me sentindo muito bem, faço uma barra completa.

Se você pudesse colocar um outdoor gigante em qualquer lugar exibindo qualquer coisa, o que seria e por quê?

Eu teria um grande outdoor dizendo: "Lutar não é para todo mundo, mas deveria ser." Pois podemos usar a disciplina conquistada com a luta não só no esporte, mas na vida. Todas as coisas que precisamos aprender para sermos bons lutadores — nutrição, habilidade, competição — geram um melhor desempenho na vida.

Há algum hábito incomum ou algo absurdo que você ame?

Talvez na Finlândia não seja incomum, mas para muitas pessoas é: adoro suar. É como um processo de purificação para mim. Não gosto de transpirar, mas gosto de *suar*. Você também consegue fazer isso se exercitando, mas tenho saunas na maioria dos lugares aonde vou. Para mim, tem que ser todos os dias, e quando não [suo todos os dias], fico realmente com calafrios.

Que conselho você daria a um universitário inteligente e aplicado prestes a entrar no "mundo real"?

Não planeje "ganhar na loteria" logo, pois isso em geral não acontece. Fazer um bom trabalho e acumular ativos é como ganhar na loteria, mas é gradual. Você precisa dar duro todos os dias, fazer progresso todos os dias e ganhar dinheiro todos os dias. Com o tempo, estará em boa forma. Se você vencer no primeiro ano, vou ser o primeiro a parabenizá-lo — mas não conte com isso.

“Pode ser ridículo, mas acredito que, contanto que olhemos para o céu noturno, que nos sintamos pequenos, que vejamos o universo e digamos ‘Ah, uau, quanto mistério’, poderemos nos livrar de um pouco da arrogância ignorante.”

CAROLINE PAUL
X: @carowriter
carolinepaul.com

CAROLINE PAUL escreveu de quatro livros. Seu último, *The Gutsy Girl: Escapades for Your Life of Epic Adventure*, foi best-seller do *New York Times*. Outrora uma menina assustada, Caroline decidiu que o medo estava impedindo-a de alcançar a vida que queria. Desde então, ela competiu na equipe nacional de luge dos Estados Unidos na seleção para os Jogos Olímpicos e combateu incêndios como uma das primeiras mulheres bombeiras em São Francisco, onde integrou o Segundo Grupo de Resgate. Os membros desse grupo não apenas combatem incêndios, como também são chamados para buscas na água (ou seja, por corpos), resgates com corda e de rapel, para lidar com materiais perigosos e para os mais graves acidentes de carro e trem.

Que livro (ou livros) você mais deu de presente e por quê? Ou nomeie de um a três livros que mais influenciaram sua vida.

The Stars, de H. A. Rey. Sempre amei o céu noturno, mas, quando criança, aqueles velhos mapas de constelações não faziam sentido para mim. Eles eram só um monte de rabiscos ininteligíveis rotulados de Ursa Maior, Leão, Órion. Mas Rey redesenha as linhas entre as estrelas de forma que Leão parece um leão e Ursa Maior parece um grande urso. Dar esse livro de presente é uma pequena forma de encorajar as pessoas a olharem, tentarem entender o céu e, com isso, experimentarem uma alegria existencial. Pode ser ridículo, mas acredito que, contanto que olhemos para o céu noturno, que nos sintamos pequenos, que vejamos o universo e digamos "Ah, uau, quanto mistério", poderemos nos livrar de um pouco da arrogância ignorante. Talvez até salvar o planeta antes que seja tarde demais. Isso é demais para se pedir de um livro? Acho que *The Stars* está à altura da tarefa.

Qual foi o melhor ou mais valioso investimento que você já fez?

Escritores podem escrever de graça na mesa da cozinha, ou em uma cafeteria pelo preço de um café. Mas, depois de ter publicado meu primeiro livro, decidi que valeria a pena alugar um espaço compartilhado em um escritório chamado San Francisco Writers Grotto, só para estar entre outros escritores dedicados. Não existe substituição para o apoio de pessoas que estão fazendo a mesma coisa que você: suando, chorando, arrancando os cabelos por causa dessa coisa chamada livro. Agora, publiquei mais quatro livros e consegui preservar a sanidade, o que não teria acontecido se eu tivesse decidido escrever isolada.

Há algum hábito incomum ou algo absurdo que você ame?

Amo desembolar colares. Já andei de parapente, e os fios da asa sempre pareciam formar nós quando tirávamos o equipamento da bolsa. Mas também sabíamos que, se estivessem todos ligados a uma ponta nas duas extremidades, bastaria um pouco de paciência para descobrir qual fio estava sobre qual. Wendy [MacNaughton, sua companheira, página 165] está sempre deixando colares em gavetas ou bolso e, quando puxa, eles estão uma bagunça total. Adoro a sensação de que, apesar do caos completo que recebo, com paciência e confiança, sempre consigo desembolá-los.

Nos últimos cinco anos, que nova crença, novo comportamento ou hábito mais impactou positivamente sua vida?

Antes, eu detestava caminhar, porque tinha problemas nos joelhos, e também achava chato. Mas, três anos atrás, Wendy e eu adotamos um cachorro abandonado em um abrigo, e, é claro, cachorros precisam passear. Pasme, mas agora *amo* caminhar. É uma oportunidade de sair e não estar em nenhum outro lugar, a não ser ali com meu cachorrinho. Não uso o celular (algo que atrai olhares condenatórios em parques para cachorros, quem diria?) e não tento chegar rápido a lugar nenhum. O curioso é que meus joelhos acabaram melhorando depois que comecei a caminhar. Fico ansiosa pela hora de simplesmente colocar um pé na frente do outro, olhar ao redor, respirar. É uma meditação, com uma parada aqui e ali para um cocozinho.

"A originalidade só acontece nas fronteiras da realidade."

DARREN ARONOFSKY
X/IG: @darrenaronofsky

DARREN ARONOFSKY é o cineasta premiado por trás de clássicos cult como *Pi*, *Réquiem Para um Sonho* e *O Lutador*. Seu primeiro filme, *Pi*, de 1998, rendeu-lhe aplausos logo no início da carreira e o prêmio de Melhor Diretor no Festival Sundance de Cinema. Ele provavelmente é mais conhecido por *Cisne Negro*, indicado a cinco Oscars, inclusive Melhor Filme e Melhor Diretor. *Noé*, inspirado na história bíblica, estreou no primeiro lugar na bilheteria e arrecadou mais de 362 milhões de dólares no mundo inteiro. Uma de suas obras mais famosas é *Mãe!*, um thriller psicológico estrelado por Jennifer Lawrence e Javier Bardem.

Que livro (ou livros) você mais deu de presente e por quê? Ou nomeie de um a três livros que mais influenciaram sua vida.

Eu era um calouro aterrorizado andando pela biblioteca no primeiro ano na universidade quando vi a palavra *Brooklyn* pelo canto do olho. Sendo do Brooklyn, e pela primeira vez passando um longo tempo longe de casa, me interessei de imediato. Puxei *A Última saída para o Brooklyn*, de Hubert Selby, da prateleira e o devorei em uma só noite. Eu nunca vira alguém atacar as páginas daquele jeito. Ele me inspirou profundamente a escrever, o que acabou me levando à minha forma de narrativa. Algum tempo depois, eu transformaria outro livro seu, *Réquiem Para um Sonho* em filme, e acabaria tendo uma grande amizade com ele.

De que forma um fracasso, ou fracasso aparente, acabou te levando ao sucesso? Você tem algum "fracasso pessoal" favorito?

Cada filme que já fiz a princípio foi recebido por um coro de "nãos". Isso levou meu produtor na época a criar a frase: "Quando todo mundo diz não, é porque você deve estar fazendo algo certo." Então, acho que o sucesso começa por uma tremenda rejeição, e a chave é ser capaz de ver além desses ataques.

Que aquisição de até 100 dólares mais impactou positivamente sua vida nos últimos seis meses (ou nos últimos tempos)?

Comprei uma espátula muito boa. É fantástico o que a ferramenta certa pode fazer pelo café da manhã. [Observação de Tim: Tirei uma foto da espátula de Darren, e parece a muito recomendada, Winco TN719 Blade Hamburger Turner, que custa menos de 10 dólares.]

Que conselho você daria a um universitário inteligente e aplicado prestes a entrar no "mundo real"?

A maior parte do jogo depende da persistência. É a característica mais importante. Certamente, quando você tem uma oportunidade, precisa agir e exceder todas as expectativas, mas ter essa chance é a parte mais difícil. Portanto, mantenha a visão clara na cabeça e, todos os dias, rejeite todos os obstáculos para alcançar o objetivo.

Quando você se sente sobrecarregado ou desconcentrado, ou perde o foco momentaneamente, o que faz?

Fui abençoado com pais que sempre me diziam quando eu saía para o trabalho "divirta-se" e "não trabalhe demais". Isso me permitiu fazer um intervalo quando as coisas não estão dando certo. Acho que a procrastinação é uma parte importante do caminho criativo. Se você acha que só está desperdiçando tempo, mesmo que não saiba, sua mente e seu corpo estão resolvendo problemas que você não consegue encarar. Portanto, não há problema em fazer uma caminhada, ir até a livraria, assistir a um filme ou nadar um pouco (só não se perca no celular).

Que dicas ruins você costuma ouvir na sua profissão ou especialidade?

Se você colocar dez pessoas em uma sala e elas tiverem que escolher um sabor de sorvete, escolherão baunilha. Há sempre a pressão constante de nos conformarmos. Mas a originalidade só acontece nas fronteiras da realidade. E trabalhar nessa linha é sempre perigoso, pois basta um pequeno passo para a insanidade desconexa se instaurar. Portanto, resista às tentações e aos conselhos que lhe dizem para ficar no meio-termo. O melhor trabalho sempre vem quando rompemos a fronteira.

"Alguns dos negócios de maior sucesso são aqueles que você não faz."

EVAN WILLIAMS
X/Medium: @ev
medium.com

EVAN WILLIAMS é cofundador do Blogger, do Twitter (atual X) e do Medium. Em janeiro de 1999, ele ajudou a fundar o Pyra Labs, que criou o serviço de publicação Blogger (e cunhou o termo 'blogger'), o qual foi comprado pelo Google no início de 2003. Depois, ajudou a fundar a Odeo and Obvious Corporation, que em 2006 deu origem ao Twitter. Evan foi cofundador e principal investidor do Twitter, e é seu ex-CEO. Atualmente, ele é CEO do Medium, a plataforma de publicação on-line. Evan cresceu em uma fazenda em Clarks, Nebraska.

De que forma um fracasso, ou fracasso aparente, acabou te levando ao sucesso? Você tem algum "fracasso pessoal" favorito?

No Blogger, foi depois da explosão da bolha das pontocom, e estávamos sem dinheiro (como muitos outros) e à procura de um recomeço. Recebemos uma oferta de aquisição ridícula de outra companhia privada por todas as ações. Não fiquei interessado nela, mas minha equipe queria aceitá-la (o que é compreensível, já que significaria a preservação de seus empregos, e, em teoria, poderíamos continuar trabalhando no produto). Eu teria concordado, mas não conseguimos fechar o acordo, porque a diretoria da companhia não aprovou. Precisei demitir a equipe, mas, mesmo nos arrastando, seguimos em frente, e dois anos depois vendemos o Blogger para o Google. O outro comprador em potencial encerrou suas atividades. Dali em diante, me dei conta de que alguns dos negócios de maior sucesso são aqueles que você não faz.

Nos últimos cinco anos, que nova crença, novo comportamento ou hábito mais impactou positivamente sua vida?

A meditação para a atenção plena, que comecei a praticar regularmente cerca de cinco anos atrás, mudou a minha vida mais do que qualquer outro comportamento. Sinto que ela modificou o meu cérebro (é provável que tenha modificado mesmo). No início, eu sentia os efeitos com muita intensidade. Após alguns anos, já parece algo menos drástico, mas necessário. Se eu passar mais de dois dias sem meditar, sinto-me estranho. Eu gostaria de ter começado muitos anos antes.

Que conselho você daria a um universitário inteligente e aplicado prestes a entrar no "mundo real"?

Tenha pressa de aprender, e não pressa de ser reconhecido. Em um ambiente de trabalho em equipe, você causará uma impressão muito melhor se aparentar que não está completamente preocupado consigo mesmo. Não há problema em se preocupar consigo — todos se preocupam; basta não deixar isso transparecer. Se você resistir a pedir muito, com frequência receberá mais.

CITAÇÕES QUE ESTÃO NA MINHA CABEÇA

(Tim Ferriss: 10 de março — 24 de março de 2017)

"Kuei-shan perguntou a Yun-yen:
'Qual é a sede da iluminação?'
Yun-yen respondeu:
'A liberdade da artificialidade.'"

— KUEI-SHAN (771—854)

Monge zen chinês e fundador da linhagem Kuei-Yang, um dos "Cinco Cavalos" do Zen

"Ousar é perder o chão momentaneamente. Não ousar é se perder."

— SØREN KIERKEGAARD

Prolífico escritor dinamarquês, considerado o primeiro filósofo existencialista

"Estar preparado contra a surpresa é ser treinado. Estar preparado para a surpresa é ser educado."

— JAMES P. CARSE

Professor emérito de história e literatura da religião na Universidade de Nova York, autor de *Jogos finitos e infinitos*

"Evite o açúcar. Sobretudo refrigerante e suco. Todos os outros conselhos para a alimentação são ruídos."

BRAM COHEN
X: @bramcohen
FB: /bram.cohen
Medium: @bramcohen

BRAM COHEN é o inventor do BitTorrent, o protocolo de compartilhamento peer-to-peer (P2P) e fundador da BitTorrent, Inc. Em 2005, a *MIT Technology Review* nomeou Bram um dos 35 principais inovadores do mundo com menos de 35 anos.

De que forma um fracasso, ou fracasso aparente, acabou te levando ao sucesso? Você tem algum "fracasso pessoal" favorito?

Antes de trabalhar na BitTorrent, eu estava em um malfadado projeto chamado Mojo Nation, que tinha uma lista gigantesca de funcionalidades muito legais em potencial, mas, devido à falta de foco, nenhuma delas foi bem desenvolvida. Depois dessa experiência (e de ter participado anteriormente de fracassos semelhantes de projetos de software), decidi desenvolver um projeto que só fizesse uma coisa e a fizesse bem, com o objetivo de ter sucesso, e não fracassar. Qualquer coisa é melhor do que nunca lançar nada. O resultado foi o BitTorrent. Hoje em dia, o termo artístico é "produto viável mínimo", que é um termo muito clínico para a ideia de esquecer um sucesso maciço e concentrar todos os esforços em não fracassar. Um fracasso abjeto é o resultado da maioria dos projetos de desenvolvimento de software.

Se você pudesse colocar um outdoor gigante em qualquer lugar exibindo qualquer coisa, o que seria?

Evite o açúcar. Sobretudo refrigerante e suco. Todos os outros conselhos para a alimentação são ruídos.

Há algum hábito incomum ou algo absurdo que você ame?

Sou um inventor publicado de quebra-cabeças mecânicos. O último que fiz está disponível em quase todas as lojas de brinquedos e se chama Fidgitz. Com sorte, esse tipo de brinquedo quebra-cabeça será intelectualmente atrativo e deixará as pessoas mais inteligentes por brincarem com eles. Se não for o caso, espero que pelo menos sejam divertidos.

Nos últimos cinco anos, a que você começou a dizer não com mais facilidade?

Uma lição de vida que passei a aceitar com relutância é que é importante não trabalhar com pessoas loucas. É bom ter a mente aberta e aceitar os amigos, mas, em um ambiente profissional, onde você depende dos outros, os problemas de discernimento acabam se tornando um grande problema.

Existem algumas coisas bastante óbvias que são tabus. Se alguém acredita que todo tipo de tributação é roubo, ou que uma dieta estritamente vegana é mais saudável, demonstra uma grave incapacidade de julgamento, o que não é um bom indicativo de que você pode confiar nessa pessoa para tomar decisões importantes. É louvável manter relações pessoais e profissionais com pessoas de diversas opiniões políticas e de vida, e eu tento fazer bem isso, mas, em algum ponto, uma opinião vai do "extremo" à "loucura", e saber a diferença é importante.

Em uma entrevista, o que você pode procurar é um narcisismo flagrante. Se um candidato lhe diz que você não precisa da posição para a qual está entrevistando, mas de uma mais elevada, e que você deve contratá-lo para ela ou diz que, se você não o contratar, está ferrado; ou critica o negócio como se fosse um investidor e estivesse lhe fazendo um favor, ele está fazendo um jogo político repulsivo antes mesmo de ter sido contratado. E você deve lhe dar um não imediato. Esse tipo de comportamento só piora quando a pessoa é contratada, e lhe dizer que tal comportamento não é aceitável com antecedência não vai gerar mudanças.

Nos últimos cinco anos, que nova crença, novo comportamento ou hábito mais impactou positivamente sua vida?

Há pouco tempo, comecei a levar a minha intolerância à lactose muito mais a sério, o que resultou em uma melhora significativa na qualidade de vida. Meu caso é muito mais sério do que o da maioria, mas a intolerância à lactose afeta uma grande parte da população norte-americana, e muitos não são diagnosticados ou não fazem nada a respeito. Quando cometo o menor nos deslizes, acabo tendo uma dor crônica proveniente do inchaço, e alguns passos básicos representam uma grande melhora.

As coisas que faço são: 1) Tentar o máximo possível evitar lactose, inclusive queijo e manteiga (e, infelizmente, quase todos os chocolates. Quando um rótulo diz "pode conter traços de leite", isso significa que contém). 2) Tomar comprimidos de lactase duas vezes por dia, mesmo que eu ache que não tenha comido algo com lactose, pois, quando se come fora, você nunca sabe o que pode ter no prato. 3) Tomar simeticona duas vezes por dia, pois isso ajuda a eliminar os gases. E não tenha medo de arrotar, pois qualquer gás que esteja lá vai ter que sair de um jeito ou de outro, e só tem duas saídas. É melhor deixá-lo sair pela frente do que por trás.

É frustrante que muitas pessoas achem de forma equivocada que são intolerantes ao glúten, enquanto a intolerância à lactose sequer é cogitada. Ainda mais porque a fermentação lática custa muito pouco, e pode ser feita antes mesmo de o leite ser usado para produzir manteiga ou queijo. Alimentos sem lactose deveriam ser o padrão. A maioria dos negros e asiáticos dos Estados Unidos têm intolerância à lactose e recebem alimentos que são incapazes de digerir bem como parte principal da alimentação na escola.

Que conselho você daria a um universitário inteligente e aplicado prestes a entrar no "mundo real"?

Escolha os primeiros empregos com base no que irá lhe dar as experiências mais valiosas. Se você quer ser um empreendedor, não mergulhe direto no desenvolvimento do seu empreendimento, mas trabalhe em uma startup que está no começo para aprender o básico e ser pago para cometer seus primeiros erros. Só depois de obter a experiência e o conhecimento necessários é que você deve iniciar o próprio caminho. Foi isso que fiz, e, embora as startups em que trabalhei tenham em sua maioria falido, não acho que eu teria obtido sucesso sozinho sem essa experiência.

"Com frequência, as pessoas querem ajudá-lo ou trabalhar com você. Mas não conseguirão se você insistir em manter um controle rígido."

CHRIS ANDERSON
X: @TEDChris
ted.com

CHRIS ANDERSON tornou-se curador do TED em 2002 e o desenvolveu para torná-lo uma plataforma global para a disseminação de ideias valiosas. Ele nasceu na zona rural do Paquistão e cresceu na Índia, no Paquistão, no Afeganistão e na Inglaterra. Chris se formou na Universidade de Oxford em filosofia e política e depois entrou no jornalismo. Em 1985, criou uma startup para lançar uma revista sobre computação. Seu sucesso levou a outros produtos, e sua companhia, Future Publishing, cresceu rapidamente sob o slogan "mídia com paixão". Chris expandiu o negócio para os Estados Unidos em 1994, onde montou a Imagine Media, editora da revista *Business 2.0* e criadora do popular site de jogos IGN. As companhias combinadas acabaram por abranger mais de cem revistas mensais, empregando duas mil pessoas. Em 2001, a fundação sem fins lucrativos de Chris, a Sapling Foundation, adquiriu o TED, e Chris deixou sua empresa para se concentrar nele. Sob a direção de Chris, o TED ampliou seu escopo para incluir não só tecnologia, entretenimento e design, mas também ciência, política, negócios, artes e questões globais. Em 2006, o TED iniciou a disponibilização gratuita de palestras na web, e hoje em dia conta com mais de 2.500 palestras.

Que livro (ou livros) você mais deu de presente e por quê? Ou nomeie de um a três livros que mais influenciaram sua vida.

O início do infinito, de David Deutsch. Trata-se de um argumento notável sobre o poder do conhecimento — não apenas como uma capacidade humana, mas como uma força que molda o universo.

Steven Pinker (página 468): qualquer um. Ele é um dos pensadores e comunicadores dotados de mais clareza da nossa era. Entre muitas outras coisas, ele me convenceu de que eu jamais poderia me compreender sem entender como os seres humanos se desenvolveram.

C. S. Lewis, a série *As crônicas de Nárnia*. Quando criança, ela explodiu a minha imaginação.

Se você pudesse colocar um outdoor gigante em qualquer lugar exibindo qualquer coisa, o que seria e por quê?

"Viva por algo que seja maior do que você." De modo curioso, essa é uma das chaves para uma vida mais satisfatória, embora não queira dizer que seja uma vida mais fácil.

Nos últimos cinco anos, que nova crença, novo comportamento ou hábito mais serviu para melhorar sua vida?

A conscientização de que a melhor maneira de obter resultados é ceder o controle. É o seguinte... Com frequência, as pessoas querem ajudá-lo ou trabalhar com você. Mas não conseguirão se você insistir em manter um controle rígido. Quanto mais você ceder o controle, mais pessoas vão surpreendê-lo. Vimos isso claramente nos últimos anos no TED. Ao disponibilizarmos o conteúdo on-line, pessoas entusiasmadas para aprender disseminaram o conteúdo pela internet, aumentando de forma considerável nosso alcance. Ao ceder a marca na forma de licenças TEDx, milhares de voluntários realizaram eventos TEDx no mundo inteiro — dez a cada dia. Eles tiveram ideias com que jamais teríamos sonhado. Nesta corajosa era conectada, as regras relacionadas àquilo a que você se atém e àquilo a que deve ceder mudaram para sempre. Ao adotar uma estratégia de generosidade, sua reputação vai se espalhar, e você pode se surpreender com o que conseguirá em retorno.

Que conselho você daria a um universitário inteligente e aplicado prestes a entrar no "mundo real"? E quais conselhos ele deveria ignorar?

Vários de nós adotamos o clichê "corra atrás da sua paixão". Para muitos, é um conselho terrível. Com 20 anos, é possível que você não saiba ao certo quais são as suas maiores habilidades e oportunidades. É muito melhor dedicar-se a aprender, à disciplina pessoal, ao crescimento. E buscar conexões com pessoas no planeta inteiro. Durante um tempo, não há problema em dedicar-se a apoiar o sonho de outra pessoa. Ao fazer isso, você reunirá relacionamentos e conhecimentos valiosos. E, em algum momento, a paixão virá e sussurrará no seu ouvido: "Estou pronta."

"Paro de fazer o que quer que eu esteja fazendo de diferente, porque não é trabalho de verdade, e vou escrever alguma coisa."

NEIL GAIMAN
X/IG: @neilhimself
FB: /neilgaiman
neilgaiman.com

NEIL GAIMAN está listado no *Dictionary of Literary Biography* como um dos dez mais importantes escritores pós-modernos. Ele é um criador prolífico de prosa, poesia, filmes, jornalismo, quadrinhos, letras para músicas e teatro. Sua ficção recebeu os prêmios Newbery, Carnegie, Hugo, Nebula, World Fantasy e Eisner. O que me deixou fascinado pela primeira vez pela sua imaginação foram as revistas em quadrinhos da coleção *Sandman* dos anos 1990, à qual se seguiu *Lugar nenhum* e *Deuses americanos*. Outros best-sellers dele incluem *The View from the Cheap Seats: Selected Nonfiction*, *O oceano no fim do caminho*, *O livro do cemitério* (meu audiobook favorito de todos os tempos), *Coraline*, entre outros. O discurso de formatura de Neil, "Make Good Art", é um conteúdo obrigatório para qualquer um que espere ser bem-sucedido em uma área criativa a longo prazo.

Quando se sente sobrecarregado ou desconcentrado, o que faz? Que perguntas faz a si mesmo?

* Dormi o bastante?
* Comi?
* Seria uma boa ideia dar uma rápida caminhada?

Depois de responder a essas perguntas, ou resolvê-las, se houver alguma situação preocupante:

* Posso fazer alguma coisa para resolver isso?
* Existe alguém que tenha informações ou conselhos com quem eu possa conversar?

Se não for algum tipo de situação concreta, mas só o fato de eu estar triste, mal-humorado ou desconcentrado:

* Quanto tempo faz desde que realmente escrevi algo?
* Paro de fazer o que quer que eu esteja fazendo de diferente, porque não é trabalho de verdade, e vou escrever alguma coisa.

Que aquisição de até 100 dólares mais impactou positivamente sua vida nos últimos seis meses (ou nos últimos tempos)?

As compras que fiz e que me deixaram mais felizes foram os livros da coleção Paco, da França [por Magali Le Huche]: *Paco and the Orchestra*, *Paco and Jazz*, *Paco and Rock*, *Paco and Vivaldi*, *Paco and Mozart*... Quando você aperta um ponto indicado nos livros, toca um efeito sonoro ou uma música. Meu filho pequeno, Ash, os adora, e quando nada mais o acalma, ele ouve/lê alegremente um livro de Paco, e a melodia de um curto trecho musical resolve tudo... Isso torna a minha vida boa porque torna a vida dele boa.

Nos últimos cinco anos, que nova crença, novo comportamento ou hábito mais impactou positivamente sua vida?

A descoberta de que é possível ter sessões particulares de ioga, com alguém vindo lhe dar aulas particulares. Assim que o bebê nasceu, a possibilidade de Amanda [Palmer, esposa dele] e eu irmos juntos à aula de ioga diminuiu consideravelmente, e a possibilidade de um curso local de ioga se encaixar no tempo disponível que eu tinha era muito pequena. Só eu sei como me arrependo quando não me curvo e me alongo, e, no final, relaxo.

"Cada dia é uma oportunidade de criar uma obra-prima viva."

MICHAEL GERVAIS
X/IG: @michaelgervais
findingmastery.net

Dr. **MICHAEL GERVAIS** é psicólogo esportivo especializado em alto desempenho e trabalhou diretamente com medalhistas olímpicos, recordistas mundiais e com o time vencedor do Super Bowl, o Seattle Seahawks, ao qual ajudou a integrar meditação e técnicas de atenção plena. Ele também é um dos fundadores de Compete to Create (junto com o técnico Pete Carroll), cuja missão é ajudar as pessoas a alcançarem o máximo do seu potencial. Autor publicado em periódicos e palestrante reconhecido no tema do máximo desempenho humano, Michael já apareceu em mídias do mundo inteiro e é o apresentador do podcast *Finding Mastery*, no qual entrevista profissionais reconhecidos mundialmente e desvenda os mistérios para a maestria.

Que livro (ou livros) você mais deu de presente e por quê? Ou nomeie de um a três livros que mais influenciaram sua vida.

Em busca de sentido, de Viktor E. Frankl. Ele apresenta as lições que aprendeu ao sobreviver à prisão em um campo de concentração nazista, e descreve métodos para descobrir o significado profundo e o propósito da vida.

Tao Te Ching, de Lao Tzu. Suas 81 técnicas zen são a base da religião do taoismo, cujo objetivo é compreender "o caminho das virtudes". A profundidade dos ensinamentos de Lao Tzu requer dedicação para compreendê-los, mas eles fornecem fundamentos para a sabedoria.

Mind Gym, de Gary Mack, é um livro que simplifica a natureza esotérica da psicologia aplicada ao esporte. O autor introduz uma variedade de princípios de treinamento para o estado mental e os torna muito fáceis de entender e praticar.

Que aquisição de até 100 dólares mais impactou positivamente sua vida nos últimos seis meses (ou nos últimos tempos)?

Um livro para o meu filho: *Inch and Miles*, do técnico John Wooden. Nós o lemos juntos com regularidade. A alegria que sinto ao ouvi-lo entender as ideias do técnico Wooden é muito gratificante.

De que forma um fracasso, ou fracasso aparente, acabou te levando ao sucesso? Você tem algum "fracasso pessoal" favorito?

Meu primeiro trabalho como psicólogo esportivo. Fui apresentado ao administrador geral do time por um amigo em comum. Tivemos uma ótima conversa sobre sua visão para o futuro do time, e ele me ofereceu um emprego. Ansioso, e inexperiente, aceitei. O que não compreendi na época é que há muitas outras pessoas envolvidas que influenciam a cultura e o desempenho do time, como o técnico principal (dã). Sem nunca ter me sentado para conversar com o técnico, eu não sabia no que estava me metendo. Mal sabia eu que o técnico não tinha nenhum interesse na psicologia esportiva. Aliás, ele a via como uma possível ameaça ao seu estilo de treinamento.

Nem preciso dizer que a primeira reunião com o técnico foi desafiadora: ele ficou me desafiando. Naquele momento, eu ainda era muito inexperiente, e, sabendo disso, ele preparou com cuidado minha primeira reunião com os atletas.

No dia seguinte, ele deu um treino mais longo, fisicamente intenso e exigente. Logo após o treino, pediu aos atletas para irem ao vestiário e permanecerem com os uniformes. Em seguida, pediu para falar comigo por alguns minutos no escritório, tempo suficiente para os atletas esfriarem e ficarem agitados com as roupas ensopadas de suor. Com um aceno rápido da cabeça, como se o monitor interno de agitação do técnico tivesse se desligado, ele disse: "Certo. O que acha de se apresentar ao time?".

Ele me levou até o vestiário e disse: "Certo, rapazes. Este é Mike Gervais, psicólogo esportivo. Quando vocês não estiverem bem da cabeça, vão falar com ele." Em seguida, o técnico saiu do vestiário.

Adoro essa experiência, porque me fez desenvolver uma compreensão mais profunda das pessoas envolvidas em uma organização antes de tomar uma decisão sobre um compromisso mútuo. "Conheça o lugar antes de ir."

Se você pudesse colocar um outdoor gigante em qualquer lugar exibindo qualquer coisa, o que seria e por quê?

"Cada dia é uma oportunidade de criar uma obra-prima viva."

Temos muito mais controle sobre a vida do que muitos acreditam. Criamos ou cocriamos nossas experiências de vida, e cada dia é uma nova oportunidade de nos envolvermos completamente no momento presente. É nele que vislumbres do nosso potencial são revelados e expressados. Uma obra-prima viva não é desenhada em telas, ou gravada em pedra, ou com caneta e papel. É a busca e a expressão da compreensão e da sabedoria aplicadas.

Qual foi o melhor ou mais valioso investimento que você já fez?

Investir no crescimento dos outros.

Quando fazemos contato visual (às vezes, literalmente, e às vezes, de forma conceitual, enxergando o centro da coisa), nós nos conectamos. Essa conexão pode ser tão intensa que acabamos desperdiçando tempo com distrações e ocupações: o vício moderno de anestesiar o desconforto ao chegar à beira da intensidade emocional. É por meio dos relacionamentos que somos capazes de experimentar o que é verdadeiro, belo e bom. É através deles que a alta performance se expressa e nosso potencial, significado e propósito são revelados.

Que dicas ruins você costuma ouvir na sua profissão ou especialidade?

"Você consegue fazer tudo que se dispuser a fazer." Ah, não, isso não é verdade, e revela a ingenuidade do conselheiro em relação às experiências humanas.

Nos últimos cinco anos, a que você começou a dizer não com mais facilidade?

"Eu adoraria explorar o que você tem dentro dessa cabecinha. Podemos marcar uma teleconferência ou tomar um café?" Não. "Tenho uma ideia que gostaria que você avaliasse, podemos nos encontrar?" Não. "Acho que seria um ótimo convidado para o seu podcast *Finding Mastery*, podemos marcar um telefonema para discutir isso?" Não.

Digo não à água da torneira dos restaurantes.

Digo não à TV a cabo ou por assinatura.

Digo não a telefonemas dentro do meu carro (recebo mais telefonemas quando estou dirigindo).

Digo não a novos projetos e ideias para negócios.

Digo não a entrevistas para a mídia que não tenham um impacto considerável.

Digo não a parcerias (e clientes em potencial) que não estejam alinhadas em visão e apetite pelo trabalho duro, que não trabalhem com paixão e não se ajustem ao desconhecido.

Digo não a alimentos processados.

Quando se sente sobrecarregado ou desconcentrado, o que faz?

Respiro fundo quando o nível de empolgação (ativação interna) alcança um pico.

Ouço música e me movimento (caminho do lado fora) quando o limiar de atenção está fatigado.

Desconecto o e-mail quando fico sobrecarregado com o dilema entre "manter-me em dia" e produzir trabalho de verdade.

"Obstáculos são aquelas coisas assustadoras que você vê quando tira os olhos do objetivo."
- Henry Ford

TEMPLE GRANDIN
IG: @templegrandinschool
FB: /drtemplegrandin
grandin.com

TEMPLE GRANDIN é escritora e palestrante especializada tanto em autismo quanto em comportamento animal. Ela é professora de ciências animais na Universidade do Estado do Colorado e também tem uma carreira bem-sucedida prestando consultoria sobre o bem-estar animal e o design de equipamentos para a criação de gado. Ela foi tema de um especial da BBC, *The Woman Who Thinks Like a Cow*, e sua palestra do TED de 2010, "The World Needs All Kinds of Minds", já alcançou quase 5 milhões de visualizações. Já foram publicados artigos sobre ela na revista *Time*, no *New York Times*, na *Discover*, na *Forbes* e no *USA Today*. A HBO fez um filme sobre sua vida que ganhou o Emmy, estrelado por Claire Danes, e Temple ingressou na Academia de Artes e Ciências dos Estados Unidos em 2016.

De que forma um fracasso, ou fracasso aparente, acabou te levando ao sucesso? Você tem algum "fracasso pessoal" favorito?

Quando iniciei minha carreira projetando instalações para a criação de gado, de forma equivocada, eu acreditava que a engenharia podia oferecer uma solução para todos os problemas. Com o projeto e a engenharia corretos, todos os problemas associados ao deslocamento dos animais podiam ser resolvidos. Um grande fracasso de um dos meus projetos me ensinou que a raiz dos problemas precisa ser investigada. Em 1980, fui contratada para projetar um sistema condutor a fim de mover porcos para o terceiro andar de um velho frigorífico em Cincinnati. Os porcos estavam tendo dificuldade de subir as longas rampas. Com muito entusiasmo, aceitei o trabalho e projetei uma rampa com esteiras. Foi um fracasso total. Os porcos se sentavam e viravam para trás. A observação indicou que a maioria dos porcos que tinha dificuldade para subir a rampa vinha de uma única fazenda. Resolver os problemas dessa fazenda teria sido muito mais fácil e barato do que a grande engenhoca com esteiras que eu havia criado. Uma mudança na genética dos porcos teria resolvido a maior parte dos problemas.

O que aprendi com esse projeto desastroso foi que eu tentara tratar o sintoma de um problema em vez da causa. Daquele ponto em diante na carreira, passei a ter o cuidado de distinguir entre problemas que podem ser resolvidos com novos equipamentos dos problemas que devem ser resolvidos por outros meios. Mais tarde na vida profissional, observei que as pessoas querem mais a novidade mágica do que métodos aprimorados para a solução dos problemas. Os administradores precisam ter o cuidado de determinar as áreas de seus negócios em que uma nova tecnologia é a escolha certa e as outras áreas em que uma abordagem de retorno às origens pode ser mais eficaz.

Quando se sente sobrecarregada ou desconcentrada, o que faz?

Quando eu tinha 20 e poucos anos, alguém escreveu na parede do prédio do departamento de arte da universidade: "Obstáculos são aquelas coisas terríveis que você vê quando tira os olhos do objetivo." Um tempo depois, descobri que é uma citação de Henry Ford, e que o original diz "assustadoras" em vez de "terríveis". Ao longo da carreira, projetei muitos sistemas para a criação de gado para muitas das maiores companhias frigoríficas. Durante esses projetos, trabalhei tanto com os melhores administradores quanto com os piores. Para lidar com isso, desenvolvi o conceito da "lealdade ao projeto". Minha obrigação é fazer um bom trabalho e garantir que o projeto funcione. Um mau administrador é um obstáculo que preciso contornar. O conceito da lealdade ao projeto me ajudou a seguir em frente e a concluir as tarefas com sucesso.

CITAÇÕES QUE ESTÃO NA MINHA CABEÇA

(Tim Ferriss: 31 de março — 21 de abril de 2017)

"O verdadeiro soldado luta não porque odeia o que vê diante de si, mas porque ama o que há atrás de si."

— G. K. CHESTERTON

Filósofo inglês conhecido como o "príncipe do paradoxo"

"Toda felicidade depende de um café da manhã sem pressa."

— JOHN GUNTHER

Jornalista norte-americano, autor de *Death Be Not Proud*

"A aquisição de riquezas tem sido para muitos homens não o fim, mas a mudança dos problemas."

— EPICURO

Filósofo grego da Antiguidade, fundador da escola do Epicurismo

"Para lidar consigo mesmo, use a cabeça; para lidar com os outros, use o coração."

— ELEANOR ROOSEVELT

Primeira-dama que ocupou a posição por mais tempo nos Estados Unidos, diplomata e ativista

"Valorize a própria opinião. Todos têm uma visão única de como as coisas funcionam e operam, e sua visão é tão valiosa quanto a de qualquer um."

KELLY SLATER
IG/FB/X: @kellyslater
kswaveco.com

KELLY SLATER foi chamado de "melhor e mais conhecido surfista do mundo" pela *Businessweek*. Ele foi coroado campeão da Liga Mundial de Surfe em um recorde de onze vezes, entre as quais cinco títulos consecutivos de 1994 a 1998. Foi tanto o mais jovem (com apenas 20 anos) quanto o mais velho (aos 39 anos) a ganhar o título. Kelly também venceu 54 campeonatos mundiais. Sua companhia, a Kelly Slater Wave Company, produz as maiores ondas artificiais de alta performance feitas pelo homem para o treinamento do surfe.

Que livro (ou livros) você mais deu de presente e por quê? Ou nomeie de um a três livros que mais influenciaram sua vida.

The Tao of Health, Sex, and Longevity, de Daniel Reid. É uma fonte imensa de conhecimento, quase como uma bíblia pessoal da saúde, sobre coisas da vida real que você pode colocar em prática para melhorar a saúde física, mental e emocional. O profeta, de Kahlil Gibran, foi um dos primeiros livros "espirituais" que li na adolescência e me deu muitas pílulas com tópicos curtos, mas que vão direto ao ponto. Alguns livros com detalhes demais acabam fazendo com que você os esqueça facilmente. *O profeta* me fez pensar no meu ponto de vista e filtra muitos tópicos em torno dos quais eu provavelmente ainda não havia visto o quadro geral.

De que forma um fracasso, ou fracasso aparente, acabou te levando ao sucesso? Você tem algum "fracasso pessoal" favorito?

Por pouco perdi o título mundial de surfe em 2003 depois de basicamente o ter garantido no mês anterior. A perda na época foi terrível, mas me levou a resolver muitas coisas na cabeça e na vida que estavam me atrapalhando... relacionadas ao amor, à verdade, à família e ao trabalho, o que acabou me ajudando a ganhar mais cinco títulos mundiais.

Que conselho você daria a um universitário inteligente e aplicado prestes a entrar no "mundo real"?

Valorize a própria opinião. Todos têm uma imagem única de como as coisas funcionam e operam, e sua visão é tão valiosa quanto a de qualquer um. Às vezes, é a crença em si mesmo, a abertura em relação aos outros e o modo como se expressa que permitem que ouçam o que você tem a dizer.

Qual foi o melhor ou mais valioso investimento que você já fez?

Investir nos meus amigos é importante. Todo o meu grupo de cerca de cinquenta amigos tem uma casa onde todos crescemos, e decidimos fazer um investimento conjunto para reformar a casa, que precisava de um pouco de cuidado. Nem todos tinham muito para contribuir, e conseguir fazer algo assim pode ser como fazer chover canivete. Um amigo e eu fizemos o maior investimento para tirar o projeto do papel, pois fomos nós que tivemos a ideia. Achei que, quanto mais eu estivesse disposto a compartilhar, mais rápido seria ressarcido pelas outras áreas profissionais. Sem dúvida, conectei a alegria e as recompensas que recebi por ter me libertado para ajudar daquela maneira com os bons acontecimentos que ocorreram comigo pouco depois.

"Descobri que o *meu* melhor absoluto é o melhor resultado possível. Isso é uma 'vitória.'"

KATRÍN TANJA DAVÍÐSDÓTTIR
IG: @katrintanja
FB: /katrindavidsdottir

KATRÍN TANJA DAVÍÐSDÓTTIR é uma atleta islandesa de CrossFit. Ela foi campeã da modalidade feminina do CrossFit Games em 2015 e 2016, o que lhe deu o título de "Mulher Mais Em Forma do Mundo". Katrín é a segunda bicampeã, seguindo os passos da compatriota Anníe Þórisdóttir (página 308).

Que livro (ou livros) você mais deu de presente e por quê? Ou nomeie de um a três livros que mais influenciaram sua vida.

Wooden: A Lifetime of Observations and Reflections On and Off the Court, de John Wooden, é um dos meus favoritos. Meu avô era jogador de basquete na época, e ele me deu esse livro alguns anos atrás. A abordagem de Wooden ao treinamento casa muito bem comigo e com meu técnico, Ben Bergeron. Ao ler o livro, me surpreendia a todo tempo balançando a cabeça em concordância. Suas filosofias não se aplicam somente à academia e à competição, mas à vida em geral. Sempre achei que os esportes são uma visão microscópica da vida. Os mesmos princípios e lições se aplicam, mas ficam mais claros nos esportes. Minha parte favorita do livro, contudo, provavelmente é o prefácio de um dos ex-jogadores de Wooden, Bill Walsh. O modo como ele fala sobre o relacionamento deles e sobre o que ele aprendeu com o técnico é muito bonito e ainda me toca.

O outro livro é *The Champion's Mind: How Champions Think, Train, and Thrive*, de Jim Afremow. Foi o primeiro livro de psicologia esportiva que li e veio no momento certo para mim. Foi no verão de 2014, logo depois de eu não ter conseguido me classificar para o 14º [CrossFit] Games. Naquela época, eu poderia muito bem ter adotado o estado de espírito de "Este não é meu lugar, não sou boa o bastante, fracassei...", mas o livro me deu uma perspectiva melhor. Não foi um fracasso.

Eu só falhei em um determinado evento. Passado. O que eu poderia fazer naquele exato momento para me tornar melhor? Ele me fez me concentrar no *meu* melhor absoluto em qualquer situação, sem a pressão de me comparar constantemente aos outros. Na mesma época em que eu estava lendo esse livro, comecei a trabalhar com o meu técnico, Ben, e ele foca muito nas mesmas coisas. Ele conversava comigo antes do treino, depois dos exercícios, às vezes durante, e tudo começou a se encaixar. A nova mentalidade me permitiu me apaixonar de verdade pelo processo.

Você tem algum exercício favorito (ou importante) que a maioria dos atletas do CrossFit ou de outras modalidades negligencia?

Com certeza, a mente. É muito fácil nos atermos ao físico, conseguir um tempo melhor de corrida ou um número maior de agachamentos, propulsores ou puxadas altas melhores... mas, no nível elite, em que todo mundo está em boa forma e é forte, o diferencial é a mente.

Se você estiver perguntando sobre exercícios, eu diria que é a "forma" básica. É fazer exercícios anaeróbicos pelos períodos mais longos possíveis — é difícil. Mas é aí que a mágica acontece. Não é questão de partir com tudo para cima de um exercício nem de usar o "ritmo da fala". É se aproximar do limite em que você fica prestes a cair, mas *consegue* aguentar. Assim que sua forma geral estiver melhor, a recuperação será melhor entre levantamentos e entre eventos; isso afeta muitas outras coisas.

De que forma um fracasso, ou fracasso aparente, acabou te levando ao sucesso? Você tem algum "fracasso pessoal" favorito?

Quando comecei a praticar CrossFit, me tornei "boa" logo no início. Não ótima, e não uma das melhores, mas boa o bastante para ser qualificada para o CrossFit Games. Participei do Games tanto em 2012 quanto em 2013, e fiquei muito feliz por ser atleta do CrossFit Games, e quase me defini apenas como isso. Eu era estudante em tempo integral e técnica ao mesmo tempo em que estava treinando para o Games. Sempre trabalhei duro, mas, olhando para o meu treinamento na época, era uma abordagem mais gradual. Trabalhar só para concluir uma tarefa.

Na época, eu não tinha certeza sobre o que queria fazer na universidade e não amava o trabalho como técnica. As duas coisas eram o que eu achava que *devia* estar fazendo. O CrossFit Games era a única coisa que eu realmente *queria* fazer, mas não consegui me classificar em 2014. Pareceu o maior fracasso da minha vida. Foi devastador, mas acabou sendo a melhor coisa que já aconteceu comigo.

Não ter conseguido naquele ano me mostrou o quanto eu queria estar lá... e quão duro eu estava disposta a trabalhar por isso. Tirei férias no verão, comecei a ler sobre psicologia esportiva e, quando fiquei pronta para voltar, fiquei *pronta* mesmo. Pedi a Ben para ser meu técnico em tempo integral e mais tarde tomei a decisão de trancar a faculdade, parar de trabalhar como técnica e me mudar da Islândia para Boston a fim de poder investir tudo no CrossFit com o técnico. Eu *amei*. Isso aconteceu no início de 2015. Acabamos vencendo o CrossFit Games de 2015, em julho.

O fato de não ter conseguido me classificar para o CrossFit Games de 2014 foi a melhor coisa que poderia ter me acontecido e um evento que alterou a minha vida.

Qual foi o melhor ou mais valioso investimento que você já fez?

Minha passagem de avião da Islândia para Boston no início de 2015 para trabalhar com Ben em um campo de treinamento na CFNE. Era quase todo o dinheiro que eu tinha na época, mas queria muito trabalhar com Ben e seus atletas. Ele não me treinava ainda, mas ir para aquele campo de treinamento acabou por levá-lo a se tornar meu técnico em tempo integral e também me deu algumas das minhas relações mais íntimas.

Quando se sente sobrecarregada ou desconcentrada, o que faz?

Às vezes, as coisas não são fáceis, ou divertidas, e às vezes ficam difíceis. Digo a mim mesma que esses são os momentos que realmente importam! Qualquer um pode ir à academia e se exercitar muito quando quer. Mas quem faz isso mesmo quando não está com vontade? Mesmo quando está cansado?

Nessas situações, meu "motivo" me ajuda. Meu "motivo" é minha avó e sua luz. Ela foi meu maior apoio e minha melhor amiga. Quando me mudei da Islândia para Boston para treinar em tempo integral, dissemos uma à outra que continuaríamos juntas. Ela faleceu em abril de 2015, e ainda sinto e sei que sempre estaremos juntas. Quando as coisas ficam difíceis, sei que ela está bem ali comigo.

Nos últimos cinco anos, que nova crença, novo comportamento ou hábito mais impactou positivamente sua vida?

A crença de que o meu melhor é o suficiente. É muito fácil sermos levados a pensar que para "vencer" uma competição, um dia de treinamento, seja qual for a tarefa, precisamos fazer algo extraordinário.

Descobri que o *meu* melhor absoluto é o melhor resultado possível. Isso é uma "vitória". Fazer o seu melhor pode soar fácil, mas não é nem um pouco. Requer tudo que você tem... e nada menos do que isso. A beleza disso é que está completamente sob o seu controle. Você sempre pode fazer o maior esforço possível, apesar do estado físico ou das circunstâncias. Isso, para mim, é sempre uma vitória.

> "Se você quiser melhorar no esporte, precisa trabalhar nos *seus* pontos fracos específicos, e não nos de alguém bem-sucedido."

MATHEW FRASER
IG: @mathewfras

MATHEW FRASER ficou em primeiro lugar no Reebok CrossFit Games de 2016 e 2017, o que lhe rendeu o título de "Homem Mais Em Forma do Mundo". Ele ganhou o prêmio de "Calouro do Ano" no seu primeiro CrossFit Games em 2014 e ficou em segundo lugar em 2014 e 2015. Ele é atleta de CrossFit desde 2012, depois de encerrar a carreira no halterofilismo durante a qual chegou a ser considerado para os Jogos Olímpicos.

Que aquisição de até 100 dólares mais impactou positivamente sua vida nos últimos seis meses (ou nos últimos tempos)?

Sem dúvida, eu diria que foi a minha luminária despertador [Philips Wake-Up Light]. É um despertador que o acorda com luz em vez de som. Com essa mudança, você se sente como se estivesse acordando de forma natural, e não fica grogue.

De que forma um fracasso, ou fracasso aparente, acabou te levando ao sucesso? Você tem algum "fracasso pessoal" favorito?

Meu maior fracasso tornou-se uma das coisas pelas quais sou mais conhecido: ficar em segundo lugar no CrossFit Games dois anos seguidos. No primeiro ano, eu ainda era calouro e não tinha nenhuma expectativa, então, ficar em segundo me pareceu uma vitória. No ano seguinte, o dono do título havia se aposentado e eu relaxei, imaginando que a vitória estava garantida. Fiquei em segundo outra vez, e foi uma perda devastadora. Por causa desse fracasso, no ano seguinte passei a me esforçar como nunca na vida, e os resultados me levaram à maior margem de vitória já alcançada no CrossFit Games de 2016. Eu não gostaria de mudar a temporada de 2015, pois foi uma lição sobre a qual refletirei pelo resto da vida.

Nos últimos cinco anos, que nova crença, novo comportamento ou hábito mais impactou positivamente sua vida?

Percebi que valorizo mais os resultados de um processo quando realmente me esforço, e, o mais importante, quando tenho orgulho de mim mesmo.

[Por exemplo], quando estou com dificuldades para concluir algumas remadas durante o treinamento, quando minha cadeia muscular posterior queima cada vez que puxo, quando consigo sentir as bolhas se formando nos dedos, e quando a cabeça está formigando porque meu corpo está tentando me dizer para parar, digo a mim mesmo entre uma puxada e outra: "Continue. Você vai ficar tão orgulhoso de si mesmo se continuar." Quando termino um exercício assim, passo o resto do dia extremamente feliz por saber que fiz tudo que pude para me sair melhor.

Que dicas ruins você costuma ouvir na sua profissão ou especialidade?

Ouço sempre: "Se você quiser ser o melhor, precisa fazer o que os melhores fazem." No CrossFit, isso não é nem um pouco verdade. Vejo muitas pessoas imitando o treinamento de alguns dos competidores de mais alto nível. Se você quiser melhorar no esporte, precisa trabalhar nos *seus* pontos fracos específicos, e não nos de alguém bem-sucedido.

Quando se sente sobrecarregado ou desconcentrado, o que faz?

Sempre que me sinto sobrecarregado, faço listas. Pode parecer simples e bobo, mas funciona para mim, e hoje sempre tenho um caderno de anotações à mão. Acho que fico sobrecarregado quando penso em algo que envolve etapas, partes ou variáveis demais para manter na cabeça. Então, qual é a solução? Escrever. Às vezes, é começar pela solução desejada e pensar no sentido inverso, em pequenos passos em como posso chegar lá. Outras vezes, é apenas fazer listas de tarefas para organizar o dia.

Em geral, faço uma lista todas as manhãs enquanto estou tomando café. Tenho o hábito terrível de esquecer coisas pequenas ao longo do dia, então gosto de colocá-las no papel antes de o dia começar e eu me distrair. A lista me ajuda a permanecer calmo e produtivo ao longo do dia.

A lista mais incomum que já fiz foi depois do CrossFit Games de 2015. Foi uma competição terrível para mim, e acabei perdendo por 36 pontos de 1.200 possíveis.

Ao longo dos treze eventos, me saí fantasticamente bem em alguns, mas terminei quase em último lugar em outros. Ao final da competição, analisei meus resultados nos eventos e fiz uma lista de como melhorá-los no ano seguinte.

Um evento em que me saí mal foi o "soccer chipper". Esse evento envolvia rolar o "porco" (basicamente, uma geladeira de 270 quilos) em um campo de futebol doze vezes e depois concluir uma escalada de corda sem perna em uma corda de 6 metros. Dizer que o meu "soccer chipper" foi ruim é eufemismo. Portanto, eu precisava descobrir *por quê*. Havia sido por causa do peso? Eu não conhecia a técnica apropriada? Meu corpo não estava preparado para os estímulos? Depois que descobri o problema, precisei descobrir como solucioná-lo. Isso envolveu a engenharia reversa do resultado desejado (a minha proficiência no movimento) até a posição em que eu me encontrava (de ser péssimo no movimento). Estabeleci alguns objetivos mínimos para mim entre esses dois pontos, coloquei no papel e comecei a trabalhar para alcançá-los, um de cada vez. Isso me permitiu só olhar para o próximo objetivo pequeno e aparentemente fácil em vez de focar no objetivo grande, final, assustador, e que parecia impossível de ser alcançado.

"Ignore o conceito de 'seja você mesmo'. É claro que isso é verdadeiro por definição, mas é uma maneira de evitar o autoaperfeiçoamento."

ADAM FISHER

ADAM FISHER é presidente de macro e bens imobiliários na Soros Fund Management desde setembro de 2017, e, antes disso, foi um dos fundadores da CommonWealth Opportunity Capital, um fundo de cobertura global com ativos gerenciados de aproximadamente 2,2 bilhões de dólares. Adam criou a CommonWealth em 2008 e trabalhou como seu diretor de investimentos, usando sua vasta experiência para investir no gerenciamento de companhias públicas e privadas do mundo inteiro. Antes da CommonWealth, ele foi um dos fundadores do Orient Poverty Group, em 2006, concentrando-se em investimentos na região Ásia-Pacífico.

Que livro (ou livros) você mais deu de presente e por quê? Ou nomeie de um a três livros que mais influenciaram sua vida.

Super-humanos, de Steven Kotler. Além de ser inspirador, esse livro é fácil de ler, mas foi a primeira vez que a conexão entre fisiologia e desempenho se tornou tangível para mim. Ele abriu meus olhos para a necessidade de sintetizar como me sinto de verdade em relação ao meu desempenho e para a importância do treinamento para replicar a melhor fisiologia possível.

Para mim, o treinamento ideal no que diz respeito à fisiologia é manter a rotina. Isso inclui uma ótima noite de sono, treinamento de variabilidade da frequência cardíaca (VFC), meditação e uma série de sessões de trabalho profundo por dia, além de um pouco de exercício. Quando consigo encaixar tudo isso no dia, tenho um ótimo fluxo.

Que conselho você daria a um universitário inteligente e aplicado prestes a entrar no "mundo real"? E que conselho ele deveria ignorar?

Seja humilde e contido. Ignore o conceito de "seja você mesmo". É claro que isso é verdadeiro por definição, mas é uma maneira de evitar o autoaperfeiçoamento. Basta se dedicar à sua paixão.

De que forma um fracasso, ou fracasso aparente, acabou te levando ao sucesso? Você tem algum "fracasso pessoal" favorito?

Eu trabalhava com investimento em imóveis antes de começar a operar com macro. Sempre amei, mesmo quando investia em imóveis, pensar com uma abordagem top down, e, quando faço isso bem, tenho tido até agora as minhas melhores ideias.

A abordagem "top-down" (pensamento em macro) significa considerar as questões do quadro geral antes de pensar nas pequenas questões ao tomar decisões, e essas questões [do quadro geral] dominam as minhas preferências. Isso *não* significa que ignoro as pequenas questões, que são necessárias, mas *não* dominantes. Por exemplo, invisto em imóveis onde pessoas inteligentes querem morar. Embora eu pudesse ganhar dinheiro em outras regiões do país, a longo prazo, essa regra seria consideravelmente lucrativa. Há outros fatores, é claro, mas esse é um requisito.

O empreendimento em imóveis no final das contas teve alguns fracassos, e muitos resultaram do fato de eu não conseguir convencer toda a minha equipe a apostar nessa forma de pensar. Para mim, a crise financeira global (ou o risco dela) parecia muito óbvia, mas, para a equipe, não era tanto assim. As decisões teriam sido tomadas de forma diferente se tivéssemos trabalhado com essa realidade.

Na minha vida atual, certifiquei-me de que a plataforma e as pessoas que estão nela se sentissem confortáveis com essa filosofia. Se eu não tivesse passado por essa dificuldade anterior, não teria compreendido a importância de ter na equipe pessoas com filosofias de investimento parecidas com as minhas.

Nos últimos cinco anos, que nova crença, novo comportamento ou hábito mais impactou positivamente sua vida?

Sem dúvida, a meditação. É impossível listar todos os benefícios, mas são uma verdadeira legião. Por não ter começado a meditar antes, quase sinto que meu cérebro estava sentado no sofá. Pratico meditação de manhã depois do treinamento de VFC. Uso o mesmo espaço tranquilo na minha casa todos os dias da semana. Pratico por pelo menos dez minutos e faço meditação de ponto único.

Qual foi o melhor ou mais valioso investimento que você já fez?

O melhor investimento que fiz no último ano foi com um coach de performance. Sempre acreditei no conceito do coaching, mas demorei para aceitá-lo como parte da minha vida, seja lá por qual razão.

Acredito muito que os profissionais de nível mundial precisam de coaching. Mentores funcionam melhor nesse papel para muitos, mas os coaches, na minha opinião, são diferentes.

[Coaches] concentram-se primeiro em você. Os mentores se concentram primeiro em si mesmos e em segundo lugar em você. Por último, um bom coach desenvolve rotinas cujo objetivo é torná-lo melhor, [ao contrário de simplesmente] oferecer conselhos, como um mentor faria.

Que dicas ruins você costuma ouvir na sua profissão ou especialidade?

"Encontre uma especialidade". É tão estranho quando ouço isso. Só aprenda a aprender. Em seguida, é sempre possível descobrir a próxima coisa que você precisa saber.

Nos últimos cinco anos, a que você começou a dizer não com mais facilidade? Que novas descobertas e/ou abordagens ajudaram?

Para mim, foi a arquitetura do calendário. Sigo-a fielmente e espero que todos que convivem comigo a respeitem e me ajudem com ela. "Arquitetura de calendário" significa traçar e aplicar uma agenda que deve ser respeitada todos os dias. Por ser introvertido, preciso de muito tempo de solidão, e todos ao meu redor respeitam isso. Também tem o objetivo de evitar que o dia fique cheio de coisas inúteis.

Quando se sente sobrecarregado ou desconcentrado, o que faz?

Treinamento de VFC. Dez boas respirações me fazem voltar a mim. Dez boas respirações Buda me dão uma mente tranquila (sem falar).

"Você não consegue fazer nada grandioso sem desafiar agressivamente os próprios limites."

AISHA TYLER
X/FB: @aishatyler
courageandstone.com

AISHA TYLER é atriz, comediante, diretora, escritora e ativista. Ela é mais conhecida como apresentadora do programa diurno vencedor do Emmy *The Talk*, como a voz de Lana Kane na popular série *Archer*, por interpretar a dra. Tara Lewis em *Criminal Minds* e pelas participações recorrentes em *CSI: Crime Scene Investigation*, *Talk Soup* e *Friends*. Aisha também apresenta o programa de comédia *Whose Line Is It Anyway?* e é a autora de *Self-Inflicted Wounds: Heartwarming Tales of Epic Humiliation.*

Se você pudesse colocar um outdoor gigante em qualquer lugar exibindo qualquer coisa, o que seria e por quê? Existe alguma citação em que você pense com frequência ou que sirva de guia para sua vida?

Amo aquela citação de Jack Canfield: "Tudo que você quer está do outro lado do medo." Quando algo me apavora, em geral é nessa direção que corro, o que tem me feito muito bem, tanto no campo profissional, quanto no pessoal. Todos temos medo, e às vezes preciso me lembrar de conservar a coragem quando já dei passos o bastante em direção a um objetivo e não posso voltar atrás e sinto que o chão se abriu sob mim.

Tento viver em um espaço de coragem em todos os aspectos da vida: criativo, profissional, familiar e nas amizades. Ser corajoso significa estar presente e disposto a se doar, não importa qual seja o resultado. Com frequência escrevo "tenha coragem" nos livros que autografo para os fãs — é um aviso tanto para eles quanto para mim mesma. Manter a coragem tem me ajudado a continuar avançando em direção aos meus objetivos mesmo passando por crises paralisantes de confiança.

De que forma um fracasso, ou fracasso aparente, acabou te levando ao sucesso? Você tem algum "fracasso pessoal" favorito?

Meu primeiro curta-metragem foi um verdadeiro desastre. Aconteceu anos atrás. Eu ainda não havia passado muito tempo em um set com uma câmera e, embora minha ambição fosse grande, a experiência era muito pequena. Pedi ajuda a muitos amigos, tanto na frente quanto por trás das câmeras e, ainda que eu tivesse entusiasmo, não fazia ideia de como operar um set. O resultado foi uma mistura aleatória de imagens que não se encaixaram direito em uma narrativa coerente, e nunca consegui concluir o filme. Entretanto, não me deixei abalar. O que percebi foi que precisava aprender mais — sobre escrita, produção, preparação, planejamento, tudo. Passei a década seguinte visitando todos os sets que conseguia, acompanhando o trabalho de todos os diretores que conhecia e de muitos que não conhecia, para aprender sobre a profissão pela qual era tão apaixonada. E todos os curtas que fiz desde então têm sido experiências extraordinárias. Vários deles foram premiados, e todos culminaram no meu primeiro longa, que ganhou vários prêmios. Meu primeiro longa foi a experiência mais empolgante e gratificante da minha carreira até então e iluminou o caminho para a fase seguinte da minha vida criativa.

Não existem escolhas criativas radicais que não possuam em si o risco inerente de um fracasso igualmente radical. Você não consegue fazer nada grandioso sem desafiar agressivamente os próprios limites e os limites das suas ideias. Tantas coisas que já fiz não funcionaram, mas me levaram a aprender o que funcionava, o que eu não deveria repetir, e o que fazer melhor. Muitas vezes, pensei: "Se isso não funcionar, vou ficar arrasada." Mas de vez em quando as coisas não funcionavam, e eu me levantava no dia seguinte e continuava criando. Não existe nada mais poderoso do que o fracasso para revelar para si mesmo do que você é capaz de fato. Evitar o risco do fracasso significa evitar transcender os saltos criativos. Você não pode ter uma coisa sem a outra.

Qual foi o melhor ou mais valioso investimento que você já fez?

Meu remo seco Concept II. Comprei em 2001, e ele continua funcionando como novo. É difícil ter tempo para ir a uma academia ou marcar sessões com um personal trainer, mas agora posso remar a qualquer momento, dia ou noite. É um exercício de baixo impacto para o corpo inteiro, e os resultados são incríveis.

Meus exercícios com remo variam. Fui corredora profissional por muitos anos, então meus planos de exercícios simulam a agenda semanal típica de um corredor: 5 quilômetros alternados por 2 quilômetros de treino intervalado de alta intensidade, com 10 quilômetros uma ou duas vezes por semana. Além disso, consigo assistir aos programas que eu quiser enquanto remo, o único tempo que tenho para isso.

Acabei de remar vendo a última temporada de *Homeland* e acompanho *The Walking Dead*, *Fear the Walking Dead*, *Game of Thrones*, *O conto da Aia* e *House of Cards*. Curiosamente, apesar da carreira na comédia, praticamente só assisto dramas. É difícil gargalhar enquanto tento manter um ritmo de 500 metros em 1:55.

Há algum hábito incomum ou algo absurdo que você ame?

Adoro organização, mas não chamaria isso de hábito. É mais uma compulsão. Por exemplo, chego em casa de uma longa viagem no exterior e vou limpar a geladeira. Nem sempre é a melhor forma de usar o tempo, sobretudo quando chego tarde em casa e tenho um compromisso na manhã do dia seguinte, mas me acalma bastante. Não há nada melhor do que um espaço perfeitamente organizado. Isso me dá uma dose de alegria irracional, o que mais do que compensa o tempo investido virando todos os rótulos na geladeira para a frente.

Nos últimos cinco anos, que nova crença, novo comportamento ou hábito mais impactou positivamente sua vida?

Cortar o açúcar. É muito hollywoodiano, eu sei, mas tive um sério vício em açúcar por muitos anos e isso afetava tudo, da qualidade do sono à minha eficácia ao longo do dia. Eu era como uma viciada em drogas. Precisava ingerir açúcar em determinados momentos do dia só para funcionar. Quando cortei o açúcar da alimentação, minha glicemia estabilizou, meus níveis de energia foram normalizados, comecei a me exercitar melhor, a precisão mental melhorou. De modo literal, tudo melhorou quando parei de consumir açúcar. É provável que tenha sido o ajuste mais difícil que já fiz na alimentação, mas hoje percebo que valeu muito a pena. Agora, quando como açúcar, fico fisicamente doente, o que facilita rejeitá-lo ao final de uma refeição.

Eu gostaria de ter um "truque" para cortar o açúcar. Foi um processo longo e lento que começou há pelo menos quinze anos. Quando eu tinha mais ou menos 20 anos, ingeria 500 gramas de frozen yogurt toda noite depois do jantar (às vezes mais). Não conseguia evitar — quando eu começava a comer doces, não conseguia parar até acabar ou passar mal. Obviamente, não parei de uma vez só. Comecei a eliminar coisas da alimentação: primeiro, substituindo o frozen yogurt por chocolate amargo, depois reduzindo esse consumo. Substituindo o açúcar à tarde por café gelado, depois eliminando o adoçante do café até passar a bebê-lo puro. Parei de usar substitutos para o açúcar porque eles despertavam a minha vontade de consumir açúcar. Uma estratégia que me ajudou muito foi aumentar a quantidade de proteína na alimentação, o que estabilizou a glicemia ao longo do dia. Outra foi recorrer a iogurte grego ou batata-doce assada quando estava morrendo de vontade de comer algo doce. Hoje, me concentro em refeições com muita proteína e gordura saudável, o que evita a vontade de ingerir açúcar. Mas ainda como um pouco de chocolate amargo quando não consigo me controlar. Afinal de contas, não sou um robô.

Nos últimos cinco anos, a que você começou a dizer não com mais facilidade?

A quase tudo. Nos últimos anos, tentei adotar a abordagem de dizer não a tudo que não me alimente de forma pessoal ou criativa. É uma coisa muito difícil de fazer, já que sou alguém que em geral quer ajudar os outros, e na minha área há sempre um evento de arrecadação de fundos ou uma causa para apoiar. Mas, com o tempo, esses compromissos acabam devorando o meu tempo criativo e me impedem de alcançar meus objetivos. Estou melhorando, mas é claro que ainda não cheguei à perfeição do ato de dizer não. Estou sempre pedindo às pessoas que convivem comigo para me ajudarem a ser um pouco mais fria, mas é óbvio que a minha determinação cai por terra no último minuto. Assim, aplico o método Marie Kondo: "Descarte [diga não a] tudo que não desperte alegria." Isso inclui obrigações pessoais. Estou me esforçando.

Quando se sente sobrecarregada ou desconcentrada, o que faz?

Paro tudo e dou uma longa caminhada sozinha. Longas caminhadas contemplativas, onde tenho um bom tempo para sonhar acordada e pensar — sem oportunidade de sair correndo para a mesa e me desesperar com as menores obrigações do trabalho — permitem o surgimento espontâneo de soluções na minha mente. Não é uma ideia particularmente radical, mas sempre funciona para mim. Preciso levar um dispositivo nas caminhadas para fazer anotações, porque as ideias vêm tão rápido que em geral as esqueço se não anotar. E a solidão é sempre bastante revigorante. É incrível como temos pouco tempo para ficarmos sozinhos durante o dia. Essa solidão é um luxo.

CITAÇÕES QUE ESTÃO NA MINHA CABEÇA

(Tim Ferriss: 28 de abril — 12 de maio de 2017)

"Estratégia sem tática é a rota mais lenta para a vitória. Tática sem estratégia é o ruído antes da derrota."

— SUN TZU

Estrategista militar chinês e autor de *A arte da guerra*

"Deixe o primeiro impulso passar. Espere o segundo."

— BALTASAR GRACIÁN

Jesuíta espanhol e escritor de prosa barroco admirado por Nietzsche

"O vazio é o jejum da mente."

— ZHUANG ZHOU

Filósofo chinês do século IV e autor de *Zhuangzi*, um dos textos fundamentais do taoismo

"Não desperdice tempo procurando uma resposta certa ou um caminho certo, e sim definindo como vai encarar qualquer caminho que escolher."

LAURA R. WALKER
X: @lwalker
wnyc.org

LAURA R. WALKER é presidente e CEO do New York Public Radio, o maior grupo de estações públicas de rádio dos Estados Unidos. Sob sua liderança, o New York Public Radio alcançou um aumento de 1 milhão para 26 milhões de ouvintes na audiência mensal, levantou mais de 100 milhões de dólares em investimentos a longo prazo e foi descrito por Ken Doctor, do *Nieman Lab*, como um "tsunami de inovação". Laura recebeu o Edward R. Murrow Award da Corporation for Public Broadcasting, o prêmio mais prestigiado da indústria. Foi eleita uma das "Mulheres Mais Poderosas" da cidade de Nova York pelo *Crain's New York Business*, foi escolhida pelo mesmo *Crain's New York Business* para o artigo especial da lista das "100 Mulheres Mais Influentes nos Negócios na Cidade de Nova York" e incluída entre as "Mulheres de Poder" da revista *Moves*. Ela tem MBA pela Yale School of Management e bacharelado de história pela Universidade Wesleyan, onde foi uma Olin Scholar — estudante a quem foi concedida uma Olin Fellowship, em reconhecimento a suas conquistas, como forma de apoio à pesquisa independente.

Que livro (ou livros) você mais deu de presente e por quê? Ou nomeie de um a três livros que mais influenciaram sua vida.

Quando dou um livro, sempre tento encontrar algo que amei, e, o mais importante, que seja algo de acordo com os sonhos, os desejos ou os desafios que a pessoa esteja enfrentando. Para amigos que lutaram ou que estejam lutando contra o câncer, costumo dar *O imperador de todos os males: Uma biografia do câncer*, de Siddhartha Mukherjee, porque esse livro muito bem escrito combina ciência e história com extrema elegância e me ajudou a compreender o câncer — a história, as causas e os tratamentos inovadores — quando meu filho teve a doença.

Para quem começou a cozinhar agora, dou *Tudo e mais um pouco*, de Mark Bittman, porque ele contém exatamente o que promete!

Para geeks da cidade de Nova York — e conheço muitos —, dou *Nonstop Metropolis*, de Rebecca Solnit.

Um excelente romance que já li três vezes, *Anna Karenina*, de Leon Tolstói.

Para mulheres jovens, dou *O segundo sexo*, de Simone de Beauvoir, que li quando estava estudando em Paris. "Não se nasce mulher, torna-se."

E para quem tem dificuldades de ser produtivo e assumir o controle da vida, *Trabalhe 4 horas por semana*, é claro!

Que aquisição de até 100 dólares mais impactou positivamente sua vida nos últimos seis meses (ou nos últimos tempos)?

Sou um pouco obcecada por canetas. Há pouco tempo, descobri uma caneta que pode ser apagada — a FriXion, da Pilot. A escrita é suave, e a possibilidade de apagar me dá uma sensação de poder e prazer. Muitas vezes uso a caneta com um caderno "inteligente" (como o Rocketbook Everlast), que pode ser reutilizado.

Nos últimos cinco anos, a que você começou a dizer não com mais facilidade?

Desde que meu filho teve câncer muitos anos atrás, quando abandonei todas as obrigações com exceção de estar com ele e meu trabalho, passei a dizer não com mais facilidade a convites, sobretudo os que não envolvem familiares.

Quando se sente sobrecarregada ou desconcentrada, o que faz?

Em uma situação difícil, tento lembrar que o estresse pode me tornar mais forte — *se* eu acreditar nisso. Respiro fundo e visualizo, concentrando a sensação de estresse e de estar sobrecarregada para torná-la um combustível para uma ação positiva de amor. O que me inspirou a fazer isso foi uma pesquisa de Kelly McGonigal, de Stanford.

Que conselho você daria a um universitário inteligente e aplicado prestes a entrar no "mundo real"?

Saia da zona de conforto assim que se formar. Pergunte-se o que desperta de fato a sua curiosidade e explore isso. Abrace a ambiguidade e as contradições que a vida invariavelmente trará e desenvolva hábitos — fazer exercícios, conversar com os amigos, escrever — que o ajudem nisso. Não desperdice tempo procurando uma resposta certa ou um caminho certo, e sim definindo como vai encarar qualquer caminho que escolher. Quais são os valores que mais o definem? Quais questões você quer explorar?

"A vida não foi feita para nos dar sucesso ou satisfação, e sim para nos apresentar desafios que nos proporcionam crescimento."

TERRY LAUGHLIN
X: @TISWIM
FB: Total Immersion Swimming
totalimmersion.net

TERRY LAUGHLIN é criador do Total Immersion, um método de natação cujo foco é ensinar os alunos a nadarem de forma altamente eficiente. Entre 1973 e 1988, Terry treinou três equipes de natação universitárias e os times de dois clubes do USA Swimming, gerando melhoras drásticas em cada equipe e desenvolvendo 24 campeões norte-americanos. Em 1989, Terry fundou o Total Immersion e mudou o foco do seu trabalho de jovens nadadores bem-sucedidos para adultos com pouca experiência ou habilidade. Ele é o autor de *Total Immersion: The Revolutionary Way to Swim Better, Faster, and Easier,* cuja leitura recomendo depois de assistir aos vídeos intitulados *Freestyle: Made Easy.* Fui apresentado a Terry e ao Total Immersion pelo investidor multimilionário Chris Sacca, o que me permitiu aprender a nadar sozinho depois dos 30 anos. Em menos de dez dias treinando só, fui de um máximo de duas voltas (em uma piscina de 23 metros) para mais de quarenta voltas por sessão de exercícios em grupos de duas e quatro. Fiquei extasiado e hoje nado por diversão. Mudou a minha vida.

Que livro (ou livros) você mais deu de presente e por quê? Ou nomeie de um a três livros que mais influenciaram sua vida.

Maestria, de George Leonard. Li esse livro pela primeira vez vinte anos atrás, depois de ter lido o artigo de Leonard publicado na *Esquire*, a semente que deu origem ao livro. Leonard escreveu-o para compartilhar lições adquiridas ao se tornar mestre e professor de aikido, apesar de ter começado a praticar apenas aos 47 anos.

Li suas 170 páginas em pouquíssimo tempo em um estado de empolgação quase febril, tão forte foi a confirmação que obtive dele para o nosso método de natação. O livro me ajudou a usar a natação como um veículo ideal para ensinar os hábitos e comportamentos de domínio profundamente relacionados às instruções para as técnicas físicas da natação. Amo esse livro, porque ele é o melhor guia que já encontrei para uma vida bem vivida.

Um breve resumo: A vida não foi feita para nos dar sucesso ou satisfação, e sim para nos apresentar desafios que nos proporcionam crescimento. A maestria é o misterioso processo pelo qual esses desafios tornam-se gradualmente mais fáceis e satisfatórios com a prática. A chave para a satisfação é alcançar o nirvana em que o amor pela prática por si só (intrínseco) substitui o objetivo original (extrínseco) como nosso graal. A antítese da maestria é a busca por soluções rápidas.

Meus cinco passos para a maestria:

1. Escolha um desafio que valha a pena e que seja importante para você.

2. Procure um sensei ou um mestre (como George Leonard) para ajudá-lo a identificar o caminho certo e as prioridades.

3. Pratique diligentemente, sempre se esforçando para aperfeiçoar as principais habilidades e progredir de modo gradual na direção de novos níveis de competência.

4. Ame a estagnação. Todo progresso válido ocorre com breves saltos empolgantes seguidos por longos períodos durante os quais você acha que não está indo a lugar nenhum. Embora pareça que não estamos progredindo, estamos transformando novos comportamentos em hábitos. A aprendizagem continua no nível celular... se você seguir bons princípios práticos.

5. A maestria é uma jornada, não um destino. Os verdadeiros mestres nunca acreditam que alcançaram a maestria. Há sempre mais a ser aprendido e habilidades melhores a serem adquiridas.

De que forma um fracasso, ou fracasso aparente, acabou te levando ao sucesso? Você tem algum "fracasso pessoal" favorito?

Iniciei a carreira como treinador em 1972 e tive um sucesso imediato e ininterrupto. Entre 1975 e 1983, treinei 24 campeões de clubes de nível nacional e de universidades e transformei consideravelmente todos os times que treinei, do desempenho mediano à alta performance. Entretanto, em 1983, sofri um revés desencorajador depois de perder o cargo de treinador em uma luta pelo poder com uma diretoria, sobre a qual os pais tinham um controle significativo, logo depois de o meu time ter vencido um campeonato nacional de juniores.

A decepção de ter um time promissor tirado de mim depois de ter passado cinco anos investindo no desenvolvimento dele me colocou em um estado que na época eu não reconhecia: passei pelos estágios do luto. Nos quatro anos que se seguiram, passei por três cargos como técnico principal, experimentando sucesso a cada ano, mas em nenhum momento me senti feliz ou satisfeito.

Em 1987, enfim reconheci que o luto não resolvido estava me impedindo de ficar feliz com o trabalho e que só um intervalo na carreira de técnico poderia resolver isso. Além disso, eu não tinha nada no banco depois de dezesseis anos trabalhando e teria que pagar a faculdade de três filhas em apenas cinco anos.

Com relutância, deixei a carreira de técnico — sem saber se retornaria — para ver, em outra área, onde a minha inteligência e minhas capacidades inatas iriam se mostrar mais lucrativas. Por dois anos, trabalhei em comunicação e marketing, primeiro em uma companhia de tecnologia e depois em um hospital. Ganhava o suficiente para pagar as contas, mas ainda assim não conseguia guardar nada para o futuro. E, o mais importante, não conseguia sentir entusiasmo pelo trabalho.

Era fácil entender o problema. Como técnico principal por todos aqueles anos, eu era essencial e indispensável em qualquer coisa significativa que acontecia. O sucesso ou o fracasso do trabalho inteiro dependiam dos meus esforços e das minhas habilidades. No mundo corporativo, eu me sentia apenas uma engrenagem de uma máquina muito grande: não importava sequer se eu ia trabalhar ou não, e eu simplesmente não conseguia suportar essa sensação.

Na primavera de 1989, deixei o emprego no hospital e comecei a planejar dois acampamentos de verão de uma semana para nadadores master — os primeiros programas do Total Immersion. No verão de 1990, realizei quatro sessões como essa, e em 1991, seis, mais as consultorias para times master. Isso não sustentava a nossa família, eu fazia isso escrevendo como autônomo para revistas e material de marketing.

Eu não tinha uma visão a longo prazo em relação a onde isso podia me levar, mas estava causando um impacto real sobre quem participava e adorava trabalhar como autônomo, com a segurança do emprego dependendo apenas da qualidade do meu trabalho. Não obstante, a partir daquele modesto ponto de partida, alcancei um sucesso com o Total Immersion com o qual jamais poderia ter sonhado. Ele alcançou a magnitude de uma rede de mais de trezentos técnicos em trinta países. É reconhecido como o padrão ouro em técnicas eficazes de natação.

Meu fracasso anterior e meu breve intervalo da carreira de técnico me ensinaram que nasci para ser técnico e para ensinar natação, mas também que eu não havia sido feito para ser empregado de outra pessoa e precisava assumir o controle do meu destino.

Nos últimos cinco anos, a que você começou a dizer não com mais facilidade? Que novas descobertas e/ou abordagens ajudaram?

O objetivo de toda a minha vida era ser o melhor treinador de natação possível. Nunca foi administrar uma companhia. Entretanto, com o crescimento do Total Immersion, eu me vi — automaticamente — na posição de CEO. Não me importo de confessar que era um CEO horrível. Isso ocorria, em parte, porque sempre que eu tinha a opção de assumir o papel de executivo ou de treinador, sempre optava pela segunda opção. A parte da minha energia que era aplicada às capacidades como técnico era bem maior do que a aplicada às minhas capacidades de liderança. Minhas falhas como executivo com frequência tinham um efeito adverso bem maior sobre o crescimento do Total Immersion do que o efeito positivo das minhas qualidades como técnico.

Dois anos atrás, recebi o diagnóstico de câncer de próstata estágio IV incurável. Ao perceber que o tratamento requereria tempo e consumiria minha energia, e que eu não tinha um tempo ilimitado para realizar tarefas importantes, deleguei a maior parte das responsabilidades como executivo a uma dupla de sócios. Ambos são uma geração mais jovens do que eu e têm uma lealdade e uma inteligência impressionantes, além de aplicarem uma dose ilimitada de carinho ao trabalho. Desde que tomei essa decisão, o Total Immersion passou por uma transformação espetacular e hoje está muito melhor posicionado para o sucesso empresarial — e para sobreviver a longo prazo — do que antes.

Além disso, hoje me encontro no período mais produtivo no que diz respeito aos aspectos do Total Immersion aos quais acrescento os maiores valores: a criação do conteúdo de treinamento, do currículo e o desenvolvimento do quadro de técnicos. Por fim, estou mais empolgado, revigorado e satisfeito do que nunca em virtude do meu trabalho e das minhas contribuições. A energia positiva que isso produz está ajudando muito a me manter saudável e a responder de modo mais salubre aos tratamentos.

Que conselho você daria a um universitário inteligente e aplicado prestes a entrar no "mundo real"? E quais conselhos ele deveria ignorar?

Eu perguntaria ao universitário inteligente e aplicado em questão o que o motiva a ser aplicado. Ele é motivado por objetivos intrínsecos ou extrínsecos? Muitos anos atrás, li um artigo de opinião no *New York Times* que descrevia um estudo com 10 mil cadetes de West Point que foram acompanhados por quatorze anos. Pediram-lhes no primeiro ano que descrevessem os objetivos da sua carreira.

Aqueles que citaram o objetivo intrínseco de ser um oficial impecável — desenvolver excelência como líder e comunicador, conquistar o respeito das tropas sob seu comando — posteriormente obtiveram classificações muito maiores para receber comissões como oficiais, prolongaram seus serviços além do mínimo de cinco anos, receberam promoções mais cedo para patentes mais altas e declararam maior satisfação com o serviço no Exército.

Aqueles que citaram objetivos extrínsecos — ser promovido e ganhar status — apresentaram menor probabilidade de receber comissões e promoções no início da carreira ou declararam um nível menor de satisfação, o que os levou a encerrar o serviço após o período mínimo de cinco anos com classificações mais elevadas.

O mesmo se aplica a qualquer área profissional. Se seu principal objetivo é uma aprendizagem e um desenvolvimento graduais, pacientes e contínuos em capacidades críticas e competências básicas — e você considera o reconhecimento, as promoções e recompensas financeiras resultados naturais da excelência alcançada com essas competências —, é muito mais provável que alcance o sucesso e a satisfação, e talvez até proeminência na sua área. Como treinador de natação, desde o início da carreira, há mais de quarenta anos, estas são as minhas motivações básicas:

* Continuar aprofundando o meu entendimento sobre técnica e desempenho. Nunca me satisfiz achando que tinha a última palavra, sempre tive a certeza de que havia mais observações e nuances a serem aprendidas.

* Produzir um impacto duradouro na vida de todos que eu treinasse.

* Deixar uma marca duradoura na área do treinamento em natação, deixar a profissão melhor do que a encontrei. Aos 66 anos, continuo tão apaixonado e curioso quanto aos 21, talvez até mais, e não pretendo me aposentar. Não consigo imaginar nenhuma outra coisa que eu pudesse ter feito e que teria me trazido maior realização.

"Depois de começar no meu primeiro emprego na Oracle (...) Acabei no antigo escritório de Larry Ellison, que ele não havia esvaziado completamente, tendo deixado para trás uns quarenta exemplares de *The Mythical Man-Month*."

MARC BENIOFF
X: @Benioff
salesforce.com

MARC BENIOFF é filantropo e presidente e CEO da Salesforce. Pioneiro da computação em nuvem, Marc fundou a companhia em 1999, com o objetivo de criar uma companhia de software corporativo com um novo modelo tecnológico baseado na nuvem, um novo modelo de negócio em que o cliente pagava à medida que usava e um novo modelo corporativo filantrópico integrado. Sob sua liderança, a Salesforce cresceu de uma ideia para uma companhia da Fortune 500 e foi a empresa de software que mais cresceu entre as cinco principais do mundo e a líder global de CRM. Marc foi eleito um dos "50 Maiores Líderes do Mundo" pela *Fortune*, uma das "50 Pessoas Mais Influentes" pela *Bloomberg Businessweek*, um dos vinte "CEOs de Melhor Desempenho" pela *Harvard Business Review*, um dos "Melhores CEOs do Mundo" pela *Barron's* e "Inovador da Década" pela revista *Forbes*, além de ter recebido o prêmio Innovation da revista *The Economist*. Marc também é membro do conselho administrativo do Fórum Econômico Mundial. É autor de três livros, incluindo o best-seller *Behind the Cloud*, que descreve em detalhes como ele levou a Salesforce do zero para 1 bilhão de dólares em vendas anuais. Hoje, ele é um dos quatro únicos empreendedores da história a terem construído uma companhia de software corporativo com mais de 10 bilhões de dólares em receita anual (os outros três são Bill Gates, da Microsoft; Larry Ellison, da Oracle; e Hasso Plattner, da SAP).

Que livro (ou livros) você mais deu de presente e por quê? Ou nomeie de um a três livros que mais influenciaram sua vida.

Um dos livros mais potentes sobre negócios que já li foi *Managing*, do antigo presidente da ITT, Harold Geneen. Ele mudou a minha vida e toda a minha visão em relação aos negócios. Harold é conservador, e o livro é uma crônica do seu comando na ITT. Muitas das coisas que fazemos na Salesforce baseiam-se em suas técnicas — por exemplo, nossas revisões operacionais bimestrais, que cumprimos religiosamente.

The Mythical Man-Month, de Frederick P. Brooks, Jr., é outro livro que teve um grande impacto em mim. Depois de começar no meu primeiro emprego na Oracle, fui promovido em 1990 para me tornar o vice-presidente mais jovem. Acabei no antigo escritório de Larry Ellison, que ele não havia esvaziado completamente, tendo deixado para trás quarenta exemplares de *The Mythical Man-Month*.

Larry tinha dado o livro a todos os executivos de software que conhecera na companhia. Esse livro curto diz que, para escrever ótimos programas, devemos desenvolvê-los em pequenas equipes; com cem, ou mil, ou dois mil desenvolvedores, não vai dar certo. Por ironia, quando fundamos a Salesforce e começamos a ter certo sucesso, lembro que a Oracle, então uma concorrente, tinha dois mil desenvolvedores de CRM e perguntou, basicamente: "Cómo a Salesforce pode competir conosco?" Eu diria que devo isso a *The Mythical Man-Month*. Pequenas equipes sempre se saem melhor do que grandes equipes no desenvolvimento de software. Foi um feliz acaso ter encontrado o livro na gaveta de Larry.

Um terceiro livro influente é *The Good Heart*, do Dalai Lama. Foi um livro muito, muito, muito importante para mim, pois, na época em que o li, eu estava examinando todas as religiões do mundo. Fui pego de surpresa pelo livro, cujo subtítulo é: "A perspectiva de um budista dos ensinamentos de Jesus." Realmente amei o livro. O que mais gostei foi das orientações do Dalai Lama sobre a conversão ao budismo. Ele escreveu que, se você é de outra religião, por favor, não se converta ao budismo. O caminho mais rápido para a iluminação, a paz de espírito e o próprio bom coração está na religião em que você se encontra. Comecei a mudar minha filosofia espiritual com base no livro. Meio que renovei minha religião de origem. Eu me tornei mais dedicado ao judaísmo e ao estudo dele como meu caminho principal.

Que aquisição de até 100 dólares mais impactou positivamente sua vida nos últimos seis meses (ou nos últimos tempos)?

Gosto muito de uma camiseta que comprei na Under Armour, que exibe um dos lemas do astro do basquete Stephen Curry: "Tudo posso." À primeira vista, você acha que é uma afirmação arrogante. O que não se sabe é que Curry, o jogador com os melhores resultados do Golden State Warriors, é uma pessoa religiosa. Ele tirou essa citação de Filipenses 4:13, na Bíblia, que diz: "Tudo posso naquele que me fortalece." Curry repete esse versículo antes de fazer um arremesso na quadra.

Ele se tornou um de seus maiores lemas — está nos tênis e na camiseta dele. É um lema motivacional e forte que serve para guiá-lo não só para fazer algo internamente, mas para fazer algo maior.

Acho que muitas pessoas podem olhar para o lema "Tudo posso" e achar que o jogador se acha o máximo, mas, na verdade, é um lema relacionado à fé. Comprei muitas camisetas dessa e gosto muito delas.

De que forma um fracasso, ou fracasso aparente, acabou te levando ao sucesso? Você tem algum "fracasso pessoal" favorito?

Encaro cada fracasso como uma experiência de aprendizado e tento dedicar um tempo aos meus fracassos. Eu os processo durante um tempo antes de colher algo bom deles que possa levar comigo.

Por exemplo, alguns anos atrás, estávamos ficando sem espaço na nossa sede no Japão, e, por coincidência, eu tinha uma reunião em Tóquio por volta da mesma época com o presidente da Japan Post. Ele me levou até seu novo prédio, que estava sendo construído a partir da sede original da Japan Post, perto do Palácio Imperial e da Estação Central de Tóquio, em uma área nobre do Japão chamada Marunouchi. Ele me disse que adorava a Salesforce e que nos queria na torre dele, oferecendo-nos uma placa com nosso nome. Honrado e lisonjeado, subi e desci no elevador com o arquiteto para ver todos os andares. Não gostei do último andar, porque, após um terremoto recente, eu temia que os funcionários ficassem nervosos trabalhando lá. Além disso, gostei da escala humana dos andares intermediários. Escolhi quatro andares intermediários. No entanto, depois de nos mudarmos para lá, me dei conta de que o último andar na realidade era o mais legal, com uma área externa, e que eu poderia tê-lo escolhido junto com os outros andares inferiores. Além disso, eu havia rejeitado a oferta de colocar nosso nome na torre.

Fiquei pensando nisso por alguns anos. Mais tarde, nós nos tornamos algo como os ocupantes-âncoras em prédios de escritórios no mundo inteiro — Londres, Nova York,

São Francisco, Munique e Paris. Todos esses prédios não apenas têm o nome Salesforce Tower, como ficamos com o último andar e mais alguns andares inferiores. Com a experiência no Japão, aprendi a tirar vantagem de estratégias imobiliárias para a Salesforce. Isso é um exemplo de como aprendi que, quando algo me deixa chateado, devo dedicar um tempo a me perguntar: "O que eu poderia aprender a partir disso?" Pois outra oportunidade provavelmente virá no futuro, e estarei mais qualificado para aproveitá-la.

Estamos mantendo os últimos andares como espaços abertos, que chamamos de "Ohana". *Ohana* é o termo havaiano para "família", e, para nós, isso inclui funcionários, clientes, parceiros e a comunidade. Os andares Ohana são usados para reuniões, eventos e colaborações ao longo do dia. Todos os funcionários são bem-vindos para visitar o espaço. Quando a companhia não está usando o andar Ohana, ele é disponibilizado para ONGs e organizações sem fins lucrativos. O último andar da Salesforce Tower de São Francisco será o mais alto da cidade. Chamará atenção!

Nos últimos cinco anos, que nova crença, novo comportamento ou hábito mais impactou positivamente sua vida?

Coloquei a alimentação sob controle, adotando uma dieta com pouco açúcar — o que Tim Ferriss chama de dieta "low-carb", com o que concordo completamente. Além disso, tento tirar um dia da semana para fazer jejum. Isso me ajudou muito.

Tenho um amigo, o mágico David Blaine, que jejuou por 44 dias em uma caixa de acrílico sobre a cidade de Londres. Nesse momento decidi que conseguiria fazer pelo menos um dia da semana.

Há algum hábito incomum ou algo absurdo que você ame?

Amo a minha bicicleta Peloton. Amo poder montar nela e passar 45 minutos pedalando, fazer uma boa sessão de exercícios enquanto socializo com pessoas do mundo inteiro que estão pedalando ao mesmo tempo. Meu instrutor favorito é Cody Rigsby. Tento ficar entre os 10% melhores da aula quando estou me exercitando.

Estou ficando muito bom. Faço treino intervalado de alta intensidade, enquanto tenho uma experiência divertida com a música e com o instrutor. Estou aprendendo sobre o corpo e reduzindo o estresse — coisas muito importantes para mim.

Se você pudesse colocar um outdoor gigante em qualquer lugar exibindo qualquer coisa, o que seria e por quê?

"Adote uma escola infantil." Não há nada mais importante do que a educação das crianças. Se elas não tiverem uma educação básica, não terão nenhuma chance no futuro, sobretudo para empregos que exigem competências em disciplinas como matemática e redação. Adotei a minha escola local, a Presidio Middle School, em São Francisco. Fiquei muito feliz por ter adotado a escola em que a minha mãe estudou, mesmo não sabendo disso na época. Foi quase como se eu tivesse sido atraído por ela.

Ao adotar uma escola, podemos fazer pequenos trabalhos que terão um impacto grande e duradouro. Hoje, as escolas com frequência são isoladas das comunidades, inclusive dos negócios locais. Para fazer a diferença, basta bater à porta da escola do bairro e perguntar ao diretor como você pode ajudar. Você ficará surpreso ao ver como esse ato simples pode ajudar a mudar a vida dos estudantes para melhor. É ótimo se dedicar a escolas religiosas, autônomas e outras escolas, mas elas não são a maioria nos Estados Unidos. Os 3,5 milhões de professores das escolas públicas do país, que ganham uma média de 38 mil dólares por ano, precisam da nossa ajuda e do nosso apoio para preparar as crianças para o futuro. Eles só conseguirão fazer isso se todos nós colaborarmos e adotarmos uma escola.

Desde 2013, a Salesforce fez parcerias com distritos escolares da área da Baía de São Francisco para ajudar a melhorar a educação em ciência da computação. Até hoje, a Salesforce.org doou 22,5 milhões de dólares a distritos escolares de São Francisco e Oakland, além de ter fornecido tecnologia e infraestrutura. O mais importante não é o dinheiro, mas o tempo que os funcionários passaram nessas escolas, orientando e instruindo as crianças, descobrindo do que precisam e entendendo seus desafios. Até o presente momento, nossos funcionários doaram 20 mil horas como voluntários em escolas.

Qual foi o melhor ou mais valioso investimento que você já fez?

Um dos melhores investimentos que já fiz foi na minha rotina de meditação. Em geral, passo entre trinta e sessenta minutos meditando e rezando toda manhã. Também expandi a prática passando a ensinar meditação na minha sinagoga. Medito há mais de 25 anos e vejo o hábito como uma parte crucial do meu sucesso.

É uma capacidade que já usei quando as coisas deram errado na vida. Sempre que me deparei com novos desafios pessoais — após a morte do meu pai, diante de desafios com problemas de saúde de familiares, em momentos de estresse extremo na Salesforce, ou por preocupação com o estado do mundo —, encontrei refúgio e força na meditação e na oração. Esse é um investimento que tem compensado de forma contínua.

Fui influenciado sobretudo por Thich Nhat Hanh, um mestre zen que mora em Plum Village, um monastério no sudoeste da França. [Observação de Tim: O livro de Thich Nhat Hanh, *Paz a cada passo*, também teve um grande impacto na minha vida.]

Depois que Thich Nhat Hanh teve um derrame em 2014, ele passou seis meses em reabilitação morando comigo (e trouxe consigo seus trinta monges mais próximos), e, mais do que a leitura de qualquer livro, foi profundamente comovente para mim vivenciar o estilo de vida deles.

Algumas das coisas que mais me marcaram foram o compromisso que tinham com a prática diária, a fidelidade aos preceitos e o fato de só viajarem em grupos e sempre ficarem juntos.

"Esteja presente em todos os momentos e demonstre que quer estar, pois sua energia precede qualquer coisa que você possa dizer."

MARIE FORLEO
X/IG: @marieforleo
marieforleo.com

MARIE FORLEO já foi chamada de "uma líder intelectual para a próxima geração" por Oprah Winfrey. Ela criou o programa premiado *MarieTV*, é a fundadora da B-School e a *Forbes* incluiu seu site na lista dos "100 Melhores Websites para Empreendedores" da revista. Marie foi mentora de jovens empresários no Richard Branson's Centre of Entrepreneurship e é autora de *Deixe os homens aos seus pés: Como se tornar uma mulher poderosa e irresistível*, publicado em dezesseis idiomas.

Que livro (ou livros) você mais deu de presente e por quê? Ou nomeie de um a três livros que mais influenciaram sua vida.

Sem dúvida, *A guerra da arte*, de Steven Pressfield (página 27). Esse livro tem um toque mágico e estimulante. É o guia essencial e direto para qualquer um que precise lutar contra a insegurança e se esforçar para colocar qualquer projeto importante em prática. Eu o releio do início ao fim pelo menos uma vez por ano. Mas também é o tipo de livro que você pode abrir em qualquer página, ler um trecho e encontrar a dose exata de inspiração de que precisa para seguir em frente.

Se você pudesse colocar um outdoor gigante em qualquer lugar exibindo qualquer coisa, o que seria e por quê?

Meu outdoor diria: "Tudo pode ser entendido." Aprendi isso na infância com a minha mãe, e foi algo que alimentou todos os aspectos da minha carreira e vida e continua alimentando até hoje.

O significado é simples: não importa que desafio ou obstáculo você precise enfrentar, seja pessoal, profissional ou global, existe um caminho. Tudo pode ser entendido. Você encontrará um caminho ou fará o próprio, se estiver disposto a ser incansável, ágil e continuar agindo. É uma frase bem útil para lembrarmos quando as coisas dão errado, pois, em vez de desperdiçar tempo ou energia com o problema, você passa imediatamente a procurar soluções. Acredito de verdade que é uma das crenças mais práticas e poderosas que você pode adotar.

Qual foi o melhor ou mais valioso investimento que você já fez?

Um bloco de anotações de folhas amarelas de 3 dólares. Quando eu tinha 25 anos, dava aula de hip-hop e servia mesas de bar para pagar as contas enquanto construía aos poucos meu negócio on-line. Sempre que eu ia dar uma aula ou servir drinques, levava um bloco de folhas amarelas comigo, pois, inevitavelmente, as pessoas perguntavam: "O que você faz quando não está ensinando hip-hop/servindo drinques?" Eu contava sobre o meu negócio on-line e lhes dava meu bloco de anotações e uma caneta para que se inscrevessem na minha lista de e-mails.

Há algum hábito incomum ou algo absurdo que você ame?

Eu amo fazer compras no supermercado sozinha, ainda mais quando estou sem pressa. Amo andar de um lado para outro em cada sessão e riscar as coisas na minha lista de papel.

Nos últimos cinco anos, que nova crença, novo comportamento ou hábito mais impactou positivamente sua vida?

Aprender sobre a ferramenta de comunicação para relacionamentos chamada Imago Dialogue, criada pelo dr. Harville Hendrix e a dra. Helen LaKelly Hunt e usá-la. É uma forma estruturada de conversar com o esposo ou parceiro, sobretudo quando vocês estão brigando. A princípio, parece um pouco artificial, mas quando você realmente aprende a usá-la, é algo milagroso para relacionamentos.

Que conselho você daria a um universitário inteligente e aplicado prestes a entrar no "mundo real"? E quais conselho ele deveria ignorar?

[Meu conselho:] Dedique-se a qualquer projeto, ideia ou indústria que realmente o empolgue, não importa se a ideia parece incompatível, ou quão absurda uma carreira a longo prazo possa parecer no momento. Você acabará ligando os pontos mais tarde. Trabalhe muito e desenvolva uma reputação como alguém que faz o possível e o impossível em toda situação. Faça o que quer que seja necessário para ganhar dinheiro o suficiente para poder mergulhar de cabeça em experiências ou oportunidades de aprendizado que o coloquem perto de pessoas que admira, pois proximidade é poder. Esteja presente em todos os momentos e demonstre que quer estar, pois sua energia precede qualquer coisa que você possa dizer.

Ignore o conselho de especializar-se em uma coisa, a não ser que tenha certeza de que é assim que quer trabalhar. Ignore qualquer coisa que outras pessoas pensem das suas decisões profissionais ou do que você faz para ganhar a vida — especialmente quando o que você faz é o que financia as opções da sua carreira. Ignore o impulso de conter o entusiasmo por medo de ele parecer antiprofissional. E, sobretudo para as mulheres, ignorem pressões da sociedade e da família para casar e ter filhos.

Que dicas ruins você costuma ouvir na sua profissão ou especialidade?

Quando se trata de reunir um público on-line, um grande erro que as pessoas cometem é tentar estar em todos os lugares de uma vez só. Elas se esforçam para gerar uma tonelada de conteúdo medíocre com o intuito de preencher um número infindável de feeds sociais e plataformas on-line, o que leva a resultados medíocres.

Tentar ter sucesso em todas as plataformas, ainda mais em se tratando de um negócio de uma pessoa só, não é um uso sábio nem sustentável do seu tempo, talento ou energia. Mesmo que você tenha uma equipe, ainda assim recomendo escolher uma plataforma para se concentrar primeiro. Antes de comprometer-se com outro canal de conteúdo ou plataforma social, pergunte-se por quê, exatamente, quer fazer parte dessa plataforma. Do ponto de vista dos negócios, quais são as razões específicas para investir tempo, energia e recursos na criação contínua e no cultivo de relações nesse espaço? Isso faz mesmo sentido se considerarmos seus outros compromissos e objetivos em geral?

Uma coisa que os empreendedores não percebem é que cada plataforma das mídias sociais em que você está ativo se torna um canal aberto para o serviço ao consumidor. As pessoas farão perguntas nela, e, sim, também reclamarão. Pense bem nisso. Institua um processo para que alguém da sua equipe examine os canais sociais regularmente a fim de não acabar criando um pesadelo de serviços ao consumidor para si mesmo. Só porque você pode ter uma conta em uma plataforma não quer dizer que deva ter.

Quando se sente sobrecarregada ou desconcentrada, o que faz?

Sempre que me sinto desconcentrada ou travada em algum ponto em particular, faço algum tipo de exercício físico intenso. Pode ser uma aula de spinning ou uma sessão de treinamento em circuito com excelente música a todo volume. O objetivo é a imersão sensorial completa, que gera algumas coisas cruciais. Primeiro, limpa a memória mental e emocional a curto prazo. Porém, o mais importante é que abre o que posso descrever melhor como um canal de inteligência interior que raramente, ou nunca, acesso por meio do pensamento focado. É infalível: sempre recebo um insight espontâneo que leva a um plano claro de ação para seguir adiante. Para mim, a criatividade vive no corpo, e não na mente.

“Nos últimos anos, comecei a observar todas as minhas relações importantes através das lentes do eneagrama (...). Eu gostaria de tê-lo descoberto antes.”

DREW HOUSTON
X: @drewhouston
FB: /houston
dropbox.com

DREW HOUSTON é CEO e cofundador do Dropbox. Depois de ter se formado no MIT em 2006, ele transformou a frustração por ter que levar drives USB de um lado para outro e mandar arquivos por e-mail para si mesmo em uma demo que se tornou o Dropbox. No início de 2007, ele e o cofundador, Arash Ferdowsi, se inscreveram na aceleradora tecnológica Y Combinator. O Dropbox acabou se tornando uma das startups que cresceu mais rápido na história da Y Combinator. Ele hoje tem mais de 500 milhões de usuários registrados e emprega mais de 1.500 pessoas em treze escritórios espalhados por todo o mundo.

Que livro (ou livros) você mais deu de presente e por quê? Ou nomeie de um a três livros que mais influenciaram sua vida.

Sempre admirei a clareza de raciocínio de Warren Buffett e Charlie Munger e como conseguiram explicar tópicos complexos em termos simples. *Poor Charlie's Almanack*, de Charlie Munger, é um dos meus exemplos favoritos.

Como CEO de uma companhia, e na vida em geral, você acaba tomando uma variedade vertiginosa de decisões em áreas nas quais não tem muita experiência, e o seu meio está mudando constantemente. Como navegamos esse cenário? Como cultivamos nossa capacidade de julgamento e sabedoria sem precisar esperar uma vida inteira de experiências?

Poor Charlie's Almanack é um bom ponto de partida. Ele descreve como tomar boas decisões em qualquer situação e com um conjunto de ferramentas mentais relativamente limitado: as grandes e duradouras ideias das disciplinas acadêmicas fundamentais. Quase todos nós somos expostos a esses conceitos no ensino médio, mas poucos de fato os dominam ou aplicam no dia a dia. Na minha opinião, é esse tipo de pensamento baseado em princípios básicos que permite o nível incomum de criatividade e convicção que separa os grandes fundadores dos que são só bons.

Nos últimos cinco anos, que nova crença, novo comportamento ou hábito mais impactou positivamente sua vida?

Descobri que o eneagrama é extremamente útil. À primeira vista, é uma ferramenta de identificação de personalidade parecida com a Myers-Briggs. Há nove "tipos" no eneagrama, e toda pessoa tem um tipo dominante. Mas descobri que ele é muito mais útil para examinar e prever como as pessoas se comportam.

A princípio, fiquei cético, mas depois de ter lido a descrição do meu tipo, eu o achei muito preciso na identificação do que mexe comigo: o que me motiva, quais são as minhas qualidades naturais, quais costumam ser meus pontos cegos etc. Ele me ajudou a adaptar o meu papel e estilo de liderança aos meus pontos fortes.

Fica melhor com uma equipe — todos os nossos líderes seniores fizeram o teste, e encorajamos toda a equipe do Dropbox a explorá-lo. Você pode encontrar testes e recursos on-line (e de graça).

Nos últimos anos, comecei a examinar todas as minhas relações importantes através das lentes do eneagrama. É uma ótima forma de desenvolver uma empatia mais profunda para com as pessoas que fazem parte da sua vida e compreender melhor por que elas são como são. Eu gostaria de tê-lo descoberto antes.

Que conselho você daria a um universitário inteligente e aplicado prestes a entrar no "mundo real"? E quais conselhos ele deveria ignorar?

Pensei muito nisso quando fiz meu discurso na formatura no MIT, em 2013. Eu disse que, se tivesse uma cola para dar à minha versão de 22 anos, conteria três itens: uma bola de tênis, um círculo e o número 30 mil.

A bola de tênis está relacionada a encontrar algo pelo que você possa ficar obcecado, como a cadela que eu tinha quando criança, que enlouquecia sempre que alguém jogava uma bola para ela. As pessoas mais bem-sucedidas que conheço são obcecadas pela solução de um problema que elas consideram importante.

O círculo está relacionado à ideia de que você é a média dos seus cinco amigos mais próximos. Certifique-se de fazer parte de um meio que extraia o máximo de você.

E o último é o número 30 mil. Quando eu tinha 24 anos, encontrei um site que dizia que a maioria das pessoas vive cerca de 30 mil dias — e fiquei chocado ao me dar conta de que já havia vivido 8 mil. Então, você precisa fazer cada dia valer a pena.

Eu daria o mesmo conselho hoje, mas esclareceria que não se trata só de paixão ou de perseguir seus sonhos. Certifique-se de que o problema pelo qual venha a se tornar obcecado seja um que necessite de solução e em que sua contribuição possa fazer diferença. Como a Y Combinator diz: "Faça algo que as pessoas queiram."

Nos últimos cinco anos, a que você começou a dizer não com mais facilidade? Que novas descobertas e/ou abordagens ajudaram?

Para mim, foi difícil aprender isso; gosto de ajudar as pessoas. Mas perceber duas coisas fez a diferença: você tem muito menos tempo do que acha que tem e não vai passar o tempo da maneira que acha que passará.

Para mim, essa analogia é muito útil: pense no tempo como um pote, nas suas prioridades como "pedras" e nos outros como seixos ou areia. Qual é a melhor forma de encher o pote?

Não parece complicado. Pergunte a qualquer um, e todos afirmarão, sem pensar duas vezes, que começariam com as pedras, depois acrescentariam os seixos e, por fim, a areia. Eu sentia o mesmo. Na primeira vez que fiz esse exercício (quando estava lendo *O gestor eficaz*, de Peter Drucker, um dos meus livros favoritos sobre administração de todos os tempos), eu estava convencido de que a maior parte do meu tempo era direcionado ao recrutamento e ao trabalho no nosso produto [as "pedras"].

Mas quando de fato fiz um diário hora a hora do que fazia durante duas semanas, fiquei chocado (assim como todo mundo que já fez esse exercício) ao ver que 1) a maior parte do meu pote continha areia e 2) pedras muito importantes estavam de fora.

Isso me ajudou a encarar pedidos com outros olhos. Para começar, meu pote não é muito grande; vou enchê-lo com minhas pedras ou vou deixar outras pessoas o encherem com as suas? Na verdade, tenho um rótulo para e-mails chamado "POP" para lembrar que aqueles pedidos são "prioridades de outras pessoas" e de refletir muito antes de colocar pedidos de favores à frente de todos os meus colegas de equipe e clientes, que tacitamente contam comigo para fazer o que é o meu trabalho de verdade. Observe-se que isso não significa "nunca ajudar os outros". Basta ser consciente em relação às escolhas.

Mais umas dicas: reserve com antecedência blocos específicos de tempo para as suas pedras, assim não precisará pensar nisso. Não conte com o incerto (por exemplo, "vou fazer meus exercícios quando tiver um tempo livre"); se você não conseguir ver as pedras na agenda, talvez elas nem existam. Isso é duas vezes mais importante para coisas como sono e exercícios. Se você não colocar essas coisas como prioridade, ninguém colocará.

Quanto a de fato dizer não, aprendi que não devemos longas explicações a ninguém e não precisamos responder a todos os e-mails (sobretudo a coisas que não foram solicitadas). Respostas curtas, de uma linha, como "Não poderei comparecer, mas obrigado pelo convite" ou "Obrigado por pensar em mim; infelizmente, estou muito ocupado com [minha companhia], então não posso encontrá-lo no momento" são mais do que adequadas.

"Grandes oportunidades nunca vêm com 'grande oportunidade' no título."

SCOTT BELSKY
X/IG: @scottbelsky
scottbelsky.com

SCOTT BELSKY é empreendedor, escritor e investidor. Ele é sócio na Benchmark, uma firma de capital de risco sediada em São Francisco. Scott ajudou a fundar o Behance em 2006 e foi o CEO até sua aquisição pela Adobe, em 2012. Milhões de pessoas usam o Behance para expor portfólios, bem como para acompanhar e encontrar talentos em todas as indústrias criativas. Scott foi um dos primeiros investidores e consultores do Pinterest, do Uber e do Periscope, entre outras startups que têm crescido rápido.

Se você pudesse colocar um outdoor gigante em qualquer lugar exibindo qualquer coisa, o que seria e por quê?

O outdoor diria: "Grandes oportunidades nunca vêm com 'grande oportunidade' no título."

Esteja você procurando o melhor novo emprego, cliente, sócio ou oportunidade de negócio, é improvável que logo de cara se sinta atraído. Na verdade, as melhores oportunidades provavelmente sequer chamarão sua atenção a princípio. Na maioria das vezes, as grandes oportunidades parecem pouco atrativas. O que torna uma oportunidade ótima é um lado positivo. Se o lado positivo em potencial fosse explícito, a oportunidade já teria sido agarrada por outra pessoa.

Não chame a si mesmo de visionário, ou aspire a causar um impacto desproporcional, se você baseia todas as decisões no que vê e no que sabe no momento. Fico sempre surpreso ao ver como as pessoas são preguiçosas quando precisam tomar decisões importantes em relação à carreira. Junte-se a um time não pelo que ele é, mas pelo que você acha que pode ajudá-lo a vir a se tornar. Seja um "fundador" no sentido de estar disposto a fazer algo em vez de simplesmente entrar em algo.

Você deve aproveitar as oportunidades quando elas surgem, e não quando são convenientes ou óbvias. A única maneira de cultivar a própria sorte é ser flexível (você precisará abrir mão de algo pela oportunidade certa), ser humilde (você não poderá escolher o momento certo) e ter tato (quando você a vir, agarre!). As maiores oportunidades da vida vêm de acordo com a própria agenda, não com a sua.

Há algum hábito incomum ou algo absurdo que você ame?

À medida que minha vida foi se tornando mais ocupada e exigente, escolhi certas músicas e guloseimas que adoro, reservando-as para quando faço certos tipos de trabalho. Por exemplo, tenho uma playlist "escrever" no computador que só me permito ouvir quando estou escrevendo, pois um momento para escrever pode ser particularmente doloroso de planejar e com o qual se comprometer. De certa forma, peguei coisas que amo e a que não dou muita atenção e as transformei em recompensas bastante cobiçadas. Minha playlist para períodos de escrita/trabalho focado inclui:

* "Everyday", de Carly Comando
* "The Aviators", de Helen Jane Long
* "Divenire", de Ludovico Einaudi
* "Mad World", de Michael Andrews e Gary Jules
* "Festival", de Sigur Rós

As guloseimas que reservo para longos períodos de escrita e trabalho (embora sejam menos importantes do que a playlist sagrada) incluem:

* Crisps de parmesão do Eli Zabar, em Nova York
* Pretzels com cobertura de chocolate branco

Não gosto de comer essas guloseimas no início, e sim quando claramente se tornou um período de trabalho profundo. Essa é a única regra. Para mim, "trabalho profundo" significa trabalho sem interrupções ou sem pular de forma casual de uma tarefa para outra. Trabalho profundo são mais de três horas concentrando-me em um único problema que eu ache especialmente difícil de resolver na era sempre conectada em que vivemos... Por isso, reservo as recompensas e incentivos para esse tipo de trabalho.

Que conselho você daria a um universitário inteligente e aplicado prestes a entrar no "mundo real"? E quais conselhos ele deveria ignorar?

Não espere o trabalho ou o título perfeito. Não dê seu máximo por um salário um pouquinho maior. Em vez disso, concentre-se nas duas únicas coisas que realmente importam.

Primeira: cada passo no início da carreira deve levá-lo gradualmente ao que de fato desperta seu interesse. O caminho mais promissor para o sucesso é perseguir interesses genuínos e se preparar para as relações circunstanciais, colaborações e experiências que farão toda a diferença na sua vida. O trabalho com amor sempre compensa, só não quando e como você espera. Prepare-se para o sucesso aceitando novos empregos e papéis que o coloquem mais perto dos seus interesses.

Segunda: as maiores lições que você aprende no início de uma carreira são sobre as pessoas — como trabalhar com outras pessoas, ser gerenciado por pessoas, administrar expectativas em relação às pessoas e liderar pessoas. Portanto, a equipe a qual você escolher se juntar e seu chefe serão grandes fatores no valor da experiência profissional que será obtida no início da carreira. Escolha oportunidades com base nas qualidades das pessoas com quem trabalhará.

Que dicas ruins você costuma ouvir na sua profissão ou especialidade?

"Indústrias são lideradas por especialistas."

Embora idolatremos os especialistas nas indústrias, muitas vezes nos esquecemos de que as indústrias com frequência são transformadas por neófitos. As maiores transformações, como a do Uber nos transportes e a do Airbnb na hotelaria, são lideradas por pessoas de fora. Talvez o manual para mudar uma indústria seja ser ingênuo o suficiente no início para questionar pressuposições básicas e depois sobreviver por tempo o bastante para empregar capacidades únicas e vantajosas no espaço que você deseja mudar. Talvez a empolgação inata e o conhecimento pragmático sejam traços igualmente importantes em momentos diferentes.

"O cliente tem sempre razão."

O único grupo de foco que já realizei no Behance foi bem no início, em 2007, quando estávamos debatendo uma série de abordagens para a nossa missão de "organizar o mundo criativo". Nós apresentamos cinco ou seis ideias ao grupo de foco e depois pedimos que respondessem a um questionário. Todos os participantes disseram que a última coisa que queriam era "mais uma rede social para se conectarem com colegas". Eles achavam que o Myspace era suficiente para esse propósito. Contudo, quando lhes perguntamos sobre suas maiores dificuldades, os participantes falaram dos gastos e das dificuldades para manter um portfólio on-line, sobre como era difícil serem creditados pelo trabalho criativo que faziam.

Estávamos diante de um clássico exemplo de "não pergunte aos clientes o que querem; descubra do que precisam". Acabamos desenvolvendo uma rede social para profissionais de áreas criativas que hoje é a maior comunidade criativa profissional do mundo, com mais de 12 milhões de membros e que foi, seis anos mais tarde, adquirida pela Adobe.

Quando se sente sobrecarregado ou desconcentrado, o que faz?

Sussurro para mim mesmo: "Scott, faça a merda do seu trabalho." Com todo o drama ao redor e dentro de nós, é fácil demais nos distrairmos ou exagerarmos a gravidade de uma situação. É muito fácil racionalizar por que você está ocupado demais, ou por que deveria esperar para fazer algo que simplesmente precisa ser feito. Eu opto pela abordagem sem frescura. Quando preciso fazer algo simples, ou quando preciso fazer algo muito difícil, como dar uma má notícia ou demitir um funcionário, apenas digo a mim mesmo para parar de hesitar e "fazer a merda do trabalho". Acho difícil argumentar contra isso.

CITAÇÕES QUE ESTÃO NA MINHA CABEÇA

(Tim Ferriss: 19 de maio — 2 de junho de 2017)

"Você pode fazer muito em dez minutos. Dez minutos, quando passam, foram-se para sempre. Divida a vida em unidades de dez minutos e sacrifique o mínimo possível deles em atividades irrelevantes."

— INGVAR KAMPRAD

Magnata suíço, fundador da IKEA

"Chegará um momento em que você acreditará que tudo está acabado. Esse será o início."

— LOUIS L'AMOUR

Romancista do oeste norte-americano e escritor de contos, autor de mais de cem obras

"Todas as coisas boas são selvagens e livres."

— HENRY DAVID THOREAU

Ensaísta e filósofo norte-americano, autor de *Walden, ou A vida nos bosques*

"Todos deveríamos reanalisar constantemente o que pensamos e no que acreditamos — na política, na vida e no nosso interior. De outra forma, acabaremos rígidos demais."

TIM MCGRAW
X/IG: @TheTimMcGraw
FB: /TimMcGraw
timmcgraw.com

TIM McGRAW vendeu mais de 50 milhões de discos e dominou a indústria fonográfica com 43 singles no topo das paradas mundiais. Ele ganhou três Grammy Awards, dezesseis Academy of Country Music Awards, quatorze Country Music Association Awards, onze American Music Awards, três People's Choice Awards e inúmeros outros prêmios. As realizações de sua carreira icônica incluem ter sido o "Artista Mais Tocado da Década" da BDS Radio em todos os gêneros musicais e ter a "Música Mais Tocada da Década" também em todos os gêneros. Ele é o artista country mais tocado desde sua estreia em 1992, com duas músicas que passaram mais de dez semanas no primeiro lugar. As turnês bem-sucedidas da sua carreira incluem Soul2Soul: The World Tour, com sua esposa, Faith Hill, que quebrou recordes. Ele estrelou e narrou o filme de sucesso *A Cabana* e participou de outros filmes, como *Tudo Pela Vitória* e *Um Sonho Possível*.

Que livro (ou livros) você mais deu de presente e por quê? Ou nomeie de um a três livros que mais influenciaram sua vida.

Sempre dou *Jayber Crowe* (de Wendell Berry) de presente. É um livro e tanto! Ele tranquiliza e provoca reflexões ao mesmo tempo. Dá uma perspectiva sobre a vida que [de outra forma poderíamos não enxergar]... A boa arte faz você repensar. Todos deveríamos reanalisar constantemente o que pensamos e no que acreditamos — na política, na vida e no nosso interior. De outra forma, acabaremos rígidos demais.

Quando se sente sobrecarregado ou desconcentrado, o que faz?

Uma das perguntas que me fazem com frequência é: "Qual é a coisa que mais atrapalha o sucesso?" E, para mim, a resposta sempre é o foco [ou a falta dele]. Acredito que o foco é a chave para tudo. Portanto, descobrir como encontrar o foco ou recuperá-lo é algo em que penso muito. É na academia que recupero o foco. Quando começo a me exercitar, percebo se estou sem foco e, ao final do exercício, sinto a mudança. A atividade física limpa a mente e permite que eu volte a me concentrar no que quer que precise fazer para chegar aonde quero. Isso muda tudo para mim — minhas expectativas para o dia, minha estabilidade mental e como me preparo para o resto das coisas que preciso fazer naquele dia.

Nos últimos cinco anos, que nova crença, novo comportamento ou hábito mais impactou positivamente sua vida?

Manter uma boa forma física mudou minha vida. Acredito que isso levou diretamente a um sucesso prolongado na minha área, por várias razões. Sem dúvida, estou em um negócio em que a estética é importante. Contudo, acima disso, voltamos ao tópico do foco. Isso me deu algo de que extrair foco. É fácil considerar isso algo trivial: ter uma boa forma física e se manter saudável. Mas, a longo prazo, na verdade isso é o que queremos mais do que qualquer coisa. E tem mais: é um passo pequeno que ensina disciplina em outras áreas. Mas você não pode ficar assustado ao pensar no futuro logo no início. Quando comecei a me dedicar a melhorar a forma física, eu não pensava "Vou fazer isso por um ano". Pensava: "Vou fazer isso hoje por uma hora." Então, hoje se torna amanhã, amanhã se torna o dia seguinte, e, quando você se dá conta, um ano se passou.

Prefiro me exercitar assim que acordo, pois começo o dia melhor. É algo que me dá mais energia, e assim não passo o dia temendo a hora de treinar.

Se você pudesse escolher apenas dois exercícios para praticar nos próximos seis meses, quais escolheria?

Primeiro, faço algo chamado "complexo de barra". São doze exercícios com barra feitos em sequência. Faço cinco rodadas dos doze exercícios, começando apenas com a barra (20 quilos) e dez repetições de cada exercício. Cada vez que concluo o circuito, acrescento 2,3 quilos à barra e faço duas repetições a menos do que na rodada anterior, então fica assim:

10 repetições com barra (para cada um dos doze exercícios; o mesmo para os que se seguem)
8 repetições com barra + 2,3 quilos
6 repetições com barra + 4,6 quilos
4 repetições com barra + 6,9 quilos
e (o mais pesado) 2 repetições com barra + 9,2 quilos

Em seguida, repito o processo inteiro ao contrário, refazendo as cinco rodadas, removendo 2,3 quilos e acrescentando duas repetições a cada rodada, concluindo onde comecei: dez repetições com barra para cada um dos doze exercícios.

O segundo exercício que faria é um na piscina que aprendi com meu personal trainer, Roger: uma série de movimentos repetitivos diferentes feitos na água baseados nas artes marciais.

Há algum hábito incomum ou algo absurdo que você ame?

Amo a pesca submarina, apesar de muitas pessoas nunca terem nem ouvido falar nela. E há também quem pense em tanques de ar comprimido e armas pneumáticas, mas não é assim que fazemos. Nós fazemos mergulho livre com o que chamam de arma havaiana. É como um estilingue com um arpão. Eu adoro, porque, quando estou praticando, me sinto completamente calmo e confiante. É muito tranquilo, exceto pelo som do próprio coração batendo ou da respiração e do sangue indo para a cabeça. Você se harmoniza de uma forma esquisita... e é perigoso. Gosto disso!

Se você pudesse colocar um outdoor gigante em qualquer lugar exibindo qualquer coisa, o que seria e por quê?

Se eu tivesse um outdoor, ele diria: “PAPAI.” Sempre esperamos coisas da mamãe: mamãe vai fazer tudo dar certo, mamãe vai cuidar disso ou daquilo. Mas, sobretudo como pai de meninas, o modo como falo com elas e como as trato é crucial para como elas enxergam a si mesmas. Lembrar que sou pai me faz querer ser o melhor pai que posso para as minhas filhas. Não sou bom na maior parte do tempo! Sério. Mas colocar simplesmente “PAPAI” em um outdoor seria ótimo para nos lembrar de como é importante ser pai.

"Quando eu estiver velho, quanto estarei disposto a pagar para viajar no tempo e reviver o momento que estou vivendo agora?"

MUNEEB ALI
X: @muneeb
muneeb.com

MUNEEB ALI é cofundador da Blockstack, uma nova internet descentralizada em que os usuários controlam os dados e os aplicativos são executados sem servidores remotos. Muneeb fez seu Ph.D. em ciência da computação na Universidade de Princeton, especializando-se em sistemas distribuídos. Ele passou pela Y Combinator – considerada a incubadora de startups equivalente a Harvard ou ao SEAL Team Six – e trabalhou no grupo de pesquisa de sistemas em Princeton e no PlanetLab, o primeiro e maior laboratório de teste de computação em nuvem do mundo. Muneeb foi agraciado com a bolsa J. William Fulbright e dá palestras como convidado sobre computação em nuvem em Princeton. Ele desenvolveu uma série de sistemas de produção e publicou artigos de pesquisa que geraram mais de novecentas citações.

Qual foi o melhor ou mais valioso investimento que você já fez?

Peguei um empréstimo de cerca de 1.000 dólares (em rúpias paquistanesas) para financiar do próprio bolso um período não remunerado como pesquisador na Suécia. Não havia pesquisas de alta qualidade no Paquistão, e eu precisava sair do país e trabalhar com grandes pesquisadores da minha área na Europa ou nos Estados Unidos para progredir em direção aos meus objetivos. O dinheiro não era suficiente para sobreviver por três meses na Suécia, mas consegui comendo apenas uma vez por dia e vivendo à base do café e dos petiscos gratuitos disponíveis no escritório. O investimento abriu portas para o meu Ph.D. e para a minha aprovação em Princeton, o que culminou na minha startup atual — a qual, até o presente momento, levantou 5,1 milhões de dólares em capital de risco.

Nos últimos cinco anos, que nova crença, novo comportamento ou hábito mais impactou positivamente sua vida?

Fazer-me a pergunta: "Quando eu estiver velho, quanto estarei disposto a pagar para viajar no tempo e reviver o momento que estou vivendo agora?"

Se o momento for algo como ninar a minha filha de seis meses até ela dormir enquanto ela me abraça, a resposta é: eu pagaria todo o dinheiro que tivesse no banco, digamos, aos 70 anos, para ter a chance de reviver esse momento. Essa simples pergunta coloca as coisas em perspectiva e o torna grato pela experiência que você está tendo no momento, quando poderia estar perdido em pensamentos sobre o passado ou o futuro.

Nos últimos cinco anos, a que você começou a dizer não com mais facilidade? Que novas descobertas e/ou abordagens ajudaram?

Para mim, ter percebido que consigo agregar mais valor se me aprofundar em algumas coisas em vez de me envolver em uma grande gama de atividades. Sou o fundador de uma startup, e há sempre uma ou outra coisa a ser feita. Estas são algumas abordagens que ajudaram:

* Comecei a dizer não a todos os convites externos para reuniões. Reuniões externas devem partir de mim (o que não acontece com frequência), não dos outros.

* Dizer não a todos os envolvimentos fora da minha startup, como prestar consultoria em alguma outra startup ou projeto, investir ou negociar alguma moeda digital que conheço bem etc. Só consigo pensar em um trabalho/papel. Não há exceções.

* Deixar outros membros da equipe lidarem com convites, telefonemas, reuniões, eventos etc. externos. Construir conexões fortes com sua equipe e se atualizar por meio deles. Em outras palavras, os membros da equipe são um filtro para todos os convites e distrações. Coisas importantes sempre se destacam, então não as perdemos.

COMO DIZER NÃO

NEAL STEPHENSON
X: @nealstephenson
FB: /TheNealStephenson
nealstephenson.com

NEAL STEPHENSON é um autor conhecido por suas obras de ficção especulativa, classificadas como ficção científica, ficção histórica, maximalismo e cyberpunk. Seus best-sellers incluem *The Diamond Age*, *Cryptonomicon*, *The Baroque Cycle* e *Nevasca*, que foi incluído na lista dos "100 Melhores Romances em Língua Inglesa de Todos os Tempos" pela *Time*. Ele também escreve artigos de não ficção sobre tecnologia em publicações como a revista *Wired* e já atuou como consultor da Blue Origin, uma companhia que está desenvolvendo um sistema de lançamento tripulado suborbital.

Observação de Tim: você já sabe o que vem a seguir: o tipo de e-mail que faz chorar e sorrir ao mesmo tempo. Eis um belíssimo *hasta la próxima* de um dos meus ídolos, o escritor Neal Stephenson.

Fala, Tim.

Peço desculpas por ter demorado a responder e agradeço por ter pensado em mim neste contexto.

Há pouco tempo, ficou bem óbvio para mim que estou tentando fazer coisas demais, então comecei a experimentar não acrescentar nada à minha lista de "tarefas" para não a deixar maior ainda.

O resultado é que os itens que JÁ estavam na lista de "tarefas" só geraram mais itens à medida que eu os riscava, então é como lutar contra uma hidra. Espero que, se eu for bastante eficiente, um dia consiga chegar ao ponto em que a lista passe a ficar menor em vez de maior.

Enquanto isso, infelizmente, a parte "bastante eficiente" desse plano significa que estou dispensando coisas como esta para me garantir.

Mais uma vez, obrigado por ter pensado em mim e boa sorte com o projeto!

"A comunicação eficaz é importante. Bons trabalhos em geral requerem um entendimento preciso disso."

CRAIG NEWMARK
X/FB: @craignewmark
craigconnects.org

CRAIG NEWMARK é pioneiro da web, filantropo e um dos principais defensores do jornalismo responsável, dos veteranos e das famílias de militares, além de outras causas cívicas e sociais. Em 1995, Craig começou a administrar uma lista de eventos artísticos e tecnológicos em São Francisco que enviava por e-mail para amigos e colegas. As pessoas logo passaram a chamá-la de "Craig's List" [Lista de Craig], e quando Craig a transformou em uma companhia, obteve lucros mínimos, optando por um modelo de negócio que priorizasse "ter sucesso fazendo o bem". Em 2016, ele criou a Craig Newmark Foundation para promover investimentos em organizações que servem efetivamente às suas comunidades e promovem amplas relações sociais no nível popular. Em 2017, ele fundou e passou a integrar o comitê executivo da News Integrity Initiative, administrada pela CUNY Graduate School of Journalism, que tem o objetivo de promover o avanço da capacidade de julgamento em relação às notícias e o aumento da confiança no jornalismo.

Que livro (ou livros) você mais deu de presente e por quê? Ou nomeie de um a três livros que mais influenciaram sua vida.

Acho que meu rabino é Leonard Cohen, apesar de ter ficado nervoso demais para dizer alguma coisa quando o conheci. De qualquer maneira, costumo dar muitos exemplares do seu livro, *Book of Longing*, já que ele articula um entendimento da compaixão e da espiritualização que não encontrei em nenhum outro lugar. Seu trabalho me aproxima da sensação do divino, e, aparentemente, isso também acontece com milhões de pessoas do mundo inteiro.

Talvez seja mais preciso dizer que a coletânea de suas poesias e músicas constitui um livro, no sentido bíblico. Já devo ter presenteado mais coleções de CDs de Cohen do que livros físicos, isso antes de o streaming ter se popularizado.

Ele usa o beija-flor como uma metáfora da liberdade espiritual, e enquanto escrevo isto, lá está um colibri-de-anna, alimentando-se a mais ou menos 3 metros.

De que forma um fracasso, ou fracasso aparente, acabou te levando ao sucesso? Você tem algum "fracasso pessoal" favorito?

Ao longo da carreira, a minha incapacidade de reconhecer a necessidade de me comunicar de maneira eficaz me prejudicou muito. Nos primeiros vinte anos, na IBM e na Charles Schwab, a dificuldade de comunicação reforçou a impressão de que eu seria um membro fraco para a equipe. Aprendi que a comunicação ineficiente ou a falta de comunicação pode causar grandes danos.

Entretanto, ao longo de muitos anos, passei a entender como a comunicação eficaz é importante. Bons trabalhos em geral requerem um entendimento preciso disso; sem isso, pode ser que a única forma de dar continuidade a esses trabalhos seja se isolar. Ou, pior, maus atores acabarão interferindo no trabalho, às vezes prolongando o sofrimento humano.

Hoje, estou envolvido em muitas organizações sem fins lucrativos em campos que incluem mulheres na área tecnológica, veteranos e suas famílias e o jornalismo confiável e bem-intencionado. Minha ajuda e minhas doações requerem que os beneficiados sejam eficazes nas próprias comunicações a fim de poderem aprender com meus erros.

Essa é a minha ideia de um uso bem-sucedido do fracasso.

Se você pudesse colocar um outdoor gigante em qualquer lugar exibindo qualquer coisa, o que seria e por quê?

Parece que todas as religiões reconhecem o preceito de que devemos "tratar os outros como gostaríamos de ser tratados". Entretanto, as pessoas costumam esquecer isso na juventude. No meu trabalho, estou descobrindo que um simples lembrete ajuda as pessoas a agirem de uma forma mais benevolente. Portanto, a repetição, seja em um outdoor literal ou metafórico, por mais que pareça ingênuo, pode ser importante.

Há algum hábito incomum ou algo absurdo que você ame?

Com o tempo, passei a adorar ver pássaros visitarem a minha casa e atraí-los. Instalei fontes ornamentais e comedouros. O acordo é que minha esposa e eu fazemos isso, e os pássaros vêm e posam para nós. Ou seja, consigo observar os pássaros de dentro de casa.

[Para alguém que queira experimentar], eu recomendaria o The Nuttery NT065 Classic Seed Feeder, Extra Grande. Ele tem sido extremamente eficaz para atrair uma grande variedade de pássaros pequenos, como pintassilgos, chapins, arapaçus e tentilhões. Alguns pássaros maiores como o scrub jay (um tipo de gaio) e até pombos ambiciosos também podem se alimentar nele. Ele desencoraja os esquilos.

A esta altura, os pássaros nos treinaram para alimentá-los. Em particular, um scrub jay treinou a sra. Newmark a lhe dar sebo, que é uma grande iguaria para eles.

Atualmente, quando vou pegar o trem, dois corvos me treinaram para lhes dar petiscos caninos. (Eles parecem querer levar mensagens para Winterfell.)

Ah, sim, adoro alimentar os cachorros dos vizinhos.

Além disso, adoro brincar com bebês. Na maioria das vezes, ficamos olhando um para o outro e sorrindo. Babar também faz parte da brincadeira, e só às vezes é o bebê.

"Se já é de conhecimento comum, é possível que já seja tarde demais para fazer uma grande contribuição. Se você é o único interessado, talvez esteja se iludindo."

STEVEN PINKER
X: @sapinker
FB: /Stevenpinkerpage
stevenpinker.com

STEVEN PINKER é Johnstone Family Professor no Departamento de Psicologia da Universidade de Harvard. Ele conduz pesquisas sobre linguagem e cognição, escreve para publicações como *The New York Times* e *The Atlantic*, e é autor de dez livros, entre os quais *O instinto da linguagem*, *Como a mente funciona*, *Tábula rasa*, *Os anjos bons da nossa natureza*, e, mais recentemente, *Guia da escrita: Como conceber um texto com clareza, precisão e elegância*. Ele foi eleito "Humanista do Ano" pela Associação Humanista Americana e é um dos "100 Maiores Intelectuais Públicos" da revista *Prospect*, um dos "100 Pensadores Globais" da *Foreign Policy* e uma das "100 Pessoas Mais Influentes do Mundo Atual" da revista *Time*.

Que aquisição de até 100 dólares mais impactou positivamente sua vida nos últimos seis meses (ou nos últimos tempos)?

O programa X1 Search: para buscas instantâneas e precisas por critérios independentes (não só uma mistura de cadeias de busca no estilo do Google) para localizar meus arquivos e e-mails remontando aos anos 1980. Com a explosão das informações, minha memória não melhora, então ele é uma bênção divina.

Se você pudesse colocar um outdoor gigante em qualquer lugar exibindo qualquer coisa, o que seria?

"Se eu não for por mim, quem será? Mas, se eu for só por mim, o que sou? E se não agora, quando?" – Hilel, o Ancião.

Que conselho você daria a um universitário inteligente e aplicado prestes a entrar no "mundo real"? Que conselho ele deveria ignorar?

1. Encontre um novo tópico, ou área, ou necessidade que conta com algumas pessoas que você respeite, mas que ainda não tenha se tornado uma moda cultural ou sabedoria convencional. Se já é de conhecimento comum, é possível que já seja tarde demais para fazer uma grande contribuição. Se você é o único interessado, talvez esteja se iludindo.

2. Ignore conselhos para apenas seguir a intuição ou instinto sem refletir se o curso de ação tem chance de gerar lucros ou recompensas.

3. Concentre-se na eficácia — o que as ações de fato renderão —, e não na realização ou em outras formas de tentar se sentir bem em relação a si mesmo.

4. Não ache que as artes e as profissões verbais são as únicas ocupações respeitáveis (uma mentalidade comum de netos de trabalhadores). As elites torcem o nariz para o comércio como se fosse algo barato, mas é ele que dá às pessoas aquilo que querem e de que precisam, além de pagar por todo o resto, inclusive o luxo da arte.

5. Pense no que você acrescentará ao mundo. Algumas profissões lucrativas (como as finanças da tecnologia de ponta) são aplicações duvidosas do poder do cérebro humano.

Além dos seus, que livro (ou livros) você mais deu de presente e por quê? Ou nomeie de um a três livros que mais influenciaram sua vida.

36 argumentos para a existência de Deus, de Rebecca Newberger Goldstein (para ser muito sincero: sou casado com ela, mas isso me torna ainda mais convicto do que digo, pois meu julgamento teria menos crédito se a recomendação não valesse a pena). É o melhor exame dos argumentos sobre a existência de Deus, apresentados como um apêndice de não ficção escrito pelo protagonista, um psicólogo da religião. Também é engraçado, comovente e uma sátira direta dos pontos fracos da vida acadêmica e intelectual da atualidade.

Entre os livros que influenciaram o meu pensamento: *não há um (nem três) livros Eureka!* — minha mente não funciona assim. Mas aqui estão alguns dos importantes:

The Strategy of Conflict, de Thomas C. Schelling
The Science of Words, de George A. Miller
Retreat from Doomsday, de John Mueller
The Nurture Assumption, de Judith Rich Harris
The Evolution of Human Sexuality, de Donald Symons
Knowledge and Decisions, de Thomas Sowell
Clear and Simple as the Truth, de Francis Noël-Thomas e Mark Turner

Nos últimos cinco anos, que nova crença, novo comportamento ou hábito mais impactou positivamente sua vida?

Um comportamento comum, clichê, porém essencial: guardar todos os meus artigos e novos livros, exceto aqueles que leio por prazer, em formato eletrônico. Eu costumava nadar em um mar de papel e, desde que comecei a morar em vários lugares e viajar muito, sempre sentia falta de alguma coisa de que acabava precisando. As versões eletrônicas não só são pesquisáveis, como também estou participando da grande desmaterialização da vida, o que ajudará na recuperação do meio ambiente — já que podemos ter alcançado o "auge da acumulação".

Nos últimos cinco anos, a que você começou a dizer não com mais facilidade?

E-mails de estranhos ou conhecidos distantes em busca de favores que tomam tempo, com frequência formas de tirar proveito da influência e do poder (na verdade, duvidosos) que eles pensam que tenho. Dizem que pessoas ricas e mulheres bonitas nunca sabem quem são seus amigos. Isso também se aplica a pessoas com alguma reputação em círculos profissionais.

Quando se sente sobrecarregado ou desconcentrado, o que faz?

Adoto a superficial, mas temporariamente útil, estratégia de seguir o conselho de Oscar Wilde: "A única maneira de me livrar de uma tentação é ceder a ela" (presumindo que não seja destrutiva para si ou para os outros). Às vezes, me permito explorar grupos de discussão de nerds sobre equipamentos fotográficos ou assisto a vídeos de rock dos anos 1960 no YouTube. A estratégia mais profunda é pensar: "O que terá importância para mim em seis meses, um ano, cinco anos? O que é essencial e mais importante nas prioridades da minha vida?"

"Faço parte de três clubes do livro em que discutimos literatura infantil (nenhuma criança participa) e tenho um quarto no meu apartamento com uma amostra da minha amada coleção de livros."

GRETCHEN RUBIN
X/FB: @gretchenrubin
gretchenrubin.com

GRETCHEN RUBIN escreveu vários livros, incluindo *Melhor do que antes*, *Projeto Felicidade* e *Happier at Home,* todos best-sellers do *New York Times*. Seus livros já venderam quase três milhões de exemplares no mundo inteiro em mais de trinta línguas. Em seu famoso podcast, *Happier with Gretchen Rubin*, ela discute bons hábitos e felicidade com sua irmã, Elizabeth Craft (elas foram chamadas de "Click e Clack* dos podcasters"). O podcast foi eleito um dos "Melhores Podcasts de 2015" do iTunes e um dos "Melhores Podcasts de 2016" pela Academy of Podcasters. A *Fast Company* incluiu Gretchen na lista de "Pessoas Mais Criativas dos Negócios", e ela integra a "SuperSoul 100" de Oprah.

Que livro (ou livros) você mais deu de presente e por quê? Ou nomeie de um a três livros que mais influenciaram sua vida.

Com frequência dou o livro *Uma linguagem de padrões*, de Christopher Alexander. Não sou uma pessoa visual, mas esse livro me ensinou a ver o mundo ao redor de

* Referência a Tom e Ray Magliozzi, conhecidos como "Click and Clack, the tappet Brothers", que apresentavam o programa de rádio "Car Talk", na NPR. (N da T)

uma forma completamente nova. É um modo brilhante de analisar as experiências e as informações. É inesquecível.

Qual foi o melhor ou mais valioso investimento que você já fez?

Investi em três monitores de mesa. Eu temia que ter mais de um monitor me deixasse confusa e nervosa, mas ter três monitores aumentou muito meu foco e minha eficiência no processamento das informações. Consigo fazer uma busca com facilidade enquanto escrevo, ou copiar informações da internet para um texto que eu esteja redigindo, ou responder a um e-mail enquanto consulto um documento.

Nos últimos cinco anos, que nova crença, novo comportamento ou hábito mais impactou positivamente sua vida?

Hoje, cumpro religiosamente a dieta "low-carb". Parei de comer açúcar e alimentos ricos em carboidratos, como farinha, arroz e vegetais ricos em amido. Enfim, superei o vício em açúcar. Que alívio! Mudar esse hábito fez uma diferença incrível na minha saúde e na sensação de bem-estar.

Fui convencida a adotar a dieta "low-carb" quando li *Por que engordamos*, de Gary Taubes. Depois de ler, da noite para o dia, mudei quase tudo na minha alimentação. Por exemplo, hoje meu café da manhã consiste em três ovos mexidos (com as gemas) e algum tipo de carne (bacon, peru, o que quer que eu tenha na geladeira).

Há algum hábito incomum ou algo absurdo que você ame?

Sou uma grande fã da literatura infantil e infanto juvenil. Faço parte de três clubes do livro em que discutimos literatura infantil (nenhuma criança participa) e tenho um quarto no meu apartamento com uma amostra da minha amada coleção de livros.

Fiz uma lista das minhas 81 obras favoritas da literatura infantil — que prazer tive em fazer essa lista! Se tivesse que listar só três livros, eu trapacearia e listaria os nomes de três autores que escreveram muitos livros que amo: a série Little House, de Laura Ingalls Wilder; os livros de Nárnia, de C. S. Lewis; e os livros Fronteiras do Universo, de Philip Pullman.

"É provável que o problema tenha desaparecido em um ano, mas minha reputação por como lidei com ele persistirá."

WHITNEY CUMMINGS
X/IG: @whitneycummings
whitneycummings.com

WHITNEY CUMMINGS é comediante, atriz, escritora e produtora e mora em Los Angeles. Ela é a produtora executiva e, junto com Michael Patrick King, criadora da série *2 Broke Girls*, indicada ao Emmy. Já contracenou com comediantes como Sarah Silverman, Louis C. K., Amy Schumer, Aziz Ansari, entre outros. Seu primeiro especial de standup de uma hora, *Money Shot*, estreou no Comedy Central em 2010 e foi indicado ao American Comedy Award. Seu segundo especial de standup, *I Love You*, estreou no Comedy Central em 2014, e o último especial, *I'm Your Girlfriend*, estreou na HBO em 2016. Whitney é a autora de *I'm Fine... And Other Lies*.

Que livro (ou livros) você mais deu de presente e por quê? Ou nomeie de um a três livros que mais influenciaram sua vida.

Todo o amor do mundo, de Harville Hendrix. Amo o livro, mas detesto o título. É um estudo muito esclarecedor de como nos sentimos atraídos por pessoas que têm as características negativas da principal figura da nossa criação. Foi muito elucidativo considerando em torno de quem eu estava gravitando no trabalho e na vida pessoal. Ele me ajudou a tomar decisões melhores nos relacionamentos e contratações, o que acabou me economizando muito tempo e me ajudou a ser mais eficiente. Impactou meu autoconhecimento e me fez escolher melhor os funcionários e colegas de trabalho.

The Fantasy Bond, de Robert W. Firestone. Esse livro me ajudou a entender como as defesas psicológicas funcionam, o que me deu o poder para desarmar as minhas e adotar uma maneira mais honesta e produtiva de lidar com conflitos. Ele ajuda a impedir que a infância continue atrapalhando a vida adulta.

Como as mulheres pensam, de Louann Brizendine. Gostei tanto desse livro que fiz um filme sobre ele, pois acho que deveria ser um requisito para todos entenderem como os mecanismos neuroquímicos funcionam e como às vezes podemos ser marionetes dos nossos cérebros primitivos. Ele me ajudou a dominar um entendimento básico de química, hormônios e da amídala, o que me deu paciência para comigo mesma e para com os outros. Isso é algo inestimável quando lidamos com decisões difíceis ou conflitos. Também me deu uma grande sensação de liberdade de poder diferenciar uma reação neuroquímica de um sentimento legítimo.

Que aquisição de até 100 dólares mais impactou positivamente sua vida nos últimos seis meses (ou nos últimos tempos)?

Um cobertor pesado. Não sou especialista na explicação científica por trás de como ele funciona, mas a "pressão do toque profundo" ajuda o corpo a liberar mais serotonina. Quando estou ansiosa, estressada ou não consigo dormir, o uso e logo me sinto mais calma.

[Um modelo do qual Whitney gosta é o cobertor pesado grande da Weighted Blankets Plus LLC.]

Se você pudesse colocar um outdoor gigante em qualquer lugar exibindo qualquer coisa, o que seria e por quê?

"Voe alto." Em qualquer situação, não consigo controlar nada, exceto a minha reação e contribuição, então esse mantra me ajuda a não me exaurir com reações irracionais aos problemas. É provável que o problema tenha desaparecido em um ano, mas minha reputação relativa a como lidei com ele persistirá. Contanto que eu consiga lidar com uma situação com graça, em geral saio ganhando e não desperdiço energia e tempo valiosos me sentindo culpada ou remoendo o que aconteceu. No meu trabalho criativo, "voe alto" é um lembrete para sempre buscar a excelência, não importa o quanto eu esteja cansada ou quão tarde esteja. Se você ficar sem tempo, peça mais. Nunca se contente com o "bom o bastante".

Qual foi o melhor ou mais valioso investimento que você já fez?

Resgatei um cavalo e três cachorros. Após anos experimentando antidepressivos, meditação, hipnose e várias formas de terapia, percebi que, para mim, os animais são a forma mais fácil de me sentir calma, centrada e presente. Eles também me ensinaram incontáveis e inestimáveis lições sobre limites, constância e disciplina que aplico todos os dias ao trabalho e aos relacionamentos. Eles são o melhor remédio que já encontrei até agora para aumentar o desempenho.

Há algum hábito incomum ou algo absurdo que você ame?

Deitar na terra. Faço muito isso com meu cavalo e meus cachorros. Há algo de muito libertador em se sujar, pois, se já está sujo, você não precisa ter medo de se sujar.

Nos últimos cinco anos, que nova crença, novo comportamento ou hábito mais impactou positivamente sua vida?

Terapia com equinos e adestramento de cachorros estão entre os primeiros, mas vou ter que ficar com as listas de gratidão. Todas as manhãs, me obrigo a escrever uma lista de gratidão, não importa quão ocupada esteja, ou se não estou com vontade. Às vezes, pode parecer bobo e redundante, mas reduziu meus pensamentos negativos. Ajudou a fortalecer os músculos que se concentram no que vai bem e em como tenho sorte, o que me ajuda a ser mais produtiva, criativa e focada. O resultado é um tipo de liberdade mental que é difícil explicar. A negatividade costumava me consumir e exaurir, então, agora, tenho mais energia. É tão fácil para os perfeccionistas se concentrarem no que está errado, e encontrar falhas é grande parte do meu trabalho, mas, em geral, o pensamento negativo era um grande obstáculo para a criatividade. Além disso, tatuagens brancas! Tenho pequenas mensagens tatuadas nos meus braços, mas ninguém as vê, só eu.

Que conselho você daria a um universitário inteligente e aplicado prestes a entrar no "mundo real"? E quais conselhos ele deveria ignorar?

Meu conselho é descobrir algum tipo de elemento solidário em qualquer ocupação que você adotar, seja um motivo benevolente ou uma doação literal de lucros no estilo Blake Mycoskie. Se está lendo livros como este, é provável que você se torne bem-sucedido, mas descobri que tudo parece sem sentido quando não se está de algum modo ajudando as pessoas ou a humanidade a melhorar. Em vez de se esforçar para ser CEO ou empreendedor, esforce-se para ser um herói. Precisamos de mais heróis.

Que dicas ruins você costuma ouvir na sua profissão ou especialidade?

"Faça networking." Nas áreas criativas, acho que o networking na maioria dos casos acaba prejudicando. Não desperdice tempo socializando com pessoas que você acha que podem ajudá-lo. Apenas se aperfeiçoe, e as oportunidades surgirão naturalmente assim que você merecer. Concentre-se apenas nas coisas que pode controlar. E, se não sabe quais são essas coisas, encontre alguém que possa lhe dizer. Não faça networking, só trabalhe.

Nos últimos cinco anos, a que você começou a dizer não com mais facilidade?

Hoje, digo não a quase tudo, graças à terapia que fiz por causa de algo chamado codependência, que é um condicionamento neurológico que me torna incapaz de tolerar o desconforto, ou o que vejo como desconforto, dos outros. Reprogramei meu cérebro quase completamente, e, como resultado, não faço mais qualquer coisa por culpa, pressão ou obrigação. Também me esforcei para me livrar da vergonha de não ser "divertida" e do "medo de ficar de fora", que drenava muito a minha energia. Ela me forçava a ir a eventos aos quais não tinha tempo de ir e que não me serviam em nada.

Um resultado óbvio disso é a redução das redes sociais. Uso o aplicativo Freedom para reduzir o tempo que passo em redes sociais. Elas não só são muito prejudiciais à saúde e causam dependência, como também dão ao meu cérebro de lagarto a sensação de que estou ficando de fora ou para trás, o que costumava despertar medos profundos. E o medo, obviamente, é irritante e exaustivo. Falando em coisas irritantes e exaustivas, também deixei de seguir muitos amigos e colegas próximos nas redes sociais, o que tornou nossos relacionamentos muito mais fortes e produtivos, respectivamente.

Quando se sente sobrecarregada ou desconcentrada, o que faz?

A partir das fotos que tenho no celular, criei um álbum chamado "calma". Tenho fotos e vídeos de animais, fotos engraçadas, memes, citações inspiradoras, artigos sobre neurologia, listas de gratidão, todos os tipos de coisas que me fazem sorrir e me reconectar à fonte. É como o meu museu zen pessoal. De verdade, acho que eu ficaria muito mais constrangida se algum hacker vazasse esse álbum do que qualquer nude do meu celular, mas o risco vale a pena. Quando estou com uma carga muito grande de adrenalina, distraída, emotiva ou ansiosa, acesso o álbum, e ele sempre me reequilibra; ele me lembra do que é importante e do que é temporário. É muito útil no trabalho, pois consigo acessá-lo quando estou com outras pessoas, durante viagens e em momentos em que não tenho acesso ao luxo de um quarto tranquilo ou uma caminhada. Ah, e primeiro coloco meu celular no modo avião para não receber mensagens ou e-mails enquanto tento encontrar a sanidade tirada por eles.

CITAÇÕES QUE ESTÃO NA MINHA CABEÇA

(Tim Ferriss: 9 de junho – 16 de junho de 2017)

"Quando seu parceiro de treino te arranha ou te dá uma cabeçada, você não faz birra, ou protesta, ou passa a vê-lo com suspeita, ou como alguém que está tramando contra você. Ainda assim, fica de olho nele, não como um inimigo ou com suspeita, mas com um cuidado saudável... Devemos agir dessa forma com todas as coisas na vida. Devemos relevar muitas coisas de quem está treinando conosco. Pois, como eu disse, é possível evitar algo sem suspeita ou ódio."

– MARCO AURÉLIO

Imperador romano e filósofo estoico, autor de *Meditações*

"O boxe é um esporte de autocontrole. Você precisa entender o medo para poder manipulá-lo. O medo é como fogo. Você pode usá-lo a seu favor: ele pode aquecê-lo no inverno, cozinhar sua comida quando está com fome, fornecer luz quando está no escuro e produzir energia. Se você abrir mão do controle, ele pode machucá-lo ou até matá-lo... O medo é amigo das pessoas excepcionais."

– CUS D'AMATO

Lendário treinador e empresário do boxe norte-americano

(Mike Tyson, Floyd Patterson, José Torres etc.)

"Liberte-se para tentar tudo. As melhores ideias são revolucionárias."

RICK RUBIN

RICK RUBIN já foi chamado de "o produtor [musical] mais importante dos últimos vinte anos" pela MTV. O currículo de Rick inclui uma gama de artistas, de Johnny Cash a Jay-Z. No metal, seus artistas incluem grupos como Black Sabbath, Slayer, System of a Down, Metallica e Rage Against the Machine. Ele trabalhou com artistas pop como Shakira, Adele, Sheryl Crow, Lana Del Rey e Lady Gaga. Também foi reconhecido por ter ajudado a popularizar o hip-hop com artistas como LL Cool J, The Beastie Boys, Eminem, Jay-Z e Kanye West. Acredite ou não, isso é só a ponta do iceberg.

Que livro (ou livros) você mais deu de presente e por quê?

O livro que mais dei de presente foi a tradução de Stephen Mitchell do *Tao Te Ching*: a sabedoria taoista antiga aplicada a tudo. Ele pode ser lido em diferentes etapas da vida e sempre que é revisitado assume novos significados.

A sabedoria que ele contém é atemporal: como ser um bom líder, uma boa pessoa, um bom pai, um bom artista — como ser bom em tudo. É uma linda leitura que desperta pontos do cérebro de uma forma muito agradável.

Outro é *Wherever You Go, There You Are*, de Jon Kabat-Zinn. É um livro maravilhoso de 1994. A beleza dele é que consegue despertar em alguém que não medita o desejo de adotar o hábito. [Ao mesmo tempo], você pode ter passado a vida inteira meditando, ter lido sobre a meditação e ainda assim aprender muito com a leitura. Só de pensar nele agora me dá vontade de relê-lo.

Um terceiro livro é *The Paleo Solution*, de Robb Wolf. Sempre o dou aos amigos, pois me ajudou muito a saber o que é saudável comer e como nossos organismos processam alimentos diferentes. Há uma série de informações equivocadas sobre alimentação por aí. Fui vegano por duas décadas por causa dessas informações. Esse livro facilita fazer boas escolhas ao ensinar os perigos de muitos alimentos amplamente disponíveis e com frequência divulgados como saudáveis. É um livro muito claro e divertido de ler, e, na minha opinião, inspira uma vida saudável.

Que aquisição de até 100 dólares mais impactou positivamente sua vida nos últimos seis meses (ou nos últimos tempos)?

O irrigador nasal Nasaline. É uma grande seringa de plástico, parecida com uma bisnaga para rechear peru. Em geral, uso o tubo no chuveiro. Você esguicha água com uma solução salina em uma narina e ela sai pela outra, e em seguida repete o processo. Na maioria das vezes, basta usar uma xícara de água e uma colher da solução, mas uso duas xícaras. Isso não só limpa todo o muco, mas, se fizer todos os dias, ou duas vezes por dia, reduz o revestimento interno dos seios da face, então você passa a ter mais espaço e respira melhor.

Antes, eu tinha problemas para voar e para me adaptar a mudanças de pressão, e câmaras hiperbáricas me davam dor no ouvido. Mas, desde que comecei a usar esse irrigador nasal, não tenho mais problemas.

Alerta: se você se esquecer de colocar o sal, é terrivelmente doloroso.

Outro item, talvez um pouco mais caro do que 100 dólares, foi o HumanCharger, que emite luz nos ouvidos para ajudar a aliviar o jet lag (outros dispositivos emitem luz clara nos olhos, o que pode ser desconfortável e prejudicar a visão). O HumanCharger também pode ser usado para outras coisas, como meditação. Se você precisar estar alerta para uma reunião, um compromisso ou sessão de treino, pode usá-lo no caminho.

De que forma um fracasso, ou fracasso aparente, acabou te levando ao sucesso? Você tem algum "fracasso pessoal" favorito?

O primeiro que me vem à mente é o seguinte: os primeiros álbuns que fiz tiveram muito, muito sucesso. Assim, com base nesses primeiros sucessos, e sendo jovem, presumi que isso aconteceria o tempo todo. Então, na primeira vez que tive um álbum de menos sucesso, foi muito traumático.

Precisei de mais alguns álbuns de sucesso, e alguns sem sucesso, para entender que o triunfo de um projeto muitas vezes não tem nenhuma relação com a sua qualidade. Às vezes, projetos muito bons são fracassos comerciais. Outras vezes, projetos que não foram grandes obras de arte na minha opinião têm mais sucesso comercial.

Há tantos elementos envolvidos em se fazer algo de sucesso — todos os quais estão fora do seu controle. Você só pode executar o projeto da melhor maneira possível para você, mas é impotente em relação à maioria das coisas que acontecem depois disso. Mesmo que você faça o melhor que puder em termos de marketing e divulgação, não tem controle sobre a reação das pessoas.

Ver um álbum que eu acreditava ser muito bom não se sair comercialmente bem me ensinou a realidade dos altos e baixos de um trabalho honesto, lição que carrego comigo desde então.

Se você pudesse colocar um outdoor gigante em qualquer lugar exibindo qualquer coisa, o que seria?

"Escolha a paz."

Qual foi o melhor ou mais valioso investimento que você já fez?

Quando eu tinha 14 anos, sentia dor no pescoço, e meu pediatra sugeriu a meditação transcendental. O tempo que passei meditando desde então foi o meu investimento mais lucrativo.

O fato de ter acumulado esse reservatório em uma idade na qual tinha muito mais tempo livre me mudou de modo significativo para melhor. Teve uma grande influência em quem sou e em tudo que faço.

Alguns dos efeitos mais específicos que isso teve na minha vida incluem a capacidade de me concentrar — de ter tranquilidade mental. Também é uma forma de se desligar de si mesmo e enxergar as coisas como são, sem a narrativa que atribuímos a elas.

Quando eu estava na faculdade, parei de meditar e voltei pouco depois de me mudar para a Califórnia. Foi nesse momento que percebi o impacto que a meditação tinha sobre mim. Quando recomecei, foi tão familiar. Eu era como uma planta que não sabia que precisava de água, mas, uma vez regada, simplesmente sugou todos os nutrientes. Parecia uma parte tão certa e integral da vida. E eu tive muita sorte por um dia ter começado a meditar.

Há algum hábito incomum ou algo absurdo que você ame?

Sempre fui fã da luta profissional. É uma arte performática incrível, não muito diferente do que Steve Martin, Andy Kaufman e o Monty Python fazem. Ela usa as particularidades de um evento esportivo para fazer grandes analogias à existência e ao coração humano.

Nos últimos cinco anos, que nova crença, novo comportamento ou hábito mais impactou positivamente sua vida?

Faz pouco mais do que cinco anos, mas o movimento e os exercícios melhoraram muito a minha vida. Eu era sedentário antes disso. Comecei a praticar standup paddle, treinar com pesos, fazer exercícios na praia ou na piscina, treinar com contraste de sauna e gelo e ter diferentes experiências físicas. Antes de tudo isso, nunca tinha tido experiências físicas. Isso me ajudou a estar no meu corpo, e não na cabeça. [Observação de Tim: Rick perdeu mais de 45 quilos a partir do máximo de peso a que já chegou. Ele costuma se exercitar no mesmo grupo que Neil Strauss (página 113).]

Que conselho você daria a um universitário inteligente e aplicado prestes a entrar no "mundo real"? E quais conselhos ele deveria ignorar?

Eu diria pra ignorar a maioria das coisas que aprendemos na escola e todos os padrões aceitos. Liberte-se para experimentar de tudo. As melhores ideias são revolucionárias.

Se você está procurando sabedoria, tente encontrá-la em pessoas que já a praticaram mais do que em pessoas que ensinam. Faça muitas perguntas.

Além disso, concentre-se em algo que ame, pois terá uma chance muito maior de alcançar o sucesso fazendo algo que ame, e, com ou sem sucesso, sua vida será melhor. Então, você jamais perderá por se dedicar àquilo que ama.

E trabalhe muito. Sinto-me muito sortudo e abençoado na vida e sei que isso se deve ao fato de eu ter mergulhado de cabeça no que estava fazendo. Passei todas as horas em que estava acordado, todos os dias, saboreando o que fazia e vivendo isso. De certa forma, não era um trabalho, pois era a minha vida como um todo. Em retrospecto, talvez eu tenha perdido muita coisa por causa disso, mas você precisa dar para receber.

Refletindo um pouco, talvez seja disso que precisamos para começar algo, mas não necessariamente para mantê-lo. Então, quando você começa uma coisa nova, não tem problema fazê-la sem pensar na sustentabilidade. Assim que alcançar o sucesso, você pode se dedicar a descobrir como continuar. São dois manuais diferentes.

Que dicas ruins você costuma ouvir na sua profissão ou especialidade?

Tudo relacionado ao sucesso comercial. Tudo relacionado a testar coisas, fazer pesquisas de opinião ou procurar o ponto de vista do público sobre o trabalho para poder mudá-lo. Qualquer coisa que sugira um caminho seguro ou uma situação estável, sobretudo no início.

Quando você começa a fazer uma coisa, é provável que esteja tentando mapear um território desconhecido, e é bom fazer muitas perguntas a pessoas da indústria e aprender com elas. Contudo, lembre-se de que, quando as pessoas lhe dão conselhos, baseiam-se em suas capacidades, experiências e perspectivas pessoais. Portanto, saiba que, quando receber conselhos de especialistas, com frequência eles estarão lhe contando sobre a própria jornada, e cada jornada é única.

Isso não quer dizer que você não deve ouvir a sabedoria dos outros, mas ponderá-la e se perguntar: "Isso combina mental e fisicamente comigo?" Algumas pessoas passam por situações abusivas para conseguirem o que acreditam querer e podem perder a alma no processo.

Cada um que faz uma dessas jornadas segue um caminho diferente. Não é: "Bem, quando você chegar à esquina, vire à esquerda." Na verdade, se você está bem no mesmo caminho, há algo errado. Não deve ser o mesmo caminho. Você precisa se conectar consigo mesmo para saber o que funciona para si.

Nos últimos cinco anos, a que você começou a dizer não com mais facilidade?

Não sei se consigo responder a essa. Acho que não sou muito bom em dizer não.

Quando se sente sobrecarregado ou desconcentrado, o que faz?

Tento fazer um intervalo. Faço uma caminhada ou alguma outra coisa para desanuviar a mente. Podem ser exercícios de respiração alternada pelas narinas, meditação ou algo físico. Nem sempre me lembro de fazer essas coisas, mas, quando lembro, funciona de verdade.

Acho que talvez a coisa mais importante para lembrar quando fico sobrecarregado é não sentir a necessidade de continuar e forçar. Não beneficiará qualquer que seja o projeto em que eu esteja trabalhando. É quase sempre melhor fazer um intervalo.

"Esteja presente."

RYAN SHEA
X: @ryaneshea
shea.io

RYAN SHEA é um dos criadores do Blockstack, uma nova internet descentralizada em que os usuários controlam seus dados e aplicativos rodam sem servidores remotos. Com o cofundador, Muneeb Ali (página 461), a Blockstack levantou financiamento de grandes investidores como a Union Square Ventures e Naval Ravikant (página 52). Ryan se formou em engenharia mecânica e aeroespacial em Princeton com especialização em ciência da computação. Depois de ter se formado, ele começou a trabalhar em startups tecnológicas, foi incluído na lista da *Forbes* "30 under 30", passou pela Y Combinator e criou várias bibliotecas de código aberto em criptografia e blockchain.

Que livro (ou livros) você mais deu de presente e por quê? Ou nomeie de um a três livros que mais influenciaram sua vida.

Sapiens, de Yuval Noah Harari (página 540)
O alquimista, de Paulo Coelho
Nevasca, de Neal Stephenson (página 463)
The Sovereign Individual, de James Dale Davidson e Lord William Rees-Mogg

Se você pudesse colocar um outdoor gigante em qualquer lugar exibindo qualquer coisa, o que seria e por quê?

"Esteja presente." É muito difícil para quase todos nós, e às vezes precisamos de um lembrete. O ato de estar presente *versus* estar preocupado com o passado ou com o futuro pode ter um impacto maciço na felicidade.

Quando se sente sobrecarregado ou desconcentrado, o que faz?

Costumo levantar peso, sair para correr, fazer uma massagem, ler um livro ou assistir a um filme.

Meus exercícios em geral têm três fases: primeiro, três ou quatro séries de supino, agachamento ou levantamento terra. Para cada série, tento fazer dez repetições variando de 70% a 85% da minha repetição máxima. Em seguida, faço três ou quatro superséries de (a) entre quinze e vinte repetições de puxada alta e mergulhos, ou (b) dez repetições de exercícios para o peitoral e extensão de tríceps, ou (c) dez repetições de serrote, elevação lateral e frontal. Por último, faço exercícios para força, que incluem ou (a) quatro séries de pranchas de um minuto, alternadas com quatro séries de abdominais, elevações de perna, canivetes e bicicleta no ar, ou (b) uma série de abdominais, pranchas, pranchas laterais e flexões com bola, seguida de três séries de inclinações laterais.

Qual foi o melhor ou mais valioso investimento que você já fez?

Em 2016, comecei a anotar resoluções para o mês novo [em vez de resoluções para o ano-novo]. Eis algumas:

Julho: Ler todo dia
Agosto: Não assistir à TV nem a filmes
Setembro: Não consumir laticínios
Outubro: Não consumir glúten
Novembro: Meditar diariamente
Dezembro: Não consumir notícias nem usar redes sociais

Como você pode ver, alguns meses foram de eliminação e outros foram focados no comportamento diário. Os meses de eliminação foram interessantes, pois cheguei ao fim de cada um menos dependente daquilo que eliminei. Hoje, assisto a menos TV e filmes, como menos pão e glúten e ainda bloqueio as notícias e redes sociais. A única coisa que voltei a consumir foram os laticínios, porque optei por mantê-los.

Os meses focados em comportamentos diários foram interessantes, porque me deram a possibilidade de manter certos comportamentos. Ainda medito todo dia e, embora não leia diariamente, o faço com uma frequência próxima disso.

Até agora, minhas experiências favoritas foram eliminar notícias e redes sociais, fazer exercícios e ler todo dia, eliminar a TV e os filmes e acordar às 7h30 todas as manhãs.

"Tento ser um otimista realista: sou muito pragmático no que diz respeito ao momento atual, mas extremamente otimista em relação ao futuro."

BEN SILBERMANN
PI/X: @8en
pinterest.com

BEN SILBERMANN ajuda milhões de pessoas a colecionarem coisas que amam como cofundador e CEO do Pinterest. Ben cresceu em Iowa, onde passava boa parte do tempo colecionando insetos, o que não surpreende. Antes do Pinterest, lançado em março de 2010, Ben trabalhou no grupo de anúncios do Google. Ele se formou em ciências políticas em Yale no ano de 2003, mora em Palo Alto, Califórnia, com a esposa e o filho.

Há algum hábito ou algo incomum ou absurdo que você ame?
Você já viu o blog *Wait But Why?* [escrito por Tim Urban, página 61]. Eles têm um gráfico das semanas da sua vida.

Tenho um gráfico na parede com caixas representando todos os anos da minha vida: dez anos de largura e nove fileiras de altura. E há coisas marcadas nele, como a expectativa de vida em média nos Estados Unidos. Sempre achei legal, pois coloca o tempo em formato visual, e sou uma pessoa visual. Mesmo na empresa, toda semana, mostro aos funcionários uma representação visual da semana atual só para lhes lembrar de que toda semana importa. Eu não achava que o meu gráfico fosse estranho, mas em janeiro o mostrei à minha equipe, pensando que eles iriam achá-lo inspirador e estimulante. Mas as pessoas reagem à mortalidade de maneiras muito diferentes. Foi a pior reunião que já tive.

Acho que eles não entenderam o que eu estava tentando transmitir. Algumas pessoas veem-no como "Ei, cada ano é muito empolgante e valioso", enquanto outras reagem com "Uau, vou morrer". Não deu muito certo, então não mostro mais o gráfico.

Experiência malsucedida.

De que forma um fracasso, ou fracasso aparente, acabou te levando ao sucesso?

Direi o seguinte, e não é exatamente uma resposta para a pergunta, mas é como penso. Tanto meu pai quanto minha mãe, minhas duas irmãs e muitos amigos são médicos. Uma coisa que sempre me impressionou é como leva um mínimo de doze anos para alguém se tornar um médico, e mesmo então você será um médico de baixo nível. Uma coisa que é diferente onde moro hoje [Vale do Silício] é que as pessoas costumam medir tudo em períodos de tempo muito curtos, como um ou dois anos. Muitas profissões presumem que você levará entre oito e dez anos só para alcançar o nível mínimo de competência necessária para começar a exercê-las.

Isso me ajuda muito quando estou trabalhando em algum projeto, pois muitas coisas dão errado aqui e ali, mas se você presumir que tudo que vale a pena levará entre cinco e dez anos, os contratempos não parecem tão ruins.

Por exemplo, saí do Google em 2008 para fundar uma companhia, e as duas ou três primeiras coisas que tentei não deram certo. O Pinterest foi lançado em 2010. Ele só começou a ter um crescimento considerável um ou dois anos depois e decolou de verdade por volta de 2012. Isso é um período de quatro anos em que as coisas *não* foram maravilhosas, mas eu pensava: "Não é tanto tempo. É como a faculdade de medicina antes de você chegar à residência."

Que livro (ou livros) você mais deu de presente e por quê? Ou nomeie de um a três livros que mais influenciaram sua vida.

Os anjos bons da nossa natureza, de Steven Pinker (página 468). A maioria das notícias é sobre coisas que estão dando errado. Isso pode ser desanimador e fazer as pessoas se sentirem impotentes. Esse livro olha mais adiante e exibe o declínio ocorrido na violência a longo prazo.

Sal, gordura, ácido e calor: os elementos da boa cozinha, de Samin Nosrat (página 23). Gosto de cozinhar, e esse livro me ensinou muito sobre o básico do sabor e da técnica culinária. Ele me ajudou a me sentir mais confiante ao cozinhar sem receita.

Qual foi o melhor ou mais valioso investimento que você já fez?

Nunca frequentei uma academia até dois anos atrás. Isso se deve em parte à preguiça, em parte à intimidação.

Não acho que exista um único momento em que a ficha cai. Simplesmente refleti: "Vou ser o tipo de cara que não se exercita *nunca*? Ou não? E se a resposta for 'não', por que não agora?" Esse foi o raciocínio, não tive uma crise médica ou nada disso. É uma das coisas que sempre achei que estava adiando. Então, comecei a ir à academia e percebi que não tinha ideia do que fazer. Foi por isso que arranjei treinadores e investi neles por um ano. Eu só cheguei à academia e perguntei: "Vocês têm algum treinador?" Não pensei muito no indivíduo, mas o benefício foi que, como era um compromisso e eu estava pagando por ele, tornou-se mais difícil não ir.

Era uma despesa não reembolsável, e havia uma pessoa para quem eu precisava mandar uma mensagem dizendo "Hoje eu não vou", o que é um tipo diferente de responsabilidade. Isso me ajudou a superar a preguiça inicial de estabelecer uma rotina de exercícios. Se exercícios regulares pudessem ser engarrafados, seria um remédio milagroso. Basicamente, tudo na vida melhora quando você encontra tempo para se exercitar com regularidade.

Acho que muitas pessoas no Vale do Silício serializam a vida. Elas pensam: "Primeiro, vou fazer faculdade. Depois, abrir uma startup. Então, vou ganhar dinheiro. Aí, vou fazer X." Há certa lógica nessa [abordagem], mas a maioria das coisas mais importantes precisa ser processada paralelamente, como os relacionamentos e a saúde, pois você não pode compensar o tempo que passou adiando algo. Você não pode passar quatro anos negligenciando a esposa e então dizer: "Certo, agora vêm os anos da minha esposa." Relacionamentos não funcionam assim, e nem saúde ou forma física... Encontrar um sistema para que as coisas que você precisa fazer o tempo todo aconteçam, mesmo que dedique um foco desproporcional a algo, é muito importante. De outro modo, você acabará sozinho e doente no futuro.

Que aquisição de até 100 dólares mais impactou positivamente sua vida nos últimos seis meses (ou nos últimos tempos)?

Não é muito original, mas gosto muito dos fones de ouvido AirPods da Apple. Eles são sem fio e não descarregam. Gostei mais deles do que esperava.

Que dicas ruins você costuma ouvir na sua profissão ou especialidade?

Acho que a ideia de que você aprende mais com o fracasso está errada. É algo bom de se dizer para as pessoas se sentirem melhores, mas sempre que você quer aprender a fazer algo bem, começa estudando pessoas que já são muito boas. Você não estuda todos os corredores medianos para aprender a correr rápido; você estuda o melhor. Há muitas razões para as coisas darem errado, mas seu trabalho é fazê-las darem certo.

Não estou dizendo que é uma coisa ou outra. É óbvio que quando algo dá errado você deve aprender o máximo com isso e pensar no que poderia ter feito melhor. Em virtude do modo como processamos o fracasso, essas lições terão um impacto emocional mais duradouro. A maioria das pessoas tem uma aversão muito pesada ao fracasso.

Acho ótimo fazer as pessoas se sentirem seguras para correr riscos, mas isso foi distorcido para fazê-lo acreditar que você deve extrair todas as lições de coisas que não funcionaram, e não estudar as pessoas que estão se saindo muito bem.

[Esse foco exagerado no fracasso] se infiltra em tudo. Preciso dizer aos meus gerentes: vocês precisam se concentrar nas pessoas mais eficientes da equipe, não só nos problemas.

Nos últimos cinco anos, a que você começou a dizer não com mais facilidade? Que novas descobertas e/ou abordagens ajudaram?

Continuo não sendo muito bom nisso, mas sei que o tempo é algo que nunca se recupera, que ninguém consegue recriar.

Não tenho nenhum discurso especial. Tento dizer a verdade às pessoas, e as pessoas me surpreendem com sua compreensão. Posso dizer algo como: "Eu gostaria muito de poder, mas neste momento estou tentando me concentrar em [projeto XYZ] e espero que entenda. Realmente espero que possamos nos conectar no futuro." Talvez elas apenas optem por não demonstrar que estão chateadas, mas as pessoas são mais compreensivas do que imaginava. Na minha cabeça, consigo vê-las jogando o laptop para cima e gritando "Que idiota!", mas acho que entendem.

Quando se sente sobrecarregado ou desconcentrado, o que faz?

Primeiro, saio para uma caminhada; segundo, tento escrever tudo que está acontecendo para poder tirar da cabeça e observar. Às vezes, a mente fica presa em pequenos nós e não consegue progredir. Para mim, é útil escrever tudo e refletir visualmente sobre o que é importante.

Não é nada muito estruturado. Posso escrever: "É isto que está na minha cabeça..." e colocar o que quer que seja no papel. Em seguida, tento dar um passo atrás e me perguntar: "Certo, o que está acontecendo aqui? Isso importa?" Há uma lição a ser extraída da forma como as companhias estabelecem objetivos para períodos de tempo diferentes: o que importa nesta semana, neste mês, neste ano, em dez anos... Acho que as pessoas acabam enlouquecendo quando acumulam coisas a longo prazo a partir do que querem fazer no médio ou longo prazo.

No final das contas, o que de fato importa para você? Se você conseguir responder a essa pergunta, pode usar engenharia reversa para chegar ao objetivo.

Nos últimos cinco anos, que nova crença, novo comportamento ou hábito mais impactou positivamente sua vida?

Parece meio cafona, mas comecei a escrever um diário de gratidão. Se você [tem o hábito de escrever] as coisas pelas quais é grato, parte do cérebro concentra-se constantemente nessas coisas, e você se sente mais feliz. É algo absurdo em sua simplicidade.

Reservo um momento do dia para escrever uma coisa. Às vezes, pulo um dia; não sou perfeito nisso. Sempre digo à minha equipe que tento ser um otimista realista: sou muito pragmático no que diz respeito ao momento atual, mas extremamente otimista em relação ao futuro. Acho que é importante transmitir otimismo para uma equipe em vez de nos concentrarmos só nos problemas. Alguém certa vez me disse "Se você só falar com os outros sobre problemas, logo vai se tornar um problema para elas", e concordo com isso. Agora, tento reservar espaço e tempo para dizer "Isto está indo muito bem..." ao passo que, quando comecei a gerenciar pessoas, a abordagem era mais "O que precisamos resolver hoje?".

Uso um caderninho que comprei no Office Depot ou em algum outro lugar. Não é nada descolado, é mais o hábito. Mas quero comprar aquele diário cult japonês que todos os designers usam, um Hobonichi Techo. É o tipo de coisa que você vê no Japão: um caderno transformado em arte de alto nível. Talvez no ano que vem...

"Ninguém é qualificado para lhe dizer como vivenciar o mundo."

VLAD ZAMFIR
X: @VladZamfir
Medium: @vlad_zamfir
vladzamfir.com

VLAD ZAMFIR é arquiteto blockchain e pesquisador na Ethereum, trabalhando na eficiência e na escalabilidade da arquitetura. Ele se interessa por soluções de governança e privacidade e também foi a primeira pessoa a me apresentar ao absurdismo. É colaborador frequente do Medium e vive na Antártica (ou, pelo menos, é o que quer que acreditemos).

Que livro (ou livros) você mais deu de presente e por quê? Ou nomeie de um a três livros que mais influenciaram sua vida.

Introdução à filosofia da matemática, de Bertrand Russell
Complexity and Chaos, do dr. Roger White
The Lily: Evolution, Play, and the Power of a Free Society, de Daniel Cloud

Se você pudesse colocar um outdoor gigante em qualquer lugar exibindo qualquer coisa, o que seria e por quê?

"Ninguém é qualificado para lhe dizer como vivenciar o mundo." Acho que essa frase ajuda muito as pessoas a pensarem por conta própria mais do que qualquer outra. Não sei ao certo por quê. Essa citação é do meu amigo Tom.

Há algum hábito incomum ou algo absurdo que você ame?

Amo ser muito meticuloso com o uso da palavra "absurdo". Um exemplo: por absurdo, você quis dizer "ridículo", e não "autodestrutivo" ou "fútil". Em geral uso o termo com o segundo sentido, "fútil", e tenho o hábito incomum de apontar isso sempre que alguém usa a palavra informalmente.

De que forma um fracasso, ou fracasso aparente, acabou te levando ao sucesso? Você tem algum "fracasso pessoal" favorito?

Meu "fracasso favorito" acabou me levando a descobrir o absurdismo. Cometi o erro de levar as coisas muito a sério e acabei magoando alguém de quem gostava muito.

Devo mencionar que "absurdidade" e "racionalidade" não são questões binárias, e tampouco quantitativas. Em vez disso, existe uma realidade precisa de quais comportamentos e intenções são razoáveis ou absurdos em qualquer contexto. Ainda assim, pensar nelas de uma forma binária ou quantitativa é muito útil.

O absurdismo oferece uma filosofia clara para o fracasso: ou a intenção foi absurda, ou a estratégia não foi razoável, ou foi razoável, mas não foi executada de forma correta.

Muitas vezes é difícil saber se o que estou tentando fazer é impossível, ou se existe algum comportamento razoável que eu ainda não tenha cogitado, ou se estou tentando o comportamento certo, mas sem habilidade o suficiente.

Se eu tiver certeza de que minha atenção é absurda, então desisto. Deliberadamente, se precisar. Se eu achar que não é absurda, continuo experimentando estratégias que considere razoáveis e praticarei estratégias que acredito muito serem razoáveis, isso se eu de fato me importar em cumprir minha intenção.

O absurdismo não é só uma ferramenta para ajudar as pessoas a serem razoáveis. Também é uma crítica ao racionalismo. Ele diz que existem contextos em que ter intenções é algo absurdo, que às vezes a racionalidade é absurda e deve, portanto, ser abandonada. Nesses contextos, não faz sentido decidir o que fazer ou investir o tempo, se com isso você quer dizer "escolher um objetivo que quer alcançar".

Nos últimos cinco anos, que nova crença, novo comportamento ou hábito mais impactou positivamente sua vida?

O absurdismo! Sem dúvida.

Descobri que o absurdismo é muito eficaz para trabalhar com matemática, manter relacionamentos, lidar com a ignorância, argumentar sobre ética, enfrentar a depressão e ter uma vida mais feliz. Sempre que não sei o que fazer, recorro ao absurdismo.

E por "muito eficaz" quero dizer algo bem específico: uma coisa é muito eficaz quando parece útil fora do escopo de suas suposições, fora do escopo do contexto em que/para que foi desenvolvida.

A matemática é muito eficaz porque se aplica a muitos campos que não têm nenhuma relação com a matemática ou com o contexto em que a disciplina foi desenvolvida.

A economia é muito eficaz porque é útil mesmo que as suposições feitas com frequência sejam obviamente falsas: suposições como a racionalidade, a utilidade quadrática, a eficiência e a suposição de que os preços seguem o Movimento Browniano.

A estatística é muito eficaz porque parece útil mesmo quando fazemos suposições falsas, como quando presumimos que as coisas são distribuídas de forma normal, mesmo quando não são. Mas também porque parece funcionar bem ainda que desrespeitemos de propósito as melhores práticas (como quando mudamos os métodos ou hipóteses depois da observação de dados e em seguida fazemos testes com hipóteses).

Usar teorias muito eficazes é muito adequado (na minha opinião) quando não temos estratégias melhores. Há muitas maneiras de isso acontecer, entre as quais a falta de informações, falta de base conceitual ou de compatibilidade com outras ideias, ou por simples conveniência ou interesse.

O absurdismo é muito eficaz porque, de forma aparente, tem pouquíssima relação com qualquer cenário em particular, mas, não obstante (do meu ponto de vista), acaba sendo útil em muitos cenários. Isso fica claro especificamente quando não sei o que fazer.

Tomemos a depressão como exemplo. Acho que a minha depressão em geral vem das intenções que tenho, mas, por alguma razão, não consigo (em alguns casos por falta de motivação) colocar em prática. E, quando estou lutando com o absurdo, faço o máximo para desistir.

Muitas vezes, decido fazer algo, ou um monte de coisas, e depois me culpo por não ter feito nada. Acontece que, com frequência, me culpo ao ponto de entrar em depressão pelo que não fiz. Fico deprimido por não estar fazendo o que acho que deveria fazer.

Aprendi que ajuda simplesmente desistir de tudo que decidi fazer, mesmo que de forma temporária (quando é possível identificar minhas intenções e abandoná-las, o que nem sempre acontece). Depois de ter desistido e decidido que não vou fazer nada das coisas que decidira fazer, quase sempre me sinto aliviado da depressão. Às vezes, isso é tudo de que preciso para começar a trabalhar nas coisas que havia decidido fazer a princípio. Outras vezes, não é o suficiente, e preciso passar um tempo fazendo outras coisas antes de estar pronto. Com frequência, acabo percebendo que essas coisas não são importantes e que vou apenas esquecê-las para sempre.

Qual foi o melhor ou mais valioso investimento que você já fez?

Muito tempo estudando matemática e filosofia compensou e continuará compensando, com (quase) toda certeza.

Questionar a base da estatística bayesiana foi um processo muito valioso.

Reanalisar definições e resultados da impossibilidade na literatura aceita também foi valioso.

Que aquisição de até 100 dólares mais impactou positivamente sua vida nos últimos seis meses (ou nos últimos tempos)?

Uma série de palestras em áudio sobre economia institucional chamada "International Economic Institutions: Globalism vs. Nationalism". Foi interessante/importante para mim porque foram as primeiras informações sobre o design institucional que de fato absorvi. Acho que tenho uma ideia muito melhor sobre "como a sociedade funciona" agora que entendo algo sobre a natureza das instituições. Não que eu possa afirmar entender muito! Tentei "cristalizar" algumas das minhas conclusões, mas não me saí muito bem.

Contudo, em termos práticos, agora consigo pensar com muito mais clareza na governança do blockchain. Consigo enxergar que já temos um punhado de instituições nascentes de governança do blockchain! Compreendo o que significa uma instituição ser mais ou menos formal e mais ou menos tácita/*ad hoc*. Agora, estou bastante aberto à possibilidade de a institucionalização ser um processo completamente racional, em vez de algo motivado pela arrogância.

Quando se sente sobrecarregado ou desconcentrado, o que faz?

Tiro muitos cochilos. Tento não comer carboidratos.

Tento tirar quatro horas só para mim todos os dias. Nem sempre é possível. Tento trabalhar off-line. Medito de vez em quando.

Tento fazer planos que me permitam relaxar mais e concentrar o tempo em coisas mais importantes. Tento não tornar a vida mais complicada do que precisa ser. Isso muitas vezes significa cancelar compromissos, mas vale a pena.

Ainda estou melhorando em tudo isso!

"Muitos anos atrás, seguindo o exemplo da minha esposa na época, Amber O'Hearn, excluí todos os vegetais da minha alimentação..."

ZOOKO WILCOX
X: @zooko
z.cash
ketotic.org

ZOOKO WILCOX é fundador e CEO da Zcash, uma moeda virtual que oferece privacidade e transparência seletiva para as transações. Zooko tem mais de vinte anos de experiência em sistemas abertos e centralizados, criptografia, segurança da informação e startups. Ele é reconhecido pelo seu trabalho na DigiCash, Mojo Nation, ZRTP, "Zooko's Triangle", Tahoe-LAFS, BLAKE2 e SPHINCS. Também fundou a Least Authority, que oferece uma solução de armazenamento de preço acessível, ética, conveniente e duradoura.

Que livro (ou livros) você mais deu de presente e por quê? Ou nomeie de um a três livros que mais influenciaram sua vida.

Good Calories, Bad Calories, de Gary Taubes. Quando ele foi lançado, dez anos atrás, era o estudo definitivo da história e da ciência da nutrição humana no século XX. Além de explorar a história, tornou-se parte dela, já que uma geração inteira de pesquisadores da nutrição foi forçada a assumir um lado: contra ou a favor da tese do livro.

Infelizmente, a maioria das pessoas a quem dei exemplares dele simplesmente não extraiu muito da leitura! Não eram historiadores ou pesquisadores; eram só pessoas que precisavam decidir o que comer todos os dias, e um tomo denso de dados e argumentos científicos não era aquilo de que precisavam. Aprendi que, para nos comunicarmos com as pessoas, precisamos fazer isso na linguagem delas.

De que forma um fracasso, ou fracasso aparente, acabou te levando ao sucesso? Você tem algum "fracasso pessoal" favorito?

Fui um fracasso nos estudos durante a faculdade. Eu era desorganizado, distraído, deprimido e sempre passava raspando, isso na melhor das hipóteses. Eu procrastinava e matava aula. Tinha uma rotina de sono irregular, não fazia exercícios e tinha uma alimentação terrível.

Mas havia uma nova tecnologia que eu amava. Fora inventada por uma startup, e sempre que eu me concentrava o suficiente para fazer qualquer coisa, lia sobre essa tecnologia e trabalhava nos meus projetos de programação relacionados a ela.

Aprendi muito pouco nas disciplinas e acabei sendo expulso da faculdade por reprovar em muitas delas. Implorei por outra chance, e o reitor me readmitiu com relutância. Em retrospecto, teria sido melhor para mim se ele houvesse dito não!

Ainda assim, eu achava que era um objetivo importante — quase um dever — obter um diploma, então perseverei. Quando tive a oportunidade de me candidatar a um estágio como programador naquela mesma startup, a companhia com que eu estava tão empolgado, precisei dizer, com muita tristeza, que não podia, porque primeiro precisava terminar a faculdade.

Em seguida, telefonei para o meu melhor amigo e contei que essa companhia havia me oferecido uma entrevista de emprego: "O que você disse?", perguntou ele.

"Ah", respondi, melancólico, "disse que primeiro precisava terminar a faculdade".

"Só tenho uma pergunta para você", disse ele. "Esse não é exatamente o tipo de oportunidade que você estava esperando?"

"É verdade", respondi. Desliguei e telefonei para a empresa.

Abandonar a faculdade foi uma das melhores decisões da minha vida. Isso não só me colocou no caminho profissional que me levou diretamente aos sucessos mais importantes que tenho hoje, mas, sobretudo, me deu autoconfiança quando comecei a me sair bem no novo emprego.

A tecnologia e a startup eram a DigiCash, uma predecessora das tecnologias financeiras atuais como Bitcoin e Zcash. Entrar para aquela startup me levou de forma direta (em um caminho de vinte anos) para a Zcash.

Nos últimos cinco anos, que nova crença, novo comportamento ou hábito mais serviu para melhorar sua vida?

Muitos anos atrás, seguindo o exemplo da minha esposa na época, Amber O'Hearn, excluí todos os vegetais da minha alimentação. Eu já havia tentado várias versões da dieta "low-carb", mas nunca fora capaz de praticá-la com consistência. Eu era viciado em carboidratos e nunca, nos anos que passei tentando seguir a dieta low-carb, havia conseguido me livrar do vício. Eu também tinha vários problemas de saúde que eram misteriosos e estavam piorando. Os 15 quilos — que estavam aumentando — de gordura pendurada na barriga eram a mais visível das minhas inúmeras enfermidades.

A grande mudança ocorreu quando tentei não praticar "tudo com moderação", e sim eliminar não só todos os carboidratos, mas todos os alimentos baseados em plantas da alimentação. Como Amber já fizera, comecei a comer apenas carne gorda (filé de costela gorduroso, carne moída, costeleta de porco, salmão suculento etc.) Os primeiros quatro dias foram um tormento de "abstinência de carboidratos" e desejos compulsivos, mas no quinto dia acordei com uma sensação estranha: a de libertação completa da compulsão alimentar.

Pela primeira vez, tomei as rédeas da minha alimentação. A gordura em excesso rapidamente desapareceu, e meus outros problemas de saúde em poucos meses também tiveram o mesmo fim. Meus níveis de energia, humor e atenção melhoraram.

Isso marcou o início do período mais produtivo e bem-sucedido da minha vida até então e também o início da minha pesquisa, junto com Amber, sobre a ciência da nutrição em geral e da nutrição humana.

Nos últimos cinco anos, a que você começou a dizer não com mais facilidade?

Comecei a dizer não com mais facilidade a pedidos, como por emprego na minha companhia, ofertas para assumir cargos de consultoria em empresas de terceiros, convites para eventos e até pedidos para iniciar conversas, como quando estranhos enviam um e-mail ou mensagem por alguma rede social dizendo: "Oi, podemos conversar sobre isso e aquilo?" O que me ajudou foi perceber que a melhor e mais gentil coisa que posso fazer por pessoas em casos assim é lhes dar um "não" explícito, rápido e firme.

Sempre que me sinto forçado a responder um "sim" relutante (o que acontece com frequência), ou adiar uma decisão, lembro que ceder a essas tentações não é justo com quem está pedindo.

"Tudo que você quer está do outro lado do medo."

STEPHANIE MCMAHON
X: @StephMcMahon
FB: /stephmcmahonWWE
corporate.wwe.com

STEPHANIE McMAHON é a gestora de marca da World Wrestling Entertainment, Inc. (WWE) e embaixadora global da marca. Ela é a principal porta-voz das iniciativas de responsabilidade social da WWE, inclusive da Special Olympics, da Susan G. Komen for the Cure e da Be a STAR, um programa contra bullying da WWE. Em 2014, Stephanie e o marido, Paul "Triple H" Levesque, criaram o Connor's Cure, um fundo dedicado à luta contra o câncer infantil. Stephanie aparece regularmente na programação principal da WWE. Ela foi reconhecida como uma das "Mulheres Mais Poderosas da TV a Cabo" nos últimos cinco anos pela revista *CableFAX*. A *Adweek* a incluiu na lista de "Mulheres Mais Poderosas dos Esportes" nos últimos dois anos. Stephanie recebeu o Stuart Scott ENSPIRE Award no ESPN Sports Humanitarian of the Year Awards de 2017.

Que aquisição de até 100 dólares mais impactou positivamente sua vida nos últimos seis meses (ou nos últimos tempos)?

Meu travesseiro para pescoço da Bucky. Estou sempre viajando e não descanso muito na estrada, então é importante poder dormir sempre que consigo. O travesseiro para pescoço da Bucky tem formato retangular e se encaixa muito bem atrás da cabeça no assento do avião. Detesto os travesseiros com formato em U, porque minha cabeça parece uma ervilha (os irlandeses têm cabeças gigantes ou minúsculas; fiquei com a minúscula), e eles escorregam muito. O travesseiro da Bucky fica bem fixado, o que me garante um voo confortável.

Se você pudesse colocar um outdoor gigante em qualquer lugar exibindo qualquer coisa, o que seria e por quê? Existe alguma citação em que você pense com frequência ou que sirva de guia para sua vida?

"Faça algo de que tenha medo todos os dias." – com frequência atribuída a Eleanor Roosevelt.

Baseio a minha vida nessa citação e ouvi diversas variações dela ao longo dos anos. A mais recente é: "Tudo que você quer está do outro lado do medo." Há pouco tempo, eu estava no WrestleMania (o Super Bowl do WWE), prestes a encarar uma multidão recorde de mais de cem mil pessoas no AT&T Stadium. Era o evento que meu pai criou, em parte dedicado ao aniversário de vinte anos de carreira do meu marido, com meus filhos e sobrinhos sentados ao lado do ringue. John Cena e The Rock estavam saindo do ringue, e a arena apagou. Eu deveria subir ao trono, que parecia suspenso no ar, e recitar o texto que criaria o clima para a entrada ameaçadora do Triple H. Juntos, éramos conhecidos como "The Authority", e todos tinham que se curvar diante da nossa presença onipotente.

Acontece que, naquele momento, na escuridão que me envolvia, congelei. Esqueci todas as palavras que deveria dizer. Eu senti meu coração martelando nos ouvidos e minha garganta apertou. Parecia que eu estava prestes a implodir. Então, pensei nessa citação de Eleanor Roosevelt. Se eu não subisse, passaria o resto da vida me arrependendo. Quantas pessoas teriam a oportunidade de fazer o que eu estava prestes a fazer? E lá estava ela, bem diante de mim. Respirei fundo e me permiti absorver tudo, toda a emoção e toda a energia daquelas pessoas. Aquele era o meu momento. Era o auge da minha carreira como artista.

Minha filha mais nova tem 7 anos e ontem mesmo ela superou o medo de descer na tirolesa de um centro de escalada perto da nossa casa. Ela já havia estado lá, pronta para ir, e desistiu no último instante. Dessa vez, disse que estava pronta. Ela se preparou ouvindo "Am I Evil", do Metallica (não estou brincando, ela achou a música na playlist do pai e passou os vinte minutos da viagem de carro até lá ouvindo-a), e escalou até a tirolesa, que fica a cerca de 10 metros do chão. Prenderam-na, e ela moveu o corpinho até o final da plataforma. Em seguida, teve o próprio momento de dúvida e começou a recuar... mas algo tomou conta dela; ela cantarolou alguns compassos da música e avançou outra vez. Dessa vez, a contagem começou, "3-2-1", e ela foi! No final, ela gritou: "Quero fazer de novo, mamãe!" e "Consegui! Superei o meu medo!" Espero que ela se lembre dessa sensação para sempre.

Que livro (ou livros) você mais deu de presente e por quê? Ou nomeie de um a três livros que mais influenciaram sua vida.

Ferramentas dos titãs, de Tim Ferriss.

Há algum hábito incomum ou algo absurdo que você ame?

Engulo garrafas inteiras de água; é a única forma de me manter hidratada! Quem gosta de beber água? Posso passar o dia inteiro tomando café (café gelado venti do Starbucks, com duas doses de espresso e dois pacotinhos de stevia, se alguém estiver interessado), mas, quando sinto sede, pego uma garrafa com água e a bebo inteira de uma vez só.

Qual foi o melhor ou mais valioso investimento que você já fez?

O mais recente é passar um tempo com a minha avó. Minha avó é uma pessoa notável. Ela tem 90 anos, é da Carolina do Norte, foi analista de orçamento nos anos 1940, ama beber vodca com tônica, fumar e não tem nenhum filtro para o que fala. Ela quebrou o quadril no Natal e se recuperou completamente, teve discos fissurados no pescoço meses depois e hoje descobriu que o câncer no pulmão (que já derrotou antes) voltou. Apesar de tudo isso, quando fui visitá-la, ela se sentou ereta com um fogo nos olhos azul-esverdeados. Tenho ido visitá-la com mais frequência desde a cirurgia no pescoço, vou vê-la depois de deixar as meninas na escola em vez de fazer minha rotina de exercícios para a resistência cardiovascular, e sou muito grata por esse tempo. Ela sempre reforça o que é mais importante na vida (as pessoas que amamos) e sempre me lembra de não deixar ninguém passar por cima de mim. "Você precisa se defender, Steph", diz ela. "Ninguém me disse como fazer isso, mas fiz mesmo assim e foi muito bom para mim. E ensine às meninas (minhas filhas) a fazerem a mesma coisa."

Nos últimos cinco anos, que nova crença, novo comportamento ou hábito mais impactou positivamente sua vida?

Não sou uma pessoa tão religiosa quanto gostaria de ser, mas, antes de ir dormir, tento pensar em três coisas que me deixaram *feliz* ao longo do dia. É uma evolução da ideia de pensar em três coisas por que somos *gratos* antes de irmos dormir. Descobri que me sentia culpada quando não mencionava uma ou outra coisa pelas quais estava grata e acabava repetindo as mesmas coisas. Pensar em coisas que me fizeram *feliz* me ajuda a deixar de lado toda a bagagem que peguei ao longo do dia e me ajuda a me concentrar no que é realmente importante, como nadar no Lago

Winnipesaukee com minhas três filhas, ou receber uma mensagem aleatória do meu marido me dizendo que sou bonita. Uma colega me deu a ideia, que diz ter descoberto com Sheryl Sandberg. Sei que deveria escrever essas coisas (e que as escrever é um exercício importante), mas tenho três filhas de 11, 9 e 7 anos e treino à meia-noite, então faço o melhor que posso.

Nos últimos cinco anos, a que você começou a dizer não com mais facilidade? Que novas descobertas e/ou abordagens ajudaram?

Tive muita dificuldade para dizer não em qualquer situação. A cultura da WWE é um ambiente do tipo "eu consigo" ou "sim". "Não" é uma coisa que não existe. Pode ser um "Sim, podemos fazer isso, mas haverá desafios se fizermos...". Mas não consigo imaginar dizer "Não, Vince (Vince McMahon, presidente e CEO da WWE, que, por acaso, também é meu pai), desculpe, mas é impossível".

Aprendi, contudo, que dizer não na hora certa pode ser libertador. Dois anos atrás, eu estava assumindo mais compromissos do que podia. Além de trabalhar toda semana para me apresentar nos nossos programas de televisão ao vivo, eu também viajava como parte do meu cargo executivo como gerente de marca. Por fim, estava prestes a ter alguns dias em casa com as minhas filhas quando fui informada sobre uma "oportunidade" de palestrar que seria boa para a empresa. Uma pessoa da minha equipe estava cuidando de mim e disse: "Sabe de uma coisa, Steph? É uma boa oportunidade para a WWE, mas é algo necessário mesmo ou apenas seria interessante?" Eu me dei conta de que era a última opção e disse não. O resultado foi dois dias de folga muito necessários com a minha família que ajudaram a aumentar meu desempenho quando voltei.

CITAÇÕES QUE ESTÃO NA MINHA CABEÇA

(Tim Ferriss: 23 de junho – 7 de julho de 2017)

"Sofre mais do que o necessário quem sofre antes do necessário."

— SÊNECA

Filósofo estoico romano, famoso dramaturgo

"Tentamos lucrar mais a partir da lembrança constante do óbvio do que da compreensão do esotérico. É notável quantas vantagens a longo prazo pessoas como nós obtiveram tentando constantemente não serem estúpidas em vez de tentar serem muito inteligentes."

— CHARLIE MUNGER

Sócio de investimentos de Warren Buffet,
vice-presidente da Berkshire Hathaway

**"Aquele cuja mente está em
harmonia com o céu aberto entra
em uma neblina de primavera
e pensa que, de fato, é capaz
de sair deste mundo."***

— SAIGYŌ (1118–1190)

Famoso poeta japonês do final do Período Heian
e início do Período Kamakura

* Essa curiosa citação pode fazer mais sentido se você ler a discussão psicodélica no capítulo de *Ferramentas dos titãs* de James Fadiman.

"Quando você não se importa mais se está certo aos olhos dos outros (...), é incrível como se preocupa tão pouco em desperdiçar energia tentando convencer as pessoas do seu ponto de vista."

PETER ATTIA
X/IG: @PeterAttiaMD
peterattiamd.com

Dr. **PETER ATTIA** é ex-atleta de ultrarresistência (por exemplo, em competições de natação de 40 quilômetros), compulsivo pela experimentação pessoal e um dos seres humanos mais fascinantes que conheço. Ele é um dos primeiros médicos que procuro quando o assunto é performance ou longevidade. Peter se formou em medicina na Universidade de Stanford e é bacharel em engenharia mecânica e matemática aplicada pela Queen's University, em Kingston, Ontário. Fez residência em cirurgia geral no Johns Hopkins Hospital e conduziu pesquisas no National Cancer Institute sob a orientação do dr. Steven Rosenberg, onde se concentrou no papel dos linfócitos T reguladores na regressão do câncer e em outras terapias baseadas na imunidade contra a doença.

Que livro (ou livros) você mais deu de presente e por quê? Ou nomeie de um a três livros que mais influenciaram sua vida.

Livros que mais me influenciaram:

The Transformed Cell, de Steven A. Rosenberg
Mistakes Were Made (but Not by Me), de Carol Tavris e Elliot Aronson
Só pode ser brincadeira, sr. Feynman, de Richard P. Feynman

Se você pudesse colocar um outdoor gigante em qualquer lugar exibindo qualquer coisa ele, o que seria e por quê? Existe alguma citação em que você pense com frequência ou que sirva de guia para sua vida?
Bem, presumindo que fosse um outdoor grande, eu tentaria colocar o seguinte:

"A causa fundamental dos problemas é que, no mundo moderno, os idiotas estão convictos, enquanto os inteligentes estão cheios de dúvidas." — Bertrand Russell

"O grande inimigo da verdade, com grande frequência não é a mentira — deliberada, planejada e desonesta —, mas o mito — persistente, persuasivo e irrealista. Com muita frequência, nós nos agarramos sem pensar duas vezes aos clichês dos antepassados. Sujeitamos todos os fatos a um conjunto pré-fabricado de interpretações. Gostamos do conforto da opinião sem o desconforto da reflexão." — John F. Kennedy

"Nenhum problema pode ser resolvido a partir do mesmo nível de consciência que o criou." — Albert Einstein

"Se você estabelecer um objetivo, deve atender a estas duas condições: 1) Ele importa; 2) Você pode influenciar o resultado." — Peter Attia

Nos últimos cinco anos, que nova crença, novo comportamento ou hábito mais impactou positivamente sua vida?
Minha compreensão da terapia de reposição hormonal tanto para homens quanto para mulheres evoluiu muito. Aquela citação de John F. Kennedy para o outdoor me causou um grande impacto. Eu já havia me convencido de que a terapia de reposição hormonal era "ruim", porque, bem, era o que eu havia aprendido na escola e ouvia várias pessoas aparentemente inteligentes dizendo isso. Não estou sugerindo que o meu ponto de vista atual seja de que todos deveriam repor hormônios — o sistema endócrino é muito complexo, e eu sequer consigo entender as premissas mais básicas. Mas o fato de que eu não estava disposto a considerar essa terapia sem sequer reler sobre ela me chateia. Também me faz me perguntar como responderei a essa pergunta daqui a cinco anos...

Qual foi o melhor ou mais valioso investimento que você já fez?
Provavelmente, aprender a lutar boxe, embora eu me sinta dividido em relação a isso, já que sem dúvida perdi entre 10 e 20 pontos de QI como consequência das

concussões. Passei muitos anos lutando boxe, pois queria ser boxeador profissional. Ele se tornou a base da ética e da disciplina profissional que definiriam a minha vida quando decidi, aos 18 anos, estudar matemática e engenharia. Também me deu uma grande confiança que, estranhamente, ainda tenho (mesmo que hoje eu não consiga socar nem uma formiga). Na época, lembro-me de me sentir tão confiante por poder me defender, ou a qualquer pessoa, que não tinha necessidade de procurar encrenca e até me divertia ao deixar alguém (por exemplo, um cara supostamente durão) achar que eu tinha medo dele. Não era o caso, mas o fato era que eu sabia que ter a capacidade era o suficiente; não precisava demonstrá-la.

Há algum hábito incomum ou algo absurdo que você ame?

Boxe de ovos, embora eu esteja convencido de que, se o mundo tomasse conhecimento disso, iria se tornar um esporte de nível mundial e em seguida olímpico, e, assim, deixaria de ser absurdo. [Observação de Tim: o boxe com ovos provavelmente mereceria o próprio capítulo, mas está fora do escopo deste livro. Para um vídeo de Peter demonstrando como funciona, por favor, visite tim.blog/eggboxing.]

Que conselho você daria a um universitário inteligente e aplicado prestes a entrar no "mundo real"? E quais conselhos ele deveria ignorar?

Meu conselho: seja tão genuíno quanto possível. Não finja nada. Do meu ponto de vista, é melhor ser uma porta do que fingir que você se importa. Se você está interessado mesmo em um subgrupo de outras pessoas, por menor que seja esse grupo, travará relações que realmente importam. Acredito que, à medida que amadurecemos, relações frívolas na vida profissional e pessoal vão se tornando cada vez menos importantes, então só invista energia em interações muito genuínas com outras pessoas.

Um segundo conselho seria sempre buscar mentores sem nenhum pudor (e ser um mentor para outras pessoas). Isso requer aderir ao ponto mencionado no parágrafo anterior, é claro, mas enfatiza uma vulnerabilidade e assimetria. Sempre seja um aluno e um professor.

Quanto ao conselho a ignorar: muitas vezes, ouço as pessoas darem conselhos consistentes com falácias consumadas. Sem dúvida, já ouvi muitas vezes: "Você passou X anos aprendendo Y, não pode apenas parar agora e fazer Z." Acho que isso é um conselho falho, pois coloca muito peso no tempo que já ficou para trás e que não pode ser alterado, desvalorizando muito o tempo que você tem pela frente, que é bem maleável.

Por exemplo, quando decidi fazer faculdade, queria me especializar em engenharia espacial, então entrei em um programa na graduação em que pudesse estudar engenharia mecânica e matemática aplicada ao mesmo tempo. Além disso, eu planejava fazer um Ph.D. em engenharia aeroespacial com ênfase em teoria de controle (daí toda a matemática). Apesar dessa aspiração, também passei muito tempo durante a faculdade trabalhando como voluntário com crianças que haviam sofrido abuso sexual, e, separadamente, com crianças que estavam fazendo tratamento contra o câncer. No último ano, comecei a ter sérias dúvidas em relação ao Ph.D. em engenharia. Eu sentia uma grande atração para fazer algo muito diferente da vida, mas não sabia exatamente o quê. Depois de muito sofrimento e muita reflexão, percebi que a medicina combinava mais comigo, apesar de todas as razões para seguir a engenharia (por exemplo, muitas bolsas para os melhores programas de Ph.D. dos Estados Unidos). Porém, pessoas que eu respeitava — professores, familiares, amigos — acharam que eu havia enlouquecido. Eu me esforçara tanto para chegar aonde estava. Contudo, investi mais um ano, fiz um programa de pós-graduação e me inscrevi para a faculdade de medicina.

Dez anos depois, mais uma vez me vi diante do inimaginável — depois de uma década estudando medicina, abandonei a profissão para entrar em uma firma de consultoria e trabalhar na modelagem de risco de crédito. A década seguinte traria mais duas mudanças sísmicas na minha carreira. Talvez eu esteja só racionalizando o meu comportamento, mas nunca olhei para trás, para a estrada sinuosa que me trouxe até aqui, e nem (a) me arrependi do tempo que passei tentando dominar as áreas anteriores (engenharia e cirurgia) ou (b) me arrependi de ter mudado de carreira, mesmo depois de já ter começado a vivenciá-la.

Que dicas ruins você costuma ouvir na sua profissão ou especialidade?

Na minha área específica da longevidade, ouço darem muita ênfase à aparência das pessoas (o que tem sua importância) e a como se sentem (o que, sem dúvida, é importante), mas muito pouca ênfase à verdadeira tarefa de adiar o surgimento de doenças crônicas, o que é quase o equivalente matemático a adiar a morte e melhorar a qualidade de vida. Fico sempre impressionado ao observar quão pouco os especialistas da área defendem as abordagens para adiar o surgimento de doenças cardiovasculares, câncer, doenças neurodegenerativas e mortes acidentais.

Nos últimos cinco anos, a que você começou a dizer não com mais facilidade?

Dizer não a ter que estar sempre certo, a sentir a necessidade de discutir cada ponto e responder cada crítica. No mínimo, o pêndulo sem dúvida foi muito mais para o outro lado, aproximando-se da apatia. Quando você não se importa mais se está certo aos olhos dos outros — em vez de estar certo aos próprios olhos e daqueles que importam para você —, é incrível como se preocupa tão pouco em desperdiçar energia tentando convencer as pessoas do seu ponto de vista.

"Percebi que, em vez de seguir as tendências, você deve querer identificá-las, mas não as seguir."

STEVE AOKI
IG/FB: @steveaoki
steveaoki.com

STEVE AOKI é um produtor/DJ duas vezes indicado ao Grammy, empreendedor, fundador da Dim Mak Records e designer da linha contemporânea de moda masculina Dim Mak Collection. Desde o lançamento em 1996, a Dim Mak Records tornou-se o ponto de partida para artistas como The Chainsmokers, Bloc Party, The Bloody Beetroots e Gossip. Seu documentário original de 2016 para a Netflix, *I'll Sleep When I'm Dead*, foi indicado a um Grammy. Conhecido pelas produções inovadoras em todos os gêneros, Steve já colaborou com Linkin Park, Snoop Dogg, Fall Out Boy, entre outros. Seus hits "Just Hold On", com Louis Tomlinson, do One Direction, e "Delirious (Boneless)", com Kid Ink, ganharam Discos de Ouro. Seu último álbum, *Kolony*, foi direto para o primeiro lugar nas paradas dos Álbuns Eletrônicos. Seu primeiro trabalho completamente focado no rap, *Kolony,* conta com a colaboração de Lil Yachty, Migos, 2 Chainz, Gucci Mane, T-Pain, entre outros.

Que aquisição de até 100 dólares mais impactou positivamente sua vida nos últimos seis meses (ou nos últimos tempos)?

A iMask Sleep Eye Mask é uma verdadeira bênção para se ter em turnê; eu a levo para onde quer que vá. Como viajamos com programações muito estressantes, preciso conseguir dormir em qualquer momento de tranquilidade. Não encontro esse tempo necessariamente no período tradicional em que as pessoas costumam dormir. Para mim, é depois de um trabalho como DJ ou quando estou em um carro. É aí que coloco a iMask e consigo aqueles quinze minutos de sono. Quando você está passando por uma semana de trabalho exaustiva — cinco países em dois dias por exemplo, o que é algo que fazemos no verão —, precisa dormir em qualquer situação. Pode ser no carro, no avião, indo do hotel para o local do show, ou do show para o avião. Levo a iMask comigo e a coloco para dormir ou praticar meditação transcendental, o que às vezes me ajuda a adormecer. Gosto da iMask porque ela isola tudo. É com certeza uma das necessidades da estrada que me ajuda a fazer o que precisa ser feito.

Se você pudesse colocar um outdoor gigante em qualquer lugar exibindo qualquer coisa, o que seria e por quê? Existe alguma citação em que você pense com frequência ou que sirva de guia para sua vida?

A citação que serve de mapa para a minha vida é "Por qualquer meio necessário". É de Malcolm X. Quando eu estava na faculdade, li a *Autobiografia de Malcolm X* e fiquei impressionado com a determinação e com o compromisso dele para com seu povo e para lutar contra um sistema que não fora feito para apoiá-lo ou ajudá-lo, ou a seu povo. Ele realmente deu passos largos no processo de destacar os direitos civis para o povo norte-americano. É um livro muito comovente, e me lembro de tê-lo lido algumas vezes.

Quando fundei meu selo, quis criar um slogan com esse conceito e quis usar a ideia de "por qualquer meio necessário" como um estilo de vida. Quando estabelecemos [meu selo] Dim Mak em 1996, eu não tinha nenhum dinheiro para lançá-lo — tudo que tinha eram 400 dólares. Então, precisava encontrar qualquer forma possível para garantir que os discos fossem lançados. Você tem que encontrar uma maneira de executar seu projeto; tem que ser criativo.

Minha equipe também vive e trabalha de acordo com o mantra "por qualquer meio necessário", e, por causa disso, conseguimos fazer coisas que outras pessoas talvez não consigam. Sinto-me um homem de sorte por ter uma equipe tão boa, disposta a compartilhar esse estilo de vida comigo.

De que forma um fracasso, ou fracasso aparente, acabou te levando ao sucesso? Você tem algum "fracasso pessoal" favorito?

Houve um período em que eu bebia em todos os shows e estava me apresentando muito como DJ, até quatro noites por semana, fazendo shows locais em Los Angeles. Eu tinha algumas festas da Dim Mak, e estávamos no topo do mundo! Havíamos colocado o mercado contra a parede com nosso som e nossa cultura, e marcávamos shows sem parar. Eu era o embaixador dessa nova cultura nascente na música eletrônica, chamada de "electro", e isso estava afetando um pouco o meu ego. Eu estava bebendo e me divertindo. Era uma sensação maravilhosa, mas, com isso, nós nos esquecemos das coisas mais importantes da vida, pois mergulhamos na neblina da autoindulgência.

Minha mãe estava indo me visitar e ela nunca pega um avião para vir. Essa foi uma das únicas exceções. Eu deveria buscá-la de manhã. Tive uma noite e tanto na véspera — demos uma festa, bebi e fiquei acordado até muito tarde. Na manhã seguinte, minha mãe aterrissou por volta das sete da manhã, e eu não acordei. Acordei às dez, ou algo terrível assim, tipo três horas depois. Vi uma mensagem da minha mãe — ela mal sabia mandar mensagens pelo celular! Não sei por quê, mas ela passou três horas esperando no aeroporto, sentada em um banco do lado de fora. Coitadinha.

Assim que cheguei ao aeroporto, uma hora depois — somando quatro horas de espera —, ela estava sentada naquele banco toda inocente, e eu desmoronei. Ela foi tão compreensiva. Foi naquele momento que percebi que a vida de festas e bebedeira era uma farsa, ainda mais quando não conseguimos preservar as prioridades de valorizar e cuidar da família.

Esse foi um fracasso do qual nunca me esquecerei. Depois disso, parei de me deixar levar pela bolha de Hollywood, em que todo mundo vai a festas e bebe toda noite. Você pode viver nessa bolha e esquecer a família e os relacionamentos fora dela, mas eles são cruciais para quem você é e são importantes na vida. No fim das contas, parei de beber, o que me deixa feliz, em parte por causa dessa grande falha.

Há alguma rotina interessante que você adote na estrada?

Quando se está na estrada, você viaja muito, o que pode ser exaustivo e prejudicial, e as opções alimentares são muito ruins. Ou seja, você não consegue controlar todas as variáveis à sua volta. Em casa, você tem seu suco, a academia e o mercado onde faz compras todos os dias, então consegue comer os alimentos certos e manter uma vida equilibrada.

Uma coisa que faço na estrada é o "Aoki Bootcamp", que usa o compromisso entre as pessoas com quem viajo para podermos cumprir um objetivo todos os dias. Estabelecemos um certo número de repetições a serem executadas diariamente, como flexões, abdominais etc., e temos até um grupo no WhatsApp para mandar provas de que fizemos os exercícios. Além disso, o compromisso também envolve a alimentação, porque não se trata só dos exercícios, mas da dieta que você segue. Temos uma lista de alimentos que não podemos comer, e, quando os comemos, precisamos acrescentar mais quinze repetições aos exercícios para compensar. Então, a cada dia, fazemos o máximo para comer direito, nos exercitar e alcançar nossas metas. Essa é a filosofia por trás do Aoki Bootcamp: usar o compromisso em grupo para alcançar metas relacionadas à alimentação, nutrição e prática de exercícios.

Se você não alcançar as metas até um horário específico, à meia-noite, é financeiramente punido, e [o dinheiro] vai para organizações sem fins lucrativos de pesquisa neurológica através da Aoki Foundation.

Que livro (ou livros) você mais deu de presente e por quê? Ou nomeie de um a três livros que mais influenciaram sua vida.

Voltando à universidade, logo após a morte do meu pai, comecei a estudar o câncer para entender o que o matou. Isso abriu meus olhos e me fez encarar o futuro e como a ciência está encontrando curas para outras doenças. Tudo apontava para *The Singularity Is Near*, de Ray Kurzweil. Ele me fez perceber que a ficção científica pode estar se tornando fato científico. Cresci lendo quadrinhos e adorava sci-fi e anime. *Ghost in the Shell* era o meu anime favorito. Também gostava muito de *Armitage III*, que falava de robôs com identidades.

Li os outros livros de Ray, que apresentam conceitos científicos radicais para o futuro, e ele me mostrou como algumas dessas ideias podem de fato ser concretizadas. Elas não apenas são possíveis num futuro distante, mas podem se tornar realidade ainda nesta era! É incrível pensar que algumas dessas ideias maravilhosas, como viver para sempre ou se transformar em um robô, podem, de verdade, vir a se tornar realidade. [Por exemplo], o livro *O fim do envelhecimento: Os avanços que poderiam reverter o envelhecimento humano durante nossa vida*, do dr. Aubrey de Grey, fala da sua pesquisa sobre como podemos cessar a degeneração das células, essencialmente encontrando maneiras de prolongar a vida.

Ray Kurzweil fala da lei dos resultados acelerados, que afirma que as grandezas fundamentais da tecnologia da informação seguem trajetórias previsíveis e exponenciais. Por exemplo, nos anos 1970, tínhamos um computador que era do tamanho de uma sala e custava 250 mil dólares, agora temos um computador que cabe na palma da mão e é muito mais poderoso. No fim das contas, não se trata só de oferecer tecnologia aos ricos; e sim de torná-la acessível para todos.

Não sabemos o que pode acontecer, mas esse livro me fez sentir que existe uma esperança futurista em neon, um futuro utópico possível, em que usaremos a tecnologia para viver melhor, aumentar a criatividade e ter uma vida mais saudável, sem doenças, um futuro no qual usaremos os recursos naturais de uma forma que não destruirá o planeta. Tenho esperanças para ele. *The Singularity Is Near* me inspirou de forma musical: dei o mesmo título a um álbum e em 2012 escrevi uma música chamada "Singularity". Até coloquei Ray Kurzweil no videoclipe.

Depois, decidi criar uma série conceitual chamada *Neon Future*. Eu queria não só fundir todos os meus esforços musicais colaborativos nesse conceito, mas também fazer música com um cientista. Ray Kurzweil aceitou participar. Eu o entrevistei em seu apartamento em São Francisco, assim como a outras pessoas que me inspiraram.

Em *Neon Future II*, dei continuidade a esse diálogo com pessoas fora do comum e que não são cientistas, como J. J. Abrams e Kip Thorne. O projeto ainda está em desenvolvimento com *Neon Future III*, então ainda temos muita coisa pela frente, e ele tem tido uma influência incrível na minha vida.

Nos últimos cinco anos, que nova crença, novo comportamento ou hábito mais impactou positivamente sua vida?

A coisa mais importante que aprendi na música e na colaboração é que a música é uma tendência cíclica, e o entretenimento em geral também. Percebi que, em vez de seguir as tendências, você deve querer identificá-las, mas não as seguir. É bom reconhecer tendências, mas, se você as seguir, acaba sendo sugado por elas, e então se deixa levar.

O meu selo serve para mostrar isso. É um selo de gravação independente que administro há vinte anos e que sobreviveu a todas as pancadas que deveriam ter nos destruído quando estávamos traçando nosso caminho, criando novos movimentos com o som e com artistas. Criamos e fizemos parte de certas tendências, mas sobrevivemos à morte delas. O que aprendi é que as pessoas podem me posicionar em determinadas tendências, e, de algum modo, consigo reemergir depois que elas passarem. Consigo continuar acima do ciclo contínuo.

Concentro-me na energia da minha música, não na tendência. A energia em si não tem um nome. Ela não existe naquele espaço de ser descolado ou não, e, no fim do dia, a sensação por si só é a coisa mais importante a ser reconhecida, pois a energia que a música transmite e atrai é um sentimento muito humano.

Na essência, a música é uma ferramenta para encorajar sentimentos. Quero me certificar de sempre estar em uma zona dentro da qual, não importa com quem eu trabalhe e como eu faça a minha música, eu consiga identificar o que é culturalmente inspirador para mim a cada momento. Isso pode estar associado a tendências, mas sempre garantirei que a energia da música seja a coisa mais importante e farei disso a voz mais alta no mix. Sempre pensarei em não andar nessa montanha-russa. Sei que ela existe, porém não vou apostar tudo em uma mão só e me agarrar à montanha-russa. Fique longe da tendência! Identifique-a, reconheça-a, mas mantenha distância.

Quando se sente sobrecarregado ou desconcentrado, o que faz?

Quando estou no estúdio e entro num estado em que não consigo expressar minhas ideias, em que fico batendo minha cabeça no computador, preciso sair. O mesmo se aplica a quando estou tentando concluir um projeto e fico travado. Você precisa deixar o espaço para poder resetar.

Em geral, a primeira coisa que tento fazer é meditar para poder resetar tudo — o cérebro e a energia. Acredito na capacidade de encontrar fluxo e que, quando você está nesse estado de fluxo, é capaz de concluir projetos muito rápido. Para dar um exemplo, The Clash concluiu um dos melhores álbuns da história do rock, o *London Calling*, em três semanas. Eles finalizaram o álbum tão rápido, na minha opinião, porque estavam em um estado de fluxo. Em momentos assim, você é bastante produtivo e criativo.

Quando estou nesse estado de fluxo, fico nele o máximo possível, porque, assim que você sai, é difícil retornar. Quando você está travado ou chateado consigo mesmo, não consegue reencontrar a inspiração e a criatividade, precisa resetar e retornar ao básico. É por isso que alguns dos artistas com os quais mais gosto de trabalhar, sempre que entro no estúdio com eles, dizem: "Não queremos trabalhar em um estúdio grande" — eles querem voltar ao básico e trabalhar em um estúdio simples, mesmo que não seja tão bom. Ao fazer isso, você retorna à essência do motivo pelo qual faz o que faz. E, o mais importante, não se trata de quanto dinheiro você pode investir em um projeto; não se trata de quantas pessoas pode colocar no projeto; trata-se do instinto que encontra no centro da razão por ter iniciado o projeto.

Você só tem que voltar a esse lugar e, se ele o faz feliz, então siga essa felicidade até um estado de fluxo. O resto é história!

"Sendo realista, para crescer na vida, devo procurar o estresse."

JIM LOEHR
corporateathlete.com

Dr. **JIM LOEHR** é psicólogo especializado em desempenho mundialmente renomado e cofundador do Johnson & Johnson Human Performance Institute. É o autor de dezesseis livros, entre os quais o mais recente, *The Only Way to Win: How Building Character Drives Higher Achievement and Greater Fulfillment in Business and Life*. Jim trabalhou com centenas de profissionais de nível mundial, na elite dos esportes, na aplicação da lei, nas forças militares, nos negócios. Entre os profissionais com que trabalhou estão medalhistas de ouro, equipes de resgate do FBI, Forças Especiais militares e executivos da Fortune 100. Os clientes do mundo dos esportes incluem os jogadores de golfe Mark O'Meara e Justin Rose; os tenistas Jim Courier, Monica Seles e Arantxa Sánchez Vicario; o boxeador Ray Mancini; os jogadores de hóquei Eric Lindros e Mike Richter; e o medalhista olímpico de ouro da patinação de velocidade Dan Jansen. O sistema de treinamento de administração de energia baseado na ciência de Jim alcançou reconhecimento mundial e já foi tema de artigos da *Harvard Business Review*, da *Fortune*, da *Time*, da *U.S. News & World Report*, da *Success* e da *Fast Company*, entre outros.

Que livro (ou livros) você mais deu de presente e por quê? Ou nomeie de um a três livros que mais influenciaram sua vida.

O livro que mais dei, e que continuo lendo e relendo, é *Em busca de sentido*, de Viktor E. Frankl. Sua articulação brilhante da importância e do poder do propósito na vida mexe muito comigo. Continuo me impressionando com sua capacidade aparentemente sem limites de sentir compaixão e amor profundos tanto pelos outros prisioneiros do campo de concentração quanto pelos guardas cruéis responsáveis por aquele horror, e ele sentia isso mesmo enquanto se aproximava da morte.

Que aquisição de até 100 dólares mais impactou positivamente sua vida nos últimos seis meses (ou nos últimos tempos)?

Por menos de 100 dólares, uma caixa de fitas Collins Stretch, da Collins Sports Medicine, é a melhor compra para atletas ativos. Eu mesmo usei várias caixas ao longo de um ano. Nossos atletas se apaixonaram de imediato por esse produto. Ele é aderente e elástico, compondo a combinação perfeita para o desempenho na proteção de pés, mãos, braços e pernas. É o melhor!

De que forma um fracasso, ou fracasso aparente, acabou te levando ao sucesso? Você tem algum "fracasso pessoal" favorito?

Três vezes na minha carreira, pessoas em quem eu confiava — de forma profunda — me roubaram dinheiro e propriedade intelectual. Isso aconteceu duas vezes no início da minha carreira como empreendedor, quando o dinheiro ainda era um recurso muito escasso. Senti e continuo sentindo que esses fatos se devem a graves falhas no meu julgamento do caráter dos outros. Também senti que falhei em investigar o "investimento" suficiente (embora, em um caso, um presidente do Federal Reserve tenha dado seu aval a um dos indivíduos envolvidos no projeto). E, é claro, fiquei tão magoado com essas pessoas que considerei a possibilidade de não confiar mais em ninguém. Vi isso como uma falha de bondade da humanidade, e, por um momento, fiquei amargurado.

Após anos trabalhando com populações bastante diferentes, aprendi que quase todo mundo passa por isso ao longo da vida. A única forma de nos certificarmos de que isso nunca venha a acontecer é construir um muro tão alto e tão grosso que ninguém poderá nos alcançar. O custo de uma vida inteira de isolamento emocional não chega nem perto de compensar a dor de uma traição ocasional. A verdade é que a dor da confiança quebrada e da amizade traída é apenas o custo de se importar e se conectar demais com os outros. Minha cura ocorreu quando escrevi sobre isso e quando explorei formas de transformar a dor em algo positivo e construtivo. Precisei usar a traição para desenvolver mais resiliência e discernimento no julgamento do caráter das pessoas... e aprender a perdoar.

A resiliência tem sido uma força potente no fato de eu ter escrito mais de dez livros (que envolvem muitos reveses, noites e dias longos), enquanto ao mesmo tempo cresço e desenvolvo o Human Performance Institute. Se não tivesse aprendido a superar os fracassos iniciais, não sei se teria tido a coragem e a determinação de assumir os riscos necessários para construir esse negócio. E, é claro, o perdão é uma bênção a mais. Aprendi a perdoar a mim mesmo, a não me punir pelos erros de julgamento que cometi. O perdão me permitiu abandonar a raiva, que não era produtiva, e a substituí-la por gratidão e esperança. No fim das contas, percebi que a dor que suportei em nenhum momento criou desconforto para os indivíduos que traíram a minha confiança!

Eis o que aprendi após muitos anos de vida: o fracasso às vezes acontece, e ele é uma oportunidade de desenvolver resiliência, de praticar o perdão a si mesmo e aos outros e de obter sabedoria.

Se você pudesse colocar um outdoor gigante em qualquer lugar exibindo qualquer coisa, o que seria e por quê?

"PRATIQUE A BONDADE."

É preciso coragem para ser realmente bom. Conheci comandantes dos Fuzileiros Navais que conseguem passar o dia fazendo puxadas até o pescoço na barra e navegar nas águas mais frias e traiçoeiras em missões perigosas, e a coisa mais notável que extraí depois de conhecer esses homens — que pareciam feitos de aço — foi o poder e a autenticidade de sua bondade e humildade. Também testemunhei atletas incríveis alcançarem vitórias inspiradoras que lhes renderam milhões de dólares em premiações e, quando levam seu grupo de técnicos e amigos para celebrar qualquer coisa com um jantar, recusam-se a pagar por tudo, até as próprias refeições. A principal conclusão para mim não é que esses indivíduos são vencedores... é que o egocentrismo, a incapacidade de sentir gratidão e a total falta de bondade para com outras pessoas jamais poderão ser justificados por qualquer razão, muito menos por serem campeões ou famosos.

Uma das minhas citações favoritas é de Raph Waldo Emerson: "Rir com frequência e rir muito; ganhar o respeito das pessoas inteligentes e o afeto das crianças (...) deixar o mundo um pouco melhor (...) saber que pelo menos uma vida respirou melhor porque você viveu; isso é ter sido bem-sucedido."

Nos últimos cinco anos, que nova crença, novo comportamento ou hábito mais impactou positivamente sua vida?

A prática de escrever um diário todos os dias tem sido uma ferramenta incrível para me ajudar a passar pelas tempestades da vida e ser o melhor que posso ao mesmo tempo. O ritual diário da escrita ponderada tem produzido conclusões pessoais inestimáveis para a minha vida. Para mim, escrever diariamente fortalece a consciência pessoal de uma maneira quase mágica. Vejo, sinto e vivencio as coisas com muito mais intensidade como consequência da escrita. O ritmo instável da vida se torna mais equilibrado e administrável quando reservo um tempo para a reflexão de forma intencional. Consigo estar mais presente em tudo que faço e, seja por qual for a razão, aceitar melhor meus defeitos.

Um diário pode ser usado para catarses e para a cura, ou para crescer e expandir a capacidade. Cada registro pode ser tão curto quanto um minuto, ou tão longo quanto o tempo permitir. Em geral, leva entre duas e quatro semanas para podermos identificar e sentir os resultados positivos. A fim de obter resultados melhores, o registro deve ser feito à mão, não no computador.

Minhas experiências com o diário começaram quando passei a trabalhar com atletas. Todo atleta deveria atualizar a cada dia um diário detalhado do treinamento. Uma conclusão obtida ao longo de muitos anos é que tudo que é medido e acompanhado numa base regular com certeza demonstra melhorias (o sono, a hidratação, o hábito de fazer alongamento, hábitos alimentares etc.). Quantificar comportamentos aumenta a consciência, e, como resultado, o tempo necessário para a aquisição de hábitos em geral é acelerado. No fim das contas, aplicamos essa compreensão ao treinamento mental e emocional. Usar registros diários para quantificar a frequência do pensamento positivo em comparação à do pensamento negativo, investindo 100% do esforço na prática, nos níveis de comprometimento, no tom e no conteúdo da voz particular, na administração da raiva etc., produziu resultados empolgantes também. Por causa dessas conclusões, decidi adotar eu mesmo a prática de fazer registros todos os dias. Depois de apenas algumas semanas, o único arrependimento que tive foi não ter começado o processo muito mais cedo na vida.

Que dicas ruins você costuma ouvir na sua profissão ou especialidade?

"Seja você mesmo."

Compreendo a intenção dessa afirmação, mas ela pode ser usada como uma arma letal para magoar os outros. Em muitos casos, as pessoas usam a afirmação "Estou só sendo autêntico" para justificar o fato de tratarem mal os outros. Vemos pessoas sendo insensíveis ou grosseiras em discussões, e elas evitam qualquer responsabilização dizendo: "Ei, só estou sendo eu mesmo." Depois de trabalhar com atletas, líderes e indivíduos incríveis de todo o mundo, a verdade que descobri é que a humanidade manifesta-se sobretudo em como tratamos os outros — quando somos respeitosos, humildes, carinhosos, honestos e gratos, apesar das dificuldades, das decepções e dos fracassos. Isso representa a essência do melhor que temos a oferecer.

Pensemos no tenista que, no meio de uma partida, explode com o árbitro e começa a gritar com ele. Esse tenista está sendo autêntico de verdade porque é uma pessoa frustrada e cheia de raiva? Ou há mais a considerarmos, como, por exemplo, qual é a importância que ele dá a como trata os outros? Consideremos outra tenista que está certa de que um juiz de linha cometeu um erro. Ela apresenta uma queixa ao árbitro principal, mas ele não concorda. Essa jogadora logo se sente injustiçada e com raiva. Refletindo sobre seus valores de respeito e paciência para com os outros, ela respira fundo e dá continuidade à partida com calma. Qual exemplo serve para representar melhor a autenticidade?

Para mim, quando a afirmação "Só estou sendo eu mesmo" é usada para justificar um comportamento negativo e antiético, o argumento não passa de um artifício.

Outro mau conselho: "Proteja-se do estresse, e a vida será melhor."

A proteção do estresse só serve para erodir a capacidade [de lidar com ele]. A exposição ao estresse é o estímulo para todo crescimento, e o verdadeiro crescimento ocorre em episódios de recuperação. Evitar o estresse, conforme aprendi, nunca irá me oferecer a capacidade que a vida exige de mim.

Para mim, a resposta é equilibrar episódios de estresse com doses equivalentes de recuperação. Jogar tênis, fazer exercícios, meditar e manter um diário consistem em uma rica recuperação mental e emocional. Aderir às melhores rotinas de sono, nutrição e exercícios durante períodos de estresse é um ponto crucial. Procurar o estresse em uma dimensão da vida surpreendentemente gera recuperação em outra. Evitar estresse apenas me tira do jogo e me enfraquece.

Sendo realista, para crescer na vida, devo procurar o estresse.

Quando se sente sobrecarregado ou desconcentrado, o que faz?

De imediato, começo a lembrar de todas as coisas pelas quais sou grato na vida. Começo por cada um dos meus três filhos, meu irmão, minha irmã, continuando com minha mãe e meu pai. Em seguida, deixo os pensamentos de gratidão seguirem o caminho que quiserem, das maiores às menores coisas. Em uma questão de minutos, a perspectiva que tenho do que está acontecendo nesse momento estressante muda drasticamente. Fico mais calmo, o pânico diminui e os sentimentos e pensamentos tornam-se mais equilibrados. Em seguida, penso na minha melhor versão e em quem mais quero ser nas tempestades da vida. A conexão com os meus valores mais profundos e com o meu propósito na vida fortalece a determinação na reação à crise de acordo com o meu caráter ético e moral mais elevado.

"Para evitar críticas, não diga nada, não faça nada, não seja nada." — Elbert Hubbard

DANIEL NEGREANU
X: @RealKidPoker
YT: /user/DNegreanu

DANIEL NEGREANU é um jogador de pôquer canadense que ganhou seis braceletes da Série Mundial de Pôquer e dois títulos do campeonato World Poker Tour (WPT). Em 2014, o serviço de classificação independente de pôquer Global Poker Index (GPI) reconheceu Daniel como melhor jogador da década. Desde que terminou o torneio Big One for One Drop em segundo lugar, em 2014, ele é considerado o maior vencedor de torneios de pôquer ao vivo de todos os tempos, tendo acumulado mais de 33 milhões de dólares em premiações. Foi também eleito jogador do ano pela Série Mundial de Pôquer em 2004 e mais uma vez em 2013, tornando-se o primeiro (e único) jogador da história da Série a ter ocupado mais de uma vez essa posição. Além disso, foi o Jogador do Ano pela WPT em 2004 e em 2005. É o primeiro jogador a ter chegado à mesa final em todos as sedes da premiação do bracelete da Série Mundial (Las Vegas, Europa e Ásia-Pacífico) e o primeiro a ganhar o bracelete em cada uma delas. Em 2014, ele entrou no Hall da Fama do Pôquer.

Que livro (ou livros) você mais deu de presente e por quê? Ou nomeie de um a três livros que mais influenciaram sua vida.

Os quatro compromissos, de Don Miguel Ruiz. É uma leitura rápida, com cerca de 140 páginas, e é a simplicidade que torna o livro tão potente. Sempre que tenho um amigo que quer embarcar na jornada da introspecção, esse livro é o meu ponto de partida.

De que forma um fracasso, ou fracasso aparente, acabou te levando ao sucesso? Você tem algum "fracasso pessoal" favorito?

Ainda me lembro com clareza de quando perdi toda minha conta bancária em uma das minhas primeiras viagens a Las Vegas, saindo da minha cidade-natal, Toronto. Era por volta de quatro da manhã, e eu estava jogando em uma mesa de oito pessoas. Perdi minha última ficha de 5 dólares e fui ao banheiro. Quando voltei, olhei para a mesa em que eu acabara de jogar e vi que todo mundo havia saído! Pela primeira vez na vida, percebi que eu era o idiota. Eles estavam jogando por minha causa. Eu era o turista da noite.

Lembro-me de todos os rostos e fiquei determinado a nunca mais deixar aquilo acontecer. Passei a estudar ainda mais em Toronto para melhorar meu jogo, com o objetivo de voltar a Las Vegas e derrotar todos os jogadores para os quais perdera naquela noite.

No fim das contas, um daqueles jogadores, um cara que todo mundo chamava de Hawaiian Bill, tornou-se uma espécie de mentor para mim. Eu o odiei naquela primeira noite, mas acabei entendendo o que é necessário para ser um profissional observando como ele age.

Se você pudesse colocar um outdoor gigante em qualquer lugar exibindo qualquer coisa, o que seria e por quê? Existe alguma citação em que você pense com frequência ou que sirva de guia para sua vida?

"Para evitar críticas, não diga nada, não faça nada, não seja nada." — Elbert Hubbard.

Essa citação tem um significado profundo para mim, algo parecido com a citação do "O homem na arena" [Theodore Roosevelt]. É um lembrete de que, quando você desafia as normas, quando faz sua voz ser ouvida, as críticas são garantidas, mas, no fim das contas, vale a pena. A alternativa é ser invisível, e não é assim que vivo a vida.

Qual foi o melhor ou mais valioso investimento que você já fez?

Investi em pessoas em quem confio. Meu empresário, Brian Balsbaugh, tornou-se um grande amigo e confidente ao longo dos anos, e tem sido inestimável tê-lo como ouvinte para as minhas ideias. Além de Brian, ter um assistente pessoal, o qual pago muito bem, tem me permitido usar melhor o tempo livre.

Nos últimos cinco anos, que nova crença, novo comportamento ou hábito mais impactou positivamente sua vida?

Constatar que todos os eventos são neutros, e que posso escolher como reagir a eles. Posso escolher ser uma vítima das circunstâncias, ou me responsabilizar por como lido com elas. A última abordagem nos coloca em uma posição de muito poder, enquanto ser uma vítima nos coloca em uma posição de impotência e poucas vezes é produtivo.

Que dicas ruins você costuma ouvir na sua profissão ou especialidade?

No pôquer, a "poker face" é romantizada. Isso dá a impressão de que, para ser bem-sucedido no jogo, você precisa ser blasé e insensível. Que tudo que importa são números e cálculos. Que a emoção não tem nenhum papel nas mesas de pôquer.

Isso não é verdade. Se fôssemos robôs, essa abordagem seria a melhor, mas não é realista. Uma abordagem mais conveniente é admitir as emoções que você está sentindo ao vencer ou perder, e simplesmente estar consciente delas. Engolir a emoção ou a frustração nas mesas de pôquer não é o melhor caminho.

Nos últimos cinco anos, a que você começou a dizer não com mais facilidade?

No passado, se alguém me pedisse alguma coisa, eu talvez responderia com um: "Pode ser, cara. Vou dar uma olhada na minha agenda e damos um jeito." A esperança era de que o pedido apenas desaparecesse, mas o resultado seria alguém insistindo em um encontro que eu não queria ter. Eu precisava sempre criar novas desculpas para fingir que estava muito ocupado. Por que alguém faria isso? Bem, ingenuamente, eu achava que essa tática evitaria magoar as pessoas. Porém, acabei percebendo que era o oposto. Eu não estava sendo íntegro e estava desperdiçando o tempo delas.

Assim, aprendi a ser sincero e respeitoso ao mesmo tempo: "Muito obrigado por ter pensado em mim. Agradeço muito. Infelizmente, não é algo que eu queira fazer, mas desejo muita sorte com o projeto." As pessoas podem ficar decepcionadas no momento, mas é uma maneira muito melhor de lidar com a situação.

Quando se sente sobrecarregado ou desconcentrado, o que faz?

Faço um exercício que me ajuda a voltar à realidade da situação. Conto minha história a mim mesmo da perspectiva de uma vítima. Em seguida, conto a mesma história da perspectiva de alguém que assumiu 100% da responsabilidade.

Vítima: "Cheguei atrasado para um evento importante porque minha namorada demorou muito para se arrumar. A culpa não foi minha."

Responsável: "Admito meu erro com o atraso. No futuro, estou determinado a fazer o possível para garantir que chegarei a tempo."

Contar a mim mesmo a história da vítima me permite desabafar por um momento. Depois disso, percebo que, se o evento fosse tão importante para mim, eu deveria ter deixado claro para a minha namorada que não podia me atrasar, informando-lhe que, se ela se atrasasse, eu precisaria sair sozinho.

"Disciplina é liberdade."

JOCKO WILLINK
X: @jockowillink
FB: Jocko Willink
jockopodcast.com

JOCKO WILLINK é um dos seres humanos mais assustadores que você pode imaginar. Ele é lutador faixa preta de jiu-jitsu brasileiro de 105 quilos que já dominou vinte fuzileiros navais por sessão de exercícios. É uma lenda do mundo das operações especiais. Minha entrevista com ele para o podcast viralizou, e foi a primeira que ele fez para o público geral. Jocko passou vinte anos na Marinha Norte-Americana e comandou a Task Unit Bruiser da SEAL Team Three, a unidade de operações especiais mais condecorada da Guerra do Iraque. Depois de voltar aos Estados Unidos, Jocko serviu como oficial encarregado do treinamento de todas as equipes da West Coast SEALs, desenvolvendo e colocando em prática alguns dos treinamentos para combate mais desafiadores e realistas do mundo. Depois de ter sido reformado da Marinha norte-americana, ele cofundou a Echelon Front, uma companhia de consultoria de liderança e gerência, e foi o coautor do primeiro lugar entre os best-sellers do *New York Times*, *Extreme Ownership: How U. S. Navy SEALs Lead and Win*. Desde então, já escreveu um livro infantil que também é sucesso de vendas, *Way of the Warrior Kid*, e sua obra mais recente é *Discipline Equals Freedom: Field Manual*, que detalha seu "sistema operacional" mental e físico único. Jocko também discute a natureza humana pelos olhos da guerra, da liderança e dos negócios no famoso *Jocko Podcast*. Por último, mas não menos importante, Jocko é casado, um surfista dedicado e pai de quatro crianças "bastante motivadas".

Que livro (ou livros) você mais deu de presente e por quê? Ou nomeie de um a três livros que mais influenciaram sua vida.

Em algum momento na metade da minha carreira de vinte anos na equipe dos Fuzileiros Navais, li *About Face*, do coronel David H. Hackworth. Não parei de lê-lo desde então. Hackworth galgou os escalões e serviu como oficial de infantaria nas guerras da Coreia e do Vietnã. Ele era reverenciado por seus homens e respeitado por todos com quem trabalhava. Enquanto as histórias dos combates são incríveis e há muito a se aprender sobre táticas para o campo de batalha no livro, as verdadeiras lições para mim são sobre liderança. Adaptei muitos de seus princípios de liderança ao longo dos anos e continuo aprendendo com as experiências dele. Obrigado por tudo, coronel Hackworth.

De que forma um fracasso, ou fracasso aparente, acabou te levando ao sucesso? Você tem algum "fracasso pessoal" favorito?

Durante minha segunda temporada no Iraque, comandei o SEAL Team Three, Task Unit Bruiser. Fomos posicionados na cidade de Ramadi, destruída pela guerra, na época o epicentro da insurgência. Apenas algumas semanas depois de termos assumido o posto, conduzimos uma grande operação em conjunto com os soldados do Exército e da Marinha norte-americano com soldados simpatizantes do Exército iraquiano. Havia inúmeros elementos no campo de batalha, todos envolvidos em contatos pesados com o inimigo. Na confusão da guerra, erros foram cometidos. A má sorte também entrou em cena. As coisas deram errado. Acabou havendo um terrível tiroteio entre um dos meus grupamentos de fuzileiros e uma unidade simpatizante iraquiana. Um soldado iraquiano foi morto e vários outros soldados foram feridos, inclusive um dos meus fuzileiros. Foi um pesadelo.

Embora houvesse muita culpa a ser atribuída e muitos tivessem cometido erros, me dei conta de que só havia um culpado: eu. Eu era o comandante. Eu era o homem com a patente mais alta no campo e era responsável por tudo que estava acontecendo. Tudo.

Como líder, não há mais ninguém a se culpar. Não invente desculpas. Se eu não assumir a responsabilidade pelos problemas, não consigo resolvê-los. Eis o que um líder precisa fazer: assumir a responsabilidade pelos problemas, pelos erros, pelas falhas e assumir o compromisso de criar e aplicar soluções para resolver tudo isso.

Assuma a responsabilidade.

Se você pudesse colocar um outdoor gigante em qualquer lugar exibindo qualquer coisa, o que seria e por quê?

"Disciplina é liberdade." Todos querem a liberdade. Queremos ser livres física e mentalmente. Queremos ser financeiramente livres e queremos mais tempo livre. Mas de onde vem essa liberdade? De onde a tiramos? A resposta é o oposto da liberdade. A resposta é a disciplina. Você quer mais tempo livre? Siga um sistema mais disciplinado de administração do seu tempo. Quer mais liberdade financeira? Aplique uma disciplina financeira à vida a longo prazo. Quer ser livre de fisicamente para ir e vir conforme queira e ser livre de muitos dos problemas de saúde causados por más escolhas no estilo de vida? Então, precisa ter a disciplina de comer alimentos saudáveis e se exercitar com regularidade. Todos queremos liberdade. A disciplina é a única forma de obtê-la.

Qual foi o melhor ou mais valioso investimento que você já fez?

Desde que consegui ter uma casa com garagem, montei uma academia neste cômodo. Ela é um dos fatores mais importantes que me permitem me exercitar todos os dias, apesar do caos provocado pela vida. A conveniência de poder me exercitar a qualquer hora, sem ter que preparar uma bolsa para ir para a academia, dirigir, estacionar, trocar de roupa e aguardar os equipamentos ficarem livres...

A academia em casa está lá para você. Nada de dirigir. Nada de estacionar. Nada de enfiar os pertences em um armário minúsculo. Na sua academia, você nunca reveza os equipamentos. Ela está sempre livre para você.

E, talvez, o mais importante: você ouve a música que quer, tão alto quanto queira.

MANDA VER.

Nos últimos cinco anos, que nova crença, novo comportamento ou hábito mais impactou positivamente sua vida?

Ler e escrever todos os dias. LIBERTA A MENTE.

Que conselho você daria a um universitário inteligente e aplicado prestes a entrar no "mundo real"?

Trabalhe mais do que todo mundo. É claro que isso é fácil quando você ama seu trabalho. Mas talvez você não ame nem o primeiro, nem o segundo e nem sequer o terceiro emprego. Isso não importa. Trabalhe mais do que todo mundo. Para conseguir o trabalho que ama ou fundar a companhia que deseja, você precisa desenvolver um currículo, uma reputação e uma conta bancária. A melhor forma de fazer isso é trabalhar mais do que todos.

Quando você se sente sobrecarregado, ou desconcentrado, ou perde o foco momentaneamente, o que faz?

Priorizo e executo. Aprendi isso em combate. Quando as coisas estão dando errado, quando há vários problemas ao mesmo tempo, quando as coisas o sobrecarregam, você precisa priorizar e executar.

Dê um passo atrás.

Desligue-se do caos.

Observe a situação e avalie os inúmeros problemas, tarefas ou questões. Escolha o que terá o maior impacto e execute.

Se você tentar resolver todos os problemas ou concluir todas as tarefas ao mesmo tempo, vai falhar em tudo. Escolha o maior problema ou a questão que terá o impacto mais positivo. Em seguida, concentre seus recursos em qual escolher e parta para o ataque. Faça o que deve ser feito. Após isso, você pode partir para o próximo problema ou questão, e então para o seguinte. Continue fazendo isso até ter estabilizado a situação. Priorize e execute.

CITAÇÕES QUE ESTÃO NA MINHA CABEÇA

(Tim Ferriss: 14 de julho — 27 de julho de 2017)

"Por acaso, eu me encontro em um negócio muito difícil em que não há álibis. Ele não é bom nem ruim, e as milhares de razões que interferem na possibilidade de um livro ser tão bom quanto pode ser não se tornam desculpas caso ele não seja... Refugiar-se nos sucessos domésticos, ser bom com os amigos em dificuldades etc. não passam de uma forma de desistir."

— ERNEST HEMINGWAY

Renomado romancista norte-americano, escritor de contos e jornalista

"Os poetas 'não se encaixam' na sociedade, não porque lhes seja negado um lugar, mas porque não levam tais 'lugares' a sério. Eles veem seus papéis abertamente como teatrais, os estilos como poses, as roupas como fantasias, as regras como convenções, as crises como montagem, os conflitos como encenados e as metafísicas como ideológicas."

— JAMES P. CARSE

Professor emérito de história e literatura da religião na Universidade de Nova York, autor de *Jogos finitos e infinitos*

"Seja o silêncio que ouve."

— TARA BRACH

Professora de meditação e cura emocional, autora de *Radical Acceptance*

"O cérebro, o medo, o senso do possível e a realidade das 'meras' 24 horas por dia nos dão noções preconcebidas do que é humanamente possível."

ROBERT RODRIGUEZ
X/IG: @rodriguez
elreynetwork.com

ROBERT RODRIGUEZ é diretor, roteirista, produtor, cineasta, editor e músico. Ele também é fundador e presidente da El Rey Network, uma nova rede a cabo que combina vários gêneros. É nela que ele apresenta um dos meus programas de entrevistas favoritos, *The Director's Chair*. Quando ainda estudava na Universidade do Texas, em Austin, Robert escreveu o roteiro de seu primeiro longa-metragem, ao mesmo tempo em que trabalhava como cobaia em um centro de pesquisa de medicamentos. Foi esse emprego que cobriu os custos de duas semanas de filmagens. O filme, *O Mariachi*, ganharia o Prêmio da Audiência no Festival Sundance e viria a ser o filme de menor orçamento já lançado por um grande estúdio. Ele escreveu, produziu e dirigiu muitos filmes de sucesso, incluindo *A Balada do Pistoleiro*, *Um Drink no Inferno*, a franquia *Pequenos Espiões*, *Era Uma Vez no México*, *Sin City: A Cidade do Pecado*, *Machete* etc.

Nos últimos cinco anos, que nova crença, novo comportamento ou hábito mais impactou positivamente sua vida?

Enfim, descobri uma estratégia que realmente me ajuda a manter a concentração durante uma tarefa que não me interessa muito. Não que eu tentasse adiá-las; mas sempre que eu tentava executá-las, dez outras distrações mais prazerosas e, com frequência, também válidas, surgiam na minha cabeça e me tiravam do rumo. Esse era o maior desafio. As distrações eram tão importantes quanto a minha tarefa principal, então eu tinha uma justificativa para priorizá-las. Contudo, a tarefa principal continuava intocada, a mera ideia logo se transformava em uma obrigação. Agora, adotei um método mais eficiente, semelhante ao Princípio de Premack [um sistema motivacional em que uma atividade preferível pode ser usada para reforçar uma atividade menos interessante] ou um sistema de recompensa, mas com uma estratégia mais concreta.

Mantenho dois cadernos ao meu lado e me sento no lugar mais confortável que eu encontrar. (Você precisará ler meu próximo livro para descobrir qual é!)

Escrevo uma lista de duas ou três tarefas importantes menos desejáveis em um caderno com o título "Tarefas", enquanto o segundo caderno ganha o título "Distrações".

Então, marco vinte minutos no cronômetro.

Ataco uma das tarefas principais indesejáveis por um período completo de vinte minutos. Sem distrações. Durante esse tempo, inevitavelmente, sempre tenho várias distrações: tarefas e ideias que surgem na cabeça. Esses pensamentos e tentações em geral me tiravam a concentração, e eu cedia e parava para fazer o que quer que fossem enquanto estivessem fervendo na cabeça: um insight, um desenho ou plano, ou um projeto bastante diferente, respostas para um problema que eu estivera tentando resolver etc. Quando você está mentalmente estimulado por uma tarefa, a criatividade gera mais ideias. Mas isso se torna um problema quando essas ideias o distraem da tarefa mais importante, porém menos desejável.

Isso era o que sempre acontecia comigo. Essas coisas não eram atividades frívolas pelas quais eu me deixava levar. Eram coisas bem legítimas a serem feitas, e, se eu as ignorasse, ficava preocupado com a possibilidade de esquecê-las ou perder o estímulo do momento.

Então, como evitar isso? Durante os vinte minutos, escrevo qualquer míssil de pensamento no caderno de "Distrações", e logo retorno à tarefa indesejável mais importante. Agora, não preciso me preocupar com a possibilidade de esquecê-lo. Não tento descartar e ignorar o pensamento. Escrevo a ideia e adio, mesmo que seja uma coisa muito produtiva, porque qualquer coisa que me tire da tarefa principal é tecnicamente uma distração. Depois que escrevo, posso retornar à tarefa principal até o final de mais um período de vinte minutos.

Se o trabalho está fluindo na tarefa principal, acrescento mais dez minutos ao cronômetro e vou até trinta minutos. Mas esse é o limite. Descobri que, quando não me recompenso o suficiente, o cérebro se rebela.

Em seguida, faço um "intervalo de recompensa" de dez a quinze minutos. Depois de trinta minutos, me levanto e caminho um pouco. Pego o caderno de distrações (que, a essa altura, já deve ter várias coisas listadas) e me dedico a uma delas por dez a quinze minutos apenas. Você também tem que configurar o cronômetro para isso.

Tento executar as que requerem menos tempo, para não passar muito tempo longe da tarefa principal. Não preciso concluir a distração de uma vez só. Se vai levar mais de dez ou quinze minutos, a interrompo e deixo o resto para o próximo intervalo. Então, retorno e reinicio o cronômetro para vinte minutos, retomando a tarefa principal.

Em geral, escrevo qualquer tipo de lista de tarefas no celular, mas há uma satisfação visual em riscar uma tarefa entediante ao concluí-la, ao mesmo tempo em que se tem uma lista de distrações escrita à mão. É por isso que uso cadernos. Colocar uma lista de distrações no papel mudou tudo e por fim fez o conceito do Princípio de Premack funcionar para mim. Ele o torna tão fácil.

Se você pudesse colocar um outdoor gigante em qualquer lugar exibindo qualquer coisa, o que seria e por quê?

"*FÁCIL!*" É uma das minhas palavras favoritas! Eu nem sequer me lembro de quando comecei a usá-la de uma forma empolgante; pode ter sido depois de ter criado a minha rede de televisão. Eu já era um cara bem ocupado, então resisti um pouco à ideia de assumir uma rede de televisão de 24 horas que precisaria ser alimentada com conteúdo. Mas, à costumeira moda Rodriguez, decidi encarar assim mesmo!

Quando me dei conta da realidade avassaladora da quantidade de conteúdo que precisaríamos criar, procurei colaboradores para realizar a tarefa notável de produzir programas para a rede. [A simples tarefa de administrar] a rede acarretava uma quantidade absurda de trabalho a fazer. Eu sabia que precisava de uma estratégia nova para incutir confiança nas tropas e em mim mesmo. Isso era diferente dos filmes, que eram um número menor de projetos realizados com intervalos maiores de tempo. Ali estava eu tentando algo impossível. A maioria das redes leva anos, se não décadas, para sequer colocar no ar as primeiras séries originais. No primeiro ano da El Rey Network, lancei quatro novos programas. Eu podia ver as pessoas arregalarem os olhos, impressionadas, quando eu lia as listas de coisas que todos precisávamos fazer.

Comecei a acrescentar a palavra espanhola "*FÁCIL!*" ao final das listas de tarefas, e todos riam e me dirigiam um olhar confuso. (*Fácil* soa melhor em espanhol do que em inglês.) Perguntavam-se: "Por que ele fica falando isso? Como essas coisas podem ser fáceis?" Mas, no final, eles realmente ficavam calmos. Se o líder não estava com medo, por que eles deveriam ficar?

Essa palavra se tornou muito estimulante para todos nós. Na prática, dizia o seguinte: "Temos isso, isso, isso, isso, isso, isso *mais* isso e isso para fazer até a próxima quarta. *FÁCIL!*" Você via as pessoas primeiro ficarem chocadas e estressadas, mas, ao final da frase, estavam rindo... E nós conseguíamos! Quando a tarefa, ou o programa, ou a criação de algo do nada era concluído, eu voltava e dizia: "Viu? Foi *FÁCIL!*"

De fato, eu também não fazia ideia de como conseguiríamos, mas sabia que me estressar com isso não ajudaria nem um pouco. Somos capazes de fazer muito mais do que pensamos. O cérebro, o medo, o senso do possível e a realidade das "meras" 24 horas por dia nos dão noções preconcebidas do que é humanamente possível.

Gosto da ideia de estabelecer desafios impossíveis e, com uma palavra, fazê-los soar possíveis, pois então eles de repente se tornam possíveis. Então, eu escolheria *FÁCIL!* para o meu outdoor. É um bom lembrete de que tudo pode ser feito, com uma tranquilidade relativa e menos estresse, se você tiver a atitude certa. Se você começar dizendo "Isso é impossível, simplesmente não há tempo o bastante em um dia para fazer todas essas coisas", estará cortando seu pé esquerdo antes de sequer ter chegado à linha de partida. Mas, se na mente é fácil, você vai fazer tudo sem dificuldade, e as ideias fluirão. A atitude é o mais importante.

Às vezes, até esqueço a quem contei esse conceito e sempre recebo e-mails ou mensagens de pessoas com quem passei anos sem falar, e elas usam o rótulo *FÁCIL!* Então, percebo que ele se tornou parte da linguagem delas e um modo de pensar.

Portanto, espero que se torne parte de você, pois há muita vida a experimentar neste mundo. Está tudo lá fora, pronto para ser feito, e tudo começa na cabeça. O que dizemos a nós mesmos é da maior importância. Podemos conjurar novos mundos com imaginação e criatividade. E há um dia de 24 horas inteiras e uma semana de 7 dias inteiros, e tudo pode ser tão, tão *FÁCIL!*

Quando você se sente sobrecarregado, ou desconcentrado, ou perde o foco momentaneamente, o que faz?

A lista de distrações sobre a qual falei antes é o que mais me ajuda. Gosto de me ocupar e ter várias tarefas para executar em áreas diferentes. Acho que as soluções que você encontra em uma área o ajudam a resolver desafios igualmente confusos em outra área. Mas também há momentos em que tudo acontece de uma vez só.

Há momentos em que tudo colide, e você precisa evitar ao máximo ficar sobrecarregado. Não há tempo para as costumeiras meditações ou estratégias, e parece que sua cabeça está cheia de algodão.

Lembro-me de uma vez que eu precisava sair de casa em dois minutos, porque já estava atrasado para uma reunião. Eu tinha um prato de comida para comer e também precisava usar o banheiro. Só havia tempo para uma coisa ou para outra. Eu precisava escolher. Deveria comer? Ou deveria usar o banheiro? Então, fiz as duas coisas! Eu me sentei na privada comendo. Passei o tempo todo pensando: "Estou mesmo ocupado *demais* hoje."

Quando tive um intervalo de cinco minutos mais tarde, ouvi uma meditação guiada que eu mesmo produzi. Dura cinco minutos. Parte da meditação me lembra que gargalos surgem, e eles só ajudam a esclarecer o que é importante e o que não é. E há uma mudança natural.

É uma raridade quando tudo acontece ao mesmo tempo. A vida costuma rearranjar os eventos de forma que tudo que você quer realizar possa ser realizado. De forma natural! Você tem três compromissos à tarde? Adivinha só, alguém acabará cancelando, ou adiando, e a outra coisa de repente não será mais relevante.

É por isso que continuo acumulando tarefas. Raramente fico ocupado demais se mantiver a atitude certa, que é: "Com certeza, posso dizer que estou vivendo a vida ao máximo!"

"Nunca desperdice uma boa crise. É o universo desafiando-o a aprender algo novo e alcançar o próximo nível do seu potencial."

KRISTEN ULMER
FB: /ulmer.kristen
kristenulmer.com

KRISTEN ULMER é uma facilitadora que desafia as normas em torno do tema do medo. Ela foi uma especialista do time de esqui norte-americano e, mais tarde, se tornou reconhecida como a melhor esquiadora na modalidade feminina de esqui extremo em grandes montanhas, uma posição que manteve por doze anos. Conhecida por grandes saltos de rochas e por descidas do tipo "se cair, você morre", ela foi patrocinada por Red Bull, Ralph Lauren e Nikon. Seu trabalho sobre o medo já foi coberto pela *NPR*, pelo *Wall Street Journal*, pelo *New York Times*, pela revista *Outside*, entre outros. Kristen é a autora de *The Art of Fear: Why Conquering Fear Won't Work and What to Do Instead.*

Que aquisição de até 100 dólares mais impactou positivamente sua vida nos últimos seis meses (ou nos últimos tempos)?

[Para o contexto], minha mãe era a mais nova de nove filhos. Seu pai sofria de um grave alcoolismo, e a família vivia uma vida simples como fazendeiros em uma propriedade arrendada. Ela cresceu com sérios problemas financeiros. Eles ficaram tão enraizados que, aos 83 anos, ela ainda lava e reutiliza sacos Ziploc e come a parte boa de alimentos mofados. E... sou filha da minha mãe. Sou muito frugal, o que não é um problema — foi o que me ajudou a me tornar milionária sem a ajuda de ninguém. Mas acho que, neste momento, também impede que eu alcance o próximo nível financeiro.

Portanto, sempre que me sinto mal, faço algo bom por outras pessoas. Ou fico em frente a um cinema procurando alguém que pareça precisar de distração e pago seu ingresso, ou deixo uma gorjeta de 50 dólares depois de comprar um burrito para viagem. Isso não só faz outras pessoas se sentirem bem, como me faz sentir bem e também tem um impacto na minha vida que não é óbvio. Gastar dinheiro dessa maneira é uma sutil tentativa de me livrar da minha linhagem e resolver questões com dinheiro herdadas.

De que forma um fracasso, ou fracasso aparente, acabou te levando ao sucesso? Você tem algum "fracasso pessoal" favorito?

Quanto ao meu fracasso favorito, o tempo que passei com o time de esqui norte-americano foi o meu maior. Eis o motivo:

Meu objetivo nunca fora entrar no time nacional. Sempre fora competir em pequenos eventos para fazer viagens de carro legais com os amigos. Portanto, quando me vi usando aquela jaqueta, representando o país em competições como a Copa Mundial, me senti chocada e aterrorizada.

Milhares de pessoas gritando passaram a me ver esquiar, centenas de câmeras documentavam cada um dos meus movimentos, e eu não tinha ideia do que fazer com o medo, exceto aceitar o mau conselho de alguns técnicos, amigos e familiares bem-intencionados que me diziam o de sempre: controle, supere e racionalize o medo. Pense positivo. Respire fundo. Relaxe. Tudo isso.

Por sorte, embora eu não soubesse disso na época, depois entendi que conseguimos controlar o medo tanto quanto podemos controlar a respiração: não muito bem, e não por muito tempo.

Eu podia me tornar estoica o suficiente para descer a montanha, então isso parecia "funcionar", embora eu esquiasse muito mal. Eu também não estava concentrada no controle do medo, não estava concentrada na minha vida e, portanto, não estava em um estado necessário para um desempenho de nível mundial. E não apenas isso, mas inconscientemente eu queria tanto deixar o time que (é claro) acabei me machucando no final da temporada. Cheguei a me sentir aliviada por causa da lesão, o que é loucura. Culpei o medo, quando deveria ter culpado a mim mesma por ter tentado controlar algo que, no fim das contas, é incontrolável.

O que vejo agora é que não conseguimos dominar o medo. A única coisa que podemos fazer é bloqueá-lo de forma temporária, empurrando-o para o que chamo de "o porão", também conhecido como corpo. Você precisa acumular tanta tensão para mantê-lo lá dentro que 1) acaba ficando muito tenso e vulnerável a lesões e 2) o corpo, que não foi feito para ser um lixão de emoções reprimidas, irá se rebelar.

As lesões são apenas um dos problemas que você enfrentará. Aquele medo com que você não lidou não desaparecerá. Assim que baixar a guarda, ele sairá do porão mais forte do que nunca, apresentando-se de maneiras bem parecidas com o medo (ansiedade ou irritação persistente, insônia etc.), ou de maneiras distorcidas, disfarçadas (raiva, depressão, TEPT, insegurança, baixo desempenho, burnout, culpa, estado constante de defesa etc.). Isso, com o tempo, acaba nos levando a um esforço maior para prendê-lo ainda mais, até que esse esforço vai tomando conta de todo o seu mundo de modo gradual.

O modo como administrei o medo na época foi um fracasso colossal. O que eu deveria ter feito era ter me dado conta de que o medo não é um sinal de fraqueza pessoal, e sim um estado natural de desconforto que se apresenta sempre que você sai da zona de conforto. Ele existe não para nos sabotar, mas para nos ajudar a ficarmos alertas, mais focados e nos colocar no momento presente e em um estado de maior empolgação e vigilância. Se você prender o medo, sobrará a versão louca, irracional ou distorcida dele. Se você estiver disposto a senti-lo e a se fundir com ele, sua energia e sabedoria aparecerão.

Qual foi o melhor ou mais valioso investimento que você já fez?

Fiz um retiro imersivo de nove dias quatorze anos atrás, quando eu *não* estava em crise. Ele se chamava Nine Gates Mystery School. Existe até hoje e ouvi falar que está melhor do que nunca. (Aliás, recomendo a ida uma vez por ano a um retiro para a consciência.) O Nine Gates pegou a minha ideia ainda em formação, injetou nela certeza e energia, e elevou a minha consciência do ego para uma perspectiva global. É por isso que dou a esse evento o crédito por grande parte do sucesso que tenho hoje.

O Nine Gates é um retiro intensivo de dezoito dias dividido em duas sessões de nove dias. Se você pensa em fazer o retiro do silêncio Vipassana, mas está hesitante porque parece tortura (é o que eu penso), considere, em vez disso, fazer o Nine Gates. Suspeito que ele irá lhe oferecer uma experiência semelhante de despertar sem a inatividade.

As pessoas só costumam trabalhar em si mesmas quando estão tentando rastejar para fora de um buraco, e não foi diferente comigo. Eu me inscrevi para o evento quando estava passando por um rompimento difícil, embora não haja problemas nisso. Com frequência, é a crise que traz evolução, e há poucas outras coisas capazes de fazer o mesmo.

Mas, quando chegou a hora de fazer o retiro, eu já estava ótima, e fui mesmo assim — uau. Simplesmente uau. Em vez de ter passado a semana tirando lama dos olhos, o retiro elevou a minha visão, que já estava clara, ao topo de uma enorme montanha pessoal, de onde consegui ver com clareza o que eu queria que acontecesse em seguida na minha vida. Deixei o evento e organizei meus acampamentos de esqui voltados para o estado mental — que (de acordo com a *USA Today*) eram os únicos campos de treinamento para o estado mental em qualquer esporte no mundo inteiro.

Por um lado, nunca desperdice uma boa crise. É o universo desafiando-o a aprender algo novo e alcançar o próximo nível do seu potencial.

Por outro lado, quando não estamos em crise, considero "Minha vida está ótima" uma fuga, um estado congelado, em que não aprendemos nada. É por isso que você não deve esperar por uma crise para adotar medidas para ir além do que é capaz de enxergar sozinho. Faça terapia de casal quando seu casamento estiver ótimo. O que pode então se tornar possível? Contrate um personal trainer quando já estiver na melhor forma física da sua vida. Invista em um especialista em marketing quando seu departamento de marketing já estiver detonando. E observe o próximo nível de magia acontecer.

Que livro (ou livros) você mais deu de presente e por quê? Ou nomeie de um a três livros que mais influenciaram sua vida.

Meus dois livros favoritos são:

A sabedoria do eneagrama, de Don Richard Riso e Russ Hudson. Esse livro fornece um mapa da sua personalidade. Isso é importante. Digamos que você descubra que é um tigre. Você agora sabe que não deve desperdiçar energia tentando se livrar das listras, mas, em vez disso, deve desenvolver sua força inata. Ou, se for um cordeiro, que não é melhor nem pior do que o tigre, você deve aprender a não desperdiçar a vida tentando ser algo que não é e, em vez disso, tentar ser o melhor cordeiro possível.

Aliás, amo tanto esse livro que não namoraria nem contrataria ninguém sem saber qual é o seu tipo no eneagrama. É como estar armado com o manual de instruções da pessoa, o que evita qualquer confusão ou possível conflito mais à frente.

O poder do agora, de Eckhart Tolle. Fui encorajada a ler esse livro por quatro pessoas em uma semana, então o comprei e mergulhei de cabeça. Mas... achei um tédio! Deixei na prateleira. Um ano depois, tirei a poeira, e, mais uma vez... nada. De volta para a prateleira. Isso aconteceu por quatro anos seguidos, até que, no quinto, tentei de novo, e foi tão bom. De repente, eu o devorei como uma pessoa faminta devora um buffet.

Ele é tão potente, porque descreve estados não binários — ou seja, algo maior do que minha visão pessoal limitada do mundo. Tolle o chama de "Agora", eu o chamo de "O eu conectado" ou "O infinito". Nos esportes, chamamos essa realidade de "a zona". No zen, chama-se iluminação. Cada tradição espiritual tem um nome para esse estado.

Avalio a qualidade da minha vida com base na frequência com que acesso esse estado elevado de consciência. Como gosto do zen, não o vejo como algo sustentável, o que é diferente do que Tolle sugere, mas é muito importante para nós o descobrirmos na vida. É o estado em que as luzes realmente se acendem, e você consegue ver, mesmo que por um momento, quem e o que é, e a natureza do que de fato está acontecendo para além da mente individual. Também é o estado em que as melhores ideias podem ser descobertas. Contudo, esse estado não vai até você; você precisa encontrá-lo. Esse livro nos ajuda a fazer isso.

Que dicas ruins você costuma ouvir na sua profissão ou especialidade?

Terapia do diálogo. Falar do medo e pensar nele é ótimo — quem não gosta de passar uma hora falando sobre si mesmo? Mas isso nos mantém no ciclo fechado da mente, muitas vezes por décadas. Precisamos lidar com os problemas emocionais do ponto de vista emocional, e não intelectual.

Nos últimos cinco anos, a que você começou a dizer não com mais facilidade? Que novas descobertas e/ou abordagens ajudaram?

Depois dos 40, parece que começamos de verdade a filtrar as nossas companhias. Por décadas, tive muitos amigos que havia feito com 20 e poucos anos, quando me sentia atraída por pessoas loucas e excêntricas. Mas, depois dos 40, eles deixaram de fazer meu estilo. Alguns eram até abusivos consigo mesmos e, assim, também comigo. Então, o que fazer? Manter o contato por hábito, pela história e pelo desejo de não os magoar ou por fim dizer não a essas amizades tóxicas e se afastar?

Decidi me afastar. Um a um — e saiba que fazer isso não foi fácil —, fui me afastando de cinco melhores amigos e, por fim, de centenas de conhecidos. Isso me libertou do passado e me permitiu explorar partes da minha personalidade que eu queria desenvolver. É claro que, desde então, tenho me sentido um pouco só. Ainda preciso encontrar minha nova melhor amiga, mesmo já tendo passado oito anos procurando, e já não frequento mais tantas festas quanto antes. No entanto, as que frequento, e as pessoas que conheço nelas, são sempre experiências novas, fascinantes e estimulantes.

Amizades devem estimular o crescimento, não o atrasar. Encerre as que atrasam você e abra a mente para as pessoas pelas quais possa se sentir atraído em seguida.

Acho que aqueles por quem você se sente atraído hoje são os que possuem quaisquer que sejam as qualidades que precisa desenvolver.

Observação de Tim: Perguntei a Kristen como, exatamente, ela encerrou as amizades, e ela me mandou um guia detalhado de quatro páginas. Você pode lê-lo em tim.blog/kristen.

Quando se sente sobrecarregada ou desconcentrada, o que faz?

Acolho esses estados me afastando do trabalho e fazendo o que quer que pareça "nada", o que, claro, é alguma coisa (dar uma caminhada, fazer um alongamento, assistir a um filme). Faço essas coisas pelo tempo necessário, seja por algumas horas ou por alguns dias, até a motivação retornar.

Mas, quando estou com um prazo apertado, tiro cinco minutos para fazer esse "nada". Porém, durante esses cinco minutos, vou *atéééé* o fim. Fico completamente presente no estado de desconcentração e sobrecarga. Talvez eu tome um banho quente e fique parada debaixo d'água, permitindo que ela caia no pescoço e gemendo como forma de demonstrar quão sobrecarregada estou. É maravilhoso. Ou procuro meu gato e enterro a cabeça desconcentrada em sua barriguinha macia, simplesmente curtindo o quanto estou confusa e estúpida no momento.

Não apenas é um alívio ceder à minha realidade presente, mas — *surpresa!* — essas ações também me oferecem outra realidade, sem que eu tenha que forçar nada. Em geral, depois desses cinco minutos, retorno organicamente energizada e pronta para mergulhar no trabalho outra vez.

Acolha seu estado de espírito não forçando uma realidade diferente, mas apenas o sentindo. É muito zen. Quando estiver triste, só fique triste. Quando estiver com medo, só fique com medo. Quando estiver sobrecarregado, fique sobrecarregado. Quando estiver desconcentrado, há alguma forma de só relaxar e curtir esse estado?

É assim — do mesmo modo que a água passa por uma mangueira — que esses estados virão, passarão e sairão da vida. Faça isso e essa realidade seguirá seu curso natural, deixando para trás espaço para algo novo entrar.

Nos últimos cinco anos, que nova crença, novo comportamento ou hábito mais impactou positivamente sua vida?

Como creio que a relação com o medo é a mais importante da vida, hoje dedico pelo menos dois minutos por dia ao que chamo de prática do medo.

Sobretudo de manhã, antes de me levantar, percorro o corpo para avaliar meu estado de espírito. Interesso-me, principalmente, por quanto medo estou sentindo (ele está sempre lá, esteja você disposto a admitir ou não), e onde ele está localizado no corpo.

O medo é uma sensação de desconforto no corpo. Ele pode surgir de formas óbvias, como medo, estresse ou ansiedade (que são quase a mesma coisa), ou talvez você sinta mais raiva ou tristeza (que podem estar relacionadas ao medo, se ele estiver no porão). Se parecer que está na mente, é porque não estamos lidando com ele do ponto de vista emocional, mas intelectual, o que nunca é uma boa ideia. Localizo essa sensação no meu corpo — às vezes, na mandíbula ou nos ombros; outras, na testa. Então, aplico um processo de um a dois minutos em três etapas:

1. Passo de quinze a trinta segundos afirmando que é natural sentir esse desconforto. Talvez eu tenha uma palestra importante ou um prazo se aproximando. É natural sentir medo quando você vai fazer coisas importantes, ok? Reconhecer isso pode mudar sua vida.

2. Passo os próximos quinze ou trinta segundos curiosa a respeito de como minha relação atual com o medo tem a ver com esse desconforto. Se a ansiedade parece desproporcional à situação, ou se parece irracional de algum modo, isso significa que tenho ignorado o medo, então ele está começando a falar mais alto ou a agir. Se for esse o caso, dou toda a atenção a ele e pergunto o que ele está tentando me dizer que ainda não percebi (pode ser "Reescreva a palestra, a que você escreveu é uma droga" ou "Você se esqueceu de telefonar para sua mãe"). Como ele é um ótimo conselheiro, uso esse tempo com o medo para saborear seu conhecimento do mesmo modo que se chupa uma laranja.

3. Em seguida, dedico o tempo que for necessário a sentir o medo. Isto é muito importante: não tente se livrar dele. Não é o caminho certo, pois será um desrespeito ao medo. A chave é se permitir vivenciar o sentimento dedicando-lhe algum tempo, como você faria com seu cachorro, com um amigo ou amante. Em geral, faço isso por trinta a sessenta segundos. Depois disso, o medo, sentindo-se reconhecido e ouvido, com frequência desaparece.

Ao longo do dia, sempre que me sinto ansiosa ou chateada, volto a fazer a mesma coisa. Meus clientes também fazem a prática do medo, e os resultados costumam ser profundos. Depois de cerca de uma semana, o medo e a ansiedade não apenas diminuem bastante, mas também muitos outros problemas, como insônia, depressão, TEPT e raiva, são resolvidos. Continue fazendo isso ao longo da semana e começará a perceber a percolação, a energia e a intensificação dos estados que a prática gera.

Não tenho uma prática de gratidão, paz ou perdão, muito populares nos Estados Unidos hoje em dia. Eu as vejo como uma fuga da verdade que está tentando chamar sua atenção para forçar uma mentira. Minha analogia é que é como colocar um Band-Aid em um ferimento para não ter que olhar para ele, o que é um problema, pois, se você não cuidar do ferimento, ele vai acabar inflamando.

Em vez disso, presto atenção ao meu desconforto e tento ter uma relação honesta com ele por meio da prática do medo. Concentro-me no desconforto, no medo, na tristeza, na raiva, ou no que quer que pareça desagradável — tudo mesmo —, o que não apenas me traz novas descobertas, mas também me liberta, o que é surpreendente.

"É provável que grande parte do que você está aprendendo na faculdade hoje seja irrelevante quando chegar aos 40 anos (...). Aconselho-o a se concentrar na resiliência pessoal e na inteligência emocional."

YUVAL NOAH HARARI
X: @harari_yuval
FB: tim.blog/harari-facebook
(redirecionado)
ynharari.com

YUVAL NOAH HARARI é autor dos best-sellers internacionais *Sapiens: uma breve história da humanidade* e *Homo Deus: uma breve história do amanhã*. Ele obteve um Ph.D. na Universidade de Oxford em 2002 e hoje é professor do Departamento de História da Universidade Hebraica de Jerusalém. Yuval ganhou duas vezes o Prêmio Polonsky por Criatividade e Originalidade, em 2009 e em 2012. Publicou inúmeros artigos, entre os quais "Armchairs, Coffee, and Authority: Eye-witnesses and Flesh-witnesses Speak About War, 1100—2000", pelo qual ganhou o Prêmio Moncado da Society for Military History. Sua pesquisa atual se concentra em questões macro-históricas: Qual é a relação entre a história e a biologia? Qual é a diferença essencial entre o *Homo sapiens* e os outros animais? Existe justiça na história? A história tem uma direção? As pessoas se tornaram mais felizes com o desenrolar da história?

Que livro (ou livros) você mais deu de presente e por quê? Ou nomeie de um a três livros que mais influenciaram sua vida.

Admirável mundo novo, de Aldous Huxley. Acho que é o livro mais profético do século XX e a discussão mais profunda sobre a felicidade da filosofia ocidental moderna. Ele teve um impacto profundo no meu modo de pensar sobre a política e a felicidade. E como, para mim, a relação entre poder e felicidade é a questão mais moderna na história, *Admirável mundo novo* também reformulou a minha compreensão da história.

Huxley escreveu o livro em 1931, quando o comunismo e o fascismo entrincheiravam a Rússia e a Itália, o nazismo tinha sua ascensão na Alemanha, o Japão militarista embarcava na guerra para a conquista da China e o mundo inteiro era acometido pela Grande Depressão. Ainda assim, Huxley conseguiu enxergar através dessas nuvens escuras e visualizar uma sociedade futura sem guerras, fome ou pragas, gozando uma paz ininterrupta, abundância e saúde. É um mundo consumista, onde reinam absolutos o sexo, as drogas e o rock and roll e cujo valor supremo é a felicidade. Ele usa a biotecnologia avançada e a engenharia social para certificar-se de que todos estejam sempre satisfeitos e não tenham nenhuma razão para se rebelar. Não há necessidade de uma polícia secreta, campos de concentração ou um Ministério do Amor *à la 1984*, de Orwell. A genialidade de Huxley está no fato de ele mostrar que é possível controlar as pessoas com muito mais eficácia por meio do amor e do prazer do que pela violência e pelo medo.

Quando as pessoas leram *1984*, de George Orwell, ficou claro que ele estava descrevendo um pesadelo assustador para o mundo, e a única questão em aberto era "Como podemos evitar chegar a um estado tão terrível?". A leitura de *Admirável mundo novo* é uma experiência muito mais desconcertante, pois é óbvio que há algo a se temer, mas você sente dificuldade em interferir. O mundo está pacífico e próspero, e todos estão completamente satisfeitos o tempo todo. Qual poderia ser o problema disso?

O que foi mais incrível quando Huxley escreveu *Admirável mundo novo* em 1931 é que ele e os leitores sabiam muito bem que ele estava descrevendo uma distopia perigosa. Não obstante, muitos leitores atuais podem facilmente a confundir com uma utopia. Nossa sociedade consumista está equipada para entender a visão de Huxley. Hoje, a felicidade se tornou o valor supremo, e usamos cada vez mais a biotecnologia e a engenharia social para garantir a satisfação máxima para todos os cidadãos/consumidores. Você quer saber o que pode estar errado nisso? Leia o diálogo entre Mustapha Mond, o Controlador Mundial da Europa Ocidental, e John, o Selvagem, que passou a vida em uma reserva nativa no Novo México e é o único homem em Londres que ainda não sabe nada sobre Shakespeare ou Deus.

Há algum hábito incomum ou algo absurdo que você ame?

Quando estou subindo em um elevador ou uma escada rolante, tento ficar nas pontas dos pés.

De que forma um fracasso, ou fracasso aparente, acabou te levando ao sucesso? Você tem algum "fracasso pessoal" favorito?

Depois que publiquei *Sapiens: uma breve história da humanidade* em hebraico e ele se tornou um best-seller em Israel, pensei que seria fácil publicar uma versão em inglês. Eu o traduzi e enviei para várias editoras, mas todas o rejeitaram de imediato. Até hoje guardo uma carta de rejeição particularmente humilhante que recebi de uma editora muito proeminente. Assim, tentei publicá-lo de modo independente na Amazon. A qualidade era terrível, e vendeu só uns duzentos exemplares. Passei algum tempo muito frustrado.

Então, me dei conta de que o método "faça você mesmo" não funciona e que, em vez de procurar atalhos, eu precisava pegar o caminho mais difícil e longo e buscar ajuda profissional. Meu marido, Itzik, que é um homem de negócios muito melhor do que eu, assumiu a tarefa. Ele achou uma agente literária maravilhosa, Deborah Harris, cujos conselhos nos levaram a contratar um editor incrível, Haim Watzman, que me ajudou a reescrever e burilar o texto. Com a assistência deles, conseguimos um contrato com a Harvill Secker (uma divisão da Random House). Meu editor de lá, Michael Shavit, transformou o texto em uma verdadeira joia e contratou a melhor agência de relações públicas do mercado literário do Reino Unido — a Riot Communication — para fazer a campanha de relações públicas. Faço questão de mencionar seus nomes porque foi só graças ao trabalho profissional de todos esses especialistas que o livro se tornou um best-seller internacional. Sem eles, continuaria sendo apenas um diamante bruto desconhecido como tantos livros excelentes de que nunca ouvimos falar. A partir do fracasso inicial, aprendi quais eram os limites das minhas próprias capacidades e a importância de procurar especialistas em vez de atalhos.

Que conselho você daria a um universitário inteligente e aplicado prestes a entrar no "mundo real"? E quais conselhos ele deveria ignorar?

Ninguém sabe de verdade como estarão o mundo e o mercado profissional em 2040, portanto, ninguém sabe o que ensinar aos jovens de hoje. Consequentemente, é provável que grande parte do que você está aprendendo na faculdade hoje seja irrelevante quando chegar aos 40 anos.

Então, no que você deve se concentrar? Aconselho-o a se concentrar na resiliência pessoal e na inteligência emocional. Tradicionalmente, a vida é dividida em duas partes principais: um período de aprendizagem seguido por um período de trabalho. Na primeira parte da vida, você construiu uma identidade estável e adquiriu habilidades pessoais e profissionais; na segunda, você recorreu à identidade e às habilidades para transitar pelo mundo, ganhar a vida e contribuir com a sociedade. Em 2040, esse modelo tradicional terá se tornado obsoleto, e o único modo de os seres humanos preservarem a competitividade será continuar aprendendo ao longo da vida e se reinventando de forma contínua. O mundo de 2040 será muito diferente do mundo de hoje, além de muito mais movimentado. É provável que o ritmo da mudança tenha se acelerado ainda mais. Assim, as pessoas precisarão da capacidade de aprender o tempo todo e de se reinventar repetidamente — até aos 60 anos.

Contudo, a mudança costuma ser estressante, e, após certa idade, a maioria das pessoas não gosta de mudar. Aos 16 anos, a vida é inteiramente feita de mudanças, gostemos ou não. O corpo está mudando, a mente está mudando, as relações estão mudando — tudo flui. Você está ocupado se inventando. Quando chega aos 40 anos, você não quer mais mudar. Quer estabilidade. Mas, no século XXI, você não poderá se dar a esse luxo. Se tentar se agarrar a alguma identidade estável, a algum emprego estável, a alguma visão de mundo estável, acabará ficando para trás, e o mundo passará como num flash diante dos seus olhos. Assim, as pessoas precisarão ser muito resilientes e equilibradas emocionalmente para atravessar a tempestade infindável e lidar com níveis muito elevados de estresse.

O problema é que é muito difícil ensinar inteligência emocional e resiliência. Não é algo que você consegue aprender lendo um livro ou ouvindo uma palestra. O modelo educacional atual, desenvolvido na Revolução Industrial do século XIX, está falido. Mas, até agora, não criamos uma alternativa viável.

Portanto, não confie muito nos adultos. No passado, era uma aposta segura confiar nos adultos, pois eles conheciam o mundo muito bem e o mundo mudava devagar. Mas o século XXI será diferente. O que quer que os adultos tenham aprendido sobre economia, política ou relacionamentos estará desatualizado. Tampouco confie muito na tecnologia. Coloque ela a seu serviço, em vez de se colocar a serviço dela. Se você não tiver cuidado, a tecnologia começará a ditar seus objetivos e escravizá-lo de acordo com os próprios planos.

Assim, você não tem outra escolha além de se conhecer melhor. Saiba quem é e o que quer da vida. É claro que esse é o conselho mais antigo da história: conhece-te a ti mesmo. Mas é um conselho que nunca foi tão urgente quanto no século XXI.

Pois, agora, temos competição. O Google, o Facebook, a Amazon e o governo estão usando o big data e o aprendizado de máquina para conhecê-lo cada vez melhor. Não estamos vivendo na era de hackear computadores — estamos vivendo na era de hackear humanos. No momento em que as corporações e os governos passarem a conhecê-lo melhor do que você mesmo, eles conseguirão controlá-lo e manipulá-lo, e você sequer perceberá. Então, se quiser continuar no jogo, precisa ser mais rápido do que o Google. Boa sorte!

Nos últimos cinco anos, a que você começou a dizer não com mais facilidade? Que novas descobertas e/ou abordagens ajudaram?

Comecei a dizer não com muito mais facilidade a convites, o que é uma questão de sobrevivência, pois recebo dezenas de convites por semana. Mas, para dizer a verdade, continuo sendo péssimo em recusar coisas. Sinto-me mal dizendo não. Assim, terceirizei a tarefa. Meu marido, que é muito melhor do que eu não só nos negócios, mas também em dizer não, faz a maior parte do trabalho duro por mim. E agora contratamos um assistente, que passa horas diariamente só dizendo não.

Qual foi o melhor ou mais valioso investimento que você já fez?

De longe, o melhor investimento de tempo que já fiz foi um retiro Vipassana de dez dias para meditação (www.dhamma.org). Durante a adolescência, e, mais tarde, em meus anos como estudante, eu era uma pessoa muito confusa e inquieta. O mundo não fazia sentido para mim, e eu não conseguia respostas para perguntas importantes que eu tinha sobre a vida. Em particular, não entendia por que havia tanto sofrimento no mundo e na minha vida e o que poderia ser feito a respeito. Tudo que eu conseguia das pessoas ao meu redor e dos livros que lia eram ficções elaboradas: mitos religiosos sobre deuses e paraísos, mitos patrióticos sobre a terra natal e sua missão histórica, mitos românticos sobre o amor e a aventura ou mitos capitalistas sobre o crescimento econômico e sobre como comprar e consumir coisas nos faz felizes. Eu tinha discernimento suficiente para perceber que tudo isso provavelmente era fantasia, mas não fazia ideia de como descobrir a verdade.

Quando eu estava fazendo doutorado em Oxford, um bom amigo insistiu bastante que eu fizesse um curso de meditação Vipassana. Eu achava que era alguma baboseira new age e, como não tinha interesse em ouvir nada sobre mais uma mitologia, recusava-me a ir. Entretanto, depois de um ano me perturbando, ele me convenceu a experimentar.

Antes disso, eu não sabia quase nada sobre meditação e presumia que talvez envolvesse todos os tipos de teorias místicas. Portanto, fiquei encantado com quão práticos os ensinamentos acabaram se revelando. O professor do curso, S. N. Goenka, instruía os alunos a se sentarem com as pernas cruzadas e os olhos fechados e a concentrarem toda a atenção no ar que entrava e saía pelas narinas. "Não façam nada", ele repetia. "Não tentem controlar a respiração nem respirar de forma específica. Apenas observem a realidade do momento presente, qualquer que ela seja. Quando o ar entrar, você apenas saberá: agora, o ar está entrando. Quando o ar sair, você apenas saberá: agora, o ar está saindo. E, quando perder a concentração e a mente começar a vagar por memórias e fantasias, você apenas saberá: agora a mente se afastou da respiração." Foi a coisa mais importante que alguém já me disse.

A primeira coisa que aprendi com a observação da minha respiração era que, apesar de todos os livros que eu já lera e com todas as aulas que tivera na universidade, eu não sabia quase nada a respeito da mente e tinha muito pouco controle sobre ela. Por mais que me esforçasse, eu não conseguia observar a realidade da minha respiração, entrando e saindo pelas narinas, por mais de dez segundos antes de a mente começar a divagar! Por anos, vivi sob a impressão de que era o mestre da minha vida e marca pessoal. Contudo, algumas horas de meditação foram o suficiente para me mostrar que eu mal tinha controle sobre mim mesmo. Eu não era o CEO — talvez fosse, no máximo, o segurança. Eu era obrigado a ficar no portão do meu corpo — as narinas — e só observava o que entrava e saía. Porém, em pouco tempo eu perdia o foco e abandonava o posto. Foi uma experiência que me abriu os olhos e me deixou mais humilde.

Com o transcorrer do curso, os alunos aprendiam a observar não só a respiração, mas também sensações que percorriam todo o corpo: calor, pressão, dor, e assim por diante. A técnica Vipassana baseia-se na ideia de que o fluxo mental está intimamente interligado às sensações do corpo. Entre mim e o mundo, há sempre sensações corporais. Nunca reajo aos eventos do mundo externo. Sempre reajo às sensações do próprio corpo. Quando a sensação é desagradável, reajo com aversão. Quando é agradável, reajo com desejo por mais. Mesmo quando pensamos que reagimos ao que outras pessoas fazem, a uma memória distante da infância ou à crise financeira global, a verdade é que sempre reagimos a uma tensão nos ombros ou a um espasmo na boca do estômago.

Quer saber o que é a raiva? Bem, basta observar as sensações que surgem e passam pelo seu corpo enquanto está com raiva. Na época que fiz esse retiro, eu tinha 24 anos e provavelmente já experimentara a raiva milhares de vezes, mas nunca havia me dado ao trabalho de observar qual era a verdadeira sensação que ela causava. Sempre que a sentia, me concentrava no objeto da raiva — algo que alguém fizera ou dissera — em vez de me concentrar na realidade física da raiva.

Acho que aprendi muito mais sobre mim mesmo e sobre os seres humanos em geral observando minhas sensações durante aqueles dez dias do que aprendera em toda a vida até então. E, para isso, não precisei aceitar nenhuma história, teoria ou mitologia. Só precisei observar a realidade como ela é. A coisa mais importante que percebi foi a fonte profunda do meu sofrimento nos padrões da própria mente. Quando quero alguma coisa e ela não acontece, minha mente reage gerando sofrimento. O sofrimento não é uma condição objetiva no mundo externo. É uma reação mental gerada pela mente.

Desde o primeiro curso em 2000, comecei a praticar o Vipassana por duas horas todos os dias e todo ano faço um longo retiro de meditação de um ou dois meses. Não é uma fuga da realidade. É uma forma de entrar em contato com a realidade. Pelo menos por duas horas por dia, observo a realidade, enquanto passo as outras 22 horas sobrecarregado com e-mails, posts e vídeos engraçados de gatos. Sem o foco e a clareza oferecidos por essa prática, eu nunca teria conseguido escrever *Sapiens: uma breve história da humanidade* e *Homo Deus: uma breve história do amanhã.*

Quando se sente sobrecarregado ou desconcentrado, o que faz?

Observo a minha respiração por alguns segundos ou minutos.

ALGUMAS REFLEXÕES FINAIS

"Não mire o sucesso. Quanto mais você mirar o sucesso e fizer dele uma meta, mais irá errar o alvo. Pois o sucesso, como a felicidade, não pode ser buscado... A felicidade deve acontecer, e o mesmo se aplica ao sucesso: você precisa deixar que aconteça, não se importando com ele. Quero que você ouça o que sua consciência lhe diz para fazer e faça com todo o conhecimento que tem. Então, viverá para ver que, a longo prazo — estou falando a longo prazo! — o sucesso lhe sucederá precisamente porque você se esqueceu de pensar nele."

— DE VIKTOR E. FRANKL, *EM BUSCA DE SENTIDO*

EPIFANIAS DO BANHO DE GELO

"Não, não sei *por que* ele precisa de quatro sacos grandes cheios de gelo."

A recepcionista estava dando de ombros, exasperada, enquanto falava com a equipe de limpeza. Ela repetiu as instruções. Eram oito da noite, e todo mundo na recepção estava confuso.

Por outro lado, eu estava no corredor da morte. Minha bateria havia descarregado horas antes. Contraído de dor na lombar, usei um saco de lixo cheio de roupas suadas como travesseiro e recostei a cabeça sobre o balcão. O mensageiro se afastou um pouco.

Depois do que pareceu uma eternidade, a charada do gelo foi resolvida. Arrastei os pés até o quarto e desabei de cara na cama.

Vinte minutos depois, acordei com uma batida na porta, e me entregaram meus 20 quilos de gelo. Despejei tudo na banheira e, depois de tirar a faixa do cotovelo, desenrolar os dedos dos pés cheios de bolhas e tomar alguns anti-inflamatórios, entrei devagar na água congelada. Quando perdi o fôlego e a adrenalina subiu, uma velha frase me veio à mente: "AME A DOR."

No último ano do ensino médio, li um livro chamado *Mental Toughness Training for Sports*, do dr. Jim Loehr. A partir daí, veio a minha melhor temporada até hoje nos esportes. Ao longo de todo esse período, escrevi no topo do meu diário antes de cada sessão de treinamento de luta: "AME A DOR."

Agora, em Orlando, Flórida, a mesma frase passa pela minha cabeça.

Meses antes, alguém do Johnson & Johnson Human Performance Institute entrara em contato para me fazer uma pergunta simples: "Você gostaria de aprender a jogar tênis?" Acrescentando: "O dr. Jim Loehr também gostaria de passar um tempo com você."

Descobri que Jim se aposentaria no ano seguinte. Ele já tinha trabalhado com Jim Courier, Monica Seles e dezenas de lendas. Se eu fosse à Flórida, teria um técnico profissional de tênis para me ensinar a técnica do jogo e Jim para me treinar mentalmente. Jim em pessoa! E já fazia décadas que o tênis estava na minha lista de desejos. Como eu poderia não agarrar a chance? Então, mergulhei de cabeça.

Agora, não tinha mais ânimo.

Eu terminara meu primeiro dia de um planejamento de cinco dias. Cada um incluía seis horas de treinamento, e eu já estava todo quebrado. A minha tendinite crônica no cotovelo, que já me acompanhava havia anos, inflamara com tudo, tornando agonizante o mero ato de pegar um copo d'água. Escovar os dentes ou trocar um aperto de mãos estava fora de cogitação. Isso para não mencionar a lombar e o corpo inteiro.

Foi quando minha mente disparou:

Será que isso é só um sintoma natural dos 40 anos? Todo mundo me diz que é o que acontece. Será que devo parar antes de causar um dano maior e retornar a outros projetos? E, vamos falar a verdade: sou terrível nisso e ainda por cima estou com dor. Além do mais, é difícil jogar regularmente em São Francisco. Ninguém iria me julgar se eu decidisse ir embora antes do esperado. Aliás, ninguém iria me julgar mesmo agora...

Balancei a cabeça. Depois, dei um tapa na nuca para arrancar esse pensamento da cabeça.

Pode esquecer, Ferriss. Isso é ridículo. Você mal começou e está fazendo o que sempre quis. Veio até a Flórida para voltar depois de apenas um dia? Fala sério.

Pensa. Talvez você possa jogar com a mão esquerda. Ou jogar bolas para simular o jogo e trabalhar os pés? Na pior das hipóteses, acho que eu posso cancelar o trabalho com a bola completamente e me concentrar no jogo mental, não é?

Soltei o ar e fechei os olhos para respirar fundo. Em seguida, estendi a mão até o outro lado da banheira. Os livros são a minha distração favorita quando tomo banhos de gelo que são de dez a quinze minutos de puro sofrimento. Naquela noite, a escolha era *O jogo interior do tênis*, de W. Timothy Gallwey.

Uma passagem me fez parar após algumas páginas:

> O jogador do jogo interior passa a valorizar a arte da concentração relaxada acima de todas as outras habilidades; ele descobre a verdadeira base da autoconfiança e aprende que o segredo para se vencer qualquer jogo está em não se esforçar demais.

O segredo para vencer qualquer jogo está em não se esforçar demais?

Foi esse pensamento que me fez me arrastar para fora da banheira e ir para a cama, onde adormeci profundamente.

O PONTO DE IMPACTO

Entrei no centro de treinamento na manhã seguinte e fui cumprimentado por Lorenzo Beltrame, meu técnico de tênis muito talentoso e simpático.

Jim estava em um canto com um sorriso que ia de orelha a orelha, tênis tamanho 48 e, como de costume, um bom conselho: "Hoje, faça tudo com mais suavidade: segure com menos força, bata com menos força... Deixe os ombros e os quadris baterem na bola."

Nós três sabíamos que aquele dia decidiria se iríamos em frente, tentaríamos a mão esquerda ou jogaríamos a toalha de uma vez por todas. Jim não queria que eu me destruísse e não queria que o otimismo se transformasse em masoquismo.

E lá fomos nós para a quadra.

Após duas horas treinando, Lorenzo colocou uma vassoura no meio da rede com uma toalha pendurada. Minha tarefa era tentar acertar a toalha.

Comecei a jogar uma série que parecia não ter fim de bolas na rede. A precisão era zero, acompanhada de uma dor aguda e constante no braço.

Lorenzo me interrompeu e deu a volta até onde eu estava. Falou baixo: "Quando eu era um jogador mais novo na Itália, com 9 ou 10 anos, meu técnico me deu uma regra: eu podia cometer erros, mas não o mesmo erro duas vezes. Quando eu acertava a rede, ele dizia 'Não me importo se você jogar para fora da quadra ou onde quiser, mas não pode mais acertar nenhuma bola na rede. Essa é a única regra.'"

Com isso, Lorenzo mudou inteiramente o foco do treino. Em vez de olhar de forma compulsiva para o alvo, a toalha, eu só iria me concentrar no que estava bem diante de mim:

O ponto de impacto.

O ponto de impacto é onde a bola faz contato com a raquete. É o meio-segundo em que a intenção colide com o mundo externo. Se você observar fotos de jogadores profissionais capturadas nesse momento crítico, com frequência verá seus olhos na bola quando ela bate nas cordas da raquete.

"Pronto?", perguntou ele.

"Pronto."

Ele jogou a primeira bola, e... funcionou como num passe de mágica.

Assim que parei de me concentrar no destino — onde eu queria acertar a bola — e passei a me concentrar no que estava bem diante de mim — o ponto de impacto —, tudo começou a dar certo. Umas dez, quinze, vinte bolas depois, estavam todas indo para onde eu queria.

Lorenzo sorriu, fez um giro com a mão como em reverência e continuou jogando as bolas. Ele gritou para a lateral, onde Jim estava depois de voltar do escritório: "Doutor, você precisa ver isto!"

Um sorriso enorme surgiu no rosto de Jim. "Mas vejam só!"

Fluiu e continuou fluindo. Quanto mais eu me concentrava no ponto de impacto, mais os ralis e os jogos aconteciam com naturalidade. Meu cotovelo estava doendo menos, e consegui concluir os cinco dias do treinamento.

Foi glorioso.

O PERIGO DAS GRANDES QUESTÕES

Na maior parte do tempo, "O que eu devo fazer da vida?" é uma pergunta terrível.

"O que devo fazer com este saque de tênis?" "O que devo fazer com esta fila no Starbucks?" "O que devo fazer com este engarrafamento?" "Como devo reagir à raiva que sinto se acumulando no peito?" Essas perguntas são melhores.

A excelência está nos próximos cinco minutos, o aperfeiçoamento está nos próximos cinco minutos, a felicidade está nos próximos cinco minutos.

Isso não quer dizer que você deva ignorar o planejamento. Eu o encorajo a fazer planos grandes e ambiciosos. Apenas lembre-se de que as coisas grandes, as coisas inimagináveis, são alcançadas quando você as desconstrói em peças menores e possíveis e se concentra em cada "momento de impacto", um passo de cada vez.

Tive uma vida cheia de dúvidas... a maioria sem boas razões.

Falando de modo geral, por mais que seja bom ter um plano, é ainda mais libertador perceber que praticamente nenhum erro pode destruí-lo. Isso lhe dá coragem para improvisar e experimentar. Como Patton Oswalt ponderou: "Meu fracasso favorito foram todas as vezes que já me ferrei no palco como comediante, porque acordei no dia seguinte e vi que o mundo não havia acabado."

E, se parece que o mundo acabou, talvez seja apenas o mundo forçando-o a olhar através de uma porta diferente e melhor. Como disse Brandon Stanton: "Às vezes, você precisa permitir que a vida o salve de conseguir o que quer."

O que você *quer* pode ser aquela toalha no meio da quadra de tênis, o objetivo compulsivo que o está impedindo de conseguir aquilo de que *precisa*.

Não tire o olho da bola, sinta o que precisa sentir e se adapte à medida que avançar. Então, o jogo da vida fluirá naturalmente.

A CORRETORA DO PODER

Durante meu segundo almoço em Orlando, Jim me contou a história de Dan Jansen.

Dan Jansen nasceu em Wisconsin, o mais novo de nove filhos. Inspirado pela irmã, Jane, começou a praticar patinação de velocidade, e, aos 16 anos, já havia quebrado um recorde mundial júnior na corrida de 500 metros. Dan decidiu dedicar a vida ao esporte.

Ele galgou os degraus até o topo, mas em todos os Jogos Olímpicos era acometido por alguma tragédia. O auge da sua dor chegou nos Jogos Olímpicos de Inverno. Horas antes da corrida de 500 metros, Dan soube que Jane perdera a batalha contra a leucemia. Ele caiu na corrida, colidindo contra as barreiras, e caiu de novo dias depois, na corrida de mil metros. Chegara a Calgary como favorito para duas medalhas de ouro e, em vez disso, voltou para casa com uma morte na família e sem nenhuma medalha.

Dan passou a esperar a má sorte e começou a trabalhar com Jim Loehr em 1991 para corrigir isso.

Na época, muitas pessoas achavam que era impossível quebrar a barreira de 36 segundos nos 500 metros. Esse "impossível" entrara na cabeça de Dan, e ele começou a escrever "35:99" no topo das páginas de seu diário para lutar contra as dúvidas.

A corrida de mil metros também era um problema... aparentemente. Ela lhe dava muito em que pensar, tempo demais para criar ciclos de autossabotagem na própria mente.

Assim, todos os dias durante dois anos, Jim fez Dan acrescentar outro lembrete ao lado dos "35:99" no diário: "AMO OS 1.000."

No dia 4 de dezembro de 1993, Dan concluiu os 500 metros com 35:92, quebrando a barreira dos 36 segundos e estabelecendo um recorde mundial. Ele voltou a quebrá-la no dia 30 de janeiro de 1994. Dan chegou aos Jogos Olímpicos de Inverno de Lillehammer, Noruega, na melhor forma da sua vida. Ele tinha uma última chance de ganhar uma medalha olímpica.

Em "seu evento" dos 500 metros, ficou em oitavo lugar. Foi uma derrota arrasadora. A maldição dos Jogos Olímpicos parecia intacta.

Então, vieram os mil metros, sua nêmesis. Era a última corrida nos seus últimos Jogos Olímpicos. Ele não caiu. Em vez disso, chocou todo mundo vencendo a competição, estabelecendo um recorde mundial e ganhando uma medalha de ouro.

Dan aprendera a amar os mil metros e se tornou um herói nacional.

É uma história e tanto, não é?

Contudo, você pode perguntar: "Isso é muito inspirador, sem dúvida, mas e quando não se tem acesso a Jim Loehr?"

Aos 17 anos, eu também não tinha. Li *Mental Toughness Training for Sports* em um beliche, e o livro mudou a minha vida. Para aprender com os melhores, você não precisa conhecê-los; só precisa absorvê-los. Isso pode ser feito por meio de livros, áudios ou uma única citação potente.

É libertando a mente que você se torna seu próprio grande técnico.

Parafraseando Jim, a corretora do poder na vida é a voz que ninguém nunca ouve. É como você revisita o tom e o conteúdo da sua voz interior que determina a qualidade da sua vida. Ela é a grande contadora de histórias, e as histórias que contamos a nós mesmos são a nossa realidade.

Por exemplo, como você fala consigo mesmo quando comete um erro que o deixa chateado? Você falaria dessa forma com um amigo querido que tenha cometido um erro? Se não, tem trabalho a fazer. Confie em mim, *todos* temos trabalho a fazer.

É aqui que preciso explicar o meu velho amigo: "AME A DOR."

"AME A DOR" não é um incentivo ao autoflagelo. É um lembrete simples de que todo o crescimento requer desconforto. De vez em quando, o desconforto é leve, como subir uma montanha de bicicleta ou engolir o ego para ouvir com mais atenção. Outras vezes, é muito mais doloroso, como uma prova de resistência física ou o equivalente emocional a ter um osso deslocado posto no lugar. Nenhuma dessas dores é letal, e as pessoas que as procuram são raras. Ter benefícios ou não depende de você.

Portanto, "AME A DOR".

Anteriormente neste livro, Brian Koppelman mencionou que considera Haruki Murakami o melhor escritor de ficção do mundo. Murakami também é um excelente corredor de longas distâncias. Eis o que Murakami tem a dizer sobre correr, algo que pode ser aplicado a tudo:

> A dor é inevitável. O sofrimento é opcional. Digamos que você esteja correndo e pense: "Cara, isso dói, não suporto mais." A parte que "dói" é uma realidade inevitável, mas o quanto aguentar depende só do corredor.

Se você quiser ter mais, fazer mais e ser mais, tudo começa pela voz que ninguém mais ouve.

BIFURCAÇÕES CONSECUTIVAS

Várias semanas atrás, me deparei com este poema de Portia Nelson:

Autobiografia em cinco capítulos curtos

Capítulo Um
Ando pela rua.
Há um buraco fundo na calçada.
Caio dentro dele.
Estou perdida... Sem esperança.
Não foi minha culpa.
Leva uma eternidade para encontrar a saída.

Capítulo Dois
Ando pela mesma rua.
Há um buraco fundo na calçada.
Finjo não o ver.
Caio outra vez.
Não acredito que caí no mesmo lugar.
Mas não foi minha culpa.
Mais uma vez, leva uma eternidade para encontrar a saída.

Capítulo Três
Ando pela mesma rua.
Há um buraco fundo na calçada.
Estou vendo-o.

Caio mais uma vez... é um hábito... mas
meus olhos estão abertos.
Sei onde estou.
Foi minha culpa.
Saio imediatamente.

Capítulo Quatro
Ando pela mesma rua.
Há um buraco fundo na calçada.
Dou a volta.

Capítulo Cinco
Ando por outra rua.

Para se sentir em paz e mais bem-sucedido, você não precisa ser um gênio, ou ter acesso a alguma sociedade secreta, ou acertar um alvo em movimento de "apenas" mais X dólares. Tudo isso são distrações.

Com base em tudo que vi, uma simples receita pode funcionar: concentre-se no que está logo à sua frente, planeje ótimos dias para criar uma ótima vida e tente não cometer o mesmo erro duas vezes. É só isso. Pare de acertar a rede com a bola e tente fazer algo diferente, talvez até o oposto. Se você realmente quer mais crédito, tente não ser um idiota, e se tornará um superastro nível Voltron.

O segredo para vencer qualquer jogo está em não se esforçar demais.

Se você sente que está se esforçando demais, é um sinal de que há um erro nas prioridades, nas técnicas, no foco ou na mentalidade. Encare a sensação como uma deixa para reiniciar, e não redobrar os esforços. E console-se com o fato de que, sempre que estiver em dúvida, a resposta provavelmente está escondida bem diante dos seus olhos.

Como eu encararia isto se fosse fácil?

Em um mundo onde ninguém sabe nada de verdade, você tem a incrível liberdade de reinventar-se de forma contínua e forjar novos caminhos, não importa quão estranhos sejam. Abrace o seu eu esquisito.

Não existe resposta certa... apenas perguntas melhores.

Tenha calma, *ya azizi.*
Tim

Respire...

FONTES RECOMENDADAS

As seguintes fontes são todas em inglês de acesso gratuito e complementam as lições deste livro. Muitas oferecem pontos de partida para ferramentas que hoje uso diária ou semanalmente.

Links para os livros "mais dados de presente" e "mais recomendados" de *Tribo de mentores* — tim.blog/booklist

Links para todas as "aquisições de até 100 dólares" citadas nas respostas dadas em *Tribo de mentores* — tim.blog/under100

5-Bullet Friday — tim.blog/Friday

A 5-Bullet Friday é uma das newsletters mais populares do mundo. Conheci quase 30% das pessoas citadas neste livro porque elas estão inscritas na 5-Bullet Friday. É um e-mail curto que mando todas as sextas, listando cinco coisas legais que descobri e de que gostei durante a semana, incluindo gadgets, artigos, startups, livros, suplementos experimentais, ajustes ou truques legais e todo o tipo de coisas esquisitas. O conteúdo é exclusivo.

***The Tao of Seneca* — tim.blog/seneca**

The Tao of Seneca é uma introdução à filosofia do estoicismo nas palavras de Sêneca, com ilustrações, perfis de personagens estoicos modernos e muito mais. Se você me perguntasse qual é o livro que mais dou de presente, seria esse. Li as cartas de Sêneca centenas de vezes e as recomendei mais milhares.

O estoicismo é um sistema filosófico franco desenvolvido para produzir resultados práticos. Pense nele como um sistema operacional para ser bem-sucedido em ambientes com níveis elevados de estresse. Thomas Jefferson tinha sempre os textos de Sêneca na cabeceira. George Washington, ditadores de tendências do Vale do Silício, técnicos e jogadores da NFL (como Patriots e

Seahawks) abraçaram o estoicismo porque ele os ajuda a serem competidores melhores. *The Tao of Seneca* cobre todos os fundamentos.

Palestra TED sobre "Fear-Setting" – tim.blog/ted

Nessa palestra (com mais de 3 milhões de visualizações), descrevo o exercício mais importante que faço pelo menos uma vez por mês. Minhas melhores decisões sobre investimentos e negócios provêm da "definição dos medos", mas o exercício é ainda mais valioso para se evitar a autodestruição.

Blog de experiências de estilos de vida – tim.blog

Esse blog foi o que me colocou no mapa antes do podcast e de outras peripécias. Ele apresenta especialistas, experiências e estudos de caso do mundo real sobre diversos assuntos, incluindo perda de peso, investimentos, aprendizado de idiomas, coisas psicodélicas e muito mais. Minhas dez postagens mais populares (e recomendadas) podem ser encontradas em tim.blog/top10.

A LISTA DOS 25 MELHORES EPISÓDIOS DO *TIM FERRISS SHOW*

O *Tim Ferriss Show* é o primeiro podcast de entrevistas de negócios a ter ultrapassado 200 milhões de downloads e foi selecionado para o "Melhor do iTunes" pela Apple por três anos seguidos.

A lista dos meus 25 episódios mais populares, desde 1º de setembro de 2017, está logo a seguir.

Mas *preste atenção*! Não classifiquei os episódios em ordem decrescente do total de downloads. Devido ao rápido crescimento, haveria uma tendenciosidade para os mais recentes — em outras palavras, um episódio razoável mais recente poderia ser "mais popular" do que um episódio antigo blockbuster equivalente a três vezes a média na época. Para corrigir isso, usamos uma metodologia melhor, e devo um agradecimento especial ao meu irmão pela ajuda.*

Todos os mais de 250 episódios gravados até hoje podem ser encontrados em tim.blog/podcast/.

1. Jamie Foxx on Workout Routines, Success Habits, and Untold Hollywood Stories (#124) — tim.blog/jamie

* Explicação do meu irmão estatístico: "Primeiro, modelei o crescimento do podcast ao longo do tempo. Usei um modelo de regressão linear baseado em uma transformação logarítmica. (Uma transformação logarítmica, que supõe que os downloads cresceram exponencialmente, era a transformação Box-Cox mais próxima da ideal.) Calculei o desvio-padrão a cada ponto usando faixas de confiabilidade de 95%. Para cada episódio do podcast, então, calculei a variação residual (a diferença entre os downloads observados e a linha de regressão) e, em seguida, padronizei a diferença pelo desvio-padrão. Por fim, classifiquei os episódios de acordo com essa métrica, pelo número de desvios-padrão da linha de tendência média."

2. The Scariest Navy SEAL Imaginable... and What He Taught Me (#107) — tim.blog/jocko

3. Arnold Schwarzenegger on Psychological Warfare (and Much More) (#60) — tim.blog/arnold

4. Dom D'Agostino on Fasting, Ketosis, and the End of Cancer (#117) — tim.blog/dom2

5. Tony Robbins on Morning Routines, Peak Performance, and Mastering Money (#37) — tim.blog/tony

6. How to Design a Life — Debbie Millman (#214) — tim.blog/debbie

7. Tony Robbins — On Achievement Versus Fulfillment (#178) — tim.blog/tony2

8. Kevin Rose (#1) — tim.blog/kevinrose [Se você quiser ouvir o quanto um primeiro episódio pode ser ruim, é só ouvir este. A bebedeira não ajudou.]

9. Charles Poliquin on Strength Training, Shredding Body Fat, and Increasing Testosterone and Sex Drive (#91) — tim.blog/charles

10. Mr. Money Mustache — Living Beautifully on $25—27K Per Year (#221) — tim.blog/mustache

11. Lessons from Warren Buffett, Bobby Fischer, and Other Outliers (#219) — tim.blog/buffett

12. Exploring Smart Drugs, Fasting, and Fat Loss — Dra. Rhonda Patrick (#237) — tim.blog/rhonda

13. 5 Morning Rituals That Help Me Win the Day (#105) — tim.blog/rituals

14. David "DHH" Heinemeier Hansson: The Power of Being Outspoken (#195) — tim.blog/dhh

15. Lessons from Geniuses, Billionaires, and Tinkerers (#173) – tim.blog/chrisyoung

16. The Secrets of Gymnastic Strength Training (#158) – tim.blog/gst

17. Becoming the Best Version of You (#210) – tim.blog/best

18. Pavel Tsatsouline on the Science of Strength and the Ark of Physical Performance with (#55) – tim.blog/pavel

19. Tony Robbins (Part 2) on Morning Routines, Peak Performance, and Mastering Money (#38) – tim.blog/tony

20. How Seth Godin Manages His Life – Rules, Principles, and Obsessions (#138) – tim.blog/seth

21. The Relationship Episode: Sex, Love, Polyamory, Marriage, and More (com Esther Perel) (#241) – tim.blog/esther-perel

22. The Quiet Master of Cryptocurrency – Nick Szabo (#244) – tim.blog/crypto

23. Joshua Waitzkin (#2) – tim.blog/josh

24. Matt Mullenweg on Polyphasic Sleep, Tequila, and Building Billion-Dollar Companies (#61) – tim.blog/matt

25. Ricardo Semler – The Seven-Day Weekend and How to Break the Rules (#229) – tim.blog/ricardo

CONVERSAS EXTRAS

Gravei entrevistas extras com muitas das pessoas presentes neste livro.

Essas conversas amplas vão de rotinas diárias aos melhores conselhos que já receberam. Na maioria dos casos, *nada* do que foi dito neste livro é repetido, então todas contêm ferramentas, táticas e hábitos adicionais que você pode usar.

Espero que goste tanto delas quanto gostei! Todas são gratuitas e em inglês. Em ordem alfabética pelo primeiro nome, aí vão:

Adam Robinson — tim.blog/robinson
Amelia Boone — tim.blog/amelia
Brené Brown — tim.blog/brene
Brian Koppelman — tim.blog/koppelman
Caroline Paul — tim.blog/caroline
Darren Aronofsky — tim.blog/darren
Debbie Millman — tim.blog/debbie
Eric Ripert — tim.blog/eric-ripert
Esther Perel — tim.blog/esther
Kevin Kelly — tim.blog/kevin
Kyle Maynard — tim.blog/kyle
Jerzy Gregorek — tim.blog/jerzy
Jocko Willink — tim.blog/jocko
Joshua Waitzkin — tim.blog/josh
Larry King — tim.blog/larry
Maria Sharapova — tim.blog/sharapova
Mark Bell — tim.blog/markbell
Michael Gervais — tim.blog/gervais
Mr. Money Mustache — tim.blog/mustache
Naval Ravikant — tim.blog/naval
Neil Strauss — tim.blog/strauss

Nick Szabo — tim.blog/crypto
Peter Attia — tim.blog/attia
Ray Dalio — tim.blog/dalio
Rick Rubin — tim.blog/rubin
Robert Rodriguez — tim.blog/robert
Sam Harris — tim.blog/harris
Soman Chainani — tim.blog/soman
Stewart Brand — tim.blog/stewart
Terry Laughlin — tim.blog/terry
Tim O'Reilly — tim.blog/oreilly
Whitney Cummings — tim.blog/whitney

ÍNDICE DE MENTORES

ÍNDICE DE PERGUNTAS

Que livro (ou livros) você mais deu de presente, e por quê? Ou nomeie de um a três livros que mais influenciaram sua vida.

Que aquisição de até 100 dólares mais impactou positivamente sua vida nos últimos seis meses (ou nos últimos tempos)?

Samin Nosrat, 23; Steven Pressfield, 29; Debbie Millman, 47; Matt Ridley, 57; Tim Urban, 63; Graham Duncan, 79; Soman Chainani, 90; Dita Von Teese, 95; Dustin Moscovitz, 101; Richa Chadha, 103; Neil Strauss, 114; Veronica Belmont, 118; Patton Oswalt, 122; Jerzy Gregorek, 131; Aniela Gregorek, 141; Amelia Boone, 144; Joel McHale, 149; Ben Stiller, 153; Andrew Ross Sorkin, 159; Vitalik Buterin, 168; Rabino Lorde Jonathan Sacks, 172; Turia Pitt, 181; Adam Robinson, 199; Josh Waitzkin, 204; Arianna Huffington, 221; Gary Vaynerchuk, 223; Tom Peters, 234; Brené Brown, 241; Leo Babauta, 244; Kevin Kelly, 256; Jérôme Jarre, 265; Fedor Holz, 273; Eric Ripert, 276; Liv Boeree, 305; Anníe Mist þórisdóttir, 309; Mark Bell, 313; Ed Coan, 319; Ray Dalio, 323; Brian Koppelman, 330; Sarah Elizabeth Lewis, 335; Gabor Maté, 338; Sam Harris, 361; David Lynch, 376; Nick Szabo, 379; Jon Call, 381; Dara Torres, 387; Dan Gable, 389; Darren Aronofsky, 394; Neil Gaiman, 405; Michael Gervais, 407; Mathew Fraser, 419; Laura Walker, 431; Marc Benioff, 441; Steven Pinker, 468; Whitney Cummings, 475; Rick Rubin, 480; Ben Silbermann, 488; Vlad Zamfir, 494; Stephanie McMahon, 498; Steve Aoki, 508; Jim Loehr, 515; Kristen Ulmer, 532.

De que forma um fracasso, ou fracasso aparente, acabou te levando ao sucesso? Você tem algum "fracasso pessoal" favorito?

Samin Nosrat, 24; Steven Pressfield, 29; Susan Cain, 32; Kyle Maynard, 37; Terry Crews, 42; Debbie Millman, 47; Naval Ravikant, 53; Tim Urban, 63; Janna Levin, 71; Graham Duncan, 79; Mike Maples Jr., 83; Soman Chainani, 89; Dita Von Teese, 94; Richa Chadha, 103; Neil Strauss, 114; Veronica Belmont, 118; Patton Oswalt, 122; Lewis Cantley, 125; Jerzy Gregorek, 132; Aniela Gregorek, 139; Ben Stiller, 153; Anna Holmes, 157; Joseph Gordon-Levitt, 162; Rabino Lorde Jonathan Sacks, 172; Turia Pitt, 181; Annie Duke, 185; Maria Sharapova, 193; Josh Waitzkin, 205; Ann Miura-Ko, 208; Jason Fried, 212; Arianna Huffington, 220; Gary Vaynerchuk, 223; Bear Grylls, 238; Brené Brown, 241; Leo Babauta, 244; Mike D, 247; Esther Dyson, 252; Ashton Kutcher, 259; Brandon Stanton, 262; Jérôme Jarre, 265; Fedor Holz, 273; Eric Ripert, 276; Sharon Salzberg, 279; Franklin Leonard, 284; Peter Guber, 287; Daniel Ek, 293; Strauss Zelnick, 295; Tony Hawk, 302; Anníe Mist þórisdóttir, 309; Mark Bell, 312; Ray Dalio, 323; Jacqueline Novogratz, 326; Brian Koppelman, 329; Sarah Elizabeth Lewis, 335; Gabor Maté, 339; Linda Rottenberg, 346; Tommy Vietor, 351; Maurice Ashley, 365; David Lynch, 376; Nick Szabo, 379; Jon Call, 382;

Se você pudesse colocar um outdoor gigante em qualquer lugar exibindo qualquer coisa, o que seria?

Qual foi o melhor ou mais valioso investimento que você já fez?

145; Joseph Gordon-Levitt, 163; Rabbi Lord Jonathan Sacks, 174; Esther Perel, 190; Adam Robinson, 198; Jason Fried, 215; Arianna Huffington, 220; Tom Peters, 235; Brené Brown, 241; Kevin Kelly, 256; Jérôme Jarre, 267; Fedor Holz, 273; Eric Ripert, 277; Greg Norman, 290; Strauss Zelnick, 296; Liv Boeree, 305; Mark Bell, 312; Ray Dalio, 323; Sarah Elizabeth Lewis, 336; Gabor Maté, 340; Tommy Vietor, 351; Muna AbuSulayman, 359; David Lynch, 376; Nick Szabo, 379; Caroline Paul, 391; Michael Gervais, 408; Kelly Slater, 414; Katrín Tanja Davíðsdóttir, 417; Adam Fisher, 424; Aisha Tyler, 426; Marc Benioff, 443; Marie Forleo, 446; Muneeb Ali, 461; Gretchen Rubin, 473; Whitney Cummings, 475; Rick Rubin, 481; Ryan Shea, 485; Ben Silbermann, 488; Vlad Zamfir, 494; Stephanie McMahon, 500; Peter Attia, 505; Daniel Negreanu, 520; Jocko Willink, 524; Kristen Ulmer, 534; Yuval Noah Harari, 544.

Há algum hábito incomum ou algo absurdo que você ame?

Samin Nosrat, 25; Steven Pressfield, 27; Susan Cain, 34; Kyle Maynard, 38; Debbie Millman, 49; Bozoma Saint John, 59; Tim Urban, 65; Graham Duncan, 76; Soman Chainani, 90; Dita Von Teese, 96; Richa Chadha, 104; Max Levchin, 111; Neil Strauss, 116; Veronica Belmont, 118; Patton Oswalt, 122; Lewis Cantley, 126; Jerzy Gregorek, 134; Aniela Gregorek, 141; Amelia Boone, 145; Ben Stiller, 151; Anna Holmes, 157; Joseph Gordon-Levitt, 163; Vitalik Buterin, 168; Rabino Lorde Jonathan Sacks, 174; Maria Sharapova, 193; Adam Robinson, 203; Josh Waitzkin, 205; Ann Miura-Ko, 209; Tim O'Reilly, 229; Tom Peters, 235; Leo Babauta, 245; Esther Dyson, 252; Jérôme Jarre, 268; Fedor Holz, 274; Eric Ripert, 277; Franklin Leonard, 284; Greg Norman, 290; Steve Jurvetson, 300; Tony Hawk, 303; Liv Boeree, 306; Anníe Mist Þórisdóttir, 309; Mark Bell, 313; Ed Coan, 320; Ray Dalio, 323; Brian Koppelman, 330; Sarah Elizabeth Lewis, 336; Gabor Maté, 340; Linda Rottenberg, 348; Larry King, 357; Muna AbuSulayman, 359; Mr. Money Mustache, 373; David Lynch, 377; Nick Szabo, 380; Jon Call, 382; Dara Torres, 387; Dan Gable, 389; Caroline Paul, 391; Bram Cohen, 399; Aisha Tyler, 427; Marc Benioff, 442; Marie Forleo, 446; Scott Belsky, 454; Tim McGraw, 460; Craig Newmark, 466; Gretchen Rubin, 473; Whitney Cummings, 476; Rick Rubin, 481; Ben Silbermann, 486; Vlad Zamfir, 491; Stephanie McMahon, 500; Peter Attia, 505; Yuval Noah Harari, 542.

Nos últimos cinco anos, que nova crença, novo comportamento ou hábito mais impactou positivamente sua vida?

Samin Nosrat, 25; Steven Pressfield, 30; Debbie Millman, 49; Naval Ravikant, 54; Matt Ridley, 57; Tim Urban, 65; Janna Levin, 72; Graham Duncan, 81; Mike Maples

Que conselho você daria a um universitário inteligente e aplicado prestes a entrar no "mundo real"? E quais conselhos ele deveria ignorar?

Que dicas ruins você costuma ouvir na sua profissão ou especialidade?

Nos últimos cinco anos, a que você começou a dizer não com mais facilidade?

Quando se sente sobrecarregado ou desconcentrado, o que faz?

CRIE SEU ÍNDICE

Como uma pessoa obcecada por anotações, eu quis incluir o que gostaria que outros livros oferecessem: páginas dedicadas à síntese de lições e insights.

Aqui, convido-o a anotar seus insights, citações favoritas ou próximos passos, juntamente a perfis relevantes e números de páginas. Criando esse índice, você pode retornar aos trechos favoritos a qualquer momento.

Por exemplo, se você adorou a citação de Brené Brown "Coragem acima de conforto", pode acrescentá-la ao seu índice e, idealmente, incluir um próximo passo:

"Coragem acima de conforto." Brené Brown, p. 240. Próximo passo: Na terça-feira, às 13h, tentar [INSERIR PEQUENO PRÓXIMO PASSO].

Cada um se identifica com coisas diferentes, é claro. Eu adoraria saber o que você extraiu deste livro! Se quiser compartilhar, tire uma foto e compartilhe comigo no Instagram (@timferriss) ou no X (@tferriss). Confiro e respondo a várias. Nos vemos nas Interwebs.

Boas anotações!
Tim

AGRADECIMENTOS

Em primeiro lugar, devo agradecer aos mentores cujos conselhos, histórias e lições são a essência deste livro. Obrigado pelo seu tempo e generosidade. Que o bem que vocês compartilham com o mundo retorne multiplicado por cem.

A Stephen Hanselman, meu agente e amigo, obrigado. À comemoração das pequenas vitórias ao longo do caminho. Mais margaritas em breve.

A toda a equipe da Houghton Mifflin Harcourt, sobretudo à super-humana Stephanie Fletcher e à fantástica equipe de design e produção: Rebecca Springer, Katie Kimmerer, Marina Padakis Lowry, Jamie Selzer, Rachael DeShano, Beth Fuller, Jacqueline Hatch, Chloe Foster, Margaret Rosewitz, Kelly Dubeau Smydra, Chris Granniss, Jill Lazer, Rachel Newborn, Brian Moore, Melissa Lotfy e Becky Saikia-Wilson — vocês me ajudaram a domar esta besta e a conseguir outro milagre. Obrigado pelas noites que viraram trabalhando ao meu lado! Ao meu editor, Bruce Nichols, e ao seu time incrível, que inclui a presidente Ellen Archer, Deb Brody, Lori Glazer, Debbie Engel e todos os membros da dedicada equipe de marketing e vendas, obrigado por terem acreditado neste livro e terem movido montanhas. Ele ajudará muitas pessoas.

A Donna e Adam, obrigado por terem segurado as pontas! O podcast não existiria e eu não conseguiria fazer nada do resto sem vocês. Vocês são incríveis.

A Hristo, muito obrigado por ter checado duas vezes os detalhes (até coisas aparentemente irrelevantes!) e pelas pesquisas incansáveis. Gostaria de mais wraps mediterrâneos? De jogar mais molho de tomate em obras de arte? Terceira rodada no próximo verão? Aliás, ainda não entendi por que você gosta de trabalhar no escuro...

À Amelia, você é a princesa guerreira das correções. Palavras não conseguiriam expressar o quanto você me ajuda e apoia. Obrigado, obrigado, obrigado. Não se esqueça que sua pulseira, o pagamento em manteiga de amendoim (#caosbaby!) e as ferramentas de mobilidade estão sendo processadas.

E, por último, mas não menos importante, este livro é dedicado à minha família, que me guiou, encorajou, amou e consolou em todos os momentos. Amo vocês mais do que conseguiria colocar em palavras.

1ª edição	DEZEMBRO DE 2025
impressão	CORPRINT
papel de miolo	LUX CREAM 60 G/M²
papel de capa	CARTÃO SUPREMO ALTA ALVURA 250 G/M²
tipografia	ADOBE ALDINE